Die Übertragung von Betriebsratsaufgaben auf Arbeitsgruppen
(§ 28a BetrVG)

Europäische Hochschulschriften
Publications Universitaires Européennes
European University Studies

Reihe II
Rechtswissenschaft

Série II Series II
Droit
Law

Bd./Vol. 3862

PETER LANG
Frankfurt am Main · Berlin · Bern · Bruxelles · New York · Oxford · Wien

Stefan Müller

Die Übertragung von Betriebsratsaufgaben auf Arbeitsgruppen (§ 28a BetrVG)

PETER LANG
Europäischer Verlag der Wissenschaften

Bibliografische Information Der Deutschen Bibliothek
Die Deutsche Bibliothek verzeichnet diese Publikation in der Deutschen Nationalbibliografie; detaillierte bibliografische Daten sind im Internet über <http://dnb.ddb.de> abrufbar.

Zugl.: Jena, Univ., Diss., 2003

27
ISSN 0531-7312
ISBN 3-631-51942-7

www.peterlang.de

Vorwort

Die vorliegende Arbeit wurde im Sommersemester 2003 von der Rechtswissenschaftlichen Fakultät der Friedrich-Schiller-Universität zu Jena als Dissertation angenommen. Die zitierte Rechtsprechung und Literatur befindet sich auf dem Stand vom 1. September 2003. Insbesondere wurde nachträglich noch die Arbeit von Herrn *Martin Busch* zum Thema "Arbeitsgruppen und Gruppenarbeit im Betriebsverfassungsgesetz" in die Fußnoten eingearbeitet.

Auf die Erstellung eines Abkürzungsverzeichnisses konnte verzichtet werden; alle verwendeten Abkürzungen finden sich bei *Kirchner/Butz*, Abkürzungsverzeichnis der Rechtssprache, 5. Auflage 2003.

Bedanken möchte ich mich zunächst bei meinem Doktorvater, Herrn *Professor Dr. Hartmut Oetker*, der nicht nur die Themenwahl angeregt, sondern den Fortschritt der Arbeit auch umsichtig betreut und mir jederzeit für Gespräche zur Verfügung gestanden hat. Hervorzuheben ist darüber hinaus die äußerst schnelle Erstellung des Erstgutachtens, was den zügigen Abschluß des Promotionsverfahrens erst ermöglicht hat. Mein Dank gilt auch Frau *Professor Dr. Monika Schlachter* für die Übernahme und ebenso zügige Erstellung des Zweitgutachtens.

Darüber hinaus möchte ich nicht vergessen, meinen Studienkollegen und Freunden zu danken, die mir stets für Diskussionen zur Verfügung gestanden haben, obwohl die Gesprächsthemen oft weit von den eigenen juristischen Interessengebieten entfernt lagen. Stellvertretend seien hier *Karsten Seime* und *Steffen Wettig* genannt.

Herzlich danke ich schließlich meinen Eltern, *Dr. Renate Müller* und *Dr. Albrecht Müller*. Sie haben mir Studium und Promotion erst ermöglicht und mich in vielfältiger Weise bei der Verwirklichung meiner Ziele unterstützt. Ebenso danke ich meiner Verlobten, *Corinna Sommer*, die mir auch in schwierigen Phasen stets beigestanden hat. Ihnen soll diese Arbeit gewidmet sein.

Jena, im Oktober 2003 *Stefan Müller*

Inhaltsverzeichnis

§ 1 Einleitung und Gang der Untersuchung

A. Einführung in die Problematik

Das Betriebsverfassungsgesetz aus dem Jahre 1972 ist fast drei Jahrzehnte lang im wesentlichen unverändert geblieben. Aufgrund tiefgreifender Veränderungen in der Arbeits- und Wirtschaftswelt, vor allem in Form von neuartigen Unternehmens- und Betriebsstrukturen sowie besonderen Beschäftigungsformen, ist daher ein erheblicher Anpassungsbedarf entstanden[1]. Aus diesen Gründen haben SPD und BÜNDNIS 90/ DIE GRÜNEN in der Koalitionsvereinbarung vom 20. Oktober 1998 beschlossen, daß die Mitbestimmung am Arbeitsplatz und in den Betrieben im Interesse der Beteiligung und Motivation der Beschäftigen gestärkt und an die Veränderungen in der Arbeitswelt angepaßt werden soll[2]. Dazu wurde das Betriebsverfassungsgesetz grundlegend novelliert.

Im Rahmen der Novellierung wurde u.a. ein § 28a in das Gesetz eingefügt, nach dem der Betriebsrat in Betrieben mit mehr als 100 Arbeitnehmern Aufgaben und Befugnisse auf Arbeitsgruppen übertragen kann, die nicht Teil der Betriebsratsorganisation sind. Bedeutsam ist insbesondere die nach § 28a Abs. 2 BetrVG bestehende Möglichkeit der Arbeitsgruppen, im Rahmen der übertragenen Aufgaben mit dem Arbeitgeber Vereinbarungen zu schließen, denen die rechtliche Wirkung einer Betriebsvereinbarung zukommen kann. Damit wird eines der wesentlichen Ziele des BetrVG-Reformgesetzes in Angriff genommen, welches gerade darin lag, einzelnen Arbeitnehmern mehr Mitspracherechte und Mitverantwortung im Rahmen der Betriebsverfassung zu übertragen, weil die Arbeitnehmer auch an ihrem Arbeitsplatz vielfach einen erheblichen Entscheidungs- und Verantwortungsspielraum besitzen[3]. Dieser gesteigerten Verantwortung im Rahmen der Erledigung der Arbeitsaufgaben soll durch eine stärkere Partizipation bei der betrieblichen Mitbestimmung Rechnung getragen werden. Dies entspricht auch den Bedürfnissen der Praxis und dem Wunsch der Arbeitnehmer. In diesem Zusammenhang ist als weitere relevante Änderung die Erweiterung des Katalogs der Mitbestimmungstatbestände in § 87 Abs. 1 BetrVG durch eine Nr. 13 zu nennen, nach der sich die Mitbestimmung des Betriebsrates auch auf die Grundsätze über die Durchführung von Gruppenarbeit erstreckt. Außerdem wurde § 75 Abs. 2

[1] Vgl. die Entwurfsbegründung, BT-Drucks. 14/5741, S. 1 und 23 ff.

[2] Vgl. den Abdruck in AuR 1998, 476 ff. unter Punkt I.8. der Koalitionsvereinbarung.

[3] Siehe BT-Drucks. 14/5741, S. 26 und 29 f.

um einen zweiten Satz ergänzt, nach dem Arbeitgeber und Betriebsrat die Selbständigkeit und Eigeninitiative der Arbeitnehmer und Arbeitsgruppen zu fördern haben.

Sowohl der Referentenentwurf als auch der Regierungsentwurf sowie das BetrVG-Reformgesetz selbst haben im Schrifttum ein vielfaches Echo erhalten und dabei überwiegend Kritik erfahren[4]. Dies beruht nicht nur darauf, daß es sich um eine für die Betriebsverfassung völlig neue Regelung handelt, sondern auch auf einer Vielzahl von auftretenden Problemfragen. So wurde im Hinblick auf § 28a BetrVG neben der wahrscheinlich entstehenden zusätzlichen Kostenlast für die Unternehmen vor allem die Möglichkeit zum Abschluß von Vereinbarungen mit normativer Wirkung kritisiert[5]. Insbesondere soll hier die Gefahr der Aushöhlung der Mitbestimmungsrechte des Betriebsrates bestehen[6]. Als äußerst problematisch wird auch die demokratische Legitimation der Arbeitsgruppe gegenüber der unterlegenen Minderheit in der Gruppe angesehen[7]. Darüber hinaus bemängeln etliche Autoren den nur fragmentarischen Charakter der Regelung in § 28a BetrVG[8]; andere sprechen dagegen bereits von einer Überregulierung[9].

B. Gegenstand der Arbeit und Gang der Untersuchung

Die soeben dargestellte Meinungsvielfalt für die Bewertungen des BetrVG-Reformgesetzes im Hinblick auf § 28a BetrVG gibt gleichzeitig das Programm für die vorliegende Arbeit vor: Zentrales Anliegen ist es, die Neuregelung und die mit der Übertragung von Betriebsratsaufgaben zusammenhängenden Rechtsprobleme unter Einbeziehung der bisher dazu veröffentlichten Literatur und Rechtsprechung umfassend und kritisch vorzustellen, sowie eine einheitliche Bewertung vorzunehmen. Dabei sol-

---

[4] Vgl. nur die Schrifttumsnachweise bei GK-BetrVG-*Wiese*, Einleitung vor Rn. 35; *Blanke*, RdA 2003, 142.

[5] Vgl. *Blanke/Rose*, RdA 2001, 97; *Däubler*, AuR 2001, 289; *Däubler*, AiB 2001, 383; DGB, NZA 2001, 138; *Dütz*, DB 2001, 1307 und 1309; *Franzen*, ZfA 2001, 437; Haufe-*Traut*, S. 126 Rn. 6; *Rieble*, ZIP 2001, 142; *Wendeling-Schröder*, NZA 2001, 359.

[6] Vgl. DGB, NZA 2001, 138; *Hjort/Hummel/Helm*, AiB 2001, 123.

[7] Vgl. die Nachweise in Fußnote 5.

[8] Vgl. GK-BetrVG-*Raab*, § 28a Rn. 5; *Franzen*, ZfA 2001, 433 ff.; *Natzel*, DB 2001, 1362.

[9] So etwa *Popp*, Personal 2002, 18; ebenso *Buchner*, NZA 2001, 640 zum zugrundeliegenden Gesamtkonzept der Reform; ähnlich *Picker*, RdA 2001, 269.

len auftretende Problemfragen nicht nur einer gesetzeskonformen Lösung zugeführt, sondern gleichzeitig für die Praxis Vorschläge zur Vermeidung von Konflikten gemacht werden. Neben der Klärung der begrifflich-definitorischen Voraussetzungen und von Fragen in Bezug auf den Übertragungsbeschluß des Betriebsrates, liegt das Hauptaugenmerk der Bearbeitung auf der zwischen Arbeitgeber und Betriebsrat abzuschließenden Rahmenvereinbarung sowie den von der Arbeitsgruppe mit dem Arbeitgeber abgeschlossenen Gruppenvereinbarungen.

§ 2 der Arbeit wird sich zunächst mit der historischen Entwicklung der Vorschrift befassen. Dabei soll ausführlicher lediglich auf die zum Betriebsverfassungsgesetz 1972 eingebrachten Entwürfe zur Einführung von sog. Arbeitsgruppensprechern und die schließlich im Gesetz vorgesehene Möglichkeit des § 3 Abs. 1 Nr. 1 BetrVG sowie auf die Entstehungsgeschichte der Betriebsverfassungsgesetz-Novelle 2001 eingegangen werden. Im übrigen beschränkt sich die Darstellung darauf, einen groben Überblick über die historische Entwicklung zu geben. In § 3 der Arbeit wird erörtert, wie die Arbeitsgruppen nach § 28a BetrVG dogmatisch in das System des Betriebsverfassungsrechts einzuordnen sind. § 4 der Arbeit beschäftigt sich sodann mit den betrieblichen Voraussetzungen der Aufgabenübertragung. Erörtert werden hier der im Gesetz enthaltene Schwellenwert für die Betriebsgröße und der Arbeitsgruppenbegriff. In diesem Zusammenhang wird insbesondere auch auf das Verhältnis von § 28a BetrVG zu den §§ 75 Abs. 2 Satz 2; 87 Abs. 1 Nr. 13 BetrVG sowie die rechtliche Stellung der Arbeitsgruppen und ihrer Mitglieder im Rahmen der Betriebsverfassung einzugehen sein. In § 5 der Arbeit sollen dann alle wesentlichen Fragen in Bezug auf die Rahmenvereinbarung geklärt werden. Behandelt wird sowohl die rechtliche Einordnung als auch Abschluß und Beendigung der Vereinbarung. Der Schwerpunkt der Erörterung liegt indes auf dem Inhalt der Rahmenvereinbarung und insbesondere auf den entstehenden Problemen, soweit für bestimmte Fragen keine oder nur eine unvollständige Regelung getroffen wird. In § 6 der Arbeit wird der Übertragungsbeschluß des Betriebsrates erörtert. Zu klären ist hier vor allem, welche Aufgaben des Betriebsrates überhaupt übertragungsfähig sind. Daneben sollen auch die Folgen des Widerrufs der Aufgabenübertragung beleuchtet werden. § 7 der Arbeit betrachtet die Gruppenvereinbarungen nach § 28a Abs. 2 BetrVG. Klärungsbedarf besteht hier für ihre rechtliche Einordnung in das System der Betriebsverfassung. Des weiteren soll das bereits oben angesprochene Problem der demokratischen Legitimation der Arbeitsgruppe ausführlich behandelt werden. Ebenso muß die Beendigung und die Nachwirkung der Gruppenvereinbarungen erörtert werden. Schließlich wird in § 8 der Arbeit noch die Position der Arbeitsgruppen im arbeitsgerichtlichen Verfahren dargestellt. Abschließend werden in § 9 der Arbeit die wichtigsten Ergebnisse noch einmal in Thesenform zusammengefaßt.

§ 2 Entwicklung der gesetzlichen Regelung in § 28a BetrVG

A. Entwicklung und historische Vorläufer bis zum Betriebsverfassungsgesetz 1952

I. Arbeitnehmerbeteiligung bis 1918

Beginnend mit den §§ 42 bis 46 des Minderheitsentwurfs zur Gewerbeordnung von einigen Abgeordneten des volkswirtschaftlichen Ausschusses der verfassunggebenden Nationalversammlung in der Frankfurter Paulskirche[10] und im wesentlichen fortgesetzt durch das sog. Arbeiterschutzgesetz[11] sowie das Gesetz über den vaterländischen Hilfsdienst[12] entwickelten sich bis 1918 die ersten Grundzüge der Mitbestimmung der Arbeitnehmer im Betrieb. Umfangreiche Rechte standen den sog. Arbeiterausschüssen jedoch noch nicht zu. Eine Übertragung von Aufgaben auf zusätzliche Vertretungen, die auch nur entfernt mit den Arbeitsgruppen nach § 28a BetrVG verglichen werden könnten, kam daher von vornherein nicht in Betracht.

II. Weimarer Republik (1918-1933)

1. Tarifvertragsverordnung

Diese Entwicklung setzte sich in der Weimarer Republik zunächst durch den Erlaß der Tarifvertragsverordnung (TVVO)[13] fort. Nach § 12 TVVO war es erstmals möglich, statt der Arbeiter- und Angestelltenausschüsse eine andere Vertretung der Arbeitnehmer durch einen gem. § 2 TVVO für allgemeinverbindlich erklärten Tarifvertrag einzurichten. In diesem Fall wurden die gesetzlichen Aufgaben nicht von den Ausschüssen, sondern von anderen Arbeitnehmervertretungen wahrgenommen. Die "andere

---

[10] Vgl. dazu GK-BetrVG-*Wiese*, Einleitung, Rn. 1 ff.; DKK-*Kittner/Däubler*, Einleitung, Rn. 1; *Reichold*, Betriebsverfassung als Sozialprivatrecht, S. 47 f.; *Teuteberg*, Industrielle Mitbestimmung, S. 102 ff.; der Entwurf ist in Auszügen abgedruckt bei *Kühne*, Reichsverfassung der Paulskirche, Anlage V C.2., S. 606 ff.

[11] Zur Änderung der Gewerbeordnung vom 01.06.1891, siehe RGBl. (1891), S. 261 ff.; vgl. dazu *Teuteberg*, Industrielle Mitbestimmung, S. 384 ff.

[12] Vom 05.12.1916, siehe RGBl. (1916), S. 1333 ff.; vgl. dazu *Reichold*, Betriebsverfassung als Sonderprivatrecht, S. 185; *Teuteberg*, Industrielle Mitbestimmung, S. 511.

[13] Vom 23.12.1918, siehe RGBl. (1918), S. 1456 ff.

Vertretung" iSd. § 12 TVVO wird also statt der eigentlichen betrieblichen Arbeitnehmervertretung gebildet und ersetzt diese vollständig. Diese Norm ist somit strukturell vergleichbar mit § 3 Abs. 1 Nr. 3 BetrVG n.F. Der wesentliche Unterschied zu § 28a BetrVG liegt darin, daß im Rahmen der §§ 12 TVVO; 3 Abs. 1 Nr. 3 BetrVG n.F. eine Arbeitnehmervertretung durch eine andere ersetzt wird. Im Rahmen des § 28a BetrVG treten hingegen zwei Arbeitnehmervertretungen - nämlich Arbeitsgruppe und Betriebsrat - nebeneinander.

2. Betriebsrätegesetz 1920

Mit dem Erlaß des Betriebsrätegesetzes (BRG) am 04.02.1920[14] erhielt die Betriebsverfassung dann erstmals eine einheitliche und eigenständige Grundlage[15]. Geregelt wurde u.a. in § 27 BRG die Bildung eines Betriebsausschusses. Dieser sollte nach der Gesetzesbegründung Organ des Betriebsrates für die vertraulich zu behandelnden Angelegenheiten sein[16]. Er stellte also keine eigene Betriebsvertretung der Arbeitnehmer dar[17]. Hierin liegt auch der wesentliche Unterschied zu den Arbeitsgruppen iSd. § 28a BetrVG, die gegenüber dem Betriebsrat eine selbständige Rechtsstellung haben[18]. Die Regelung des § 27 BRG ist daher als Vorläufer zu § 27 BetrVG anzusehen. Weiterhin waren in §§ 61 ff. BRG in einem eigenen Abschnitt "Sondervertretungen" geregelt. Gem. § 62 BRG war ein Betriebsrat nicht zu errichten (bzw. hörte auf zu bestehen), soweit seiner Einrichtung oder Tätigkeit nach der Natur des Betriebes besondere Schwierigkeiten entgegenstanden und aufgrund eines allgemeinverbindlichen Tarifvertrags eine andere Arbeitnehmervertretung bestand (oder errichtet wurde)[19]. Auch hier wurde eine "andere" Vertretung errichtet, die an die Stelle des Betriebsrates tritt und diesen völlig ersetzt[20]. Insoweit kann auf die obigen Ausführungen zu § 12 TVVO verwiesen werden. § 62

---

[14] Siehe RGBl. (1920), S. 147 ff. Grundlage hierfür war Art. 165 WRV (siehe RGBl. (1919), S. 1383 ff).

[15] So auch GK-BetrVG-*Wiese*, Einleitung, Rn. 13; *Fitting/Kaiser/Heither/Engels/Schmidt*, Einleitung, Rn. 1; Richardi-*Richardi*, Einleitung, Rn. 11.

[16] Vgl. *Flatow/Kahn-Freund*, § 27 Anm. 1 I; *Mansfeld*, § 27 Anm. 1.

[17] So auch RAG v. 11.09.1929, Bensh. Samml. Bd. 7, S. 3 ff.; ebenso *Flatow/Kahn-Freund*, § 27 Anm. 1 III; *Mansfeld*, § 27 Anm. 1 und 2b.

[18] Dazu näher unten unter Gliederungspunkt § 3.

[19] Vgl. zu den Voraussetzungen im einzelnen *Flatow/Kahn-Freund*, § 62 Anm. 4; *Mansfeld*, § 62 Anm. 2.

[20] So auch *Mansfeld*, § 62 Anm. 3.

BRG ist damit ebenfalls eine Vorläuferregelung zu § 3 Abs. 1 Nr. 3 BetrVG n.F.

3. Zusammenfassung

In der Tarifvertragsverordnung bestand erstmals die Möglichkeit zur Errichtung einer "anderen" Arbeitnehmervertretung. Der eigentlich für die Wahrnehmung der gesetzlichen Aufgaben zuständige Arbeiter- bzw. Angestelltenausschuß wurde hierdurch ersetzt. Eine solche Regelung fand auch Aufnahme in das Betriebsrätegesetz 1920 (§ 62 BRG). Darüber hinaus bestand hier für den Betriebsrat die Möglichkeit, Ausschüsse zu bilden (§ 27 BRG).

In den Vorschriften über die Bildung von "anderen" Arbeitnehmervertretungen sind die ersten Ansätze zu einer gewissen Flexibilisierung in der Betriebsverfassung zu sehen. Hierdurch sollte es möglich sein, die Vertretungsstrukturen im Betrieb an die tatsächlichen Strukturen anzupassen. Die Bildung von selbständigen betrieblichen Vertretungsorganen, die neben die eigentlichen betrieblichen Interessenvertretungen der Arbeitnehmer treten, waren jedoch bis zu diesem Zeitpunkt noch nicht vorgesehen. Mit § 28a BetrVG vergleichbare Vorschriften existierten daher nicht.

III. Mitbestimmung in der Zeit des Nationalsozialismus (1933-1945)

Nach der nationalsozialistischen Machtübernahme wurde das Betriebsrätegesetz 1920 durch das Gesetz zur Ordnung der nationalen Arbeit (AOG)[21] bzw. das Gesetz zur Ordnung der Arbeit in öffentlichen Verwaltungen und Betrieben (AOGÖ)[22] aufgehoben. Es bestand damit praktisch keine Betriebsvertretung der Arbeitnehmer mehr[23].

B. Das Betriebsverfassungsgesetz 1952

Die nach dem Ende des zweiten Weltkriegs durch eine Vielzahl von landesrechtlichen Regelungen entstandene rechtliche Zersplitterung auf dem

[21] Vom 20.01.1934, siehe RGBl. (1934) Teil I, S. 45 ff.

[22] Vom 23.03.1934, siehe RGBl. (1934) Teil I, S. 220 ff.

[23] Vgl. GK-BetrVG-*Wiese*, Einleitung, Rn. 14; Richardi-*Richardi*, Einleitung, Rn. 12.

Gebiet der Betriebsverfassung[24] wurde erst durch das Betriebsverfassungsgesetz vom 11.10.1952[25] wieder beseitigt. In Bezug auf die betriebliche Interessenvertretung der Arbeitnehmer wurde dabei im wesentlichen die Rechtslage wieder hergestellt, die bereits nach dem Betriebsrätegesetz 1920 bestanden hatte: Es gibt für den Betriebsrat die Möglichkeit, Betriebsratsausschüsse zu bilden, die jedoch keine selbständigen betrieblichen Vertretungsorgane darstellen, sondern nur Hilfsfunktionen gegenüber dem Betriebsrat ausüben (§ 28 BetrVG 1952)[26]. Auch konnten durch Tarifvertrag, bei Vorliegen weiterer Voraussetzungen, andere Arbeitnehmervertretungen anstelle des Betriebsrates errichtet werden (§ 20 Abs. 3 BetrVG 1952)[27]. Regelungen, die mit dem heutigen § 28a BetrVG vergleichbar wären, sind jedoch nicht ersichtlich.

C. Das Betriebsverfassungsgesetz 1972

Wegen der inzwischen eingetretenen Fortentwicklung der technischen, wirtschaftlichen und sozialen Rahmenbedingungen wurde sowohl bezüglich zahlreicher Einzelfragen als auch hinsichtlich der Art und des Umfanges der Mitbestimmung eine Reform des Betriebsverfassungsgesetzes 1952 angestrebt.

I. Entstehungsgeschichte

1. Gesetzesentwürfe der 5. Legislaturperiode

Dazu wurden bereits in der 5. Legislaturperiode verschiedene Gesetzesentwürfe eingebracht. Diese wurden zwar nicht mehr abschließend behandelt, der Entwurf der SPD-Fraktion vom 16.12.1968[28] soll aber der Vollständigkeit halber vorgestellt werden[29].

---

[24] Vgl. zu den landesrechtlichen Regelungen: *Plumeyer*, Betriebsrätegesetze der Länder.

[25] Siehe BGBl. (1952) Teil I, S. 681 ff.

[26] Vgl. dazu *Fitting/Auffarth*, § 28 Rn. 17.

[27] Vgl. *Dietz*, § 20 Rn. 32 ff.; *Fitting/Auffarth*, § 20 Rn. 51 ff.

[28] Siehe BT-Drucks. V/3658.

[29] Die Gesetzesentwürfe der übrigen Fraktionen enthielten im Hinblick auf § 28a BetrVG nichts Relevantes. Vgl. CDU/CSU-Entwurf vom 02.11.1967 (BT-Drucks. V/2234), FDP-Entwurf vom 20.03.1969 (BT-Drucks. V/4011).

Inhaltlich sollte der Betriebsrat gem. § 56a Abs. 1 SPD-Entwurf für Arbeitnehmer, die im Rahmen der Aufgaben der Betriebsabteilung gemeinsam selbständige Teilfunktionen erfüllen, Arbeitsgruppen bilden können. Anregungen oder Beschwerden der Arbeitsgruppen oder von deren Mitgliedern sollten dem Betriebsrat vorgetragen werden. Dieser war dann gem. § 56a Abs. 2 SPD-Entwurf verpflichtet, zu den angesprochenen Fragen Stellung zu nehmen. Hier zeigt sich, daß die Arbeitsgruppen nach dem SPD-Entwurf vor allem die Aufgabe hatten, die Arbeitnehmer unmittelbarer als bisher an der Mitbestimmung im Betrieb zu beteiligen[30], also ein Bindeglied zwischen Betriebsrat und Belegschaft herzustellen. Die Betriebsverfassung sollte von der Basis her demokratisiert werden[31]. Aus § 56a Abs. 1 und 2 SPD-Entwurf ergibt sich, daß die Arbeitsgruppen mit Anregungen und Beschwerden ihrer Mitglieder gegenüber dem Betriebsrat, nicht aber unmittelbar gegenüber dem Arbeitgeber auftreten sollten. Ihre Aufgabe bestand also darin, die Interessen der Arbeitnehmer gebündelt an den Betriebsrat heranzutragen. Eine Übertragung von Aufgaben zur selbständigen Erledigung oder eine selbständige Vertretung der Arbeitnehmerinteressen gegenüber dem Arbeitgeber wie in § 28a BetrVG, war jedoch nicht vorgesehen. Insofern bestehen zwar gewisse Gemeinsamkeiten, inhaltlich bleibt § 56a SPD-Entwurf aber noch deutlich hinter § 28a BetrVG zurück. Dennoch kann § 56a Abs. 1 und 2 SPD-Entwurf als erstes Signal hin zu einer unmittelbareren Beteiligung der Arbeitnehmer bei der Vertretung ihrer Interessen verstanden werden.

Gem. § 56a Abs. 3 SPD-Entwurf war vorgesehen, daß für Betriebe, in denen wegen ihrer Größe oder aus sonstigen Gründen eine zusätzliche Vertretung der Belegschaftsinteressen neben dem Betriebsrat wünschenswert erscheint, durch Tarifvertrag Arbeitsgruppensprecher, Vertrauensleute oder ähnliche Einrichtungen geschaffen werden können. Rechte und Pflichten dieser Einrichtungen und ihrer Mitglieder sollten ebenfalls durch den Tarifvertrag geregelt werden. Nach dem Wortlaut von § 56a Abs. 3 SPD-Entwurf treten die zusätzlichen Vertretungen neben den Betriebsrat. Es ist daher davon auszugehen, daß diese Einrichtungen die Interessen ihrer Mitglieder nicht nur, wie in § 56a Abs. 1 und 2 SPD-Entwurf, gegenüber dem Betriebsrat, sondern vielmehr auch direkt gegenüber dem Arbeitgeber geltend machen können. Insoweit nehmen sie ebenso wie die Arbeitsgruppen gem. § 28a BetrVG selbständig die Interessen ihrer Mitglieder war. Im Gegensatz zu den Arbeitsgruppen nach § 28a BetrVG werden die zusätzlichen Vertretungen i.S.d. § 56a Abs. 3

---

[30] In diesem Sinne auch der Abg. *Matthöfer*, BT-Prot., Bd. 68, S. 11365.

[31] Vgl. *Matthöfer*, Fußnote zuvor.

SPD-Entwurf jedoch durch Tarifvertrag gebildet. Außerdem ist auch die Übertragung von Aufgaben vom Betriebsrat auf die zusätzliche Vertretung nicht vorgesehen. Insoweit ist § 56a Abs. 3 SPD-Entwurf jedoch mit § 3 Abs. 1 Nr. 1 BetrVG 1972 und § 3 Abs. 1 Nr. 5 BetrVG n.F. vergleichbar.

2. Gesetzesentwürfe der 6. Legislaturperiode

a) Entwurf der Bundesregierung

Die Grundlage für den Entwurf der Bundesregierung stellte die Regierungserklärung von Bundeskanzler Brandt vom 28.10.1969 dar[32]. Darin kündigte dieser eine Reform des Betriebsverfassungsgesetzes auf der Basis der bereits vorliegenden Gesetzesentwürfe an[33].

Am 01.10.1970 legte schließlich der Bundesminister für Arbeit und Sozialordnung den Entwurf eines neuen Betriebsverfassungsgesetzes vor[34]. Inhaltlich war in § 3 Abs. 1 Nr. 1 des Entwurfs vorgesehen, daß durch Tarifvertrag zusätzliche betriebsverfassungsrechtliche Vertretungen der Arbeitnehmer geschaffen werden können, wenn dies nach den betrieblichen Verhältnissen einer zweckmäßigeren Gestaltung der Arbeitnehmervertretung dient. Ein solcher Tarifvertrag sollte gem. § 3 Abs. 2 des Entwurfs der Zustimmung der obersten Arbeitsbehörde des Landes bzw. soweit mehrere Länder berührt waren, der Zustimmung des Bundesministers für Arbeit und Sozialordnung bedürfen. In § 3 Abs. 1 Nr. 2 des Entwurfs war die Möglichkeit zur Schaffung anderer Arbeitnehmervertretungen durch Tarifvertrag vorgesehen, soweit der Errichtung von Betriebsräten besondere Eigenarten der Betriebe entgegenstanden. Auch hierfür galt das Zustimmungserfordernis des § 3 Abs. 2 des Entwurfs. Weiterhin war in §§ 27, 28 des Entwurfs die Errichtung des Betriebsausschusses sowie weiterer Fachausschüsse geregelt.

Dieser Entwurf wurde am 03.12.1970 in leicht veränderter Form vom Bundeskabinett verabschiedet[35]. Dabei wurde die Formulierung in § 3 Abs. 1 Nr. 1 des Entwurfs auf zusätzliche betriebsverfassungsrechtliche Vertretungen der Arbeitnehmer *bestimmter Beschäftigungsarten oder Arbeitsbereiche (Arbeitsgruppen)* eingeschränkt. Der Entwurf der Bundesregierung wurde schließlich am 18.12.1970 dem Bundesrat zugeleitet[36]. Die

---

[32] Siehe BT-Prot., Bd. 71, S. 20 ff.

[33] Vgl. BT-Prot., Bd. 71, S. 28.

[34] Abgedruckt in: RdA 1970, 357 ff.

[35] Abgedruckt in: RdA 1971, 33 ff.

[36] Siehe BR-Drucks. 715/70.

Empfehlungen der Ausschüsse für Arbeit und Sozialordnung, für Innere Angelegenheiten, des Rechtsausschusses und des Wirtschaftsausschusses führten nicht zu Änderungen an hier relevanten Vorschriften. Der Regierungsentwurf wurde schließlich am 29.01.1971 im Bundestag eingebracht[37].

b) Entwurf der CDU/CSU-Fraktion

Die CDU/CSU-Fraktion legte am 05.02.1971 den Entwurf eines Gesetzes über die Mitbestimmung der Arbeitnehmer in Betrieb und Unternehmen nebst Begründung vor[38].

Inhaltlich war zunächst in § 67 Abs. 1 bis 3 CDU/CSU-Entwurf die Bildung eines geschäftsführenden Ausschusses sowie weiterer Ausschüsse geregelt. Nach § 67 Abs. 4 CDU/CSU-Entwurf konnte der Betriebsrat die Ausschüsse ermächtigen, an seiner Stelle zu handeln[39]. Insoweit war also auch ein Auftreten eines Ausschusses unmittelbar gegenüber dem Arbeitgeber möglich. Im Unterschied zu den Arbeitsgruppen des § 28a BetrVG, denen Aufgaben durch den Betriebsrat übertragen werden können, sind die Ausschüsse iSd. § 67 CDU/CSU-Entwurf jedoch keine selbständigen Vertretungen der Arbeitnehmer, sondern Hilfsorgane des Betriebsrates. Sie können zwar von diesem ermächtigt werden, auch gegenüber dem Arbeitgeber zu handeln, ihnen wird aber keine Aufgabe zur selbständigen Erledigung übertragen. Insbesondere konnten sie eigenständig keine kollektiven Vereinbarungen mit dem Arbeitgeber abschließen.

Weiterhin enthielt der Entwurf in §§ 106-110 einen eigenen Teil "Die Arbeitsgruppen". Danach konnten gem. § 106 CDU/CSU-Entwurf in Betrieben mit in der Regel mehr als 2000 Arbeitnehmern Arbeitsgruppensprecher gewählt werden. Als Arbeitsgruppen wurden die bereits vorhandenen betrieblichen Einheiten angesehen; neue Gruppen sollten im Rahmen des Betriebsverfassungsgesetzes hingegen nicht gebildet werden[40]. Aufgabe des Arbeitsgruppensprechers war es danach, die Verbindung des Betriebsrates zum einzelnen Arbeitnehmer zu fördern, um die Betriebsratsarbeit zu unterstützen. Eine Konkurrenz zum Betriebsrat sollte hingegen ausweislich der Entwurfsbegründung nicht entstehen[41]. Im Vergleich zu

[37] Siehe BT-Drucks. VI/1786.

[38] Siehe BT-Drucks. VI/1806.

[39] Vgl. hierzu die Entwurfsbegründung BT-Drucks. VI/1806, S. 43.

[40] Siehe die Entwurfsbegründung BT-Drucks. VI/1806, S. 47.

[41] Vgl. hierzu BT-Drucks. VI/1806, S. 47.

§ 28a BetrVG ist daher auch hier festzustellen, daß der wesentliche Unterschied darin besteht, daß der Arbeitsgruppensprecher iSd. CDU/CSU-Entwurfs kein selbständiges Vertretungsorgan der Arbeitnehmer ist, sondern vielmehr den Betriebsrat bei seiner Arbeit unterstützen soll. Interessant ist hier noch § 110 CDU/CSU-Entwurf, nach dem eine Reihe von Vorschriften über den Schutz des Betriebsrates und seiner Mitgliedern sinngemäß für den Arbeitsgruppensprecher gelten sollen, insbesondere §§ 25 (Benachteiligungsverbot), 60 (Schutz der Wahl), 76 Abs. 2 Satz 1 (Schutz vor beruflichen Nachteilen) und 78 Abs. 1 Satz 1 (Aus- und Weiterbildung). Danach waren die Arbeitsgruppensprecher durch das Gesetz ähnlich wie Betriebsratsmitglieder geschützt. Im Rahmen von § 28a BetrVG fehlen solche Schutzvorschriften hingegen völlig in der gesetzlichen Regelung.

c) Entwurf der Bundesvereinigung der Deutschen Arbeitgeberverbände

Auch die Bundesvereinigung der Deutschen Arbeitgeberverbände hat einen eigenen Entwurf zum Betriebsverfassungsgesetz veröffentlicht[42].

Nach § 3 Abs. 1 des BDA-Entwurfs[43] sollte es möglich sein, durch Tarifvertrag oder Betriebsvereinbarung zusätzliche betriebsverfassungsrechtliche Vertretungen für Arbeitnehmer bestimmter Beschäftigungsarten oder Arbeitsbereiche (Arbeitsgruppen) festzulegen, soweit dies nach den betrieblichen Verhältnissen der zweckmäßigeren Gestaltung der Zusammenarbeit des Betriebsrates mit den Arbeitnehmern dient. Dies entspricht weitgehend der späteren Gesetzesfassung des § 3 Abs. 1 Nr. 1 BetrVG 1972. Der einzig relevante Unterschied besteht in der Möglichkeit, die zusätzlichen Arbeitnehmervertretungen nach § 3 Abs. 1 BDA-Entwurf auch durch Betriebsvereinbarungen schaffen zu können, während dies nach der endgültigen Gesetzesfassung nur durch Tarifvertrag möglich war.

Weiterhin war in §§ 27, 28 BDA-Entwurf[44] die Bildung eines Betriebsausschusses und weiterer Ausschüsse vorgesehen. Diese Vorschläge entsprechen inhaltlich den §§ 27 und 28 der endgültigen Gesetzesfassung des BetrVG 1972.

---

[42] Dieser wurde 1971 unter dem Titel "Vorschlag für ein Betriebsverfassungsgesetz" herausgegeben.

[43] Siehe BDA-Entwurf zum BetrVG, S. 12 f.

[44] Siehe BDA-Entwurf zum BetrVG, S. 22 f.

Schließlich enthielt auch der BDA-Entwurf in §§ 67-72 einen eigenen Teil "Arbeitsgruppensprecher"[45]. Nach § 67 BDA-Entwurf sollten in Betrieben mit in der Regel mehr als 3000 wahlberechtigten Arbeitnehmern Arbeitsgruppensprecher gewählt werden. Diese hatten die Aufgabe, die Verbindung zu den einzelnen Arbeitnehmern und deren Eingliederung in den Betrieb zu fördern (§ 67 Satz 1 BDA-Entwurf). Ihre Funktion sollte also darin bestehen, als Vermittler zwischen den Arbeitnehmern auf der einen Seite und dem Betriebsrat und dem Arbeitgeber auf der anderen Seite aufzutreten. Die nähere Zusammenarbeit zwischen Arbeitsgruppensprechern, Betriebsrat und Arbeitgeber sollte gem. § 72 BDA-Entwurf durch Betriebsvereinbarung geregelt werden. Weiterhin waren in § 70 BDA-Entwurf Vorschriften zum Schutz des Arbeitsgruppensprechers vor Benachteiligung in beruflicher und wirtschaftlicher Hinsicht (§ 70 Satz 2 BDA-Entwurf) vorgesehen. Auch eine Versetzung sollte nur mit Zustimmung des Betriebsrates erfolgen dürfen (§ 70 Satz 1 BDA-Entwurf). Die §§ 67-72 BDA-Entwurf sind offensichtlich stark an den §§ 106-110 des Entwurf der CDU/CSU-Fraktion orientiert. Zur Bewertung kann daher auf die dortigen Ausführungen verwiesen werden.

3. Das weitere Gesetzgebungsverfahren

In der ersten Lesung zu den Entwürfen der Bundesregierung und der CDU/CSU-Fraktion am 11.02.1971[46] bekräftigten die CDU/CSU-Vertreter noch einmal, daß zwischen Arbeitsgruppensprechern und dem Betriebsrat nach ihrem Entwurf kein Konkurrenzverhältnis bestehen soll[47]. Bei der SPD-Fraktion wurden hiergegen Zweifel angemeldet[48]. In der zweiten und dritten Lesung am 10.11.1971[49] beantragte die CDU/CSU-Fraktion die Änderung des Regierungsentwurfs dahingehend, daß die Möglichkeit zur Schaffung von Arbeitsgruppensprechern nicht nur tarifvertraglich, sondern betriebsverfassungsrechtlich festgelegt werde[50]. Dies wurde von Regie-

---

[45] Siehe BDA-Entwurf zum BetrVG, S. 33 f.

[46] Siehe BT-Prot., Bd. 75, S. 5803 ff.

[47] Vgl. hierzu: Abgeordneter *Ruf*, BT-Prot., Bd. 75, S. 5815; Abgeordneter *Ziegler*, BT-Prot., Bd. 75, S. 5836; Abgeordneter *Franke*, BT-Prot., Bd. 75, S. 5878.

[48] Hierzu: Abgeordneter *Dr. Farthmann*, BT-Prot., Bd. 75, S. 5891 f.

[49] Siehe BT-Prot., Bd. 77, S. 8586 ff.

[50] Vgl. hierzu die Äußerungen des Abgeordneten *Franke*, BT-Prot., Bd. 77, S. 8608 sowie die Anlage 3 zur zweiten Beratung des Entwurfs eines Betriebsverfassungsgesetzes (Umdruck 233), BT-Prot., Bd. 77, S. 8678 f.

rungsparteien abgelehnt[51]. Schließlich wurde der Entwurf der Bundesregierung mehrheitlich angenommen und am 12.11.1971 dem Bundesrat zugeleitet[52].

Am 01.12.1971 wurde hinsichtlich der Regelungen über die Arbeitsgruppensprecher durch den Freistaat Bayern die Einberufung des Vermittlungsausschusses beantragt[53]. Auf Beschluß des Bundesrates wurde der Vermittlungsausschuß zwar am 03.12.1971 einberufen[54], allerdings ist der bayrische Antrag hierzu abgelehnt worden[55], so daß die Arbeitsgruppensprecher nicht im Vermittlungsausschuß thematisiert wurden. Nachdem der Vermittlungsausschuß am 13.12.1971 das Gesetz bestätigte[56], hat der Bundesrat am 17.12.1971 zugestimmt[57]. Das Betriebsverfassungsgesetz 1972 wurde dann am 18.01.1972 verkündet[58] und ist am Tage danach in Kraft getreten[59].

II. Gesetzesinhalt

1. §§ 27, 28 BetrVG 1972

§§ 27, 28 BetrVG 1972 knüpfen an die bisher bestehenden Regelungen über die Ausschüsse des Betriebsrates (§ 27 BRG, § 28 BetrVG 1952) an und erweitern diese. Auch die nach §§ 27, 28 BetrVG 1972 zu errichtenden Ausschüsse waren jedoch Organe des Betriebsrates und daher keine eigenständigen Vertretungsorgane der Belegschaft. Insoweit sind sie nicht mit den betriebsverfassungsrechtlich selbständigen Arbeitsgruppen nach § 28a BetrVG n.F. zu vergleichen.

---

[51] Für die SPD: Abgeordneter *Urbaniak*, BT-Prot., Bd. 77, S. 8608 f.; für die FPD: Abgeordneter *Spitzmüller*, BT-Prot., Bd. 77, S. 8609 f.

[52] Siehe BR-Drucks. 633/71.

[53] Siehe BR-Drucks. 633/8/71.

[54] Siehe BR-Drucks. 633/71 (Beschluß).

[55] Vgl. dazu: die Ausführungen des bayrischen Staatsministers für Arbeit und Sozialordnung *Dr. Pirkl*, BR-Prot. 1971, S. 344 sowie des hessischen Ministerpräsidenten *Osswald*, BR-Prot. 1971, S. 346; ferner zur Abstimmung BR-Prot. 1971, S. 349.

[56] Siehe BR-Drucks. 708/71.

[57] Siehe BR-Drucks. 708/71 (Beschluß) sowie BR-Prot. 1971, S. 373.

[58] Siehe BGBl. (1972) Teil I, S. 13 ff.

[59] Siehe § 132 BetrVG 1972.

2. § 3 Abs. 1 Nr. 1 BetrVG 1972

In der Begründung zu § 3 Abs. 1 Nr. 1 des Regierungsentwurfs[60] sind beispielhaft für zusätzliche betriebsverfassungsrechtliche Arbeitnehmervertretungen der Arbeitsgruppen- und Abteilungssprecher sowie Sprecher von Arbeitnehmern mit gleichartiger Funktion genannt. Hieran wird deutlich, daß sich die Vorschrift an die vorgestellten Gesetzesentwürfe anlehnt. Der Gesetzeswortlaut legt hinsichtlich der Aufgaben der zusätzlichen Vertretungen ausdrücklich fest, daß diese die Zusammenarbeit zwischen Betriebsrat und Arbeitnehmern verbessern sollen. Die Übernahme oder Veränderung von Zuständigkeiten des Betriebsrates sollte hingegen nicht in Betracht kommen[61]. Die endgültige Gesetzesfassung bleibt darüber hinaus an wesentlichen Stellen auch deutlich hinter den verschiedentlich vorgelegten Entwürfen zurück. So ist die Errichtung nur durch zustimmungsbedürftigen Tarifvertrag, nicht aber durch Betriebsvereinbarung möglich. Ebenso ist die entsprechende Anwendung von Vorschriften über den Schutz von Betriebsratsmitgliedern auf Arbeitsgruppensprecher nicht gesetzlich vorgesehen.

Im Vergleich zu § 28a BetrVG bleibt daher auch hier festzuhalten, daß die zusätzlichen Arbeitnehmervertretungen nach § 3 Abs. 1 Nr. 1 BetrVG lediglich eine Vermittlerrolle zwischen Belegschaft und Betriebsrat einnehmen sollten, nicht aber als eigene Vertretung selbständig gegenüber dem Arbeitgeber auftreten konnten[62]. Die Vorschrift bleibt dabei auch deutlich hinter den Reformentwürfen zurück.

III. Zusammenfassung

Im Rahmen der Entstehungsgeschichte des BetrVG 1972 kam erstmals der Gedanke auf, die Arbeitnehmer in Form von Arbeitsgruppen unmittelbar an der Mitbestimmung im Betrieb zu beteiligen. Insoweit ist § 56a des Entwurf der SPD-Fraktion vom 16.12.1968 als erster Schritt auf dem Entwicklungsweg hin zur Regelung des § 28a BetrVG zu sehen. Der wesentliche Unterschied zur aktuellen Regelung liegt darin, daß nach dem SPD-Entwurf die Arbeitsgruppe die Aufgabe hatte, die Interessen ihrer Mitglieder zu bündeln und dann dem Betriebsrat zuzutragen. Im Gegensatz zu § 28a BetrVG war also ein Auftreten unmittelbar gegenüber dem Arbeitgeber nicht vorgesehen.

---

[60] Vgl. BR-Drucks. 715/70, S. 36.

[61] Vgl. BR-Drucks. 715/70, S. 36.

[62] So ausdrücklich die Entwurfsbegründung BR-Drucks. 715/70, S. 36.

Ähnliche Vorstellungen über die Funktion der Arbeitsgruppen sind auch im Entwurf der CDU/CSU-Fraktion vom 05.02.1971 enthalten gewesen. Auch hier sollte die Gruppe als Bindeglied zwischen Arbeitnehmern und Betriebsrat fungieren. In diesem Zusammenhang wurde bereits erkannt, daß für die Arbeitsgruppenmitglieder, insbesondere für den Arbeitsgruppensprecher, ein gewisses Schutzbedürfnis besteht. So sollten Vorschriften zum Schutz der Betriebsratsmitglieder zumindest teilweise auch für den Arbeitsgruppensprecher gelten.

Diese Vorschläge sind sämtlich nicht über das Entwurfsstadium hinausgekommen. In der endgültigen Gesetzesfassung des BetrVG 1972 ist davon nicht viel übrig geblieben. Insbesondere die Errichtung durch Betriebsvereinbarung und die entsprechende Anwendung von Schutzvorschriften wurde nicht in das Gesetz aufgenommen. Dennoch läßt sich festhalten, daß insbesondere mit den Reformentwürfen der erste Schritt auf dem Weg zu § 28a BetrVG gemacht wurde.

D. Die Betriebsverfassungsgesetz-Novelle 1988

Im Rahmen der Betriebsverfassungsgesetz-Novelle 1988 waren hinsichtlich der hier interessierenden Fragen in den Entwürfen keine Veränderungen vorgeschlagen worden[63]. Auf eine nähere Darstellung soll daher verzichtet werden.

E. Die Betriebsverfassungsgesetz-Novelle 2001

I. Entstehungsgeschichte

Die Grundlage für die Novelle des Betriebsverfassungsrechts bildete die Koalitionsvereinbarung zwischen SPD und BÜNDNIS 90/DIE GRÜNEN vom 20.10.1998[64]. Danach sollte die Mitbestimmung im Interesse der Beteili-

---

[63] Vgl. zu den Gesetzesentwürfen der 10. Legislaturperiode: CDU/CSU- und FDP-Entwurf vom 22.05.1985 (BT-Drucks. 10/3384); SPD-Entwurf vom 23.07.1985 (BT-Drucks. 10/3666). Vgl. zu den Gesetzesentwürfen der 11. Legislaturperiode: CDU/CSU- und FDP-Entwurf vom 16.06.1988 (BT-Drucks. 11/2503); SPD-Entwurf vom 28.09.1988 (BT-Drucks. 11/2995).

[64] In Auszügen abgedruckt in AuR 1998, 476 ff.

gung und Motivation der Beschäftigten gestärkt und an die Veränderungen in der Arbeitswelt angepaßt werden[65].

1. Entwurf der Bundesregierung

Zunächst wurde am 04.12.2000 der Referentenentwurf des Bundesministeriums für Arbeit und Sozialordnung bekannt[66]. Hierin war für § 28a der später im Gesetz enthaltene Schwellenwert von 100 Arbeitnehmern noch nicht vorgesehen[67]. Dieser Referentenentwurf wurde am 14.12.2000 den anderen Ministerien zur Abstimmung übermittelt. Mit einem 26-Punkte-Papier vom 18.01.2001 äußerte Bundeswirtschaftsminister *Müller* deutlichen Widerspruch gegen den Referentenentwurf[68]. Mit Hinweis auf die Kosten für den Mittelstand forderte er hinsichtlich § 28a die Einführungen eines Schwellenwertes von 100 Arbeitnehmern[69]. Schließlich verabschiedete die Bundesregierung am 14.02.2001 den Entwurf eines Gesetzes zur Reform des Betriebsverfassungsgesetzes und leitete diesen am 16.02.2001 dem Bundesrat zu[70]. Am 02.04.2001 wurde nach der Stellungnahme des Bundesrates daraus der endgültige Gesetzesentwurf entwickelt[71]. In diesem Regierungsentwurf war nunmehr der von Bundeswirtschaftsminister *Müller* geforderte Schwellenwert von 100 Arbeitnehmern enthalten[72].

2. Entwürfe der Oppositionsfraktionen

Die verschiedenen Entwürfe der Oppositionsfraktionen enthielten keinerlei konkrete Gesetzesvorschläge, sondern beschränkten sich nur auf allgemeine Kritik am Entwurf der Bundesregierung sowie auf allgemein gehaltenen eigenen Vorstellungen[73]. So sollten etwa "Möglichkeiten geschaf-

---

[65] Vgl. AuR 1998, 477 unter Punkt I.8. der Koalitionsvereinbarung.

[66] Vgl. GK-BetrVG-*Wiese*, Einleitung, Rn. 36; Richardi-*Richardi*, Einleitung, Rn. 37.

[67] Vgl. dazu den Abdruck bei *Schiefer/Korte*, NZA 2001, 78 f.

[68] Vgl. dazu *Reichold*, NZA-Sonderbeilage 16/2001, 2; FAZ Nr. 34 vom 09.02.2001, S. 16.

[69] Vgl. FAZ Nr. 39 vom 15.02.2001, S. 17 und 20.

[70] Vgl. *Reichold*, NZA-Sonderbeilage 16/2001, 2; siehe BR-Drucks. 140/01.

[71] Siehe BT-Drucks. 14/5741.

[72] Vgl. den Abdruck bei *Schiefer/Korte*, NZA 2001, 351 ff.

[73] Vgl. Entwurf der CDU/CSU-Fraktion vom 03.04.2001 (BT-Drucks. 14/5753), Entwurf der FDP-Fraktion vom 04.04.2001 (BT-Drucks. 14/5764), Entwürfe der PDS-Fraktion vom 12.09.2000 und 21.06.2001 (BT-Drucks. 14/4071 und BT-Drucks. 14/6383).

fen werden, tarifliche und betriebliche Vereinbarungen über Struktur und Arbeitsweise der Mitbestimmungsorgane abzuschließen"[74] oder den "Betriebspartnern Regelungsspielräume ohne komplizierte Verfahrensmechanismen wie das Zustimmungserfordernis in § 3 BetrVG 1972" eröffnet werden[75]. Vorgeschlagen wurde weiterhin die "Möglichkeit, durch Tarifvertrag im Gesetz nicht vorgesehene Vertretungsorgane der Beschäftigten zu schaffen"[76].

3. Vorschläge des Deutschen Gewerkschaftsbundes

Auch der Deutsche Gewerkschaftsbund hat einen eigenen Gesetzesvorschlag zur Novellierung des BetrVG vorgelegt[77].

Hier war zunächst in § 3 DGB-Entwurf vorgesehen, daß durch Tarifvertrag von den Vorschriften des BetrVG abgewichen werden kann[78]. Es sollte u.a. die Bildung "zusätzlicher Vertretungen" durch Tarifvertrag möglich sein (§ 3 Nr. 6 DGB-Entwurf), um die Beteiligung der Arbeitnehmer zu fördern und den Betriebsrat zu unterstützen. Bereits an der Formulierung wird deutlich, daß die Aufgabe der zusätzlichen Vertretungen lediglich darin liegen sollte, dem Betriebsrat zuzuarbeiten. Eine Übertragung zur selbständigen Wahrnehmung bestimmter Aufgaben ist jedoch nicht vorgesehen gewesen.

Weiterhin war neben der Bildung von Ausschüssen (§§ 27, 28 Abs. 1 bis Abs. 4 DGB-Entwurf) auch die Möglichkeit vorsehen, daß der Betriebsrat sog. Arbeitskreise einrichten kann, in denen Arbeitnehmer Gestaltungs- und Lösungsmöglichkeiten für Maßnahmen erarbeiten sollen, die in den Zuständigkeitsbereich des Betriebsrates fallen (§ 28 Abs. 5 DGB-Entwurf)[79]. Auch hier gilt für die Bewertung, daß die Arbeitskreise lediglich den Betriebsrat bei der Wahrnehmung seiner Aufgaben unterstützen, diese jedoch nicht selbständig wahrnehmen sollten.

Außerdem sollte nach § 87 Abs. 4 DGB-Entwurf der Betriebsrat seine Mitbestimmungsrechte auch so ausüben dürfen, daß er mit dem Arbeitgeber lediglich eine Rahmenvereinbarung trifft und deren Ausfüllung einer

---

[74] Vgl. BT-Drucks. 14/5753 unter Punkt II.4., S. 3.

[75] Vgl. BT-Drucks. 14/5764 Punkt 3a, S. 3.

[76] Vgl. BT-Drucks. 14/4071 Punkt 8, S. 2.

[77] Dieser wurde 1999 unter dem Titel "Novellierungsvorschläge des DGB zum Betriebsverfassungsgesetz 1972" selbständig veröffentlicht.

[78] Vgl. DGB-Novellierungsvorschlag, S. 12 f.

[79] Vgl. DGB-Novellierungsvorschlag, S. 32 f.

Arbeitsgruppe überträgt[80]. Vorausgesetzt wurde lediglich der Vorbehalt der jederzeitigen Rücknahme der Übertragung sowie der Verbleib der Rechte zur Durchsetzung der Mitbestimmung beim Betriebsrat. Hierdurch sollte der Betriebsrat die Möglichkeit erhalten, seine Mitbestimmungsrechte auszuüben, indem er mit dem Arbeitgeber eine Rahmenvereinbarung traf und einer Arbeitsgruppe die weitere Ausführung überließ. In der Rechtsprechung war bisher bereits anerkannt, daß der Betriebsrat sich bei der Ausübung der Mitbestimmungsrechte darauf beschränken kann, mit dem Arbeitgeber eine Rahmenvereinbarung zu schließen und diesem die weitere Ausfüllung zu überlassen[81]. Durch die vom DGB vorgeschlagene Regelung würde dies lediglich gesetzlich normiert und insoweit erweitert, daß nicht der Arbeitgeber, sondern eine Arbeitsgruppe die konkrete Ausfüllung übernimmt. Der wesentliche Unterschied zu § 28a BetrVG liegt darin, daß der Betriebsrat nach den Vorstellungen des DGB die Mitbestimmungsrechte selbst, wenn auch nur in Form einer Rahmenvorgabe, ausübt. Dagegen wird im Rahmen des § 28a BetrVG das Mitbestimmungsrecht nicht vom Betriebsrat selbst, sondern allein von der Arbeitsgruppe wahrgenommen. Dennoch hatte der DGB-Vorschlag offensichtlich erheblichen Vorbildcharakter für die spätere gesetzliche Regelung.

Daneben wurde die Aufnahme einer Förderungspflicht für die Selbständigkeit und Eigeninitiative der Arbeitnehmer und Arbeitsgruppen vorgeschlagen (§ 75 Abs. 2 Satz 2 DGB-Entwurf)[82]. Für den Fall, daß der Arbeitgeber nicht nur kurzfristig und geringfügig gegen Pflichten aus dem BetrVG oder sonst für das Arbeitsverhältnis relevante Bestimmungen verstößt, sollte den Arbeitnehmern ein Leistungsverweigerungsrecht eingeräumt werden (§ 75 Abs. 3 DGB-Entwurf). Die Förderungspflicht nach § 75 Abs. 2 Satz 2 DGB-Entwurf wurde ersichtlich ohne weiteres übernommen. Lediglich die Regelung über die Pflichtverletzung fehlt im Gesetz. Insoweit ist der DGB-Vorschlag etwas weitergehend.

4. Weitere Entwicklung

Am 22.06.2001 wurde im Bundestag aufgrund der Empfehlung des Bundestagsausschusses für Arbeit und Sozialordnung[83] die Ausschußfassung des Regierungsentwurfs angenommen. Hinsichtlich § 28a sind in der Ausschußfassung keine Änderungen zum Regierungsentwurf vorgenommen

---

[80] Vgl. DGB-Novellierungsvorschlag, S. 83.

[81] Vgl. dazu die Ausführungen unter Gliederungspunkt § 5 A.II.

[82] Vgl. DGB-Novellierungsvorschlag, S. 69.

[83] Siehe BT-Drucks. 14/6352.

wurden[84]. Am 13.07.2001 stimmte der Bundesrat zu. Das Gesetz ist am 27.07.2001 verkündet worden[85] und am Tage danach in Kraft getreten[86].

II. Kritik im Schrifttum

Im Schrifttum wurde der Reformentwurf in vielerlei Hinsicht kritisiert, es sind aber auch etliche Stellungnahmen zu finden, welche die sich ergebenden Möglichkeiten grundsätzlich positiv bewerten[87]. Dies gilt zunächst für die Delegationsmöglichkeit als solche. Hierdurch werde das duale System der Interessenvertretung im Arbeitsrecht zumindest in Ansätzen um einen dritten Zweig erweitert, der den Namen "direkte Partizipation auch verdient"[88]. Ungeachtet aller Probleme sei die Initiative zur Stärkung der individuellen Partizipation grundsätzlich zu begrüßen[89]. Ihr sollte daher auch eine faire Chance gegeben werden[90].

Als Hauptproblem der Regelung wird die Legitimation der Arbeitsgruppe zum Abschluß von Vereinbarungen mit normativer Wirkung gesehen[91]. Unbefriedigend sei auch, daß die Gruppe im Konfliktfall sowohl mit dem Betriebsrat als auch gegenüber dem Arbeitgeber weitgehend rechtlos dasteht[92]. Hier wird sogar die Aushöhlung der Mitbestimmungsrechte des

---

[84] Vgl. BT-Drucks., 14/6352, S. 13.

[85] Siehe BGBl. (2001) Teil I, S. 1852 ff.

[86] Gem. Art. 14 des BetrVG-ReformG.

[87] Die Darstellung soll hier auf Fragen beschränkt bleiben, die sich im Zusammenhang mit § 28a BetrVG stellen.

[88] Vgl. *Blanke/Rose*, RdA 2001, 97; *Franzen*, ZfA 2001, 437; ähnlich Jaeger/Röder/Heckelmann-*Kappenhagen*, Kap. 5 Rn. 130.

[89] Vgl. *Berger-Delhey*, ZTR 2001, 109; *Bösche*, AiB 2001, 111; *Däubler*, AuR 2001, 3; DGB, NZA 2001, 135; *Engels/Trebinger/Löhr-Steinhaus*, DB 2001, 537; *Franke/Hunold/Malter*, § 28a Anm. 1; *Geffken*, AiB 2002, 157; *Hjort/Hummel/Helm*, AiB 2001, 123; *Konzen*, RdA 2001, 85; *Natzel*, DB 2001, 1362; *Popp*, Personal 2002, 17; *Wiese*, BB 2002, 203.

[90] So *Blanke/Rose*, RdA 2001, 97; ähnlich *Geffken*, AiB 2002, 157.

[91] Vgl. *Blanke/Rose*, RdA 2001, 97; *Däubler*, AuR 2001, 289; *Däubler*, AiB 2001, 383; DGB, NZA 2001, 138; *Dütz*, DB 2001, 1307 und 1309; *Franzen*, ZfA 2001, 437; Haufe-*Traut*, S. 126 Rn. 6; *Rieble*, ZIP 2001, 142; *Wendeling-Schröder*, NZA 2001, 359.

[92] Vgl. *Berger-Delhey*, ZTR 2001, 109; *Blanke/Rose*, RdA 2001, 97; *Däubler*, AuR 2001, 289; *Däubler*, AiB 2001, 383; *Hjort/Hummel/Helm*, AiB 2001, 123; *Rieble*, ZIP 2001, 142.

Betriebsrates befürchtet[93]. Die an Mitsprache interessierten Arbeitnehmer würden weiterhin ohne eigene Antrags- und Erörterungsrechte gegenüber dem Betriebsrat nur unbeteiligtes Objekt des Verfahrens bleiben[94]. Kritisiert wird darüber hinaus, daß eine gesetzliche Regelung hinsichtlich vieler Problemfragen gar nicht oder nur lückenhaft besteht[95]. Gleiches gilt für die wahrscheinlich entstehende Kostenlast für die Unternehmen[96]. Andere sprechen dagegen schon von einer Überregulierung[97].

III. Zusammenfassung

Mit Einführung des § 28a ist zum ersten Mal in der Geschichte der Betriebsverfassung die Möglichkeit eröffnet, daß Beteiligungsrechte des Betriebsverfassungsgesetzes unmittelbar durch die Arbeitnehmer selbst und nicht nur durch Vermittlung über den Betriebsrat wahrgenommen werden. Insoweit wurde die Entwicklung fortgeführt, die mit den Entwürfen zum BetrVG 1972 eingeleitet, dort jedoch noch nicht umgesetzt wurde. Insbesondere beschränkt sich die Funktion der Arbeitsgruppe nicht nur darauf, die Zusammenarbeit zwischen Betriebsrat und Belegschaft zu verbessern, sondern sie nimmt selbständig betriebsverfassungsrechtliche Befugnisse war. Die Vorschrift ist daher eine echte Neuerung im Betriebsverfassungsrecht.

---

[93] Vgl. DGB, NZA 2001, 138; *Hjort/Hummel/Helm*, AiB 2001, 123; *Hoyningen-Huene*, Betriebsverfassungsrecht, S. 172 bezweifelt, ob die Betriebsräte sich überhaupt mit einer derartigen Abgabe ihrer Machtbefugnisse einverstanden erklären werden.

[94] So *Blanke/Rose*, RdA 2001, 97.

[95] Vgl. GK-BetrVG-*Raab*, § 28a Rn. 5; *Franzen*, ZfA 2001, 433 ff.; *Natzel*, DB 2001, 1362.

[96] Vgl. etwa *Buchner*, NZA 2001, 637.

[97] So etwa *Popp*, Personal 2002, 18; ebenso *Buchner*, NZA 2001, 640 zum zugrundeliegenden Gesamtkonzept der Reform; ähnlich *Picker*, RdA 2001, 269.

§ 3 Die dogmatische Einordnung der Arbeitsgruppen nach § 28a BetrVG

A. Systematische Stellung des § 28a BetrVG im Gesetz

Die Übertragung von Aufgaben auf Arbeitsgruppen ist im Gesetz im Anschluß an die Regelungen über die Betriebsausschüsse und die sonstigen Ausschüsse des Betriebsrates (§§ 27, 28 BetrVG) geregelt. Aus gesetzessystematischer Sicht liegt daher die Annahme nahe, Betriebsausschüsse, sonstige Ausschüsse des Betriebsrates und Arbeitsgruppen im Sinne des § 28a BetrVG seien hinsichtlich Aufbau und Funktion gleich oder zumindest ähnlich strukturiert und dementsprechend rechtlich einzuordnen[98].

B. Unterscheidung zwischen Betriebsratsausschüssen und Arbeitsgruppen

Entgegen dieser, wegen der Stellung des § 28a BetrVG im Gesetz naheliegenden Einordnung, wird in der Literatur einhellig die Auffassung vertreten, daß auch wenn sich der Betriebsrat zu einer Übertragung von Aufgaben entschließt, es sich bei der Arbeitsgruppe im Sinne des § 28a BetrVG dennoch nicht um einen Ausschuß oder ein sonstiges Hilfsorgan bzw. eine Unterorganisation des Betriebsrates handelt[99].

I. Wortlaut des Gesetzes

Die Richtigkeit dieser Auffassung und damit der Unterschied zwischen Arbeitsgruppen und Ausschüssen des Betriebsrates wird bereits aus dem Wortlaut der gesetzlichen Vorschriften deutlich:

---

[98] Vgl. dazu *Leßmann/Liersch*, DStR 2001, 1306, die von einer irreführenden systematischen Stellung des § 28a BetrVG sprechen; *Richardi*, NZA 2001, 351 bezeichnet die systematische Einordnung als nicht ohne weiteres transparent.

[99] Vgl. ErfK-*Eisemann*, § 28a Rn. 7; *Fitting/Kaiser/Heither/Engels/Schmidt*, § 28a Rn. 7; GK-BetrVG-*Raab*, § 28a Rn. 7; HaKo-BetrVG-*Blanke*, § 28a Rn. 6; *Stege/Weinspach/Schiefer*, § 28a Rn. 6; Dörner/Luczak/Wildschütz-*Wildschütz*, Rn. 471; *Busch*, Arbeitsgruppen und Gruppenarbeit, S. 73; *Geffken*, AiB 2002, 257; *Hoyningen-Huene*, Betriebsverfassungsrecht, S. 172; Jaeger/Röder/Heckelmann-*Kappenhagen*, Kap. 5 Rn. 146; *Leßmann/Liersch*, DStR 2001, 1306; *Natzel*, DB 2001, 1362; *Raab*, NZA 2002, 475; *Reichold*, NZA-Sonderbeilage 24/2001, 38; *Worzalla/Will*, Rn. 262.

Der Betriebsausschuß im Sinne des § 27 BetrVG setzt sich gem. § 27 Abs. 1 Satz 2 BetrVG aus dem Betriebsratsvorsitzenden, dessen Stellvertreter und weiteren Ausschußmitgliedern zusammen. Diese weiteren Ausschußmitglieder werden gem. § 27 Abs. 1 Satz 3 BetrVG vom Betriebsrat "aus seiner Mitte" gewählt. Daraus ergibt sich zwingend, daß sämtliche Mitglieder des Betriebsausschusses gleichzeitig Mitglieder des Betriebsrates sind[100]. Für die weiteren Ausschüsse des Betriebsrates im Sinne des § 28 Abs. 1 BetrVG gilt diese Regelung zur Wahl der Ausschußmitglieder gem. § 28 Abs. 1 Satz 2 BetrVG entsprechend. Somit sind auch hier die Mitglieder des Ausschusses zwingend gleichzeitig Mitglieder des Betriebsrates[101].

In § 28a BetrVG wird dagegen die Aufgabenübertragung auf eine Arbeitsgruppe geregelt. Die Vorschrift geht dabei davon aus, daß bereits eine Arbeitsgruppe besteht; wie sie gebildet wird, ist daher nicht festgelegt. Nach dem Wortlaut des § 28a BetrVG ist nicht notwendig, daß die Mitglieder der Arbeitsgruppe gleichzeitig Mitglieder des Betriebsrates sind. Eine personelle Verknüpfung zwischen Betriebsrat und Arbeitsgruppe ist demzufolge zwar nicht ausgeschlossen, jedoch im Vergleich zu §§ 27, 28 Abs. 1 BetrVG nicht zwingend erforderlich[102].

II. Zweck der Ausschüsse und Arbeitsgruppen

Die Ausschüsse des Betriebsrates sind auch ihrem Zweck nach von den Arbeitsgruppen zu unterscheiden.

Der Betriebsausschuß hat die laufenden Geschäfte[103] des Betriebsrates zu führen (§ 27 Abs. 2 Satz 1 BetrVG). Seine Aufgabe besteht darin, durch entsprechende Vorbereitung und Unterstützung zu gewährleisten, daß der Betriebsrat funktionsfähig bleibt und die ihm zugewiesenen Aufgaben ordnungsgemäß durchführen kann[104]. Hierzu können ihm auch

---

[100] So auch einheitlich die Kommentarliteratur. Vgl. statt aller DKK-*Wedde*, § 27 Rn. 6; *Fitting/Kaiser/Heither/Engels/Schmidt*, § 27 Rn. 13; GK-BetrVG-*Wiese/Raab*, § 27 Rn. 14 f.

[101] Auch hier ist die Kommentarliteratur einheitlich. Vgl. statt aller DKK-*Wedde*, § 28 Rn. 13; *Fitting/Kaiser/Heither/Engels/Schmidt*, § 28 Rn. 28; GK-BetrVG-*Wiese/Raab*, § 28 Rn. 21.

[102] So auch *Stege/Weinspach/Schiefer*, § 28a Rn. 5; *Worzalla/Will*, Rn. 263.

[103] Vgl. zu diesem nicht unumstrittenen Begriff DKK-*Wedde*, § 27 Rn. 33 f.; *Fitting/Kaiser/Heither/Engels/Schmidt*, § 27 Rn. 67 ff.; GK-BetrVG-*Wiese/Raab*, § 27 Rn. 61 ff.

[104] So auch *Fitting/Kaiser/Heither/Engels/Schmidt*, § 27 Rn. 65; GK-BetrVG-*Wiese/Raab*, § 27 Rn. 9; ähnlich DKK-*Wedde*, § 27 Rn. 32.

Aufgaben zur selbständigen Erledigung übertragen werden (§ 27 Abs. 2 Satz 2 BetrVG). Dem Betriebsausschuß kommt folglich gegenüber dem Betriebsrat eine dienende Funktion zu. Somit ist er Hilfsorgan des Betriebsrates[105]. Die weiteren Ausschüsse haben die ihnen vom Betriebsrat übertragenen Aufgaben wahrzunehmen (§ 28 Abs. 1 Satz 1 BetrVG). Durch diese Regelung erhält der Betriebsrat die Möglichkeit, durch die Bildung von Fachausschüssen für bestimmte Angelegenheiten, seine Arbeit besser zu strukturieren und zu erledigen[106]. Die weiteren Ausschüsse nach § 28 Abs. 1 BetrVG dienen somit der Erleichterung und Beschleunigung der Betriebsratsarbeit[107]. Folglich sind auch sie Hilfsorgane des Betriebsrates[108].

Die Arbeitsgruppen erfüllen dagegen keine Hilfsfunktion gegenüber dem Betriebsrat, sondern sollen eine größere Autonomie der Gruppenmitglieder bei der Regelung der sie betreffenden Angelegenheiten schaffen[109]. Insbesondere dienen sie nicht nur der Vorbereitung von Entscheidungen oder der sonstigen Unterstützung des Betriebsrates, sondern besitzen eigenständige Entscheidungsbefugnisse, die sogar zum Abschluß von Vereinbarungen mit der Wirkung von Betriebsvereinbarungen berechtigen[110]. Sie sind daher keine bloßen Untergruppen oder Hilfsorgane des Betriebsrates[111].

III. Notwendigkeit von Rahmenvereinbarungen

Ebenfalls gegen die Einordnung der Arbeitsgruppen als Unterorganisationen des Betriebsrates spricht die Notwendigkeit des Abschlusses einer Rahmenvereinbarung für die Übertragung von Aufgaben[112]. Der Betriebs-

---

[105] Vgl. *Fitting/Kaiser/Heither/Engels/Schmidt*, § 27 Rn. 54; GK-BetrVG-*Wiese/Raab*, § 27 Rn. 49.

[106] Siehe die Begründung des Regierungsentwurfes zu § 28, BT-Drucks. 14/5741, S. 39 f.

[107] So auch *Fitting/Kaiser/Heither/Engels/Schmidt*, § 28 Rn. 6; GK-BetrVG-*Wiese/Raab*, § 28 Rn. 11.

[108] Vgl. *Fitting/Kaiser/Heither/Engels/Schmidt*, § 28 Rn. 6.

[109] Siehe die Begründung des Regierungsentwurfes zu § 28a, BT-Drucks. 14/5741, S. 40; dazu auch DKK-*Wedde*, § 28a Rn. 2; GK-BetrVG-*Raab*, § 28a Rn. 7; *Raab*, NZA 2002, 475.

[110] Vgl. *Fitting/Kaiser/Heither/Engels/Schmidt*, § 28a Rn. 7.

[111] Vgl. *Fitting/Kaiser/Heither/Engels/Schmidt*, § 28a Rn. 7; *Leßmann/Liersch*, DStR 2001, 1306; *Natzel*, DB 2001, 1362; *Worzalla/Will*, Rn. 262.

[112] So auch *Fitting/Kaiser/Heither/Engels/Schmidt*, § 28a Rn. 7; *Reichold*, NZA-Sonderbeilage 24/2001, 38; *Reichold*, NZA 2001, 862.

rat muß nämlich die Möglichkeit haben, über die Zusammensetzung und die Aufgabenübertragung seiner Unterorganisationen allein zu bestimmen. Dem Arbeitgeber dürfte insoweit kein Mitspracherecht zustehen. Für den Abschluß der Rahmenvereinbarung ist jedoch eine Einigung mit dem Arbeitgeber erforderlich. Folglich können die Arbeitsgruppen keine Unterorganisationen des Betriebsrates sein.

IV. Zwischenergebnis

Der einheitlich vertretenen Auffassung, daß es sich bei den Arbeitsgruppen im Sinne des § 28a BetrVG nicht um Ausschüsse oder sonstige Hilfsorgane des Betriebsrates handelt, ist zuzustimmen. Dies ergibt sich schon aus dem Vergleich des Wortlautes der §§ 27 bis 28a BetrVG. Dafür spricht weiterhin der Sinn und Zweck der Ausschüsse und Arbeitsgruppen sowie die Notwendigkeit des Abschlusses von Rahmenvereinbarungen zwischen Betriebsrat und Arbeitgeber.

C. Schlußfolgerungen für die Einordnung der Arbeitsgruppe in die Betriebsverfassung

Ausgehend von diesem einheitlichen Standpunkt werden jedoch in der Literatur für die Einordnung der Arbeitsgruppe im Rahmen der Betriebsverfassung unterschiedliche Schlußfolgerungen gezogen.

I. Überwiegende Meinung

Überwiegend wird die Meinung vertreten, daß die Arbeitsgruppe ein rechtlich selbständiges Repräsentationsorgan der Arbeitnehmer ist[113]. Für die rechtliche Selbständigkeit der Arbeitsgruppe soll deren Zweck sprechen, der größeren Autonomie der Gruppenmitglieder bei den sie betreffenden Angelegenheiten zu dienen[114]. Daß die Arbeitsgruppe nicht kraft originärer Legitimation handeln kann, sondern auf eine Delegation von Mitbestimmungsbefugnissen durch den Betriebsrat angewiesen ist, soll dem nicht entgegenstehen[115]. Eine Abhängigkeit vom Betriebsrat bestehe

---

113 Vgl. *Fitting/Kaiser/Heither/Engels/Schmidt*, § 28a Rn. 7; GK-BetrVG-*Raab*, § 28a Rn. 7; HaKo-BetrVG-*Blanke*, § 28a Rn. 6; *Löwisch*, BB 2001, 1741; *Löwisch*, NZA-Sonderbeilage 24/2001, 43; *Raab*, NZA 2002, 475; *Richardi*, NZA 2001, 351.

114 So GK-BetrVG-*Raab*, § 28a Rn. 7.

115 So *Fitting/Kaiser/Heither/Engels/Schmidt*, § 28a Rn. 6.

nur hinsichtlich des "Ob" der Aufgabenübertragung, soweit jedoch Aufgaben auf die Arbeitsgruppe übertragen worden seien, würden diese in eigener Verantwortung wahrgenommen[116]. Eine daneben fortbestehende konkurrierende Zuständigkeit des Betriebsrates gebe es nicht[117].

II. Gegenansicht

Teilweise werden Bedenken gegen die Bezeichnung der Arbeitsgruppe als selbständiges Repräsentationsorgan, daß ergänzend zum Einzel-, Gesamt- und Konzernbetriebsrat hinzutritt, geltend gemacht[118]. Begründet wird dies damit, daß die Arbeitsgruppe nicht kraft originärer Legitimation, sondern kraft Delegation von Mitbestimmungsbefugnissen handele und der Betriebsrat als originär legitimiertes Organ sich dieser durch Ausübung seines Widerrufsrechts wieder bemächtigen kann[119]. Durch dieses Widerrufsrecht solle sichergestellt werden, daß der Betriebsrat zu jeder Zeit die Kontrolle über die Arbeitsgruppe behält[120]. Weiterhin könne der Betriebsrat die von der Arbeitsgruppe abgeschlossenen Vereinbarungen kündigen und neue abschließen[121]. Die Arbeitsgruppe habe daher grundsätzlich nicht die Rechte und Kompetenzen des Betriebsrates[122]. Sie und ihr Handlungsspielraum hänge folglich allein vom Betriebsrat ab[123].

III. Stellungnahme

1. Vergleich zu gemeinsamen Ausschüssen im Sinne des § 28 Abs. 2 BetrVG

Für die Ansicht, die Arbeitsgruppe als ein selbständiges Repräsentationsorgan anzusehen, spricht zunächst ein Vergleich zu dem gemeinsamen Ausschuß von Arbeitgeber und Betriebsrat nach § 28 Abs. 2 BetrVG. Für diesen ist anerkannt, daß er eine eigenständige Einrichtung der Be-

---

[116] Vgl. *Fitting/Kaiser/Heither/Engels/Schmidt*, § 28a Rn. 6 f.; GK-BetrVG-*Raab*, § 28a Rn. 7; *Raab*, NZA 2002, 475.

[117] Vgl. *Raab*, NZA 2002, 475.

[118] Siehe *Stege/Weinspach/Schiefer*, § 28a Rn. 6; *Natzel*, DB 2001, 1362; *Worzalla/Will*, Rn. 262.

[119] Vgl. *Stege/Weinspach/Schiefer*, § 28a Rn. 6; *Natzel*, DB 2001, 1362; *Worzalla/Will*, Rn. 262.

[120] So *Reichold*, NZA 2001, 862; *Reichold*, NZA-Sonderbeilage 24/2001, 38.

[121] So *Stege/Weinspach/Schiefer*, § 28a Rn. 6.

[122] So *Worzalla/Will*, Rn. 262.

[123] So *Stege/Weinspach/Schiefer*, § 28a Rn. 6.

triebsverfassung ist[124]. Die Mitglieder eines solchen gemeinsamen Ausschusses werden gem. § 28 Abs. 2 BetrVG vom Betriebsrat und vom Arbeitgeber benannt. Im Vergleich dazu hat der Betriebsrat bei den Arbeitsgruppen nach § 28a BetrVG hinsichtlich der personellen Zusammensetzung kein Mitspracherecht[125]. Hierfür sind allein die Organisationsentscheidungen des Arbeitgebers maßgeblich[126]. Folglich hat der Betriebsrat, soweit die Arbeitsgruppenmitglieder nicht gleichzeitig Mitglieder des Betriebsrates sind, in der Arbeitsgruppe deutlich geringere Einflußmöglichkeiten. Darüber hinaus können die Arbeitsgruppen gem. § 28a Abs. 2 BetrVG mit dem Arbeitgeber Vereinbarungen mit normativer Wirkung des § 77 BetrVG schließen[127]. Eine solche Möglichkeit ist für gemeinsame Ausschüsse gem. § 28 Abs. 2 iVm. § 28 Abs. 1, Satz 3 Halbsatz 2 iVm. § 27 Abs. 2 Satz 2 Halbsatz 2 BetrVG ausdrücklich ausgeschlossen. Wenn aber schon für die gemeinsamen Ausschüsse anerkannt ist, daß diese rechtliche selbständige Einrichtungen der Betriebsverfassung sind, muß dies erst recht für die Arbeitsgruppen im Sinne des § 28a BetrVG gelten, bei denen die Unabhängigkeit vom Betriebsrat mangels personeller Verknüpfung und aufgrund der Möglichkeit, Vereinbarung mit normativer Wirkung zu schaffen, noch größer ist.

2. Problem der fehlenden originären Legitimation

Gegen die Einordnung als selbständiges Repräsentationsorgan der Betriebsverfassung spricht auch nicht, daß die Arbeitsgruppe nicht kraft originärer Legitimation, sondern "nur" kraft Delegation von Mitbestimmungsbefugnissen legitimiert ist. Soweit eine solche Delegation stattfindet, ist gerade die Arbeitsgruppe Träger der Mitbestimmungs- und Mitwirkungsrechte, nicht jedoch der Betriebsrat. Sie tritt damit im Rahmen der Übertragung an die Stelle des Betriebsrates, dem keine fortbestehende konkurrierende Zuständigkeit verbleibt. Das dieser durch die Ausübung

---

[124] So ausdrücklich BAG vom 20.10.1993, AP Nr. 5 zu § 28 BetrVG 1972 unter B.III.1.d); ebenso DKK-*Wedde*, § 28 Rn. 16; *Fitting/Kaiser/Heither/Engels/Schmidt*, § 28 Rn. 41 und § 28a Rn. 7; GK-BetrVG-*Wiese/Raab*, § 28 Rn. 36; Richardi-*Richardi/Thüsing*, § 28 Rn. 27; *Stege/Weinspach/Schiefer*, § 28 Rn. 7.

[125] Es sind natürlich die Mitbestimmungsrechte aus § 99 BetrVG zu beachten, so daß der Betriebsrat zumindest mittelbar beteiligt werden muß. Er kann aber die Zustimmung nur aus den in § 99 Abs. 2 BetrVG genannten Gründen verweigern. Näheres zur Zusammensetzung der Arbeitsgruppe siehe unter Gliederungspunkt § 4 B.II.3.

[126] Siehe unter Gliederungspunkt § 4 B.II.

[127] Auch *Fitting/Kaiser/Heither/Engels/Schmidt*, § 28a Rn. 7 stellen auf die Möglichkeit zur Schaffung von Vereinbarungen mit normativer Wirkung ab.

des Widerrufsrechts aus § 28a Abs. 1 Satz 4 BetrVG der Arbeitsgruppe die Mitbestimmungsbefugnisse wieder entziehen kann, ändert nichts an der Tatsache, daß die Arbeitsgruppe für die Zeit der Delegation selbständig handelt. Auch dient das Widerrufsrecht in erster Linie dazu, die Funktion des Betriebsrates als einheitliche Interessenvertretung aller Arbeitnehmer des Betriebes sicherzustellen[128]. Das hierdurch die Stellung der Arbeitsgruppe als selbständiges Repräsentationsorgan verhindert werden sollte, läßt sich der Gesetzesbegründung indes nicht entnehmen.

3. Wortlaut des § 75 Abs. 2 Satz 2 BetrVG

Weiterhin haben Arbeitgeber und Betriebsrat nach dem eindeutigen Wortlaut des § 75 Abs. 2 Satz 2 BetrVG "die Selbständigkeit (...) der (...) Arbeitsgruppen zu fördern". Dies setzt denknotwendig voraus, daß eine solche Selbständigkeit der Arbeitsgruppen auch besteht. Anderenfalls wäre eine Förderung gar nicht möglich. Auch dies spricht dafür, die Arbeitsgruppen als selbständige Organe der Betriebsverfassung anzuerkennen.

4. Sinn und Zweck der Regelung

Schließlich spricht der Sinn und Zweck der Regelung dafür, die Arbeitsgruppe als selbständiges Organ der Betriebsverfassung anzusehen. Ausweislich der Gesetzesbegründung[129] sollen die Arbeitnehmer die Angelegenheiten, die sie selbst betreffen, eigenständig gestalten können. An die Stelle des Betriebsrates als Repräsentant aller Arbeitnehmer soll die Mitbestimmung durch die Betroffenen als Gruppe treten. Diese sollen sich also selbst repräsentieren können.

D. Ergebnis und Zusammenfassung

Die Arbeitsgruppen im Sinne des § 28a BetrVG sind weder Ausschüsse noch sonstige Hilfsorgane oder Unterorganisationen des Betriebsrates. Vielmehr sind sie als selbständige Repräsentationsorgane für die Arbeitsgruppenmitglieder anzusehen. Im Rahmen der übertragenen Aufgaben treten sie betriebsverfassungsrechtlich somit ergänzend neben die Einzel-, Gesamt- und Konzernbetriebsräte.

---

[128] So die Gesetzesbegründung BT-Drucks. 14/5741, S. 30.

[129] Vgl. BT-Drucks. 14/5741, S. 29 f.

§ 4 Betriebliche Voraussetzungen für die Aufgabenübertragung

A. Betriebsgröße

I. Sinn des Schwellenwertes

Über den Sinn des Schwellenwertes in § 28a BetrVG finden sich im Schrifttum unterschiedliche Auffassungen[130].

1. Darstellung der verschiedenen Auffassungen

a) Auffassung von *Raab*[131]

So bezeichnet *Raab* die Übernahme des Schwellenwertes aus § 28 BetrVG in § 28a BetrVG als nicht verständlich. Zur Begründung verweist er darauf, daß es im Rahmen von § 28 BetrVG bei der Bildung von Ausschüssen darum gehe, eine Entlastung des Betriebsrates als Gesamtgremium zu erreichen. Dies komme jedoch notwendigerweise erst ab einer bestimmten Betriebsgröße in Betracht. In § 28a BetrVG gehe es hingegen nicht um eine Entlastung des Betriebsrates, sondern vielmehr soll ein Mehr an Selbstbestimmung durch die unmittelbare Beteiligung der Arbeitnehmer erreicht werden. Warum dies von der Beschäftigtenzahl abhängig sein soll, bleibe fraglich. Darüber hinaus bedürfe auch der Arbeitgeber nicht des Schutzes durch den Schwellenwert, da notwendige Voraussetzung für die Übertragung von Aufgaben auf die Arbeitsgruppe der Abschluß einer (nicht erzwingbaren)[132] Rahmenvereinbarung zwischen Arbeitgeber und Betriebsrat ist. Somit könne die Aufgabenübertragung ohnehin nicht gegen den Willen des Arbeitgebers erfolgen.

---

[130] Im Referentenentwurf des Bundesministeriums für Arbeit und Sozialordnung war noch kein Schwellenwert vorgesehen gewesen. Dieser wurde erst aufgrund einer Intervention des Bundesministeriums für Wirtschaft im Regierungsentwurf für § 28 I BetrVG eingeführt und schließlich auch in § 28a BetrVG übernommen. Näheres zur Gesetzesentstehung vgl. oben unter Gliederungspunkt § 2 E.I.

[131] Vgl. GK-BetrVG-*Raab*, § 28a Rn. 10.

[132] Siehe zur Frage der Erzwingbarkeit der Rahmenvereinbarung die Ausführungen unter Gliederungspunkt § 5 B.II.

b) Auffassung von *Engels/Trebinger/Löhr-Steinhaus*[133]

Dagegen führen *Engels/Trebinger/Löhr-Steinhaus* an, die Übertragung diene zwar in erster Linie einem Mehr an Selbstbestimmung, entlaste aber gleichzeitig auch den Betriebsrat. Insoweit wird also auf die ähnlichen Auswirkungen der §§ 28 und 28a BetrVG hinsichtlich der Betriebsratsentlastung abgestellt, was natürlich zur Übernahme des Schwellenwertes aus § 28 BetrVG geführt habe.

c) Auffassung von *Schiefer/Korte*[134]

Kritisch haben sich auch *Schiefer/Korte* geäußert. Nach ihrer Auffassung geht der Schutz für die Arbeitgeber durch den Schwellenwert noch nicht weit genug. Lediglich kleinere Betriebe seien ausreichend geschützt[135]. Außerdem werde der Schwellenwert aufgrund der Vermutungsregel in § 1 Abs. 2 BetrVG zu schnell erreicht[136]. Für größere Betriebe sei daher eine nicht unerhebliche Kostenlast vorgezeichnet.

2. Stellungnahme

Verfehlt dürfte es sein, den Sinn des Schwellenwertes einzig in einer Schutzfunktion für den Arbeitgeber zu sehen. Es läßt sich zwar nicht verleugnen, daß die Forderung des Betriebsrates nach dem Abschluß einer Rahmenvereinbarung zur Übertragung von Aufgaben auf den Arbeitgeber einen gewissen Druck ausübt, dennoch hat dieser genügend Möglichkeiten, sich dem zu widersetzen, nicht zuletzt dadurch, daß eine solche Rahmenvereinbarung - wie noch zu zeigen sein wird - nicht erzwingbar ist[137]. Darüber hinaus deuten auch die Stellungnahmen in der Literatur darauf hin, daß bei den Betriebsräten offensichtlich kein allzu großes Interesse an einer Aufgabenübertragung bestehen wird, schon, um nicht zu viele Kompetenzen aus der Hand zu geben und sich der "Konkurrenz durch die Arbeitsgruppe" auszusetzen.

---

[133] Vgl. *Engels/Trebinger/Löhr-Steinhaus*, DB 2001, 537.

[134] So *Schiefer/Korte*, NZA 2001, 354.

[135] Nach Auffassung von *Busch*, Arbeitsgruppen und Gruppenarbeit, S. 74, liegt hierin eigentliche Zweck des Schwellenwertes.

[136] So *Schiefer/Korte*, NZA 2001, 353 in der Anmerkung zu § 28 BetrVG, wo auf die Anmerkung zu § 28a BetrVG (NZA 2001, 354) Bezug genommen wird.

[137] Vgl. dazu die Ausführungen unter Gliederungspunkt § 5 B.II.

Zuzugeben ist auch, daß der eigentliche Sinn der Vorschrift, nämlich ein Mehr an Selbstbestimmung durch unmittelbare Beteiligung der Arbeitnehmer zu erreichen, einen Schwellenwert an sich nicht erforderlich macht, da dieses Ziel unabhängig von der Beschäftigtenzahl verfolgt werden kann.

Allerdings können auch die praktischen Auswirkungen nicht völlig außer Acht gelassen werden. Dies betrifft insbesondere die tatsächlich entstehende Entlastungswirkung für den Betriebsrat, soweit Aufgaben übertragen werden. Weiterhin geht der Gesetzgeber wohl davon aus, daß in Betrieben mit 100 oder weniger Arbeitnehmern der Kontakt zwischen Betriebsrat und Belegschaft noch so eng ist, daß die Arbeitnehmer hier ihre Interessen ausreichend durch die Vermittlung über den Betriebsrat zur Geltung bringen können. Das man durch die gesetzliche Festlegung eines bestimmten Schwellenwertes nicht jeden vorhandenen Einzelfall gerecht werden kann, liegt in der Natur der Sache, ist aber hinzunehmen. Insoweit besteht ein sehr weiter Spielraum für den Gesetzgeber.

Im Ergebnis bleibt festzuhalten, daß der Schwellenwert in § 28a BetrVG zur Erreichung des Regelungszwecks nicht erforderlich gewesen wäre. Der Gesetzgeber ist vermutlich davon ausgegangen, daß die Regelung bei einer geringeren Arbeitnehmerzahl im Betrieb ohnehin keine große praktische Bedeutung erlangt hätte. Daneben werden in kleineren Betrieben Streitigkeiten zwischen Betriebsrat und Arbeitgeber über den Sinn und die Notwendigkeit einer Aufgabenübertragung von vornherein ausgeschlossen. Allerdings besteht, wie auch bei anderen Vorschriften, die Gefahr von verstärkten Streitigkeiten, soweit die Beschäftigtenzahl in der Nähe des Schwellenwertes liegt.

II. Bestimmung der Arbeitnehmerzahl

Nach dem Wortlaut der Regelung (§ 28a Abs. 1 Satz 1 Halbsatz 1 BetrVG) ist die Übertragung von Aufgaben vom Betriebsrat auf Arbeitsgruppen nur dann zulässig, wenn im Betrieb mehr als 100 Arbeitnehmer beschäftigt sind. Wie diese Zahl zu bestimmen ist, wurde hingegen nicht festgelegt. In der Literatur wird einhellig davon ausgegangen, es komme auf die Zahl der regelmäßig beschäftigten Arbeitnehmer an[138].

---

[138] Vgl. nur: ErfK-*Eisemann*, § 28a Rn. 2; GK-BetrVG-*Raab*, § 28a Rn. 9; DKK-*Wedde*, § 28a Rn. 12; *Fitting/Kaiser/Heither/Engels/Schmidt*, § 28a Rn. 8; Richardi-*Thüsing*, § 28a Rn. 5; Dörner/Luczak/Wildschütz-*Wildschütz*, Rn. 472; Jaeger/Röder/Heckelmann-*Kappenhagen*, Kap. 5 Rn. 131; *Busch*, Arbeitsgruppen und Gruppenarbeit, S. 74; *Raab*, NZA 2002, 474; *Wedde*, AuR 2002, 123; *Wulff*, ZBVR 2002, 138.

1. Gesetzessystematik

Aus gesetzessystematischer Sicht spricht gegen diese Annahme, daß in einer Vielzahl von Vorschriften ausdrücklich auf die Zahl der regelmäßig beschäftigten Arbeitnehmer abgestellt wird[139]. Das Problem der Bestimmung von Arbeitnehmerzahlen war dem Gesetzgeber somit bekannt. Wäre ein Abstellen auf die regelmäßig beschäftigten Arbeitnehmer gewollt gewesen, hätte also eine entsprechende Formulierung in § 28a BetrVG aufgenommen werden können. Andererseits wird auch im Rahmen solcher Vorschriften, in denen dies nicht ausdrücklich vom Wortlaut gefordert ist[140], von der Literatur einhellig auf die Zahl der regelmäßig Beschäftigten abgestellt[141]. Somit lassen sich allein aus dem Wortlaut und der Systematik des Gesetzes keine eindeutigen Rückschlüsse ziehen.

2. Sinn und Zweck

Zur Begründung für die Maßgeblichkeit der Zahl der regelmäßig beschäftigten Arbeitnehmer wird insbesondere angeführt, durch das Abstellen auf Durchschnittszahlen sollten Zufallsergebnisse und -entscheidungen vermieden werden, die sich bei schwankenden Beschäftigtenzahlen ergeben können[142]. Dies ergebe sich schon aus der allgemeinen Systematik des Gesetzes[143]. Somit genügt ein kurzzeitiges Überschreiten des Schwellenwertes ebensowenig, wie ein kurzfristiges Unterschreiten schadet[144]. Ebenso verhindere das Abstellen auf die regelmäßige Beschäftigtenzahl Manipulationen im Zusammenhang mit der Übertragung von Aufgaben durch kurzfristige Veränderungen der Arbeitnehmerzahl im Betrieb[145]. Schließlich seien auch Gründe der Praktikabilität zu bedenken. Das Abstellen auf die regelmäßige Beschäftigtenzahl ist danach notwendig, weil ansonsten etwa eine kurzfristige Unterschreitung der Mindestbeschäftigtenzahl (beispielsweise durch die Kündigung von Arbeitnehmern) zum Weg-

---

139 Siehe §§ 1 Abs. 1; 9; 14a Abs. 1, 3 und 5; 38 Abs. 1 Satz 1; 60 Abs. 1; 62 Abs. 1; 63 Abs. 4 und 5; 69; 99 Abs. 1; 106 Abs. 1; 110; 111; 112a; 115; 116 Abs. 2 BetrVG.

140 Siehe §§ 28; 92a Abs. 2 Satz 2; 95 Abs. 2 BetrVG.

141 Vgl. hierzu: DKK-*Däubler*, § 92a Rn. 20; DKK-*Klebe*, § 95 Rn. 14; *Fitting/Kaiser/Heither/Engels/Schmidt*, § 28 Rn. 14, § 92a Rn. 12, § 95 Rn. 13; GK-BetrVG-*Wiese/Raab*, § 28 Rn. 17; GK-BetrVG-*Kraft*, § 95 Rn. 22; Richardi-*Richardi/Thüsing*, § 28 Rn. 4, § 94 Rn. 48.

142 Vgl. DKK-*Wedde*, § 28a Rn. 12; *Wedde*, AuR 2002, 123.

143 Vgl. DKK-*Wedde*, § 28a Rn. 12.

144 Vgl. Richardi-*Thüsing*, § 28a Rn. 5.

145 Vgl. DKK-*Wedde*, § 28a Rn. 12.

fall des Verhandlungsmandats führen würde[146]. Der Verzicht des Gesetzgebers darauf, einen entsprechenden Hinweis in die Formulierung der Vorschrift aufzunehmen, wird daher als Redaktionsversehen gewertet[147].

3. Stellungnahme und Zwischenergebnis

Der in der Literatur einhellig vertretenen Ansicht ist zuzustimmen. Anderenfalls wäre das Erreichen eines Schwellenwertes von Zufälligkeiten abhängig, was zu einer erheblichen Rechtsunsicherheit führen würde. Ebenso bestünde eine erhebliche Gefahr, daß seitens des Arbeitgebers versucht werden könnte, durch kurzfristige Veränderungen der Beschäftigtenzahl Einfluß zu nehmen.

Folglich kommt es auch im Rahmen des § 28a BetrVG, obwohl nicht ausdrücklich im Gesetz festgelegt, auf die Zahl der regelmäßig im Betrieb beschäftigten Arbeitnehmer an.

4. Begriff der "regelmäßig Beschäftigten"

Für die Ermittlung der Zahl der Arbeitnehmer, die "regelmäßig" im Betrieb beschäftigt sind, gilt hier nichts anderes als ansonsten im Betriebsverfassungsrecht[148]. Maßgeblich ist also die Beschäftigungslage, die im allgemeinen für den Betrieb kennzeichnend ist[149]. "In der Regel" ist daher von der durchschnittlichen Arbeitnehmerzahl zu unterscheiden[150]. Relevant ist vielmehr die Zahl der Arbeitnehmer, die "normalerweise", also un-

---

[146] Vgl. DKK-*Wedde*, § 28a Rn. 12. Siehe zu den Auswirkungen des Absinkens der Arbeitnehmerzahl auf die Aufgabenübertragung unter Gliederungspunkt § 6 C.II.1.b).

[147] Vgl. DKK-*Wedde*, § 28a Rn. 12; *Raab*, NZA 2002, 474, Fußnote 2.

[148] Vgl. hierzu BAG v. 12.10.1976, AP Nr. 1 zu § 8 BetrVG 1972; BAG v. 22.02.1983, AP Nr. 7 zu § 113 BetrVG 1972; BAG v. 19.07.1983, AP Nr. 23 zu § 113 BetrVG 1972; BAG v. 31.01.1991, AP Nr. 11 zu § 23 KSchG 1969. Siehe hierzu auch die ausführlichen Darstellungen bei DKK-*Schneider*, § 9 Rn. 6 ff.; *Fitting/Kaiser/Heither/Engels/Schmidt*, § 1 Rn. 271 ff.; GK-BetrVG-*Kraft*, § 1 Rn. 66 ff.

[149] Vgl. BAG v. 22.02.1983, AP Nr. 7 zu § 113 BetrVG 1972 unter II.1.; BAG v. 19.07.1983, AP Nr. 23 zu § 113 BetrVG 1972 unter 1.; BAG v. 31.01.1991, AP Nr. 11 zu § 23 KSchG 1969 unter II.1.; BAG v. 09.05.1995, AP Nr. 33 zu § 111 BetrVG 1972 unter B.II.1.; BAG v. 10.12.1996, AP Nr. 37 zu § 111 BetrVG 1972 unter B.II.1.; DKK-*Schneider*, § 9 Rn. 7; *Fitting/Kaiser/Heither/Engels/Schmidt*, § 1 Rn. 271; GK-BetrVG-*Kraft*, § 1 Rn. 66.

[150] Vgl. BAG v. 22.02.1983, AP Nr. 7 zu § 113 BetrVG 1972 unter II.1.; BAG v. 19.07.1983, AP Nr. 23 zu § 113 BetrVG 1972 unter 1.; DKK-*Schneider*, § 9 Rn. 7; *Fitting/Kaiser/Heither/Engels/Schmidt*, § 1 Rn. 272; GK-BetrVG-*Kraft*, § 1 Rn. 66.

ter normalen betrieblichen Verhältnissen üblicherweise beschäftigt werden[151]. Soweit die Arbeitnehmerzahl schwankt, ist die Feststellung grundsätzlich auf Basis eines Rückblicks sowie einer Einschätzung der zukünftigen Entwicklung vorzunehmen[152].

III. Maßgeblicher Zeitpunkt

Nach § 28a Abs. 1 Satz 1 BetrVG ist für die Feststellung des Schwellenwertes nicht die Betriebsratsgröße, sondern die Zahl der im Betrieb beschäftigten Arbeitnehmer relevant. Folglich kann nicht etwa auf den Zeitpunkt der letzten Betriebsratswahl abgestellt werden[153]. Maßgeblich ist nach dem eindeutigen Wortlaut der Vorschrift also allein der Zeitpunkt der Aufgabenübertragung auf die Arbeitsgruppe[154].

Das Abstellen auf diesen Zeitpunkt führt zu verschiedenen Konsequenzen: So kann es vorkommen, daß ein Betriebsrat mit 5 Mitgliedern, der in Betrieben mit 51 bis 100 Arbeitnehmern zu wählen ist, das Recht der Delegation von Aufgaben auf eine Arbeitsgruppe zuwächst, wenn sich die Beschäftigtenzahl auf Dauer auf mehr als 100 Arbeitnehmer erhöht[155]. Ebenso kann ein Betriebsrat mit 7 Mitgliedern, der in Betrieben mit 101 bis 200 Arbeitnehmern zu wählen ist, dieses Recht verlieren, wenn die Beschäftigtenzahl im Laufe der Amtszeit nicht nur vorübergehend unter

---

[151] Vgl. BAG v. 22.02.1983, AP Nr. 7 zu § 113 BetrVG 1972 unter II.1.; BAG v. 19.07.1983, AP Nr. 23 zu § 113 BetrVG 1972 unter 1.; BAG v. 29.05.1991, AP Nr. 1 zu § 17 BPersVG unter B.II.2.b); BAG v. 09.05.1995, AP Nr. 33 zu § 111 BetrVG 1972 unter B.II.1.; BAG v. 10.12.1996, AP Nr. 37 zu § 111 BetrVG 1972 unter B.II.1.; DKK-*Schneider*, § 9 Rn. 7; *Fitting/Kaiser/Heither/Engels/Schmidt*, § 1 Rn. 272.

[152] Vgl. BAG v. 12.10.1976, AP Nr. 1 zu § 8 BetrVG 1972 unter III.3.c); BAG v. 22.02.1983, AP Nr. 7 zu § 113 BetrVG 1972 unter II.1.; BAG v. 19.07.1983, AP Nr. 23 zu § 113 BetrVG 1972 unter 1.; BAG v. 31.01.1991, AP Nr. 11 zu § 23 KSchG 1969 unter II.2.; BAG v. 29.05.1991, AP Nr. 1 zu § 17 BPersVG unter B.II.2.b). Zu den Besonderheiten bei Betriebsstillegung vgl. BAG v. 09.05.1995, AP Nr. 33 zu § 111 BetrVG 1972 unter B.II.1.; BAG v. 10.12.1996, AP Nr. 37 zu § 111 BetrVG 1972 unter B.II.1.; DKK-*Schneider*, § 9 Rn. 8; *Fitting/Kaiser/Heither/Engels/Schmidt*, § 1 Rn. 272; *Wedde*, AuR 2002, 123.

[153] Ebenso *Fitting/Kaiser/Heither/Engels/Schmidt*, § 28a Rn. 9; *Busch*, Arbeitsgruppen und Gruppenarbeit, S. 74.

[154] Zu diesem Ergebnis kommen auch *Fitting/Kaiser/Heither/Engels/Schmidt*, § 28a Rn. 9; DKK-*Wedde*, § 28a Rn. 13; Jaeger/Röder/Heckelmann-*Kappenhagen*, Kap. 5 Rn. 132.

[155] Vgl. ErfK-*Eisemann*, § 28a Rn. 2; *Fitting/Kaiser/Heither/Engels/Schmidt*, § 28a Rn. 9.

101 Arbeitnehmer sinkt[156]. Gleiches gilt auch für Betriebsräte mit mehr als 7 Mitgliedern, auch wenn ein so starkes Absinken der Arbeitnehmerzahl nur selten vorkommen wird.

IV. Berücksichtigung von bestimmten Arbeitnehmergruppen bei der Bestimmung der Arbeitnehmerzahl

Weiterhin stellt sich die Frage, welche Arbeitnehmer solche im Sinne des § 28a BetrVG sind und bei der Berechnung der Arbeitnehmerzahl mitgezählt werden[157].

1. Überlassene Arbeitnehmer, insbesondere Leiharbeitnehmer

Heftig umstritten ist in Rechtsprechung und Literatur die Frage, ob überlassene Arbeitnehmer bei der Bestimmung der Arbeitnehmerzahlen mitzuzählen sind[158].

a) Allgemeines

Die dazu vorhandenen Äußerungen in Rechtsprechung und Literatur beziehen sich vorwiegend auf den Schwellenwert des § 9 BetrVG, teilweise auch auf § 38 BetrVG. Dabei erfolgt die Erörterung überwiegend nur für die Leiharbeitnehmer im Sinne des AÜG (sog. unechte Leiharbeit[159]); an-

---

[156] Vgl. ErfK-*Eisemann*, § 28a Rn. 2; *Fitting/Kaiser/Heither/Engels/Schmidt*, § 28a Rn. 9; Jaeger/Röder/Heckelmann-*Kappenhagen*, Kap. 5 Rn. 132.

[157] Dieses Problem besteht ebenso für eine Reihe weiterer Vorschriften und ist nicht auf § 28a BetrVG begrenzt. Dennoch soll es im folgenden wegen der außerordentlichen Bedeutung für die Anwendung von § 28a BetrVG ausführlich erörtert werden.

[158] Zu den Nachweisen für die unterschiedlichen Ansichten vgl. die Fußnoten bei der Darstellung der einzelnen Meinungen.

Dieser Streit bestand im Grunde bereits vor dem BetrVG-Reformgesetz, ist aber aufgrund der hierin vorgenommenen Änderungen in letzter Zeit verstärkt wieder aufgenommen worden. Der Grund hierfür dürfte neben dem vorhandenen Klärungsbedarf im Allgemeinen vor allem darin liegen, daß in der Zeit vom 1. März bis 31. Mai 2002 die regulären Betriebsratswahlen angestanden haben (vgl. dazu GK-BetrVG-*Kreutz*, § 13 Rn. 3).

[159] Ein sog. "unechtes Leiharbeitsverhältnis" liegt vor, wenn der Arbeitnehmer von vornherein bei dem Arbeitgeber zu dem Zweck eingestellt wird, an Dritte verliehen zu werden (vgl. *Fitting/Kaiser/Heither/Engels/Schmidt*, § 5 Rn. 221 ff.).

Dagegen liegt ein sog. "echtes Leiharbeitsverhältnis" vor, wenn der Arbeitnehmer üblicherweise im Betrieb seines Arbeitgebers beschäftigt und nur ausnahmsweise an einen anderen Arbeitgeber verliehen wird, um in dessen Betrieb vorübergehend zu arbeiten (vgl. *Fitting/Kaiser/Heither/Engels/Schmidt*, § 5 Rn. 213 ff.).

dere Formen der Arbeitnehmerüberlassung werden hingegen meist ausgeblendet. Daher soll das Meinungsspektrum im folgenden zunächst anhand der genannten Vorschriften lediglich mit Blick auf die Leiharbeitnehmer im Sinne des AÜG dargestellt und bewertet werden. Schließlich bleibt dann zu prüfen, inwieweit die gefundenen Ergebnisse auf andere Formen der Arbeitnehmerüberlassung und auf § 28a BetrVG übertragen werden können.

Einigkeit besteht zunächst darüber, daß die Schwellenwerte des Betriebsverfassungsgesetzes, wenn auch mit unterschiedlichen Formulierungen[160], auf die betriebsangehörigen Arbeitnehmer abstellen[161]. Voraussetzung, um Arbeitnehmer im Rahmen der Betriebsverfassung überhaupt mitzählen zu können, ist also grundsätzlich, daß sie dem betriebsverfassungsrechtlichen Arbeitnehmerbegriff des § 5 BetrVG unterfallen. § 5 Abs. 1 BetrVG enthält jedoch keine eigenständige Definition. Das Gesetz geht vielmehr von dem allgemeinen arbeitsrechtlichen Begriff des Arbeitnehmers aus[162]. Durch § 5 Abs. 1 Satz 2, Abs. 2 bis 4 BetrVG wird lediglich der persönliche Anwendungsbereich des Betriebsverfassungsgesetzes erweitert bzw. eingeschränkt[163]. Danach ist Arbeitnehmer, wer auf Grund eines privatrechtlichen Vertrages im Dienste eines anderen (Arbeitgeber) zur Leistung fremdbestimmter Arbeit in persönlicher Abhängigkeit verpflichtet ist[164].

---

[160] So in § 1: "in Betrieben mit ... mindestens 5 ständigen wahlberechtigten Arbeitnehmern"; § 9: "in Betrieben mit ... (wahlberechtigten) Arbeitnehmern"; §§ 28, 28a: "in Betrieben mit mehr als 100 Arbeitnehmern"; § 38: "in Betrieben mit ... Arbeitnehmern"; § 60: "in Betrieben mit ... mindestens 5 Arbeitnehmern"; vgl. ergänzend auch die umfangreiche Aufzählung bei GK-BetrVG-*Kreutz*, § 7 Rn. 75.

[161] Darüber hinaus muß es sich bei einigen Schwellenwerten nicht nur um betriebsangehörige, sondern zusätzlich um wahlberechtigte Arbeitnehmer handeln. So z.B. in § 1 und (teilweise) in § 9 Satz 1 BetrVG.

[162] Siehe BT-Drucks. 14/5741, S. 35; vgl. BAG v. 29.01.92, AP Nr. 1 zu § 7 BetrVG 1972 unter II.1.; ausführlich GK-BetrVG-*Raab*, § 5 Rn. 10; Richardi-*Richardi*, § 5 Rn. 9; zum allgemeinen Arbeitnehmerbegriff vgl. auch BAG v. 09.05.1984, AP Nr. 45 zu § 611 BGB Abhängigkeit; Schaub/Koch/Linck-*Schaub*, Arbeitsrechts-Handbuch, § 8 Rn. 10 ff.

[163] Vgl. DKK-*Trümner*, § 5 Rn. 1a f.; *Fitting/Kaiser/Heither/Engels/Schmidt*, § 5 Rn. 15; GK-BetrVG-*Raab*, § 5 Rn. 11.

[164] So die st. Rspr. seit BAG v. 28.02.1962, AP Nr. 1 zu § 611 BGB Abhängigkeit; aus neuerer Zeit: BAG v. 26.05.1999, AP Nr. 104 zu § 611 BGB Abhängigkeit; BAG v. 12.12.2001, AP Nr. 111 zu § 611 BGB Abhängigkeit. Vgl. *Fitting/Kaiser/Heither/Engels/Schmidt*, § 5 Rn. 16; ähnlich auch DKK-*Trümner*, § 5 Rn. 9; GK-BetrVG-*Raab*, § 5 Rn. 12.

Ausgangspunkt für die Streitigkeiten hinsichtlich der Berücksichtigung der Leiharbeitnehmer für die Arbeitnehmerzahlen ist somit die Frage, ob die Leiharbeitnehmer die Betriebszugehörigkeit zum Entleiherbetrieb besitzen bzw. wie sich das Fehlen eines Arbeitsvertrages zwischen Entleiher und Leiharbeitnehmer auswirkt. Im Zentrum des Streit steht dabei das Verständnis und die Auslegung von § 7 Satz 2 BetrVG, der durch das BetrVG-Reformgesetz neu eingefügt wurde. Im wesentlichen lassen sich hierzu vier Ansichten herauskristallisieren:

b) Meinung 1 - Leiharbeitnehmer sind nie mitzuzählen

Die wohl überwiegende Meinung in Literatur und Rechtsprechung geht davon aus, daß für die Betriebszugehörigkeit ein Arbeitsverhältnis zwischen Arbeitnehmer und Arbeitgeber erforderlich ist[165]. § 7 Satz 2 BetrVG enthalte hierüber keine Regelung, sondern regele lediglich einen Ausnahmefall zur Wahlberechtigung. Leiharbeitnehmer seien somit bei der Berechnung der Arbeitnehmerzahl nie mitzuzählen, da sie keine Arbeitnehmer des (Entleiher-)Betriebes sind. Diese Ansicht entspricht der bereits vor dem BetrVG-Reformgesetz vorherrschenden Meinung.

Begründet wird dies damit, daß § 7 Satz 2 BetrVG den Leiharbeitnehmern zwar ein zusätzliches Wahlrecht gewähre, ihre betriebsverfassungsrechtliche Stellung hingegen unberührt lasse[166]. Der betriebsverfassungsrechtliche Arbeitnehmerbegriff sei durch das Bestehen eines Arbeitsverhältnisses gerade zum Betriebsinhaber und durch die tatsächliche Eingliederung in die Betriebsorganisation konstituiert; Leiharbeitnehmer stünden jedoch gerade nicht in einem Arbeitsverhältnis zum Betriebsinhaber[167].

---

[165] Vgl. dazu die Nachweise im folgenden.

[166] Vgl. BAG v. 16.04.2003 (7 ABR 53/02); LAG Hamm v. 15.11.2002, (10 TaBV 92/02) mit Verweis auf ArbG Braunschweig v. 31.07.2002 (2 BV 109/01), ArbG Bayreuth v. 20.08.2002 (4 BV 5/02 H) und ArbG Krefeld v. 07.08.2002 (2 BV 12/02); LAG Düsseldorf v. 31.10.2002 (5 TaBV 42/02); ArbG Detmold v. 04.06.2002, DB 2002, 1776; ArbG Berlin v. 11.09.2002 (7 BV 14772/02); ArbG Mönchengladbach v. 03.07.2002, NZA-RR 2003, 22 ff.; so wohl auch das BVerwG v. 13.12.2001, ZFSH/SGB 2002, 345 zu § 7 Satz 2 BetrVG n.F. Vgl. auch GK-BetrVG-*Kreutz*, § 7 Rn. 74; *Löwisch/Kaiser*, § 7 Rn. 6; *Bauer*, NZA 2002, 1004; *Franke*, NJW 2002, 656; *Löwisch*, BB 2001, 1737; *Neumann*, BB 2002, 514; *Schaub*, NZA 2001, 365 f.; *Schiefer/Korte*, NZA 2002, 59; *Sieg/Maschmann*, AuA 2002, 22; *Hanau*, ZIP 2001, 1982; ebenso *Hanau*, RdA 2001, 68 mit der einprägsamen Formulierung, "dass die Leiharbeitnehmer zwar wählen, aber nicht zählen".

[167] So die ständige Rechtsprechung: BAG v. 18.01.1989, AP Nr. 1 zu § 9 BetrVG 1972 unter B.II.1.b); BAG v. 29.06.1991, AP Nr. 2 zu § 9 BetrVG 1972 unter B.II.2.; BAG v. 29.01.1992, AP Nr. 1 zu § 7 BetrVG 1972 unter III.1.a); BAG v. 25.11.1992, AP Nr. 8

Die Zuerkennung der Wahlberechtigung für die überlassenen Arbeitnehmer könne daran nichts ändern[168].

Dies ergebe sich schon zwingend aus systematischen Gründen aus der Unterscheidung des Gesetzes zwischen "allen Arbeitnehmern des Betriebes" in § 7 Satz 1 BetrVG und "Arbeitnehmern eines anderen Arbeitgebers" in § 7 Satz 2 BetrVG[169]. Nur die Arbeitnehmer im Sinne des § 7 Satz 1 BetrVG seien daher als "betriebsangehörig" anzusehen[170]. Hätte der Gesetzgeber die wahlberechtigten Leiharbeitnehmer generell einbeziehen und als Arbeitnehmer des Entleiherbetriebes qualifizieren wollen, so daß sie bei der Berechnung der gesetzlichen Schwellenwerte zu berücksichtigen wären, wäre der systematisch richtige Standort für eine entsprechende Regelung § 5 BetrVG gewesen[171]. Eine Neudefinition des allgemeinen Arbeitnehmerbegriffs sollte jedoch ausweislich der Gesetzesbegründung gerade nicht vorgenommen werden[172]. Vielmehr sollten die Leiharbeit-

---

zu § 1 GesamthafenbetriebsG unter I.; BAG v. 25.02.1998, AP Nr. 8 zu § 8 BetrVG 1972 unter II.1., wo zur Klarstellung die entgegenstehende Rechtsprechung des 1. Senats (v. 11.04.1958, AP Nr. 1 zu § 6 BetrVG und v. 28.04.1964, AP Nr. 3 zu § 4 BetrVG unter I.5.a)) ausdrücklich aufgegeben wird; BAG v. 22.03.2000, AP Nr. 8 zu § 4 AÜG unter B.II.2.a)aa); BAG v. 19.06.2001, AP Nr. 1 zu § 87 BetrVG 1972 Leiharbeitnehmer unter B.II.1.a); LAG Düsseldorf v. 31.10.2002 (5 TaBV 42/02); ebenso LAG Baden-Württemberg v. 16.09.1996, NZA-RR 1997, 142. Vgl. auch GK-BetrVG-*Kreutz*, § 7 Rn. 74 und Rn. 37 ff.; *Löwisch/Kaiser*, § 7 Rn. 7; *Stege/Weinspach/ Schiefer*, § 9 Rn. 2a; *Konzen*, RdA 2001, 83 für §§ 1, 9 BetrVG, S. 84 für § 38 BetrVG; *Lindemann/Simon*, NZA 2002, 367; *Löwisch*, BB 2001, 1737; *Maschmann*, DB 2001, 2448; *Neumann*, BB 2002, 514; *Schiefer*, DB 2002, 1776; *Schiefer/Korte*, NZA 2002, 59.

168 Vgl. ArbG Mönchengladbach v. 03.07.2002, NZA-RR 2003, 24; ebenso GK-BetrVG-*Kreutz*, § 7 Rn. 74; in diesem Sinne auch *Schiefer*, DB 2002, 1776; *Schiefer/Korte*, NZA 2002, 59; *Hanau*, ZIP 2001, 1982.

169 So LAG Hamm v. 15.11.2002, (10 TaBV 92/02) unter B.II.2.b)bb); GK-BetrVG-*Kreutz*, § 7 Rn. 74; *Franke*, NJW 2002, 656; *Hanau*, ZIP 2001, 1982.

170 So GK-BetrVG-*Kreutz*, § 7 Rn. 74; *Franke*, NJW 2002, 656.

171 Vgl. LAG Düsseldorf v. 31.10.2002 (5 TaBV 42/02); ArbG Berlin v. 11.09.2002 (7 BV 14772/02). So auch *Stege/Weinspach/Schiefer*, § 9 Rn. 2a; *Schiefer*, DB 2002, 1776; ohne ausdrückliche Einschränkung auf wahlberechtigte Leiharbeitnehmer *Maschmann*, DB 2001, 2448; ebenso *Hanau*, NJW 2001, 2515, der jedoch gleichzeitig darauf hinweist, daß die Schwellenwerte des Gesetzes durchweg auf die wahlberechtigten Arbeitnehmer abstellen und sich daher die Gegenauffassung wohl durchsetzen werde.

172 Siehe dazu BT-Drucks. 14/5741, S. 28; vgl. auch LAG Hamm v. 15.11.2002, (10 TaBV 92/02) unter B.II.2.b)aa); *Lindemann/Simon*, NZA 2002, 367; *Maschmann*, DB 2001, 2448. Siehe dazu auch den Beitrag von *Heilmann/Rudolph*, AuR 2001, 212 f., die ebenfalls davon ausgehen, daß der betriebsverfassungsrechtliche Arbeitnehmer-

nehmer als "Randbelegschaft" nur an die "Stammbelegschaft" herangeführt, nicht jedoch vollkommen gleichgestellt werden[173].

Darüber hinaus sei auch im Rahmen der Novellierung deutlich geworden, daß der Gesetzgeber die Leiharbeitnehmer nicht zu den Arbeitnehmern des Entleiherbetriebes zählt[174]. Anderenfalls wäre auch die gesetzliche Regelung über die Wahlberechtigung ohnehin nicht erforderlich gewesen[175]. Denn wenn die Leiharbeitnehmer als Betriebsangehörige anzusehen seien, wären sie schon gem. § 7 Satz 1 BetrVG wahlberechtigt gewesen.

Weiterhin würde eine Mitberücksichtigung der Leiharbeitnehmer nicht mit der Regelung des § 14 Abs. 1 AÜG, wonach diese auch während der Zeit der Arbeitsleistung beim Entleiher Angehörige des Verleiherbetriebes bleiben, korrespondieren[176]. Ebenso soll für diese Auslegung sprechen, daß die Wahlberechtigten im Sinne des § 7 Satz 2 BetrVG gemäß § 14 Abs. 2 AÜG im Betrieb des Entleihers nicht wählbar sind, sondern lediglich einige betriebsverfassungsrechtliche Befugnisse eingeräumt bekommen haben[177]. Da die Leiharbeitnehmer keine betriebsangehörigen Arbeitnehmer des Entleiherbetriebes sind, habe Art. 2 BetrVG-Reformgesetz bei der Änderung des § 14 Abs. 2 AÜG auch darauf verzichtet, das Vorschlags-

---

begriff durch das BetrVG-ReformG nicht verändert wurde, obwohl eine Änderung erforderlich sei; vgl. insbesondere den vorgestellten Änderungsvorschlag hinsichtlich § 5 Abs. 1 BetrVG.

[173] Siehe dazu BT-Drucks. 14/5741, S. 28; vgl. auch *Maschmann*, DB 2001, 2448.

[174] So ausdrücklich in der Gesetzesbegründung BT-Drucks. 14/5741, S. 28; vgl. auch LAG Hamm v. 15.11.2002, (10 TaBV 92/02) unter B.II.2.b)bb); ArbG Detmold v. 04.06.2002, DB 2002, 1776; *Schiefer*, DB 2002, 1777; *Lindemann/Simon*, NZA 2002, 367.

[175] So LAG Hamm v. 15.11.2002, (10 TaBV 92/02) unter B.II.2.b)bb); ArbG Detmold v. 04.06.2002, DB 2002, 1776; *Schiefer*, DB 2002, 1777.

[176] Mit diesem Argument auch BAG v. 18.01.1989, AP Nr. 1 zu § 9 BetrVG 1972 unter B.II.1.b); BAG v. 25.11.1992, AP Nr. 8 zu § 1 GesamthafenbetriebsG unter I.; BAG v. 22.03.2000, AP Nr. 8 zu § 4 AÜG unter B.II.2.a)cc); BAG v. 19.06.2001, AP Nr. 1 zu § 87 BetrVG 1972 Leiharbeitnehmer unter B.II.1.b); vgl. auch BVerwG v. 13.12.2001, ZFSH/SGB 2002, 345. Vgl. *Lindemann/Simon*, NZA 2002, 367; *Hanau*, NJW 2001, 2515.

[177] Vgl. LAG Hamm v. 15.11.2002, (10 TaBV 92/02) unter B.II.2.b)bb); LAG Düsseldorf v. 31.10.2002 (5 TaBV 42/02); GK-BetrVG-*Kreutz*, § 7 Rn. 74; *Löwisch/Kaiser*, § 7 Rn. 6; *Neumann*, BB 2002, 514; auch *Hanau*, NJW 2001, 2515 deutet das Problem des fehlenden passiven Wahlrechts an.

recht an den Betriebsrat nach § 86a BetrVG in den Katalog des § 14 Abs. 2 Satz 3 AÜG aufzunehmen[178].

Auch das in der Begründung zum BetrVG-Reformgesetz ausdrücklich festgestellt wird, Satz 2 erkenne die Betriebszugehörigkeit dieser Arbeitnehmer zum Einsatzbetrieb an, soll kein anderes Ergebnis begründen können[179]. Ein solcher Regelungswille komme weder im Wortlaut des § 7 Satz 2 BetrVG noch aus der Systematik des § 7 BetrVG hinreichend zum Ausdruck[180]. Auch die gegenteilige Äußerung der Bundesregierung in der Sachverständigenanhörung des Bundestagsausschusses für Arbeit und Sozialordnung[181] ändere daran nichts[182]. Vielmehr wäre ein eindeutiger Hinweis des Gesetzgebers erforderlich gewesen[183]. Insbesondere würde die Meinung der Bundesregierung der dokumentierten Absicht des Gesetzgebers, in kleinen Betrieben ein vereinfachtes Wahlverfahren einzuführen[184], widersprechen, da der Anwendungsbereich des § 14a BetrVG erheblich eingeschränkt würde[185]. Da dem Gesetzgeber somit das Problem im Rahmen des Gesetzgebungsverfahrens bekannt gewesen sei, müsse davon ausgegangen werden, daß bewußt auf eine eindeutige Regelung verzichtet wurde und die Leiharbeitnehmer somit nicht als Arbeitnehmer des Entleiherbetriebes qualifiziert werden sollten[186].

Schließlich sollen die nach § 7 Satz 2 BetrVG wahlberechtigten Leiharbeitnehmer auch dann nicht mitgezählt werden, wenn das Gesetz ausdrücklich auf die Wahlberechtigung abgestellt. Der Begriff der "wahlberechtigten Arbeitnehmer" sei bis zur Reform allein zur Abgrenzung von den nicht-wahlberechtigten Arbeitnehmern verwendet worden[187]. Dies sei aber bisher nur eine Frage des Alters, nicht aber der Arbeitnehmereigenschaft gewesen[188]. Es gebe jedoch keinen Grund diesen Begriff nunmehr

---

[178] Vgl. *Löwisch/Kaiser*, § 7 Rn. 7; *Löwisch*, BB 2001, 1737.

[179] So GK-BetrVG-*Kreutz*, § 7 Rn. 74; vgl. dazu BT-Drucks. 14/5741, S. 36.

[180] Vgl. GK-BetrVG-*Kreutz*, § 7 Rn. 74; *Lindemann/Simon*, NZA 2002, 367.

[181] Siehe BT-Drucks. 14/6352, S. 54.

[182] So LAG Hamm v. 15.11.2002, (10 TaBV 92/02) unter B.II.2.b)bb); LAG Düsseldorf v. 31.10.2002 (5 TaBV 42/02); ArbG Mönchengladbach v. 03.07.2002, NZA-RR 2003, 25; *Löwisch/Kaiser*, § 7 Rn. 7; *Löwisch*, BB 2001, 1737.

[183] Siehe Fußnote zuvor.

[184] Siehe dazu BT-Drucks. 14/5741, S. 36 f.

[185] Vgl. *Löwisch/Kaiser*, § 7 Rn. 7; *Löwisch*, BB 2001, 1737.

[186] Vgl. *Schiefer*, DB 2002, 1776.

[187] So *Maschmann*, DB 2001, 2448.

[188] So *Maschmann*, DB 2001, 2448.

anders zu verstehen[189]. Insbesondere kenne das Gesetz auch den "neutralen", nicht an die Arbeitnehmereigenschaft gebundenen Begriff des "Wahlberechtigten"[190]. Anderenfalls wäre der Kreis der wahlberechtigten Arbeitnehmer größer als der Kreis der Arbeitnehmer[191].

Daher sprächen Zweck und Systematik des BetrVG dafür, die Leiharbeitnehmer bei der Ermittlung der Schellenwerte nicht mitzuzählen[192] und zwar unabhängig davon, ob im Gesetz auf die Zahl der Wahlberechtigten oder auf die regelmäßige Zahl der Arbeitnehmer abgestellt wird[193]. Teilweise ist auch die Ansicht geäußert worden, durch die hierzu vertretenen unterschiedlichen Auffassungen komme es nur zu "überflüssigen Streitereien"[194]. Daher solle § 7 Satz 2 BetrVG gestrichen oder wenigstens durch einen klärenden Zusatz ergänzt werden[195].

c) Meinung 2 - nach § 7 Satz 2 BetrVG wahlberechtigte Leiharbeitnehmer sind mitzuzählen, wenn ausdrücklich auf die Wahlberechtigung abgestellt wird

Auch eine von mehreren Instanzgerichten vertretene Meinung geht mit der überwiegenden Ansicht davon aus, daß Leiharbeitnehmer bei der Berechnung der Arbeitnehmerzahl grundsätzlich nicht mitzuzählen sind[196]. Eine Ausnahme bestehe jedoch, soweit im Gesetz ausdrücklich auf "wahlberechtigte Arbeitnehmer" abgestellt werde. Hier seien auch die nach § 7 Satz 2 BetrVG wahlberechtigten Leiharbeitnehmer mitzuzählen.

Begründet wird dies damit, daß für die Bestimmung der Arbeitnehmerzahlen grundsätzlich der Arbeitnehmerbegriff des § 5 BetrVG entscheidend sei[197]. Dieser setze jedoch ein Arbeitsverhältnis zwischen Betriebsin-

---

189 So *Maschmann*, DB 2001, 2448.

190 So *Maschmann*, DB 2001, 2448; vgl. § 19 Abs. 2 Satz 1 BetrVG.

191 Mit diesem Argument *Hanau*, ZIP 2001, 1982.

192 Vgl. *Löwisch/Kaiser*, § 7 Rn. 7; *Löwisch*, BB 2001, 1737.

193 Vgl. GK-BetrVG-*Kreutz*, § 7 Rn. 75; im Ergebnis ebenso *Löwisch/Kaiser*, § 7 Rn. 7; *Schiefer*, DB 2002, 1776; *Hanau*, ZIP 2001, 1982.

194 Siehe *Bauer*, NZA 2002, 1004.

195 So *Bauer*, NZA 2002, 1004.

196 Vgl. ArbG Herne v. 05.06.2002, DB 2002, 1783; ArbG Düsseldorf v. 10.07.2002, DB 2002, 1782; ArbG Frankfurt a.M. v. 22.05.2002, NZA-RR 2003, 28.

197 Vgl. ArbG Düsseldorf v. 10.07.2002, DB 2002, 1782.

haber und Arbeitnehmer voraus[198]. Der Gesetzgeber habe insoweit auch keine Änderung durch das BetrVG-Reformgesetz vorgenommen, jedenfalls sollen für eine solche Annahme keine ausreichenden Anhaltspunkt aus den Gesetzgebungsmaterialien zu entnehmen sein[199]. Vielmehr ergebe sich aus dem Zusammenhang der §§ 7, 9 BetrVG und § 14 AÜG eine gesetzgeberische Grundentscheidung, die nicht von einer vollständigen Einordnung der Leiharbeitnehmer in den Entleiherbetrieb ausgehe[200].

Anders könne dies nur sein, wo das Gesetz ausdrücklich auf die Wahlberechtigung abstellt[201]. Hier sei es konsequent, auch die nach § 7 Satz 2 BetrVG wahlberechtigten Leiharbeitnehmer mitzuzählen[202]. Dies ergebe sich aus den entsprechenden Äußerungen im Gesetzgebungsverfahren[203]. Darüber hinaus soll auch der Normzweck des § 9 BetrVG für dieses Ergebnis sprechen[204]. Schon durch die Einführung von § 14 Abs. 2 Satz 2 und 3, Abs. 3 AÜG sei das Mandat des Betriebsrates im Entleiherbetrieb partiell auf Leiharbeitnehmer erstreckt worden. Die Regelung ist jedoch nicht abschließend[205]. Wenn der Gesetzgeber vor diesem Hintergrund den Leiharbeitnehmer das aktive Wahlrecht einräumt, bewirke dies jedoch eine weitgehende Gleichstellung mit der Stammbelegschaft, so daß konsequenterweise der größere Arbeitsanfall für den Betriebsrat bei der Bestimmung seiner Größe berücksichtigt werden muß[206].

---

[198] Vgl. ArbG Düsseldorf v. 10.07.2002, DB 2002, 1782 ausdrücklich für § 9 BetrVG und ArbG Herne v. 05.06.2002, DB 2002, 1783 für § 38 BetrVG jeweils mit Verweis auf die ständige Rechtsprechung des BAG.

[199] Vgl. ArbG Düsseldorf v. 10.07.2002, DB 2002, 1782; ArbG Herne v. 05.06.2002, DB 2002, 1783 mit Verweis auf die amtliche Begründung BT-Drucks. 14/5741, S. 28.

[200] Vgl. ArbG Düsseldorf v. 10.07.2002, DB 2002, 1782; ähnlich ArbG Herne v. 05.06.2002, DB 2002, 1783.

[201] Vgl. ArbG Düsseldorf v. 10.07.2002, DB 2002, 1782; ArbG Herne v. 05.06.2002, DB 2002, 1783; ArbG Frankfurt a.M. v. 22.05.2002, NZA-RR 2003, 28.

[202] Vgl. ArbG Düsseldorf v. 10.07.2002, DB 2002, 1782; ArbG Frankfurt a.M. v. 22.05.2002, NZA-RR 2003, 28; im Ergebnis offenlassend ArbG Herne v. 05.06.2002, DB 2002, 1783.

[203] Vgl. ArbG Frankfurt a.M. v. 22.05.2002, NZA-RR 2003, 28; siehe auch BT-Drucks. 14/6352, S. 54.

[204] Vgl. dazu ArbG Frankfurt a.M. v. 22.05.2002, NZA-RR 2003, 28.

[205] Vgl. dazu BT-Drucks. 9/847, S. 8 f.; *Boemke*, AÜG, § 14 Rn. 66; *Ulber*, AÜG, § 14 Rn. 50; so schon für die Rechtslage vor dem BetrVG-ReformG BAG v. 15.12.1992, AP Nr. 7 zu § 14 AÜG; *Schüren*, AÜG, § 14 Rn. 55.

[206] So ArbG Frankfurt a.M. v. 22.05.2002, NZA-RR 2003, 28.

Dementsprechend wären Leiharbeitnehmer bei der Ermittlung der Arbeitnehmerzahlen nur dann einzubeziehen, wenn die Vorschrift ausdrücklich auf die Wahlberechtigung abstellt und die Voraussetzungen des § 7 Satz 2 BetrVG vorliegen. Im übrigen wären sie nicht mitzuzählen.

d) Meinung 3 - nach § 7 Satz 2 BetrVG wahlberechtigte Leiharbeitnehmer sind immer mitzuzählen

Nach einer in der Literatur stark vertretenen Meinung, ist grundsätzlich daran festzuhalten, daß für die Betriebszugehörigkeit sowohl ein Arbeitsverhältnis zwischen Arbeitnehmer und Arbeitgeber als auch die tatsächliche Eingliederung im Betrieb erforderlich ist[207]. § 7 Satz 2 BetrVG sei insoweit eine Ausnahmevorschrift, die für die wahlberechtigten Leiharbeitnehmer die Betriebszugehörigkeit fingiert[208]. Wahlberechtigte Leiharbeitnehmer seien daher immer mitzuzählen, da sie wie betriebsangehörige Arbeitnehmer behandelt werden müssen.

Dies sei zwar nicht ausdrücklich geregelt, entspreche aber dem Willen des Gesetzgebers, wonach die wahlberechtigten Leiharbeitnehmer bei der Feststellung der Beschäftigtenzahlen hinsichtlich der Schwellenwerte der §§ 9 und 38 BetrVG zu berücksichtigen seien[209]. Dementsprechend führte der Vertreter der Bundesregierung während der Beratungen zum BetrVG-

---

[207] Vgl. Richardi-*Richardi/Thüsing*, § 7 Rn. 5; Schaub/Koch/Linck-*Koch*, Arbeitsrechts-Handbuch, § 217 Rn. 24a; *Däubler*, AiB 2001, 684; *Engels/Trebinger/Löhr-Steinhaus*, DB 2001, 536; im Ergebnis wohl auch DKK-*Wedde*, § 38 Rn. 9; *Reichold*, NZA 2001, 861; *Shahatit*, BArbBl. 12/2001, 16; *Brors*, NZA 2002, 124; *Wulff*, ZBVR 2002, 138.

[208] Vgl. HaKo-BetrVG-*Kloppenburg*, § 5 Rn. 24; HaKo-BetrVG-*Brors*, § 7 Rn. 3 und § 9 Rn. 3; *Hold*, BuW 2002, 126; Jaeger/Röder/Heckelmann-*Kappenhagen*, Kap. 5 Rn. 131; *Ratayczak*, AiB 2003, 277; siehe auch die Nachweise Fußnote zuvor.

So im Rahmen des § 9 BetrVG auch *Fitting/Kaiser/Heither/Engels/Schmidt*, § 9 Rn. 4 und 5, wo ausdrücklich auf die aus der Wahlberechtigung folgende Betriebszugehörigkeit abgestellt wird. Anders jedoch im Rahmen von §§ 28a, 38 BetrVG: nach *Fitting/Kaiser/Heither/Engels/Schmidt*, § 28a Rn. 8 und § 38 Rn. 9 sollen hier auch die nicht wahlberechtigten Leiharbeitnehmer mitzuzählen seien, soweit im Betrieb in der Regel Leiharbeitnehmer eingesetzt werden. Eine Begründung für die unterschiedliche Bewertung in § 9 BetrVG und §§ 28a, 38 BetrVG wird allerdings nicht gegeben. Diese Nachweise sind daher eher im Rahmen der Meinung 4 (siehe Gliederungspunkt § 4 A.IV.1.e)) anzusiedeln.

[209] So *Shahatit*, BArbBl. 12/2001, 16; im Ergebnis ebenso ArbG Darmstadt v. 22.10.2002, AuR 2003, 121; *Däubler*, AiB 2001, 687; *Richardi*, Grundriss, § 5 Rn. 5 und 8; Richardi-*Richardi/Thüsing*, § 9 Rn. 7 und § 38 Rn. 9; Schaub/Koch/Linck-*Koch*, Arbeitsrechts-Handbuch, § 217 Rn. 24a; auch *Wedde*, AuR 2002, 123, der jedoch nicht ausdrücklich auf das Problem der Betriebszugehörigkeit eingeht; vgl. dazu auch BT-Drucks. 14/6352, S. 54.

Reformgesetz im Ausschuß für Arbeit und Sozialordnung auf Nachfrage aus, daß Leiharbeitnehmer, die nach § 7 Satz 2 BetrVG wahlberechtigt sind, bei den gesetzlichen Schwellenwerten im Rahmen der §§ 9 und 38 BetrVG mitzuzählen seien[210]. Auch wird auf den ausdrücklichen Wortlaut der amtlichen Begründung verwiesen, wonach § 7 Satz 2 BetrVG für bestimmte Fälle die Betriebszugehörigkeit der Leiharbeitnehmer anerkennt[211].

Weiterhin sei es gerade das Ziel des BetrVG-Reformgesetzes gewesen, Arbeitnehmer, die in einem Arbeitsverhältnis zu einem anderen Arbeitgeber stehen, in die Betriebsverfassung einzubeziehen[212]. Außerdem soll für die Einbeziehung der Leiharbeitnehmer in die Betriebsverfassung beim Entleiher sprechen, daß auch die befristet Beschäftigten den vollen Zählwert haben[213]. Das aktive Wahlrecht werde den Leiharbeitnehmern gerade deshalb zugesprochen, weil sie ab einer bestimmten Einsatzzeit als Mitglieder der Betriebsgemeinschaft anzusehen sind und dementsprechend auch eine Einflußmöglichkeit auf die Zusammensetzung des Repräsentationsorgans der Belegschaft haben sollen[214]. Entscheidend ist also die Größe der Betriebsgemeinschaft, nicht aber die Zahl der individuellen Vertragsbeziehungen zwischen dem Betriebsinhaber und einzelnen Arbeitnehmern[215]. Trotz der starken systematischen Gegenargumente seien (wahlberechtigte) Leiharbeitnehmer daher zu berücksichtigen[216].

Darüber hinaus spreche der Sinn der Grenzwerte für diese Lösung: Einerseits solle gerade dem höheren Arbeitsfall des Betriebsrates, der in größeren Arbeitseinheiten entsteht, Rechnung getragen werden[217]. Der Gesetzgeber habe sich durch die Vergrößerung der Betriebsratsgremien gerade eine effizientere Betriebsratsarbeit versprochen[218]. Andererseits werde die Größe insbesondere des Unternehmens vom Gesetzgeber als Indiz für die wirtschaftliche Belastbarkeit gesehen, wobei es ebenfalls

---

210 Vgl. BT-Drucks. 14/6352, S. 54.

211 Vgl. Schaub/Koch/Linck-*Koch*, Arbeitsrechts-Handbuch, § 217 Rn. 24a; *Däubler*, AuR 2001, 286; *Däubler*, AiB 2001, 684; *Ratayczak*, AiB 2003, 277; siehe auch BT-Drucks. 14/5741, S. 36.

212 So *Shahatit*, BArbBl. 12/2001, 16; vgl. dazu BT-Drucks. 14/5741, S. 27 f.

213 Vgl. *Däubler*, AiB 2001, 688; Konzen RdA 2001, 83.

214 So Richardi-*Richardi/Thüsing*, § 9 Rn. 7.

215 So Richardi-*Richardi/Thüsing*, § 9 Rn. 7.

216 So Richardi-*Richardi/Thüsing*, § 9 Rn. 7.

217 So *Däubler*, AiB 2001, 688; ähnlich *Ratayczak*, AiB 2003, 277.

218 Mit dieser Begründung Schaub/Koch/Linck-*Koch*, Arbeitsrechts-Handbuch, § 217 Rn. 24a.

nicht darauf ankomme, ob der Arbeitgeber mit eigenen oder teilweise mit fremden Arbeitskräften tätig werde[219].

Folglich seien Leiharbeitnehmer bei der Berechnung der Arbeitnehmerzahlen mit zu berücksichtigen, soweit sie gem. § 7 Satz 2 BetrVG wahlberechtigt sind. Dies gilt sowohl dann, wenn im Gesetz ausdrücklich auf wahlberechtigte Arbeitnehmer abgestellt wird, als auch in sonstigen Fällen.

e) Meinung 4 - Leiharbeitnehmer sind immer mitzuzählen

Teilweise wird in Literatur[220] und Rechtsprechung[221] auch die Auffassung vertreten, daß Leiharbeitnehmer immer mitzuzählen sind, da es für die Frage der Betriebszugehörigkeit nicht auf ein Arbeitsverhältnis zwischen Arbeitgeber und Arbeitnehmer ankomme. Voraussetzung sei lediglich die Eingliederung in den Betrieb sowie, daß die Leiharbeitnehmer regelmäßig beschäftigt werden. Soweit diese Voraussetzungen erfüllt seien, müßten Leiharbeitnehmer bei der Bestimmung der Arbeitnehmerzahlen berücksichtigt werden. Nur wenn im Gesetz ausdrücklich auf wahlberechtigte Arbeitnehmer abgestellt wird, kommt es auf die Wahlberechtigung an. Deshalb seien grundsätzlich auch nicht-wahlberechtigte Leiharbeitnehmer zu berücksichtigen.

Zur Begründung wird ausgeführt, es sei nicht erforderlich, daß es sich um Arbeitnehmer "des Betriebsinhabers" handelt, vielmehr genüge es, wenn die betreffenden Personen als Arbeitnehmer im Betrieb beschäftigt sind[222].

Die von der Gegenansicht für erforderlich gehaltene Kumulation von Arbeitsvertrag und Eingliederung werde insbesondere der heutigen Arbeitswelt in den Betrieben nicht mehr gerecht[223]. Auch Arbeitnehmer ohne Ar-

---

[219] So *Däubler*, AiB 2001, 688.

[220] Vgl. etwa DKK-*Trümner*, § 5 Rn. 19 ff.; DKK-*Schneider*, § 7 Rn. 7 f. und § 9 Rn. 10; *Busch*, Arbeitsgruppen und Gruppenarbeit, S. 75; *Hamann*, NZA 2003, 527 f.; *Malottke*, AiB 2001, 626; *Schneider/Trümner*, FS Gnade, S. 176 ff.; *Schneider*, AiB 2000, 431 f.; *Schneider*, AiB 2001, 128; *Schneider*, AiB 2002, 290; *Holthaus*, AiB 2001, 542 f.

[221] Vgl. LAG Frankfurt/M. v. 25.01.1985, BB 1985, 2173; LAG Köln v. 23.07.1999, AiB 2000; ArbG Berlin v. 31.01.2001, AiB 2001, 541.

[222] Vgl. LAG Frankfurt/M. v. 25.01.1985, BB 1985, 2173; LAG Köln v. 23.07.1999, AiB 2000, 430; DKK-*Schneider*, § 9 Rn. 10; *Malottke*, AiB 2001, 626.

[223] So *Schneider/Trümner*, FS Gnade, S. 176; *Schneider*, AiB 2001, 128; ähnlich *Hamann*, NZA 2003, 527; *Holthaus*, AiB 2001, 543.

beitsvertrag mit dem Betriebsinhaber seien persönlich und wirtschaftlich abhängig, in der Regel auch weisungsgebunden und dienten mit ihrer Tätigkeit dem Betriebszweck des Beschäftigungsbetriebes[224]. Solche Arbeitnehmer nicht mit einzubeziehen, widerspräche daher der, grundrechtlich durch das Sozialstaatsprinzip abgesicherten, Schutzfunktion der Betriebsverfassung[225].

Darüber hinaus sei die Gegenansicht auch methodisch verfehlt[226]. Insbesondere lägen die Voraussetzungen für die von der Rechtsprechung des BAG gezogene Analogie zu § 14 Abs. 1 AÜG nicht vor[227]. Außerdem besage die Vorschrift lediglich etwas über die Aufrechterhaltung der Betriebszugehörigkeit zum Verleiherbetrieb, schließe aber die Betriebszugehörigkeit im Entleiherbetrieb nicht aus[228]. Der Begriff der Betriebszugehörigkeit ist vielmehr unter Bezugnahme auf den Betriebsbegriff zu bestimmen[229]. Definiert man den Betrieb als arbeitstechnische Organisation bzw. organisatorische Einheit, so ist Betriebszugehörigkeit gleichbedeutend mit Organisationszugehörigkeit, die jedoch nicht durch einen Arbeitsvertrag vermittelt werden kann, da der Betrieb selbst kein Rechtssubjekt ist, zu dem eine Vertragsbeziehung unterhalten werden könnte[230]. Die gegenteilige Rechtsprechung des BAG sei jedenfalls durch die Änderungen des BetrVG-Reformgesetzes überholt[231]. Durch die Verleihung des Wahlrechts zum Betriebsrat werde generell die Betriebszugehörigkeit der Leiharbeitnehmer zum Entleiherbetrieb anerkannt[232].

Weiterhin ergebe sich für den Betriebsrat des Beschäftigungsbetriebes aufgrund des Wahlrechts der Leiharbeitnehmer und der damit verbunde-

---

224 Vgl. LAG Frankfurt/M. v. 25.01.1985, BB 1985, 2173; ebenso *Schneider*, AiB 2001, 128.

225 So *Schneider*, AiB 2001, 128.

226 So *Schneider*, AiB 2000, 431; *Schneider/Trümner*, FS Gnade, S. 189.

227 Vgl. DKK-*Trümner*, § 5 Rn. 19; *Schneider*, AiB 2000, 432; *Schneider/Trümner*, FS Gnade, S. 189.

228 Vgl. DKK-*Trümner*, § 5 Rn. 21; *Hamann*, NZA 2003, 527; *Schneider*, AiB 2000, 432; *Schneider/Trümner*, FS Gnade, S. 190.

229 Vgl. DKK-*Trümner*, § 5 Rn. 25; *Schneider*, AiB 2000, 432; *Schneider/Trümner*, FS Gnade, S. 192.

230 Vgl. DKK-*Trümner*, § 5 Rn. 25; *Schneider*, AiB 2000, 432; *Schneider/Trümner*, FS Gnade, S. 192.

231 So DKK-*Schneider*, § 7 Rn. 8 und § 9 Rn. 10; *Schneider*, AiB 2002, 290.

232 So *Fitting/Kaiser/Heither/Engels/Schmidt*, § 5 Rn. 218 (für echte Leiharbeitnehmer) und 237 (für unechte Leiharbeitnehmer) sowie § 7 Rn. 37 ff.; vgl. dazu auch die Bemerkungen oben in Fußnote 208.

nen Legitimationswirkung der Auftrag, die Interessen dieser Beschäftigtengruppe nicht nur partiell, sondern umfassend zu vertreten[233]. Darin liege zugleich eine weitgehende betriebsverfassungsrechtliche Gleichstellung der Leiharbeitnehmer mit den Arbeitnehmern nach § 5 Abs. 1 BetrVG[234]. Beim Umfang der Interessenwahrnehmung müsse daher berücksichtigt werden, daß die Eingliederung der Leiharbeitnehmer in den betrieblichen Ablauf und die Arbeitsorganisation zu einer starken Arbeitsbelastung für den Betriebsrat führt[235]. Um dem Rechnung zu tragen, sei es jedoch erforderlich, die Anzahl der beschäftigten Leiharbeitnehmer im Rahmen der Arbeitsgrundlagen, die dem Betriebsrat zur Verfügung stehen, zu berücksichtigen[236]. Dies gelte insbesondere für die Freistellungen nach § 38 Abs. 1 BetrVG[237]. Hier sei lediglich zu fordern, daß neben den Stammarbeitnehmern regelmäßig auch Leiharbeitnehmer im Betrieb beschäftigt werden[238].

Gleiches soll auch für die zahlenmäßige Größe der betrieblichen Arbeitnehmervertretung gelten[239]. Auch im Rahmen von § 9 BetrVG sei daher die Zahl der regelmäßig beschäftigten Leiharbeitnehmer zu berücksichtigen[240]. Außerdem stünde es im eklatanten Widerspruch zum Normzweck des § 9 BetrVG, die Zusammensetzung der Betriebsrates durch eine be-

---

[233] So DKK-*Schneider*, § 7 Rn. 7; *Schneider*, AiB 2002, 290.

[234] So DKK-*Schneider*, § 7 Rn. 7; *Schneider*, AiB 2002, 290.

[235] So *Schneider*, AiB 2002, 290; vgl. auch ArbG Aachen v. 17.05.2002, DB 2002, 1776; *Schneider/Trümner*, FS Gnade, S. 178; *Holthaus*, AiB 2001, 542; zu diesem Ergebnis kommt schon für die Rechtslage vor dem BetrVG-Reformgesetz das ArbG Berlin v. 31.01.2001, AiB 2001, 541; ähnlich LAG Köln v. 23.07.1999, AiB 2000, 431.

[236] So *Schneider*, AiB 2002, 290; *Holthaus*, AiB 2001, 542; ähnlich DKK-*Schneider*, § 7 Rn. 7; im Ergebnis auch LAG Köln v. 23.07.1999, AiB 2000, 431; ArbG Berlin v. 31.01.2001, AiB 2001, 541.

[237] Vgl. ArbG Berlin v. 31.01.2001, AiB 2001, 541; DKK-*Schneider*, § 7 Rn. 7; *Schneider*, AiB 2002, 290; *Holthaus*, AiB 2001, 542; *Ulber*, AÜG, § 14 Rn. 49a; *Boemke*, AÜG, § 14 Rn. 57.

[238] So *Ulber*, AÜG, § 14 Rn. 49a; *Boemke*, AÜG, § 14 Rn. 57, *Schneider*, AiB 2002, 290; ähnlich LAG Frankfurt/M. v. 25.01.1985, BB 1985, 2173; ArbG Aachen v. 17.05.2002, DB 2002, 1776; vgl. dazu ArbG Berlin v. 31.01.2001, AiB 2001, 541, welches die Leiharbeitnehmer im Ergebnis zwar mitzählt, jedoch davon ausgeht, sie seien nicht regelmäßig und auf Dauer im (Entleiher-)Betrieb beschäftigt.

[239] So *Schneider*, AiB 2002, 290.

[240] So *Schneider*, AiB 2002, 290; ebenso wohl *Holthaus*, AiB 2001, 543, zumindest soweit es nicht auf die Wahlberechtigung ankommt; in diesem Sinne auch DKK-*Trümner*, § 5 Rn. 78a; *Ulber*, AÜG, § 14 Rn. 49a; *Boemke*, AÜG, § 14 Rn. 57; im Ergebnis auch LAG Köln v. 23.07.1999, AiB 2000, 431; ArbG Aachen v. 17.05.2002, DB 2002, 1776.

stimmte Wählergruppe mit bestimmen zu lassen, diese Arbeitnehmer aber bei der Feststellung der Größe des Vertretungsorgans nicht mitzuzählen[241].

Darüber hinaus lasse der Wortlaut der Vorschriften auch eine Auslegung zu, die Arbeitnehmer ohne Arbeitsvertrag mit dem Betriebsinhaber als Betriebsangehörige ansieht[242]. § 38 BetrVG stellt nur auf "Betriebe mit in der Regel ... Arbeitnehmern" ab. Das ist die Zahl der Arbeitnehmer, die für den Betrieb im Allgemeinen kennzeichnend ist[243]. Sie repräsentiert die Betriebsgröße. Erledigt ein Betrieb die anfallende Arbeit mit einer bestimmten Zahl von Leiharbeitnehmern, sind auch diese für die Bewältigung des Arbeitsanfalls erforderlich und somit für den Betrieb kennzeichnend[244]. Gleiches gilt für § 9 BetrVG, soweit es nicht ausdrücklich auf die Wahlberechtigung ankommt[245].

Demnach wären Leiharbeitnehmer grundsätzlich unabhängig von ihrer Wahlberechtigung bei allen Schwellenwerten zu berücksichtigen. Soweit das Gesetz allerdings ausdrücklich auf Wahlberechtigte abstellt, wurden jedoch nur die nach § 7 Satz 2 BetrVG wahlberechtigten Leiharbeitnehmer mitzählen.

f) Stellungnahme

Die Lösung dieses Problems ist durch eine Auslegung der gesetzlichen Vorschriften zu ermitteln[246].

aa) Grammatische Auslegung

Die grammatische Auslegung geht dabei vom Wortlaut der Vorschrift aus, dessen Sinn sich aus dem allgemeinen bzw. speziellen oder gegebenenfalls juristischen Sprachgebrauch ergibt[247].

---

241 So *Schneider*, AiB 2002, 290; ähnlich DKK-*Schneider*, § 7 Rn. 7 und § 9 Rn. 10.

242 So *Holthaus*, AiB 2001, 542.

243 So *Holthaus*, AiB 2001, 542; siehe auch unter Gliederungspunkt § 4 A.II.4.

244 Vgl. *Holthaus*, AiB 2001, 542.

245 So *Holthaus*, AiB 2001, 543; wohl ebenso zu verstehen ErfK-*Eisemann*, § 9 Rn. 2.

246 Die Gesetzesauslegung hat dabei anhand einer grammatischen, systematischen, historischen und teleologischen Auslegung zu erfolgen. Vgl. hierzu *Larenz*, Methodenlehre, S. 313 ff.

247 Vgl. zur grammatischen Auslegung *Larenz*, Methodenlehre, S. 320 ff.

Die "Betriebszugehörigkeit" eines Arbeitnehmers betrifft seinem Wortsinn nach die Frage, ob dieser Arbeitnehmer einem bestimmten Betrieb angehört, diesem also zuzuordnen ist. Über die rechtliche Qualität dieser Zuordnung, also ob hierfür ein Vertrag erforderlich ist oder auch eine faktische Beziehung genügt, läßt sich aus dem Wortsinn hingegen keine zwingende Schlußfolgerung ziehen. Das Fehlen eines Arbeitsvertrages zwischen einem Leiharbeitnehmer und dem Inhaber des Entleiherbetriebes läßt allein nach dem Wortsinn daher nicht den Schluß auf eine fehlende Betriebszugehörigkeit zu.

Auch der Wortlaut des § 7 BetrVG enthält keine ausdrückliche Aussage zu der Frage, ob Leiharbeitnehmer dem Entleiherbetrieb angehören. Gem. § 7 Satz 1 BetrVG sind die (volljährigen) "Arbeitnehmer des Betriebs" wahlberechtigt. Der Wortsinn dieser Formulierung spricht dafür, daß mit dem Begriff "Arbeitnehmer des Betriebes" alle betriebsangehörigen Arbeitnehmer umschrieben werden. Dagegen regelt § 7 Satz 2 BetrVG die Frage der Wahlberechtigung der "Arbeitnehmer eines anderen Arbeitgebers". Die Verwendung dieser Formulierung legt im Vergleich zu § 7 Satz 1 BetrVG zunächst den Schluß nahe, daß diese Arbeitnehmer nicht dem Betrieb angehören, in welchem sie wahlberechtigt sind, sondern gerade einem anderen Arbeitgeber und damit auch einem anderen Betrieb zugeordnet werden sollen. Dabei ist jedoch zu beachten, daß die Formulierungen "Arbeitnehmer eines anderen Arbeitgebers" und "Arbeitnehmer des Betriebes" dem Wortsinn nach kein Gegensatz bilden. Im erst genannten Fall wird auf den Arbeitgeber abgestellt, im zweiten Fall wird auf den Betrieb abgestellt[248]. Insoweit ist es nach dem Wortlaut der Vorschriften auch möglich, § 7 Satz 1 BetrVG als die Regelung des "Normalfalles" zu verstehen, bei dem Betriebszugehörigkeit und Arbeitsverhältnis zum Betriebsinhaber zusammenfallen. § 7 Satz 2 BetrVG wäre dann als Ergänzung bzw. Ausnahme zu Satz 1 zu verstehen, bei der Betriebszugehörigkeit und Arbeitsverhältnis auseinanderfallen können. Bei den hier erfaßten Arbeitnehmern würde es sich also um solche handeln, die betriebsverfassungsrechtlich sowohl dem Betrieb, in dem sie gem. § 7 Satz 2 BetrVG die Wahlberechtigung erhalten, als auch - auf Grundlage des abgeschlossenen Arbeitsvertrages - einem anderen Arbeitgeber zugeordnet werden. Gegen ein solches Verständnis spricht wiederum, daß § 7 Satz 2 BetrVG nicht als Ergänzung zu § 7 Satz 1 BetrVG, sondern wie eine eigenständige

[248] Als gegensätzliche Begriffspaare kämen etwa "Arbeitnehmer des Betriebsinhabers" und "Arbeitnehmer eines anderen Arbeitgebers" oder "Arbeitnehmer des Betriebes" und "Arbeitnehmer eines anderen Betriebes" in Betracht.

Regelung formuliert ist[249]. Einen zwingenden Schluß in die eine oder andere Richtung läßt der Wortlaut des § 7 BetrVG aufgrund der aufgezeigten verschiedenen Deutungsmöglichkeiten nicht zu. Daher bedarf es hierzu noch ergänzender Überlegungen im Rahmen der systematischen, historischen und teleologischen Auslegung.

Auch nach dem Wortlaut der §§ 9, 38 BetrVG ist eine Auslegung möglich, nach der die Arbeitnehmer ohne Arbeitsvertrag mit dem Arbeitgeber als Betriebsangehörige erfaßt werden. § 38 Abs. 1 BetrVG stellt auf "Betriebe mit in der Regel (...) Arbeitnehmern" ab. Dies ist die Zahl der Arbeitnehmer, die für den Betrieb im Allgemeinen kennzeichnend ist. Erledigt ein Betrieb die anfallende Arbeit mit einer bestimmten Zahl von Leiharbeitnehmern, sind auch diese für den Betrieb kennzeichnend und werden somit mit erfaßt. Gleiches gilt für § 9 BetrVG, soweit nicht ausdrücklich auf die Wahlberechtigung abgestellt wird. Eindeutig ist der Wortlaut des § 9 BetrVG im Rahmen der ersten Stufen: hier wird auf "wahlberechtigte Arbeitnehmer" abgestellt. Wahlberechtigte Arbeitnehmer sind aber auch Leiharbeitnehmer unter den Voraussetzungen des § 7 Satz 2 BetrVG. Sie sind daher nach dem Wortlaut der §§ 7 Satz 2; 9 BetrVG mit zu berücksichtigen.

Schließlich ist für § 14 Abs. 1 AÜG festzustellen, daß dieser nach seinem Wortlaut nur festlegt, daß die Leiharbeitnehmer auch während der Arbeitsleistung beim Entleiher Angehörige des entsendenden Betriebs bleiben. Hierdurch wird lediglich positiv festgestellt, daß diese Arbeitnehmer nicht die Betriebsangehörigkeit zum Verleiherbetrieb verlieren. Dies schließt jedoch nicht zwingend eine Betriebsangehörigkeit im Entleiherbetrieb aus.

bb) Systematische Auslegung

Die systematische Auslegung hat an den Bedeutungszusammenhang anzuknüpfen, in dem die Vorschrift steht[250].

---

[249] Als mögliche Formulierungen für eine bloße Ergänzung kämen in Betracht: "Als Arbeitnehmer des Betriebs gelten auch Arbeitnehmer eines anderen Arbeitgebers, wenn sie länger als drei Monate im Betrieb eingesetzt werden (sollen)" oder noch deutlicher: "Abweichend von Satz 1 gelten auch Arbeitnehmer eines anderen Arbeitgebers als betriebsangehörig, wenn sie länger als drei Monate im Betrieb eingesetzt werden (sollen)".

[250] Entscheidend ist also die Stellung der Norm im Gesetz und ihr Verhältnis zu anderen Normen. Vgl. allgemein zur systematischen Auslegung *Larenz*, Methodenlehre, S. 324 ff.

Auch hier müssen zunächst die unterschiedlichen Formulierungen in § 7 Satz 1 und Satz 2 BetrVG betrachtet werden. Aus § 7 Satz 1 BetrVG ergibt sich, daß alle volljährigen betriebsangehörigen Arbeitnehmer auch wahlberechtigt sind[251]. Die Regelung in § 7 Satz 2 BetrVG, nach der auch die "Arbeitnehmer eines anderen Arbeitgebers" wahlberechtigt sind, ist daher nur dann erforderlich, wenn sich deren Wahlberechtigung nicht schon aus § 7 Satz 1 BetrVG ergibt. Anderenfalls wäre die Norm überflüssig. Aus der Existenz des § 7 Satz 2 BetrVG ergibt sich folglich, daß das Gesetz "Arbeitnehmer eines anderen Arbeitgebers" grundsätzlich nicht als betriebsangehörige Arbeitnehmer des Entleiherbetriebes ansieht, da in diesem Fall sich die Wahlberechtigung schon aus § 7 Satz 1 BetrVG ergeben würde. Insoweit kann § 7 Satz 2 BetrVG nur als Ausnahmevorschrift verstanden werden, die eine von diesem Grundsatz abweichende Regelung trifft. Dabei stellt sich nunmehr die Frage, ob sich der Regelungsgehalt des § 7 Satz 2 BetrVG darin erschöpft, den Leiharbeitnehmern die aktive Wahlberechtigung zuzuerkennen oder ob auch die Betriebszugehörigkeit dieser Arbeitnehmer anerkannt werden sollte. Bisher bestand hierzu in Literatur und Rechtsprechung jedenfalls die Ansicht, daß die Betriebszugehörigkeit Voraussetzung für die Wahlberechtigung eines Arbeitnehmers ist[252]. Dies spricht zunächst dafür, daß durch die Zuerkennung der Wahlberechtigung auch die Betriebszugehörigkeit der Leiharbeitnehmer anerkannt werden sollte. Andererseits verlangte die bis zum BetrVG-Reformgesetz herrschende Ansicht für die Betriebszugehörigkeit jedoch auch einen Arbeitsvertrag zwischen Arbeitgeber und Arbeitnehmer. Insoweit könnte § 7 Satz 2 BetrVG lediglich als Ausnahmevorschrift hinsichtlich der aktiven Wahlberechtigung anzusehen sein. Hätte der Gesetzgeber die Betriebszugehörigkeit der wahlberechtigten Leiharbeitnehmer anerkennen und sie generell einbeziehen wollen, wäre eine entsprechende Klarstellung in § 5 Abs. 1 BetrVG als dem systematisch richtigen Standort möglich gewesen, zumal diese Vorschrift ohnehin durch das BetrVG-Reformgesetz ergänzt worden ist. Zu beachten ist jedoch auch, daß die fehlende Klarstellung die Einbeziehung der wahlberechtigten Leiharbeitnehmer nicht zwingend ausschließt. Außerdem gelten für die Leiharbeitnehmer weitere Besonderheiten gegenüber den anderen Arbeitnehmergruppen des § 5 Abs. 1 BetrVG, so daß eine generelle Einbeziehung nicht ohne weiteres mit der Regelung harmonieren würde. Dies gilt insbesondere für den Ausschluß des passiven Wahlrechts durch § 14 Abs. 2 AÜG sowie die fehlende Vertragsbeziehung zum Arbeitgeber. Versteht man § 7 Satz 2 BetrVG auch als Aus-

---

[251] Vgl. dazu die Ausführungen im Rahmen der grammatische Auslegung.

[252] So etwa BAG v. 18.01.1989, AP Nr. 1 zu § 9 BetrVG 1972 unter B.II.1.b); GK-BetrVG-*Kreutz*, § 7 Rn. 11.

nahmeregelung hinsichtlich der Betriebszugehörigkeit, ist sie auch systematisch nicht völlig deplaziert, da Anknüpfungspunkt die in § 7 BetrVG geregelte Wahlberechtigung ist.

Auch das in § 14 Abs. 2 AÜG den Leiharbeitnehmern nur einige betriebsverfassungsrechtliche Befugnisse zugestanden werden, läßt keine Rückschlüsse auf die Betriebszugehörigkeit zu, da es sich hierbei nur um eine beispielhafte Aufzählung, nicht aber um eine abschließende Regelung handelt[253]. Vielmehr wird auch hierdurch die besondere Stellung der Leiharbeitnehmer deutlich.

Die Annahme, der in den Schwellenwerten des Betriebsverfassungsgesetzes teilweise verwendete Begriff "wahlberechtigte Arbeitnehmer" solle auch nach dem BetrVG-Reformgesetz nur der Abgrenzung zu den minderjährigen Arbeitnehmern dienen, nicht jedoch die nach § 7 Satz 2 BetrVG wahlberechtigten Leiharbeitnehmer erfassen, widerspricht nicht nur dem klaren Wortlaut des Gesetzes, sondern findet auch in der Systematik des Gesetzes keinerlei Anhaltspunkte[254]. Insbesondere wurden die Begriffe des "Wahlberechtigten" und des "wahlberechtigten Arbeitnehmers" synonym gebraucht, da schon nach bisheriger Rechtslage die Betriebszugehörigkeit Voraussetzung für die Wahlberechtigung war. Das der Begriff des "wahlberechtigten Arbeitnehmern" bisher nur der Abgrenzung zu den nicht wahlberechtigten jugendlichen Arbeitnehmern diente, ist allein der Tatsache geschuldet, daß das aktive Wahlrecht der Leiharbeitnehmer gem. § 14 Abs. 2 Satz 1 AÜG ausdrücklich ausgeschlossen war. Wenn der Gesetzgeber die Leiharbeitnehmer nicht mit dem Begriff des "wahlberechtigten Arbeitnehmers" hätte erfassen wollen, wäre also ein entsprechender Hinweis erforderlich gewesen. Hieran fehlt es jedoch sowohl im Wortlaut des Gesetzes als auch in der Gesetzesbegründung.

Die Regelung des § 7 Satz 2 BetrVG führt jedoch nicht dazu, daß generell auf das Erfordernis eines Arbeitsvertrages zwischen Arbeitnehmer und Arbeitgeber als Voraussetzung für die Betriebszugehörigkeit verzichtet werden kann. Systematisch ist § 7 Satz 2 BetrVG eine Ausnahmeregelung und als solche eng auszulegen. Sie gilt daher ausschließlich für die Leiharbeitnehmer, welche die Voraussetzungen erfüllen. Hätte dagegen die

---

[253] Vgl. dazu BT-Drucks. 9/847, S. 8 f.; *Boemke*, AÜG, § 14 Rn. 66; *Ulber*, AÜG, § 14 Rn. 50; so schon für die Rechtslage vor dem BetrVG-ReformG BAG v. 15.12.1992, AP Nr. 7 zu § 14 AÜG; *Schüren*, AÜG, § 14 Rn. 55.

[254] Darüber hinaus wird diese Ansicht auch nicht konsequent durchgehalten. So geht *Maschmann*, DB 2001, 2448 im Rahmen des § 14 Abs. 3 BetrVG, nach dem "wahlberechtigte Arbeitnehmer" Wahlvorschläge machen können, plötzlich davon aus, daß auch nach § 7 Satz 2 BetrVG wahlberechtigte Leiharbeitnehmer erfaßt seien.

Bestimmung der Betriebszugehörigkeit grundsätzlich neu gefaßt werden sollen, so hätte ein allgemeiner Tatbestand entwickelt werden müssen, nach dem tatsächliche Beschäftigung (bzw. Eingliederung in den Betrieb) zur Wahlberechtigung führt. Da dies offensichtlich nicht geschehen ist, muß davon ausgegangen werden, daß der Gesetzgeber grundsätzlich an dem Erfordernis eines Arbeitsvertrages zwischen Arbeitnehmer und Betriebsinhaber als Voraussetzung für die Betriebszugehörigkeit festhalten wollte. Insoweit findet sich für die - hier als Meinung 4 gekennzeichnete - Ansicht, nach welcher es für die Frage der Betriebszugehörigkeit generell nicht auf ein Arbeitsverhältnis zwischen Arbeitgeber und Arbeitnehmer ankommen soll, keine gesetzliche Grundlage. Würde auch der Gesetzgeber von dieser Ansicht ausgehen, hätte im Rahmen der Betriebsverfassungsgesetz-Reform die beste Gelegenheit zu einer Klarstellung bestanden. Diese Ansicht ist daher abzulehnen.

cc) Historische Auslegung

Die historische Auslegung stellt neben der Entstehungsgeschichte im engeren Sinne vor allem auf die Regelungsabsicht und die Vorstellungen des Gesetzgebers ab[255].

Zunächst spricht die Begründung des Entwurfs zum BetrVG-Reformgesetzes für § 7 Satz 2 BetrVG ausdrücklich davon, daß die "Betriebszugehörigkeit" dieser Arbeitnehmer anerkannt werde. Dafür, daß der Begriff der Betriebszugehörigkeit hier nur versehentlich verwendet wurde und eigentlich etwas anderes gemeint war, gibt es keinerlei Hinweise. Vielmehr hat sich der Vertreter der Bundesregierung, die diesen Entwurf samt Begründung eingebracht hat, auch in der Sachverständigenanhörung im 11. Ausschuß dahingehend geäußert, daß die von § 7 Satz 2 BetrVG erfaßten Leiharbeitnehmer bei den Schwellenwerten der §§ 9, 38 BetrVG mitzuzählen seien. Spätestens an dieser Stelle hätte ein etwaiges Versehen bei der Formulierung der Begründung des Gesetzesentwurfs korrigiert werden können. Weiterhin sollen die Leiharbeitnehmer auch bei dem Schwellenwert des § 38 BetrVG zu berücksichtigen sein. Dies macht deutlich, daß der Gesetzgeber davon ausgegangen ist, daß die wahlberechtigten Arbeitnehmer im Sinne des § 7 Satz 2 BetrVG nicht nur dann erfaßt werden sollen, wenn im Gesetz ausdrücklich auf "wahlberechtigte Arbeitnehmer" abgestellt wird, sondern sie generell mitgezählt werden. In diesem Sinne werden aber nur betriebsangehörige Arbeitnehmer erfaßt. Folglich sollten nach dem Willen des Gesetzgebers auch die

---

[255] Vgl. allgemein zur historischen Auslegung *Larenz*, Methodenlehre, S. 328 ff.

Arbeitnehmer im Sinne des § 7 Satz 2 BetrVG als betriebsangehörige Arbeitnehmer erfaßt werden.

Dem steht auch nicht entgegen, daß es an anderer Stelle in der Begründung des Gesetzesentwurf heißt, daß Leiharbeitnehmer nur an die Stammbelegschaft herangeführt, dieser aber nicht gleichgestellt werden sollen. Hierdurch wird vielmehr die systematische Auslegung bestätigt, nach der eine Einbeziehung der Leiharbeitnehmer in § 5 Abs. 1 BetrVG aufgrund der Besonderheiten dieser Arbeitnehmergruppe nicht erforderlich ist. Weiterhin unterstützt dies das Verständnis des § 7 Satz 2 BetrVG als Ausnahmeregelung. Dies gilt ebenso für die Tatsache, daß den Leiharbeitnehmern das passive Wahlrecht nach wie vor nicht zuerkannt wird.

Schließlich ist die Behauptung, daß dem Gesetzgeber das Problem im Rahmen des Gesetzgebungsverfahrens bekannt gewesen sei und er bewußt auf eine eindeutige Regelung verzichtet habe, nicht zutreffend. Vielmehr hat der Gesetzgeber seine Auffassung im Gesetzgebungsverfahren, wie oben aufgezeigt, eindeutig geäußert. Insoweit wurde nicht auf eine eindeutige Regelung verzichtet, sondern es ist vielmehr davon auszugehen, daß er die vorgesehene Regelung für eindeutig hielt.

dd) Teleologische Auslegung

Durch die teleologische Auslegung ist schließlich der Sinn und Zweck des Gesetzes zu ermitteln[256].

Das Ziel des BetrVG-Reformgesetzes war es gerade, Arbeitnehmer, die in einem Arbeitsverhältnis zu einem anderen Arbeitgeber stehen, auch in dem Betrieb, in dem sie ihre Arbeitsleistung erbringen, in die Betriebsverfassung einzubeziehen. Gemeint ist hiermit jedoch keine vollständige Einbeziehung, sondern vielmehr eine Annäherung an die Stammbelegschaft[257]. Dies zeigt schon der fortbestehende Ausschluß des passiven Wahlrechts. Die vom Gesetzgeber vorgenommene Anerkennung der Betriebszugehörigkeit der wahlberechtigten Leiharbeitnehmer wäre zwar nicht zwingend notwendig gewesen um dieses Ziel zu erreichen; dieser Weg wurde aber gewählt. Auf der anderen Seite wurde nicht generell auf das Kriterium der Betriebszugehörigkeit aufgrund Arbeitsvertrages zwischen Arbeitnehmer und Betriebsinhaber verzichtet.

Die Einbeziehung der wahlberechtigten Leiharbeitnehmer erscheint auch aus praktischen Gründen als sinnvoll, da sie, ebenso wie befristet Be-

---

[256] Vgl. allgemein dazu *Larenz*, Methodenlehre, S. 333 ff.

[257] Siehe BT-Drucks. 14/5741, S. 28.

schäftigte, nur eine bestimmte Zeit in dem entsprechenden Betrieb tätig sind. Der einzige Unterschied zwischen diesen Arbeitnehmergruppen besteht in der Person der Vertragspartners des Arbeitsvertrages.

Weiterhin ist es gerade Sinn und Zweck der gesetzlichen Schwellenwerte, bei der Größe und Geschäftsführung des Betriebsrates der anfallenden Arbeit Rechnung zu tragen. Es ist daher zur Funktionsfähigkeit des Betriebsrats erforderlich, seine Größe dem Arbeitsaufwand anzupassen. Dieser Arbeitsaufwand wird jedoch maßgeblich durch die Zahl der repräsentierten Arbeitnehmer bestimmt. Da die wahlberechtigten Leiharbeitnehmer ebenfalls vom Betriebsrat repräsentiert werden, müssen sie folglich auch bei der Bestimmung der Betriebsratsgröße berücksichtigt werden. Es widerspricht daher dem Normzweck des § 9 BetrVG, die Zusammensetzung des Betriebsrates durch eine bestimmte Wählergruppe mitbestimmen zu lassen, diese Arbeitnehmer aber bei der Größenfeststellung nicht zu berücksichtigen.

Dem steht auch nicht der Zweck des ebenfalls neu eingeführten vereinfachten Wahlverfahrens (§ 14a BetrVG) entgegen. Einerseits stellt diese Vorschrift ohnehin ausdrücklich auf die "wahlberechtigten Arbeitnehmer" ab, so daß Leiharbeitnehmer im Sinne des § 7 Satz 2 BetrVG wegen des eindeutigen Wortlauts sowieso mitzuzählen sind. Auf die Frage, ob auch deren Betriebszugehörigkeit durch § 7 Satz 2 BetrVG anerkannt wird, kommt es hier daher gar nicht an. § 14a BetrVG kann folglich einem solchen Verständnis auch nicht entgegenstehen. Andererseits gilt das vereinfachte Wahlverfahren gem. § 14a Abs. 1 Satz 1 BetrVG in Betrieben mit 5 bis 50 wahlberechtigten Arbeitnehmern. Der Anwendungsbereich der Vorschrift kann durch Vereinbarung auf Betriebe mit 51 bis 100 wahlberechtigten Arbeitnehmern ausgedehnt werden (§ 14a Abs. 5 BetrVG). Insoweit besteht auch dann, wenn wahlberechtigte Leiharbeitnehmer bei der Bestimmung der Arbeitnehmerzahlen mit berücksichtigt werden, noch ein ausreichend großer Anwendungsspielraum für die Vorschrift.

ee) Heranziehung der bisherigen ständigen Rechtsprechung

Schließlich stellt sich noch die Frage, welche Auswirkungen das Inkrafttreten des BetrVG-Reformgesetz für die bisherige ständige Rechtsprechung des Bundesarbeitsgerichts hat. Das BAG hat für die Beurteilung der Frage der Betriebszugehörigkeit explizit auf den nunmehr aufgehobenen Teil der Regelung des § 14 Abs. 2 AÜG abgestellt[258]. Danach sollte insbesondere der gesetzliche Ausschluß des aktiven und passiven Wahlrechts

---

[258] Vgl. BAG v. 18.01.1989, AP Nr. 1 zu § 9 BetrVG 1972.

für die Leiharbeitnehmer gegen die Annahme einer doppelten Betriebszugehörigkeit sowohl im Verleiher- als auch im Entleiherbetrieb sprechen[259]. Nach der Zuerkennung des aktiven Wahlrechts kann mit diesem Argument die Betriebszugehörigkeit der Leiharbeitnehmer im Entleiherbetrieb nicht mehr verneint werden. Weiterhin wurde ausdrücklich festgestellt, daß es dem Sinn und Zweck des § 9 BetrVG entspricht, zur Aufrechterhaltung der Funktionsfähigkeit des Betriebsrates, seine Größe dem maßgeblich durch die Anzahl der repräsentierten Arbeitnehmer bedingten Arbeitsaufwand anzupassen[260]. Nicht dem Betrieb angehörende Arbeitnehmer sollten allenfalls partiell oder überhaupt nicht vom Betriebsrat repräsentiert werden. Dies gelte auch für die höheren Stufen des § 9 BetrVG, die nicht ausdrücklich auf die Wahlberechtigung abstellen, da ansonsten Wertungswidersprüche entstünden.

Hieraus ergibt sich eindeutig, daß die bisherige ständige Rechtsprechung mit dem Inkrafttreten des BetrVG-Reformgesetzes überholt ist[261]. Auch für das Erfordernis eines Arbeitsvertrages mit dem Betriebsinhaber als Voraussetzung für die Betriebszugehörigkeit kann indes nichts anderes gelten. Die bisherige ständige Rechtsprechung kann somit nicht mehr für die Begründung der - hier als Meinung 1 und 2 bezeichneten - Ansichten herangezogen werden, nach denen Leiharbeitnehmer bei der Berechnung der Arbeitnehmerzahlen mangels Betriebszugehörigkeit nicht mitzuzählen sind.

ff) Zwischenergebnis

Die Auslegung der relevanten Vorschriften ergibt somit zunächst, daß nach § 7 Satz 2 BetrVG wahlberechtigte Leiharbeitnehmer bei der Berechnung der Arbeitnehmerzahlen zu berücksichtigen sind, soweit die gesetzlichen Schwellenwerte ausdrücklich auf "wahlberechtigte Arbeitnehmer" abstellen.

Soweit nur auf "Arbeitnehmer des Betriebs" etc. abgestellt wird, sind diese Leiharbeitnehmer ebenfalls zu berücksichtigen, da ihre Betriebszugehörigkeit durch § 7 Satz 2 BetrVG grundsätzlich anerkannt wird. Dies ergibt sich vor allem aus dem Sinn und Zweck der Regelungen sowie dem Willen des Gesetzgebers. Die durchaus vorhandenen systematischen Bedenken gegen ein solches Verständnis des § 7 Satz 2 BetrVG können allein nicht genügen, um ein anderes Ergebnis zu rechtfertigen.

---

[259] Vgl. BAG v. 18.01.1989, AP Nr. 1 zu § 9 BetrVG 1972 unter B.II.1.b).

[260] Vgl. BAG v. 18.01.1989, AP Nr. 1 zu § 9 BetrVG 1972 unter B.II.1.b).

[261] Dies sieht das BAG selbst offenbar anders, vgl. BAG v. 16.04.2003 (7 ABR 53/02).

Zu beachten ist jedoch, daß die Leiharbeitnehmer nur dann berücksichtigt werden können, wenn sie alle Voraussetzungen der gesetzlichen Vorschriften erfüllen. Die Regelung des § 7 Satz 2 BetrVG kann für die Frage der Betriebszugehörigkeit lediglich das Fehlen eines Arbeitsvertrages mit dem Betriebsinhaber kompensieren. So erfordern sämtliche Schwellenwerte des Gesetzes, daß es sich um "in der Regel" beschäftigte Arbeitnehmer handelt[262]. Entscheidend ist hier also die Beschäftigungslage, die im allgemeinen für den Betrieb kennzeichnend ist. Da Leiharbeitnehmer immer nur eine bestimmte Zeit im Entleiherbetrieb beschäftigt werden, ist für die Ermittlung der allgemeinen Beschäftigungslage nicht auf die Leiharbeitnehmer als solche, sondern auf die von ihnen ständig besetzten Arbeitsplätze abzustellen. Sind die Leiharbeitnehmer nur zur Aushilfe während der Urlaubszeit oder zur Bewältigung eines Auftragsbooms etc. eingesetzt, fehlt es an einer regelmäßigen Beschäftigung. Ebenso stellt beispielsweise § 1 Abs. 1 BetrVG auf "ständig" beschäftigte Arbeitnehmer ab. Auch dies ist bei Leiharbeitnehmern nicht der Fall, da sie gerade nur für eine bestimmte Zeit im Entleiherbetrieb tätig werden sollen.

Im Ergebnis kann also festgehalten werden, daß weder die generelle und pauschale Berücksichtigung noch die Nichtberücksichtigung der wahlberechtigten Leiharbeitnehmer zu einer richtigen Anwendung des Gesetzes führen kann. § 7 Satz 2 BetrVG ersetzt nur den fehlenden Arbeitsvertrag mit dem Betriebsinhaber für die Frage der Betriebszugehörigkeit erspart jedoch nicht die Prüfung der speziellen Voraussetzungen der entsprechenden Vorschriften im übrigen.

g) Behandlung der sonstigen überlassenen Arbeitnehmer

§ 7 Satz 2 BetrVG stellt nach seinem Wortlaut nur allgemein auf Arbeitnehmer eines anderen Arbeitgebers ab, die zur Arbeitsleistung überlassen werden. Hiervon sind über die Leiharbeitnehmer im Sinne des AÜG (sog. unechte Leiharbeitnehmer) hinaus alle Formen der Arbeitnehmerüberlassung erfaßt, so etwa die sog. echten Leiharbeitnehmer und Konzernarbeitnehmer (sog. Konzernleihe)[263]. Auch diese Arbeitnehmer sind nach dem ausdrücklichen und eindeutigen Wortlaut des § 7 Satz 2 BetrVG im Entleiherbetrieb wahlberechtigt, wenn sie länger als drei Monate eingesetzt werden (sollen). Für sie kann dementsprechend bei die Frage der Berücksichtigung im Rahmen der gesetzlichen Schwellenwerte grundsätz-

---

[262] Zum Begriff "in der Regel" siehe Gliederungspunkt § 4 A.II.4.

[263] So auch *Fitting/Kaiser/Heither/Engels/Schmidt*, § 7 Rn. 39 ff.; ähnlich GK-BetrVG-*Kreutz*, § 7 Rn. 65.

lich nichts anderes gelten als für die Leiharbeitnehmer im Sinne des AÜG: Auch hier wird die ansonsten für die Betriebszugehörigkeit erforderliche vertragliche Beziehung zum Betriebsinhaber durch den mindestens dreimonatigen Einsatz im Entleiherbetrieb ersetzt. Im übrigen müssen jedoch die speziellen Voraussetzungen der entsprechenden Vorschriften erfüllt werden. Insbesondere ist bei sämtlichen Schwellenwerten des Gesetzes erforderlich, daß es sich um "in der Regel beschäftigte Arbeitnehmer" handelt. Dies wird beispielsweise bei den "echten Leiharbeitnehmer" häufig nicht der Fall sein, da sie gerade nur vorübergehend beim Entleiher arbeiten sollen (etwa zur Bewältigung eines Auftragsbooms oder zur Aushilfe), dieser Arbeitsplatz ansonsten aber nicht besetzt ist[264].

h) Übertragung dieser Wertungen auf § 28a BetrVG

Entsprechend dem soeben festgestellten Zwischenergebnis ist nunmehr zu prüfen, inwieweit die wahlberechtigten überlassenen Arbeitnehmer im Rahmen des § 28a BetrVG einbezogen werden können.

Auch § 28a BetrVG stellt auf die Zahl der Arbeitnehmer im Betrieb ab. Hierbei kommt es auf die Zahl der regelmäßig im Betrieb beschäftigten Arbeitnehmer an, obwohl dies im Wortlaut nicht ausdrücklich geregelt worden ist[265]. Insoweit ist die Vorschrift also mit § 38 BetrVG vergleichbar. Dementsprechend müssen im Rahmen des § 28a BetrVG, ebenso wie bei § 38 BetrVG, überlassene wahlberechtigte Arbeitnehmer bzw. alle Arbeitsplätze, die ständig von diesen besetzt sind, bei der Bestimmung der Arbeitnehmerzahlen mitgezählt werden.

Darüber hinaus sprechen auch der besondere Zweck des § 28a BetrVG und der Sinn des Schwellenwertes[266] dafür, die überlassenen Arbeitnehmer zu berücksichtigen. Sieht man den Sinn und Zweck vor allem darin, für die Arbeitnehmer ein Mehr an Selbstbestimmung durch die unmittelbare Beteiligung im Rahmen der Betriebsverfassung zu erreichen, trifft dies ebenso auf überlassene Arbeitnehmer zu. Es wäre jedoch widersprüchlich, diese Arbeitnehmer zwar im Rahmen der übertragenen Aufgaben in den Arbeitsgruppen mitbestimmen und sich beteiligen zu lassen, sie aber auf der anderen Seite bei der Frage, ob überhaupt eine Aufgabenübertragung stattfinden kann, völlig unberücksichtigt zu lassen. Gleiches gilt, wenn man den Sinn des Schwellenwertes vor allem in einer Ent-

---

[264] So etwa, wenn der überlassende Arbeitnehmer im Entleiherbetrieb bestimmte Kenntnisse und Fertigkeiten an die Arbeitnehmer dieses Betriebes vermitteln soll.

[265] Vgl. die obigen Ausführungen Gliederungspunkt § 4 A.II.

[266] Dazu näher unter Gliederungspunkt § 4 A.I.

lastung des Betriebsrates sieht, da dessen Arbeitsaufwand auch durch die überlassenen Arbeitnehmer verursacht wird. Dann ist es nur angebracht, sie auch bei der Bestimmung des Schwellenwertes zu berücksichtigen.

Folglich sind auch im Rahmen des § 28a BetrVG die nach § 7 Satz 2 BetrVG wahlberechtigten überlassenen Arbeitnehmer bei der Ermittlung des Schwellenwertes mitzuzählen.

i) Zwischenergebnis

Im Ergebnis sprechen die besseren Gründe dafür, § 7 Satz 2 BetrVG als Ausnahmevorschrift für die Betriebszugehörigkeit anzusehen. Daher sind die wahlberechtigten überlassenen Arbeitnehmer bei der Berechnung der betriebsverfassungsrechtlichen Schwellenwerte mitzuzählen. Dies gilt auch für § 28a BetrVG. Somit sind alle nach § 7 Satz 2 BetrVG wahlberechtigte überlassene Arbeitnehmer mitzuzählen, soweit sie auf Arbeitsplätzen beschäftigt werden, die ständig von überlassenen Arbeitnehmern besetzt werden.

2. Jugendliche Arbeitnehmer

Nach dem Wortlaut des § 28a Abs. 1 Satz 1 BetrVG wird auf die Arbeitnehmer des Betriebes abgestellt. Eine Einschränkung auf wahlberechtigte Arbeitnehmer, wie sie sich etwa für die ersten drei Stufen des Katalog in § 9 Satz 1 BetrVG findet, ist hier nicht enthalten. Somit kommt es auf die Wahlberechtigung nach § 7 Satz 1 BetrVG im Rahmen des § 28a BetrVG nicht an[267]. Folglich sind auch Jugendliche bei der Berechnung der Arbeitnehmerzahl mitzuzählen, soweit sie den Voraussetzungen des Arbeitnehmerbegriffs genügen[268].

3. Leitende Angestellte

Nach einheitlicher Auffassung in der Literatur sind leitende Angestellte iSd. § 5 Abs. 3 BetrVG nicht mitzuzählen[269]. Gleiches gelte auch für die Personen iSd. § 5 Abs. 2 BetrVG[270]. Die Richtigkeit dieser Auffassung er-

---

[267] So auch *Fitting/Kaiser/Heither/Engels/Schmidt*, § 28a Rn. 8; *Löwisch/Kaiser*, § 28a Rn. 5.

[268] Mit diesem Ergebnis auch *Fitting/Kaiser/Heither/Engels/Schmidt*, § 28a Rn. 8; *Busch*, Arbeitsgruppen und Gruppenarbeit, S. 75.

[269] Vgl. Richardi-*Thüsing*, § 28a Rn. 5; *Löwisch/Kaiser*, § 28a Rn. 5.

[270] So Richardi-*Richardi/Annuß* im Rahmen des § 106 BetrVG, § 106 Rn. 11.

gibt sich schon aus dem Wortlaut des Gesetzes: Gem. § 5 Abs. 2 BetrVG sind die dort genannten Personen keine Arbeitnehmer im Sinne des Betriebsverfassungsgesetzes. Sie können folglich auch nicht unter den Arbeitnehmerbegriff des § 28a BetrVG fallen. Gem. § 5 Abs. 3 Satz 1 BetrVG gilt das Betriebsverfassungsgesetz nur dann für leitende Angestellte, wenn dies ausdrücklich angeordnet ist. Dies ist in § 28a BetrVG jedoch nicht der Fall. Folglich sind leitende Angestellte gem. § 5 Abs. 3 BetrVG und Personen im Sinne des § 5 Abs. 2 BetrVG in Übereinstimmung mit der Auffassung der Literatur bei der Bestimmung der Arbeitnehmerzahl nicht mitzuzählen.

4. Teilzeitbeschäftigte

Im Rahmen des § 28a BetrVG ist die Zahl der betriebsangehörigen Arbeitnehmer maßgeblich[271]. Auf den Umfang der Beschäftigung kommt es hierfür nicht an[272]. Insbesondere kommt eine Umrechnung der Anzahl der teilzeitbeschäftigten Arbeitnehmer in eine (niedrigere) Anzahl von Vollbeschäftigten nicht in Betracht[273]. Folglich werden Teilzeitbeschäftigte bei der Berechnung der Arbeitnehmerzahl in § 28a BetrVG (voll) mitgezählt.

V. Unterschreitung des Schwellenwertes

Nach dem Wortlaut der Vorschrift muß die relevante Arbeitnehmerzahl zum Zeitpunkt der Übertragung vorliegen[274]. Klärungsbedürftig ist daher auch die Frage, was passiert, wenn der Schwellenwert unterschritten wird, nachdem der Betriebsrat Aufgaben auf die Arbeitsgruppe übertragen hat. Dabei muß für die Folgen, die dies für die Aufgabenübertragung als solche hat, als auch für die Folgen für bereits abgeschlossene Gruppenvereinbarungen unterschieden werden.

---

[271] Vgl. *Löwisch/Kaiser*, § 28a Rn. 5.

[272] Siehe *Löwisch/Kaiser*, § 28a Rn. 5; vgl. dazu auch BAG v. 30.10.1991, AP Nr. 59 zu § 611 BGB Abhängigkeit unter B.II.3.b); BAG v. 29.01.1992, AP Nr. 1 zu § 7 BetrVG 1972 unter III.1.a)aa); DKK-*Trümner*, § 5 Rn. 31 ff.; *Fitting/Kaiser/Heither/Engels/Schmidt*, § 5 Rn. 90; GK-BetrVG-*Raab*, § 5 Rn. 28 ff.; Richardi-*Richardi*, § 5 Rn. 55; *Hanau*, NJW 2001, 2515.

[273] Vgl. dazu LAG Hamm v. 11.05.1979, EzA § 6 BetrVG 1972 Nr. 2 (Leitsatz 3); LAG Baden-Württemberg v. 16.06.87, LAGE § 111 BetrVG 1972 Nr. 6 (Leitsatz 1); DKK-*Trümner*, § 5 Rn. 33. Anders ist dies etwa im Kündigungsschutzrecht, vgl. dazu § 23 Abs. 1 Satz 3 KSchG.

[274] Siehe oben Gliederungspunkt § 4 A.III.

Die gleichen Fragen treten auch auf, wenn nach der Übertragung von Aufgaben eine andere gesetzliche Voraussetzung oder die Arbeitsgruppe als solche wegfällt. Daher soll eine Erörterung später im Zusammenhang erfolgen[275].

B. Die Arbeitsgruppe

I. Begriff der Arbeitsgruppe

1. Keine gesetzliche Definition

Die Übertragung von betriebsverfassungsrechtlichen Aufgaben kann nach dem eindeutigen Wortlaut des Gesetzes nur auf eine Arbeitsgruppe, nicht aber auf einzelne Arbeitnehmer oder beliebige Gruppen von Arbeitnehmern erfolgen[276]. In § 28a BetrVG oder an anderer Stelle im Gesetz ist jedoch der Begriff der "Arbeitsgruppe" nicht definiert[277]. Allerdings geben die Gesetzgebungsmaterialien gewisse Hinweise: Nach der Gesetzesbegründung soll eine Übertragung insbesondere bei Gruppenarbeit im Sinne des § 87 Abs. 1 Nr. 13 BetrVG, aber auch bei sonstiger Team- und Projektarbeit sowie für bestimmte Beschäftigungsarten und Arbeitsbereiche in Frage kommen[278]. Der in § 28a BetrVG verwendete Begriff der "Arbeitsgruppe" dürfte dabei aufgrund der fehlenden gesetzlichen Definition weit auszulegen sein[279].

---

[275] Siehe für die Auswirkungen auf die Aufgabenübertragung als solche unter Gliederungspunkt § 6 C.II.1.b). Zu den Auswirkungen auf eine abgeschlossene Gruppenvereinbarung unter Gliederungspunkt § 7 F.II.3.

[276] So auch *Raab*, NZA 2002, 475.

[277] Vgl. dazu Richardi-*Thüsing*, § 28a Rn. 8; *Fitting/Kaiser/Heither/Engels/Schmidt*, § 28a Rn. 10; *Franzen*, ZfA 2001, 433; *Wedde*, AuR 2002, 123.

[278] Siehe BT-Drucks. 14/5741, S. 40.

[279] Vgl. DKK-*Wedde*, § 28a Rn. 16; Jaeger/Röder/Heckelmann-*Kappenhagen*, Kap. 5 Rn. 133; *Wedde*, AuR 2002, 123; *Wulff*, ZBVR 2002, 138.

2. Grundsätzliches Verhältnis von § 28a BetrVG und § 87 Abs. 1 Nr. 13 BetrVG

Klärungsbedürftig ist insbesondere das Verhältnis von § 28a BetrVG zu § 87 Abs. 1 Nr. 13 BetrVG.

In § 87 Abs. 1 Nr. 13 Halbsatz 2 BetrVG wird der Begriff "Gruppenarbeit" definiert. Danach liegt Gruppenarbeit im Sinne dieser Vorschrift vor, "wenn im Rahmen des betrieblichen Arbeitsablaufs eine Gruppe von Arbeitnehmern eine ihr übertragene Gesamtaufgabe im Wesentlichen eigenverantwortlich erledigt". Wie sich aus dem eindeutigen Wortlaut ergibt, handelt es sich hier nicht um eine allgemeine Definition; vielmehr ist der Geltungsbereich auf diese Vorschrift beschränkt. Daher lassen sich allein aus dem Wortlaut keine Schlußfolgerungen für den Arbeitsgruppenbegriff des § 28a BetrVG ziehen.

Das Verhältnis zwischen einer "Arbeitsgruppe" im Sinne des § 28a BetrVG und "Gruppenarbeit" im Sinne des § 87 Abs. 1 Nr. 13 BetrVG wird jedoch in der Gesetzesbegründung zu § 28a BetrVG näher erläutert: Danach kommt die Aufgabenübertragung auf eine Arbeitsgruppe insbesondere bei Gruppenarbeit nach § 87 Abs. 1 Nr. 13 BetrVG in Betracht; es werden jedoch auch noch weitere Möglichkeiten genannt[280]. Folglich bilden Arbeitnehmer, die in Gruppenarbeit gem. § 87 Abs. 1 Nr. 13 BetrVG zusammenwirken auch eine Arbeitsgruppe im Sinne des § 28a BetrVG[281]. Sie sind in besonderem Maße geeignet, die Regelung ihrer Arbeit unter Berücksichtigung der betriebsverfassungsrechtlichen Beteiligungsrechte autonom zu gestalten, da wegen der die Gruppenarbeit kennzeichnenden Eigenverantwortlichkeit bei der Aufgabenwahrnehmung das Weisungsrecht des Arbeitgebers stark zurückgenommen ist[282]. In andere Richtung ist dieser Schluß hingegen nicht zulässig: Nicht jede Arbeitsgruppe im Sinne des § 28a BetrVG stellt auch Gruppenarbeit nach § 87 Abs. 1 Nr. 13 BetrVG dar. Dies ergibt sich ebenfalls aus dem Wortlaut der Gesetzesbegründung zu § 28a BetrVG, wonach neben der Gruppenarbeit auch noch weitere Arbeitnehmergruppen genannt werden[283].

---

[280] Vgl. BT-Drucks. 14/5741, S. 40.

[281] So auch GK-BetrVG-*Raab*, § 28a Rn. 11; DKK-*Wedde*, § 28a Rn. 16; *Fitting/Kaiser/Heither/Engels/Schmidt*, § 28a Rn. 10; Richardi-*Thüsing*, § 28a Rn. 8; *Engels/Trebinger/Löhr-Steinhaus*, DB 2001, 537; Jaeger/Röder/Heckelmann-*Kappenhagen*, Kap. 5 Rn. 133; *Raab*, NZA 2002, 475; *Wedde*, AuR 2002, 123.

[282] So *Fitting/Kaiser/Heither/Engels/Schmidt*, § 28a Rn. 10. Vgl. hierzu auch die Kommentierungen zu § 87 Abs. 1 Nr. 13 BetrVG.

[283] Vgl. BT-Drucks. 14/5741, S. 40; so auch GK-BetrVG-*Raab*, § 28a Rn. 12.

Es kann somit festgehalten werden, daß die Begriffe "Arbeitsgruppe" und "Gruppenarbeit" nicht deckungsgleich sind[284]. Der Anwendungsbereich des § 28a BetrVG geht vielmehr über den des § 87 Abs. 1 Nr. 13 BetrVG hinaus. Dies führt vor allem dazu, daß rechtliche Wertungen in Bezug auf die eine Vorschrift nicht ohne weiteres auf die jeweils andere Vorschrift übertragen werden können[285]. Insbesondere muß immer der Sinn und Zweck der jeweiligen Regelung in die Überlegungen einbezogen werden.

3. Sonstige Arbeitsgruppen

Ausweislich der Gesetzesbegründung soll eine Aufgabenübertragung auch bei Team- und Projektarbeit sowie für bestimmte Beschäftigungsarten und Arbeitsbereiche in Betracht kommen[286]. Welches die "bestimmten" Beschäftigungsarten und Arbeitsbereiche sind, bleibt jedoch offen[287]. Ebenso, welche Form der Zusammenarbeit aus den Arbeitnehmern eine Arbeitsgruppe im Sinne des § 28a BetrVG macht[288].

Eine Projektgruppe liegt vor, wenn mehreren Arbeitnehmern ein bestimmtes Projekt zur eigenständigen Erledigung übertragen wird[289]. Hierbei ist insbesondere nicht erforderlich, daß es sich um eine dauerhafte organisatorisch verfestigte Gruppe handelt, denn Projektarbeit ist ihrer Natur nach auf ein bestimmtes Projekt bezogen und zeitlich durch dieses begrenzt[290]. Projektgruppen werden vor allem zur Lösung von Aufgaben komplexer Sachverhalte gebildet, die in der Regel unterschiedliche Organisationsbereiche der unternehmerischen oder betrieblichen Tätigkeit berühren[291].

Teamarbeit liegt immer dann vor, wenn mehrere Arbeitnehmer gemeinsam Aufgaben wahrnehmen. Der Unterschied zur Projektarbeit dürfte dar-

---

[284] Zu diesem Ergebnis kommen auch Richardi-*Richardi*, § 87 Rn. 952; *Däubler*, AuR 2001, 289. Dagegen läßt *Geffken*, AiB 2002, 258 eine strikte Differenzierung vermissen.

[285] Dies wird in der Literatur jedoch nicht immer beachtet. Hierauf wird an den entsprechenden Stellen hinzuweisen sein.

[286] Siehe BT-Drucks. 14/5741, S. 40; so auch *Raab*, NZA 2002, 476.

[287] Mit dieser kritischen Anmerkung auch Richardi-*Thüsing*, § 28a Rn. 8.

[288] So *Raab*, NZA 2002, 476.

[289] So die Definition bei *Gnade/Kehrmann/Schneider/Klebe/Ratayczak*, § 28a Rn. 6.

[290] Vgl. Richardi-*Thüsing*, § 28a Rn. 8.

[291] Vgl. *Fitting/Kaiser/Heither/Engels/Schmidt*, § 28a Rn. 11.

in liegen, daß hier die Gruppe nicht auf ein bestimmtes Projekt beschränkt und damit auch zeitlich begrenzt ist, sondern es sich um Aufgaben handelt, die ständig oder immer wieder anfallen. Eine klare Abgrenzung dürfte jedoch aufgrund der Vielzahl von verschiedenen Gestaltungsvarianten kaum möglich sein. Dies ist wegen der alternativen Erfassung in der Gesetzesbegründung auch nicht erforderlich.

Für gemeinsame Arbeitsbereiche oder bestimmte Beschäftigungsarten werden beispielhaft die Forschungs- und Entwicklungsabteilung oder der Außendienst genannt[292].

4. Allgemeine Begriffsbestimmung

In der Literatur sind für die Bestimmung des Begriffes "Arbeitsgruppe" eine Vielzahl von Kriterien angesprochen worden. Diese sollen im folgenden vorgestellt und anschließend bewertet werden. Der großen Anzahl von möglichen Abgrenzungskriterien entspricht es, daß zur Definition für den Arbeitsgruppenbegriff vielfältige Varianten vorgeschlagen werden, die sich teilweise nur in Nuancen unterscheiden[293].

a) Kriterien der Literatur

aa) Homogenität

Voraussetzung sei zunächst, daß eine homogene Gruppe besteht, die von der übrigen Belegschaft derart abgrenzbar ist, daß die Angelegenheiten, welche die Gruppenarbeitnehmer betreffen (zumindest teilweise) geregelt werden können, ohne daß die Interessen der anderen Arbeitnehmer des Betriebes hiervon berührt werden[294]. Anderenfalls würde eine Verlagerung von Beteiligungsrechten dem Zweck der Regelung zuwiderlaufen, mehr individuelle Selbstbestimmung zu verwirklichen[295]. Für die mittelbar betroffenen Arbeitnehmer, die nicht der Arbeitsgruppe angehören, würde sich nämlich eine solche Regelung als Fremdbestimmung dar-

---

[292] Vgl. DKK-*Wedde*, § 28a Rn. 16; *Däubler*, AuR 2001, 285; *Fitting/Kaiser/Heither/Engels/Schmidt*, § 28a Rn. 11 f.

[293] Vgl. etwa DKK-*Wedde*, § 28a Rn. 14; ErfK-*Eisemann*, § 28a Rn. 3; GK-BetrVG-*Raab*, § 28a Rn. 12; Richardi-*Thüsing*, § 28a Rn. 8; *Stege/Weinspach/Schiefer*, § 28a Rn. 4; Dörner/Luczak/Wildschütz-*Wildschütz*, Rn. 473.

[294] Vgl. GK-BetrVG-*Raab*, § 28a Rn. 12; *Busch*, Arbeitsgruppen und Gruppenarbeit, S. 79; *Natzel*, DB 2001, 1362; *Raab*, NZA 2002, 476; *Worzalla/Will*, Rn. 255; in diesem Sinne wohl auch DKK-*Wedde*, § 28a Rn. 15.

[295] So *Raab*, NZA 2002, 476.

stellen[296]. Liegt diese Voraussetzung nicht vor, bedürfe es daher der Beteiligung des Betriebsrates als Repräsentant aller Arbeitnehmer[297].

bb) Eigenverantwortlichkeit

Außerdem sei erforderlich, daß die Arbeitnehmer innerhalb der Arbeitsgruppe eine Gesamtaufgabe eigenverantwortlich gestalten können, also insbesondere über selbständige Handlungsspielräume verfügen[298]. Diese Autonomie der Arbeitsgruppe müsse sich sowohl auf die Erledigung der einzelnen Tätigkeiten im Rahmen der Gesamtaufgabe als auch auf die damit zusammenhängenden vor- und nachgelagerten Tätigkeiten sowie auf begleitende Aufgaben (beispielsweise Qualitätssicherung) beziehen[299]. Weiterhin müsse die Arbeitsgruppe im gewissen Rahmen auch Vorgesetztenfunktion wie etwa Anwesenheits- und Terminkontrolle selbst wahrnehmen[300].

Nach einer vielfach vertretenen Ansicht ist die erforderliche Autonomie nur gegeben, wenn echte Entscheidungsspielräume der Arbeitsgruppe sowie der einzelnen Gruppenmitglieder bestehen[301]. Nur minimale Handlungsspielräume wie bei der Einbindung in Konzepte wie etwa "Just-in-Time" oder "Lean Management" sollen hierfür nicht genügen[302]. Anderenfalls wäre die Arbeitsgruppe zwar von der übrigen Belegschaft abgrenz-

---

[296] So *Raab*, NZA 2002, 476.

[297] So GK-BetrVG-*Raab*, § 28a Rn. 12.

[298] Vgl. ErfK-*Eisemann*, § 28a Rn. 3; GK-BetrVG-*Raab*, § 28a Rn. 11 f.; Richardi-*Thüsing*, § 28a Rn. 8; *Natzel*, DB 2001, 1362; *Thüsing*, ZTR 2002, 4; *Geffken*, AiB 2002, 150; *Wedde*, AuR 2002, 123; ebenso DKK-*Wedde*, § 28a Rn. 14 mit Verweis auf *Annuß*, NZA 2001, 370; *Däubler*, AuR 2001, 7 und *Preis/Elert*, NZA 2001, 372, deren Ausführungen sich jedoch auf die Gruppenarbeit im Sinne des § 87 Abs. 1 Nr. 13 BetrVG beziehen; dagegen ist *Löwisch*, BB 2001, 1740 der Auffassung, es spiele keine Rolle, ob die Erledigung der Aufgaben eigenverantwortlich erfolgt und damit auch Gruppenarbeit i.S. des § 87 Abs. 1 Nr. 13 BetrVG vorliegt; gleiches gilt für *Fitting/Kaiser/Heither/Engels/Schmidt*, § 28a Rn. 11 und *Stege/Weinspach/Schiefer*, § 28a Rn. 4.

[299] Vgl. DKK-*Wedde*, § 28a Rn. 15; ErfK-*Eisemann*, § 28a Rn. 3.

[300] So DKK-*Wedde*, § 28a Rn. 15; *Wedde*, AuR 2002, 123; ähnlich ErfK-*Eisemann*, § 28a Rn. 3.

[301] Vgl. DKK-*Wedde*, § 28a Rn. 15 mit Verweis auf *Annuß*, NZA 2001, 370; *Däubler*, AuR 2001, 7 und *Preis/Elert*, NZA 2001, 372; ErfK-*Eisemann*, § 28a Rn. 3; *Wedde*, AuR 2002, 123.

[302] In diesem Sinne DKK-*Wedde*, § 28a Rn. 15; *Wedde*, AuR 2002, 123.

bar, es gäbe aber gar keine Fragen, die durch die Gruppe geregelt werden könnten.

cc) Arbeitsgruppen im organisatorischen Sinn

Weiterhin müsse eine Arbeitsgruppe im arbeitsorganisatorischen Sinne vorliegen, d.h. die Arbeitnehmer der Gruppe müssen gerade aufgrund der gemeinsamen Arbeitsaufgabe zusammenwirken[303]. Dies folge schon aus § 28a Abs. 1 Satz 2 BetrVG, wonach der Arbeitsgruppe nur Aufgaben mit Tätigkeitsbezug übertragen werden können[304]. Die Verbindung der Gruppenarbeitnehmer ergebe sich also aus der von ihnen zu verrichtenden Tätigkeit[305].

Nicht erforderlich sei hingegen, daß es sich bei der Arbeitsgruppe um eine dauerhafte organisatorische Einheit handelt[306]. Dies ergebe sich aus der Einbeziehung der Projektarbeit, die ihrer Natur nach auf ein bestimmtes Projekt bezogen und damit von vornherein zeitlich begrenzt ist[307]. Andererseits könne aber eine nur kurzfristige Zusammenführung von Arbeitnehmern nicht genügen[308].

dd) Eingliederung in die betriebliche Organisation

Uneinheitlich wird die Frage beantwortet, inwieweit die Arbeitsgruppe in die betriebliche Ablauforganisation integriert sein muß. Beispielhaft für die in den Arbeitsablauf einbezogenen Arbeitsgruppen werden Akkordgruppen und Fertigungsteams genannt[309]. Gleiches soll für Entwicklungs- und Forschungsabteilungen gelten[310]. Für Gruppen, die nicht in die Arbeitsor-

---

[303] Vgl. DKK-*Wedde*, § 28a Rn. 15; ErfK-*Eisemann*, § 28a Rn. 3; *Fitting/Kaiser/Heither/Engels/Schmidt*, § 28a Rn. 11; GK-BetrVG-*Raab*, § 28a Rn. 12; *Gnade/Kehrmann/Schneider/Klebe/Ratayczak*, § 28a Rn. 6; *Löwisch*, BB 2001, 1740; *Malottke*, AiB 2001, 626; *Wedde*, AuR 2002, 123.

[304] Mit dieser Begründung GK-BetrVG-*Raab*, § 28a Rn. 12.

[305] So GK-BetrVG-*Raab*, § 28a Rn. 12; *Raab*, NZA 2002, 476.

[306] Vgl. ErfK-*Eisemann*, § 28a Rn. 3; Richardi-*Thüsing*, § 28a Rn. 8; *Thüsing*, ZTR 2002, 4.

[307] Mit dieser Begründung auch ErfK-*Eisemann*, § 28a Rn. 3; Richardi-*Thüsing*, § 28a Rn. 8; *Thüsing*, ZTR 2002, 4.

[308] So auch ErfK-*Eisemann*, § 28a Rn. 3.

[309] So *Fitting/Kaiser/Heither/Engels/Schmidt*, § 28a Rn. 11.

[310] Vgl. *Fitting/Kaiser/Heither/Engels/Schmidt*, § 28a Rn. 11.

ganisation einbezogen worden sind, sondern parallel dazu bestehen, werden neben den sog. Projektgruppen auch Qualitätszirkel genannt[311].

Nach der wohl überwiegenden Ansicht ist es nicht erforderlich, daß die Arbeitsgruppe in den betrieblichen Arbeitsablauf eingegliedert ist[312]. Vielmehr könne sie parallel zur Arbeitsorganisation des Betriebes bestehen[313]. Dies ergebe sich aus einem Vergleich der Gesetzesbegründungen zu § 87 Abs. 1 Nr. 13 BetrVG und § 28a BetrVG[314]: Im Rahmen von § 87 Abs. 1 Nr. 13 BetrVG werden Arbeitsgruppen, die nur parallel zur Arbeitsorganisation bestehen (z.B. Projekt- oder Steuerungsgruppen), nicht erfaßt[315], in den Anwendungsbereich von § 28a BetrVG wird hingegen neben der Gruppenarbeit nach § 87 Abs. 1 Nr. 13 BetrVG auch sonstige Team- und Projektarbeit ausdrücklich einbezogen[316].

Nach der Gegenmeinung liegt keine Arbeitsgruppe im Sinne des § 28a BetrVG vor, wenn Arbeitsgruppen parallel zur Arbeitsorganisation bestehen wie etwa sog. Projekt- oder Steuerungsgruppen, die Arbeitsprozesse nur begleiten, steuern oder kontrollieren, ohne sie gleichzeitig auch selbst und eigenverantwortlich durchzuführen[317].

ee) Gemeinsames Handeln

Ebenso unterschiedlich wird die Frage beurteilt, inwieweit die Arbeitnehmer eine bestimmte Aufgabe gemeinsam ausführen müssen.

Teilweise geht man davon aus, daß die Aufgabe den Gruppenmitgliedern zur gemeinsamen Erledigung zugewiesen werden muß[318]. Allein die Ausführung gleichartiger Tätigkeiten soll auch dann keine Arbeitsgruppe konstituieren können, wenn die Arbeitnehmer räumlich zusammengefaßt

---

[311] Vgl. *Fitting/Kaiser/Heither/Engels/Schmidt*, § 28a Rn. 11.

[312] Vgl. ErfK-*Eisemann*, § 28a Rn. 3; *Fitting/Kaiser/Heither/Engels/Schmidt*, § 28a Rn. 11; Richardi-*Thüsing*, § 28a Rn. 8; Thüsing, ZTR 2002, 4.

[313] So ErfK-*Eisemann*, § 28a Rn. 3; Richardi-*Thüsing*, § 28a Rn. 8; Thüsing, ZTR 2002, 4.

[314] So ErfK-*Eisemann*, § 28a Rn. 3; Richardi-*Thüsing*, § 28a Rn. 8; Thüsing, ZTR 2002, 4.

[315] Siehe BT-Drucks. 14/5741, S. 48.

[316] Siehe BT-Drucks. 14/5741, S. 40.

[317] So DKK-*Wedde*, § 28a Rn. 20; *Wedde*, AuR 2002, 123.

[318] Vgl. ErfK-*Eisemann*, § 28a Rn. 3.

sind, wie etwa die Arbeitnehmer in einem Call-Center[319]. Zwar seien in der Gesetzesbegründung auch Arbeitsbereiche und Beschäftigungsarten als Anknüpfungspunkt für Arbeitsgruppen genannt, die Vorschrift könne aber für die Begriffsdefinition nicht an der Zufälligkeit einer räumlichen Einheit oder der Gleichartigkeit von Tätigkeiten festmachen[320]. Grundgedanke sei es vielmehr, Arbeitnehmer, denen am Arbeitsplatz zunehmend Eigeninitiative und Mitverantwortung abverlangt werde, in gleicher Weise an der betrieblichen Mitbestimmung zu beteiligen[321].

Es sind jedoch auch Zweifel angemeldet worden, ob es wirklich zum Wesen einer Arbeitsgruppe gehört, daß die in ihr zusammengefaßten Arbeitnehmer die ihnen obliegenden Arbeitsaufgaben gemeinsam, d.h. durch eine gewollte und gezielte Zusammenarbeit ausüben[322]. Ausreichend könnte vielmehr auch sein, daß eine Mehrzahl von Arbeitnehmern ohne die Zielsetzung eines gemeinsamen Handelns eine gleichartige Tätigkeit ausüben oder im selbem Arbeitsbereich arbeiten[323]. Dafür spreche die Gesetzesbegründung, da sie in der beispielhaften Aufzählung möglicher Delegationen auch die Übertragung von Aufgaben auf Arbeitnehmer bestimmter Beschäftigungsarten oder Arbeitsbereiche nennt[324]. Angesichts der Zielsetzung des § 28a BetrVG, durch die Delegation von betriebsverfassungsrechtlichen Aufgaben auf Arbeitsgruppen eine stärkere Einbeziehung der unmittelbar betroffenen Arbeitnehmer bei der Wahrnehmung von Beteiligungsrechten zu ermöglichen, sei der Begriff der Arbeitsgruppe weit zu verstehen[325]. Deshalb sind beispielsweise auch die betrieblichen Mitarbeiter im Außendienst als eine Arbeitsgruppe anzusehen, bei der eine Aufgabendelegation in Betracht kommen kann[326]. Die

---

[319] So DKK-*Wedde*, § 28a Rn. 20; ErfK-*Eisemann*, § 28a Rn. 3; ähnlich *Wedde*, AuR 2002, 123.

[320] So ErfK-*Eisemann*, § 28a Rn. 3.

[321] So ErfK-*Eisemann*, § 28a Rn. 3.

[322] Vgl. *Fitting/Kaiser/Heither/Engels/Schmidt*, § 28a Rn. 12; *Busch*, Arbeitsgruppen und Gruppenarbeit, S. 80 f.; siehe jedoch auch *Fitting/Kaiser/Heither/Engels/Schmidt*, § 28a Rn. 11, wo als Arbeitsgruppe jede Zusammenfassung von Arbeitnehmern verstanden wird, denen bestimmte Arbeitsaufgaben zur gemeinsamen Erledigung übertragen worden sind.

[323] Vgl. *Fitting/Kaiser/Heither/Engels/Schmidt*, § 28a Rn. 12; *Malottke*, AiB 2001, 626; *Natzel*, DB 2001, 1362; offengelassen bei *Däubler*, AiB 2001, 383.

[324] Vgl. BT-Drucks. 14/5741, S. 40; dem zustimmend *Fitting/Kaiser/Heither/Engels/Schmidt*, § 28a Rn. 12.

[325] So *Fitting/Kaiser/Heither/Engels/Schmidt*, § 28a Rn. 12; *Busch*, Arbeitsgruppen und Gruppenarbeit, S. 80.

[326] So *Fitting/Kaiser/Heither/Engels/Schmidt*, § 28a Rn. 12.

Gefahr einer Zersplitterung der betrieblichen Mitbestimmung bestehe indes, da eine Delegation von betriebsverfassungsrechtlichen Aufgaben auf eine Arbeitsgruppe nur unter der Beteiligung der Betriebspartner (Erfordernis einer Rahmenvereinbarung zwischen Arbeitgeber und Betriebsrat sowie Übertragungsbeschluß des Betriebsrats) zulässig ist[327].

ff) Mindestmitgliederzahl

Völlig ungeklärt ist noch, wie viele Mitglieder eine Gruppe mindestens haben muß, damit überhaupt eine "Arbeitsgruppe" im Sinne des § 28a BetrVG vorliegt.

In Bezug auf § 28a BetrVG finden sich hierzu in der Literatur nur vereinzelte Stellungnahmen[328]. Im Rahmen des § 87 Abs. 1 Nr. 13 wird dagegen davon ausgegangen, daß mindestens drei Arbeitnehmer für die Bildung einer "Gruppe" erforderlich sind[329]. Begründet wird dies hier mit dem Zweck der Regelung, wonach der Gefahr entgegengewirkt werden soll, daß der interne Druck innerhalb der Gruppe zu einer Selbstausbeutung ihrer Mitglieder und zu einer Ausgrenzung leistungsschwächerer Arbeitnehmer führt[330]. Ein solcher Gruppendruck könne aber erst entstehen, wenn zumindest drei Arbeitnehmer der Gruppe angehören[331]. Ob diese Argumentation auf die Arbeitsgruppen des § 28a BetrVG übertragen werden kann, wird jedoch nicht erörtert.

---

[327] So *Fitting/Kaiser/Heither/Engels/Schmidt*, § 28a Rn. 12.

[328] So geht *Malottke*, AiB 2001, 626 davon aus, daß mindestens drei Arbeitnehmer vorhanden sein müssen; *Busch*, Arbeitsgruppen und Gruppenarbeit, S. 76 f. und *Worzalla/Will*, Rn. 255 halten dagegen schon zwei Arbeitnehmer für ausreichend; GK-BetrVG-*Raab*, § 28a Rn. 12 spricht nur von "mehreren Arbeitnehmern", was vom Wortsinn her auch zwei Arbeitnehmer genügen läßt. Eine Begründung wird jeweils nicht gegeben.

[329] Vgl. GK-BetrVG-*Wiese* § 87 Rn. 1044; *Stege/Weinspach/Schiefer*, § 87 Rn. 209; *Löwisch*, BB 2001, 1792.

[330] Siehe BT-Drucks. 14/5741, S. 47; so auch DKK-*Klebe*, § 87 Rn. 301; ErfK-*Hanau/Kania*, § 87 Rn. 134; *Fitting/Kaiser/Heither/Engels/Schmidt*, § 87 Rn. 564; GK-BetrVG-*Wiese* § 87 Rn. 1047; *Stege/Weinspach/Schiefer*, § 87 Rn. 207; vgl. zur Problematik auch *Boysen*, Betriebsverband und Arbeitsverhältnis, S. 152 ff.; *Breisig*, Gruppenarbeit, S. 52 f.; *Breisig*, Team Time, S. 148 ff.; *Elert*, Gruppenarbeit, S. 91 ff.; *Preis/Elert*, NZA 2001, 373 f.; *Rüthers*, ZfA 1977, 14 f.

[331] So GK-BetrVG-*Wiese* § 87 Rn. 1044; *Stege/Weinspach/Schiefer*, § 87 Rn. 209; *Löwisch*, BB 2001, 1792.

gg) Betriebs- und unternehmensübergreifende Arbeitsgruppen

Schließlich stellt sich noch die Frage, ob Arbeitsgruppen auch betriebs- oder gar unternehmensübergreifend organisiert werden können. Die Natur der Arbeitsgruppe spreche jedenfalls nicht gegen eine betriebsübergreifende Organisation[332]. Ein engeres Verständnis sei weder vom Wortlaut noch vom Zweck des § 28a BetrVG geboten[333]. Für die Zulässigkeit einer unternehmensübergreifend organisierten Arbeitsgruppe soll sprechen, daß diese ein vergleichbares Interesse an einer eigenständigen Wahrnehmung der Mitbestimmungsrechte haben könne[334]. Auch der neue § 3 Abs. 1 Nr. 2 und 3, Abs. 2 BetrVG zeige, daß im Betriebsverfassungsrecht unternehmensübergreifend strukturierte Einheiten nicht ausgeschlossen sind[335]. Empfehlenswert sei jedoch eine einschränkende Auslegung dahingehend, daß eine Aufgabendelegation an übernehmensübergreifende Arbeitsgruppen nur dann zulässig sein soll, wenn die Tarifvertragsparteien bzw. Betriebspartner auch tatsächlich von den Möglichkeiten des § 3 Abs. 1 Nr. 2 und 3 BetrVG Gebrauch gemacht haben[336]. Diese betriebsverfassungsrechtlichen Organisationseinheiten seien vom Gesetz anerkannt; die Billigung der unternehmensübergreifenden Mitbestimmung durch das Gesetz müsse dann auch für Arbeitsgruppen nach § 28a BetrVG gelten[337]. Im übrigen sei aber das Unternehmen grundsätzlich die äußere Schranke der Organisation betrieblicher Mitbestimmung[338]. Wo diese Grenze überschritten werden soll, müsse dies vom Gesetz ausdrücklich angeordnet werden; eine solche Anordnung fehle aber bei § 28a BetrVG[339]. Gleiches gelte für Arbeitsgruppen innerhalb eines gemeinsa-

---

[332] Vgl. Richardi-*Thüsing*, § 28a Rn. 9; *Thüsing*, ZTR 2002, 4, der beispielhaft "kurzfristig zusammengestellte Projektgruppen" nennt; *Wedde*, AuR 2002, 123; vgl. auch DKK-*Wedde*, § 28a Rn. 18, der in diesem Zusammenhang von "unternehmensbezogenen Arbeitsgruppen" spricht.

[333] So Richardi-*Thüsing*, § 28a Rn. 9; *Thüsing*, ZTR 2002, 4; im Ergebnis ebenso DKK-*Wedde*, § 28a Rn. 18; Jaeger/Röder/Heckelmann-*Kappenhagen*, Kap. 5 Rn. 133; *Wedde*, AuR 2002, 123.

[334] So Richardi-*Thüsing*, § 28a Rn. 9; *Thüsing*, ZTR 2002, 4.

[335] Vgl. Richardi-*Thüsing*, § 28a Rn. 9; *Thüsing*, ZTR 2002, 4, der (wohl versehentlich) auf § 3 Abs. 3 Nr. 2 und 3 BetrVG verweist.

[336] So im Ergebnis DKK-*Wedde*, § 28a Rn. 19; Richardi-*Thüsing*, § 28a Rn. 9; *Thüsing*, ZTR 2002, 4; Jaeger/Röder/Heckelmann-*Kappenhagen*, Kap. 5 Rn. 133; *Wedde*, AuR 2002, 123.

[337] Vgl. § 3 Abs. 5 Satz 1 BetrVG; dazu DKK-*Wedde*, § 28a Rn. 19; Richardi-*Thüsing*, § 28a Rn. 9; *Thüsing*, ZTR 2002, 4; *Wedde*, AuR 2002, 123.

[338] So Richardi-*Thüsing*, § 28a Rn. 9; *Thüsing*, ZTR 2002, 4.

[339] Vgl. Richardi-*Thüsing*, § 28a Rn. 9; *Thüsing*, ZTR 2002, 4.

men Betriebs, da auch hier die unternehmensübergreifende Mitbestimmung vom Gesetz anerkannt werde[340].

b) Stellungnahme

Eine allgemeine Bestimmung des Begriffs der "Arbeitsgruppe" muß angesichts der fehlenden gesetzlichen Definition vor allem von dem in der Gesetzesbegründung erkennbaren Sinn und Zweck der Regelung ausgehen[341]. Dieser Zweck liegt darin, die Verlagerung von Entscheidungsbefugnissen auf die hiervon betroffene Gruppe von Arbeitnehmern zu ermöglichen[342]. Damit sollen diese ihre Interessen gegenüber dem Arbeitgeber selbst und unmittelbar und nicht lediglich durch die Vermittlung über den Betriebsrat wahrnehmen können[343].

Zunächst sollen also Entscheidungsbefugnisse gerade auf diejenigen Arbeitnehmer übertragen werden, die von diesen Angelegenheiten auch betroffen sind. Auswirkungen auf andere Arbeitnehmer des Betriebes sollen hierdurch nicht entstehen. Daraus ergibt sich notwendig, daß es sich um eine Arbeitnehmergruppe handeln muß, die von der übrigen Belegschaft derart abgrenzbar ist, daß Entscheidungen nur mit Geltung für sie, nicht aber für andere Arbeitnehmer des Betriebes getroffen werden können. Insbesondere dürfen Gruppenvereinbarungen nach § 28a Abs. 2 BetrVG keine Auswirkungen auf Arbeitnehmer haben, die nicht der Gruppe angehören und daher auch nicht an der Beschlußfassung beteiligt werden. Folglich muß es sich bei der Arbeitsgruppe im Sinne des § 28a BetrVG um eine homogene Gruppe von Arbeitnehmern handeln.

Des weiteren ist erforderlich, daß für die Gruppe überhaupt Handlungsspielräume vorhanden sind, in deren Grenzen Entscheidungen getroffen werden können, die nur die Gruppenmitglieder betreffen. Aus dem bereits erörterten Verhältnis von § 28a BetrVG zu § 87 Abs. 1 Nr. 13 BetrVG folgt weiterhin, daß die Handlungs- und Entscheidungsspielräume der Arbeitsgruppe nicht die Qualität erreichen müssen, die für die sog. teilautonome Gruppenarbeit im Sinne des § 87 Abs. 1 Nr. 13 BetrVG erforderlich sind. Aus dem weiten Anwendungsbereich des § 28a BetrVG ergibt sich viel-

---

[340] Vgl. § 1 Abs. 1 Satz 2 BetrVG, dazu Richardi-*Thüsing*, § 28a Rn. 9; *Thüsing*, ZTR 2002, 4; im Ergebnis ebenso DKK-*Wedde*, § 28a Rn. 19; *Wedde*, AuR 2002, 123.

[341] So auch: GK-BetrVG-*Raab*, § 28a Rn. 12; Richardi-*Thüsing*, § 28a Rn. 8; *Raab*, NZA 2002, 476.

[342] Siehe BT-Drucks. 14/5741, S. 29; so auch GK-BetrVG-*Raab*, § 28a Rn. 12.

[343] Siehe BT-Drucks. 14/5741, S. 40; so auch GK-BetrVG-*Raab*, § 28a Rn. 12; *Raab*, NZA 2002, 476.

mehr, daß für die Eigenverantwortlichkeit ein großzügiger Maßstab angelegt werden muß. Hierfür spricht auch die Gesetzesbegründung, die beispielhaft einige Regelungsbefugnisse aufzählt[344]. Es genügt daher durchaus, wenn der Arbeitsgruppe lediglich Befugnisse im Rahmen der Bestimmung von Urlaubs- und Pausenzeiten oder der Arbeitsgestaltung eingeräumt werden. Dies kann aber auch bei einer Einbindung in "Just-in-Time"-Produktionskonzepte geschehen[345]. Die in der Literatur vielfach geforderte Qualität der Autonomie der Arbeitsgruppe geht daher erheblich über das notwendige Mindestmaß hinaus. Erforderlich ist diese nur, soweit auch sog. teilautonome Gruppenarbeit im Sinne des § 87 Abs. 1 Nr. 13 BetrVG vorliegt, nicht aber für die Arbeitsgruppen nach § 28a BetrVG im übrigen. Insoweit wird also nicht hinreichend genau zwischen § 28a BetrVG und § 87 Abs. 1 Nr. 13 BetrVG differenziert, sondern in unzutreffender Weise verallgemeinert. Außerdem liegt der Zweck der Regelung gerade darin, den Arbeitnehmern Entscheidungsbefugnisse zu übertragen, um ihre Eigeninitiative und Selbständigkeit zu fördern und sie unmittelbar zu beteiligen[346]. Daher kommt man der Verwirklichung dieses gesetzgeberischen Ziels durch die Einräumung eines "kleinen" Entscheidungsspielraums viel näher, als wenn man überhaupt nur die Übertragung eines "großen" Entscheidungsspielraums erfaßt sehen will. Im übrigen dürften auch die Betriebspartner in diesem Fall eher geneigt sein, den Arbeitnehmern Befugnisse zu übertragen.

Aus § 28a Abs. 1 Satz 2 BetrVG ergibt sich schließlich, daß die Arbeitnehmer der Arbeitsgruppe gerade aufgrund der gemeinsamen Arbeitsaufgabe zusammenwirken müssen. Dieses Erfordernis wird mit dem Begriff der "Arbeitsgruppe im organisatorischen Sinn" umschrieben. Insoweit ist dieser, in der Literatur wohl einheitlich vertretenen Auffassung zuzustimmen. Gleiches gilt für die Frage, ob die Arbeitsgruppe eine dauerhafte betriebsorganisatorische Einheit sein muß. Das dies nicht der Fall ist, ergibt sich schon aus der Einbeziehung der Projektgruppen[347].

Hieraus folgt auch, daß die Arbeitsgruppen im Sinne des § 28a BetrVG nicht in die betriebliche Ablauforganisation einbezogen sein müssen, denn

---

[344] Siehe BT-Drucks. 14/5741, S. 40.

[345] So muß bei einem solchem Produktionskonzept zwar sichergestellt werden, daß die Produktion zu keiner Zeit unterbrochen wird und immer eine bestimmte Anzahl von Arbeitnehmern zur Verfügung steht. Auch hier bleibt aber genügend Spielraum um etwa Urlaubspläne festzulegen oder zu bestimmen, wie die entsprechenden Arbeitsabläufe gestaltet werden sollen.

[346] Siehe dazu die Gesetzesbegründung BT-Drucks. 14/5741, S. 29 f. und 40.

[347] Siehe BT-Drucks. 14/5741, S. 40.

im Gegensatz dazu will die Gesetzesbegründung zu § 87 Abs. 1 Nr. 13 BetrVG die Projektgruppen gerade nicht erfassen, weil sie parallel zur Arbeitsorganisation bestehen[348]. Das Erfordernis der Eingliederung in den betrieblichen Arbeitsablauf besteht somit zwar im Rahmen des § 87 Abs. 1 Nr. 13 BetrVG, kann aber nicht auf § 28a BetrVG übertragen werden. Auch hier verkennt die Gegenmeinung insoweit das Verhältnis dieser Vorschriften[349].

Ebenso abzulehnen ist die Auffassung von Teilen der Literatur, nach der die Aufgabe den Gruppenmitgliedern zur gemeinsamen Erledigung zugewiesen werden muß. In der Gesetzesbegründung werden Arbeitsbereiche und Beschäftigungsarten ausdrücklich als Anknüpfungspunkt für Arbeitsgruppen genannt. Dies ist, schon wegen des Zwecks der Vorschrift, weit zu verstehen. Insbesondere wird daher bei der Beschäftigung in einem sog. Call-Center nicht an die "Zufälligkeit einer räumlichen Einheit oder die Gleichartigkeit der Tätigkeit", sondern an die typische Arbeitsorganisation angeknüpft, die nach der Gesetzesbegründung erfaßt werden soll. Auch wenn die inhaltliche Tätigkeit vorgegeben ist, bleiben hier für eine Arbeitsgruppe genügend Spielräume für eigene Regelungen. Darüber hinaus folgt allein aus der Tatsache, daß Arbeitsbereiche und Beschäftigungsarten in den Arbeitsgruppenbegriff einbezogen werden nicht automatisch, daß auch eine Aufgabenübertragung stattfinden muß. Soweit die gemeinsame Tätigkeit nur auf "Zufälligkeiten" beruht, kann dies im konkreten Einzelfall berücksichtigt und von einer Übertragung von Aufgaben abgesehen werden. Insoweit wird man davon ausgehen dürfen, daß die Betriebspartner eine sachgerechte Lösung finden werden.

Das oben dargestellte Problem der Mindestmitgliederzahl dürfte hingegen kaum praktische Relevanz erlangen. Da für eine Aufgabenübertragung in dem Betrieb mindestens 100 Arbeitnehmer regelmäßig beschäftigt sein müssen, wird es schon kaum "Gruppen" mit nur zwei Arbeitnehmern geben. Soweit diese dennoch vorhanden sind, dürfte das Interesse der Betriebspartner für eine Aufgabenübertragung aufgrund des erforderlichen Arbeitsaufwandes und den zu erwartenden Entlastungen denkbar gering sein. Trotzdem ist auch in einer solchen Konstellation eine Übertragung der Aufgaben nicht völlig ausgeschlossen. Daher muß die Frage, ob zwei Arbeitnehmer zur Bildung einer Arbeitsgruppe genügen, schon aus definitorischen Gründen geklärt werden. Daß im Rahmen des § 87 Abs. 1 Nr. 13 BetrVG mindestens drei Arbeitnehmer für die Bildung einer "Gruppe" für erforderlich gehalten werden, beruht auf dem Zweck der

---

[348] Siehe BT-Drucks. 14/5741, S. 48.

[349] Vgl. dazu die obigen Ausführungen unter Gliederungspunkt § 4 B.I.2.

Regelung, der Gefahr einer Selbstausbeutung der Mitglieder und einer Ausgrenzung leistungsschwächerer Arbeitnehmer entgegenzuwirken[350]. Dies kann jedoch nicht ohne weiteres auf § 28a BetrVG übertragen werden. Zum einen hat die Vorschrift einen anderen Regelungszweck, nämlich die unmittelbare Beteiligung der Arbeitnehmer zu fördern. Zum anderen geht der Anwendungsbereich weit über die "Gruppenarbeit" im Sinne des § 87 Abs. 1 Nr. 13 BetrVG hinaus. Außerdem ist das Erfordernis von drei Arbeitnehmern nicht gesetzlich festgelegt, sondern wird lediglich von der Literatur in die Vorschrift hinein interpretiert, weil ansonsten ein "Gruppendruck" gar nicht entstehen könne. Im Hinblick auf § 28a BetrVG daher festzustellen, daß eine "Arbeitsgruppe" das Vorhandensein von mehreren Arbeitnehmern erfordert. Hieraus ergibt sich jedoch nicht zwingend, daß es sich um mindestens drei Arbeitnehmer handeln muß. Nach dem Wortsinn sind auch zwei Personen "mehrere" in diesem Sinne. Weiterhin ist auch im Rahmen des § 87 Abs. 1 Nr. 13 BetrVG eine Mindestzahl von Arbeitnehmern nicht gesetzlich festgelegt. Selbst wenn dies anders wäre, würde eine pauschale Übernahme dem viel weiteren Anwendungsbereich des § 28a BetrVG nicht gerecht werden. Dieser spricht eher dafür, auch für die Begriffsdefinition einen weiten Maßstab anzulegen. Darüber hinaus erfordert der Zweck des § 28a BetrVG nicht die Verbindung von drei Beschäftigten, vielmehr können auch zwei Arbeitnehmer unmittelbar an den sie betreffenden Regelungsfragen beteiligt werden. Die in der Literatur vorgenommene Übernahme des im Rahmen von § 87 Abs. 1 Nr. 13 BetrVG vertretenen Erfordernisses von drei Arbeitnehmern auf § 28a BetrVG wird daher dem Verhältnis dieser Vorschriften nicht gerecht. Folglich muß für eine "Arbeitsgruppe" im Sinne des § 28a BetrVG eine Mindestmitgliederzahl von zwei Arbeitnehmern genügen. Auch hier gilt wiederum, daß Besonderheiten im Rahmen der Aufgabenübertragung berücksichtigt werden können und dies in der Praxis von den Betriebspartner auch getan werden wird, so daß begriffliche Einschränkungen nicht erforderlich sind.

Schließlich stellt sich noch die Frage nach der Zulässigkeit von betriebs- und unternehmensübergreifenden Arbeitsgruppen. Nach dem Wortlaut des § 28a BetrVG ist die Bildung von Arbeitsgruppen "in" Betrieben mit der erforderlichen Arbeitnehmerzahl möglich. Dies deutet vom Wortsinn her darauf hin, daß eine Arbeitsgruppe nur innerhalb eines bestimmten Betriebes gebildet werden kann, nicht jedoch betriebs- oder gar unter-

---

[350] Siehe BT-Drucks. 14/5741, S. 47; vgl. auch auch DKK-*Klebe*, § 87 Rn. 301; ErfK-*Hanau/Kania*, § 87 Rn. 134; *Fitting/Kaiser/Heither/Engels/Schmidt*, § 87 Rn. 564; GK-BetrVG-*Wiese* § 87 Rn. 1047; *Stege/Weinspach/Schiefer*, § 87 Rn. 207.

nehmensübergreifend[351]. Zwar wird zutreffend festgestellt, daß Sinn und Zweck der Vorschrift betriebsübergreifende Arbeitsgruppen nicht ausschließen; sie sind aber auch nicht zwingend erforderlich. Insbesondere können die Arbeitsgruppen verschiedener Betriebe eines Unternehmens in tatsächlicher Hinsicht durchaus eng zusammenarbeiten und ihre Entscheidungen aufeinander abstimmen, ohne daß eine betriebsübergreifende Arbeitsgruppe gebildet werden müßte. Gleiches gilt sinngemäß für die unternehmensübergreifenden Arbeitsgruppen. Daß in der Praxis betriebsübergreifende Projektgruppen zu finden sind, kann daher allein nicht zu einem anderen Ergebnis führen. Diese bisher bestehenden Möglichkeiten bleiben erhalten. Solche Projektgruppen werden also durch ein einschränkendes Verständnis des § 28a BetrVG nicht unzulässig, sondern können wie bisher gebildet werden. Der Handlungsspielraum der Unternehmen wird also nicht eingeschränkt, sondern es bleiben lediglich die zusätzlichen Möglichkeiten der Aufgabenübertragung verwehrt. Des weiteren ist zu berücksichtigen, daß das BetrVG an den Betrieb als Basis für die Betriebsverfassung anknüpft[352]. Davon kann jedoch nicht ohne ausdrückliche Anordnung durch das Gesetz abgewichen werden. Hätte der Gesetzgeber betriebs- und/oder unternehmensübergreifende Arbeitsgruppen einbeziehen wollen, wäre daher ein entsprechender Hinweis erforderlich gewesen. Dementsprechend ist die Zulässigkeit betriebs- oder unternehmensübergreifender Arbeitsgruppen grundsätzlich zu verneinen. Ist dagegen eine noch engere Zusammenarbeit und damit die Bildung solcher Arbeitsgruppen erforderlich, so gibt § 3 Abs. 1 Nr. 1 bis 3, Abs. 2 BetrVG den Betriebspartnern hierfür genügend Möglichkeiten. Ebenso könnte durch den Arbeitgeber ein gemeinsamer Betrieb gem. § 1 Abs. 1 Satz 2 BetrVG gebildet werden. Soweit gem. § 3 Abs. 1 Nr. 1 bis 3 BetrVG betriebsverfassungsrechtliche Organisationseinheiten gebildet worden sind, gelten diese gem. § 3 Abs. 5 Satz 1 BetrVG als Betriebe im Sinne des Betriebsverfassungsgesetzes. Daher ist in diesem Fall der Anwendungsbereich des § 28a BetrVG wieder eröffnet.

5. Zwischenergebnis

Im Ergebnis kann festgehalten werden, daß für die Definition des Arbeitsgruppenbegriffs in der Literatur verbreitet Kriterien herangezogen werden, die aus der Regelung des § 87 Abs. 1 Nr. 13 BetrVG übernom-

---

[351] Ähnlich *Busch*, Arbeitsgruppen und Gruppenarbeit, S. 82 f.

[352] Vgl. *Fitting/Kaiser/Heither/Engels/Schmidt*, § 1 Rn. 58 ff.; GK-BetrVG-*Kraft*, § 1 Rn. 38; Richardi-*Richardi*, § 1 Rn. 3 ff.; *Hoyningen-Huene*, Betriebsverfassungsrecht, S. 26; mit ähnlicher Argumentation *Busch*, Arbeitsgruppen und Gruppenarbeit, S. 82 f.

men wurden. Eine solche pauschale Übernahme wird jedoch dem Unterschied beider Vorschriften insbesondere hinsichtlich des Anwendungsbereichs nicht gerecht. Der Begriff der Arbeitsgruppe ist daher mangels gesetzlicher Definition aus dem Sinn und Zweck der Vorschrift abzuleiten. Hierbei ist aufgrund des weiten Anwendungsbereichs auch ein großzügiger Maßstab anzulegen.

Eine Arbeitsgruppe im Sinne des § 28a BetrVG liegt daher vor, wenn in einem Beitrieb mindestens zwei Arbeitnehmer aufgrund der ihnen zugewiesenen Tätigkeit derart miteinander verbunden und von der übrigen Belegschaft abgrenzbar sind, daß für auftretende mitwirkungspflichtige Fragen genügend Handlungs- und Entscheidungsspielraum zur Verfügung steht, um diese eigenverantwortlich regeln zu können.

II. Bildung von Arbeitsgruppen

Ebenfalls nicht ausdrücklich gesetzlich festgelegt ist, wie und durch wen die Arbeitsgruppen im Betrieb gebildet werden[353].

1. Bildung durch den Arbeitgeber

Zunächst ist davon auszugehen, daß die Frage, ob die Arbeitnehmer Arbeitsgruppen bilden, davon abhängt, wie die Arbeitsabläufe im Betrieb organisiert sind[354]. Für die Organisation der betrieblichen Abläufe ist grundsätzlich der Arbeitgeber zuständig[355]. Folglich ist die Zusammenfassung von Arbeitnehmern zu Arbeitsgruppen von einer (freien) Organisationsentscheidung des Arbeitgebers abhängig[356]. Dieser ist daher, soweit andere vertragliche Abreden dem nicht entgegenstehen, dazu berechtigt,

---

353 Darauf verweisen auch *Brunhöber*, Neues BetrVG, S. 132; *Richardi*, Grundriss, § 7 Rn. 16.

354 So GK-BetrVG-*Raab*, § 28a Rn. 13; *Raab*, NZA 2002, 476; vgl. auch *Brunhöber*, Neues BetrVG, S. 132.

355 Vgl. *Stege/Weinspach/Schiefer*, § 28a Rn. 4; *Richardi*, Grundriss, § 7 Rn. 17; *Worzalla/Will*, Rn. 255; speziell für die Gruppenarbeit *Preis/Elert*, NZA 2001, 374; *Wiese* BB 2002, 200.

356 Vgl. *Fitting/Kaiser/Heither/Engels/Schmidt*, § 28a Rn. 13; GK-BetrVG-*Raab*, § 28a Rn. 13; Stege/Weinspach/Schiefer, § 28a Rn. 4; *Franke/Hunold/Malter*, § 28a Anm. 1; *Franzen*, ZfA 2001, 434; Jaeger/Röder/Heckelmann-*Kappenhagen*, Kap. 5 Rn. 134; *Löwisch*, BB 2001, 1792; *Natzel*, DB 2001, 1362; *Preis/Elert*, NZA 2001, 374; *Raab*, NZA 2002, 476; *Richardi*, Grundriss, § 7 Rn. 17; *Wiese* BB 2002, 200; *Worzalla/Will*, Rn. 255.

innerhalb der betrieblichen Gesamtorganisation durch die organisatorische Zusammenfassung von Arbeitnehmern gesonderte Einheiten zu bilden[357].

2. Bildung durch den Betriebsrat

Weiterhin stellt sich die Frage, ob auch der Betriebsrat Arbeitsgruppen bilden kann. Dagegen spricht schon, daß die Entscheidungen über die Organisation betrieblicher Abläufe dem Arbeitgeber vorbehalten sind[358]. Soweit ersichtlich, wird daher auch nahezu einheitlich davon ausgegangen, daß Arbeitsgruppen im Sinne des § 28a BetrVG vom Arbeitgeber zu bilden sind.

Allerdings ist teilweise die insoweit mißverständliche Formulierung gebraucht worden, § 28a BetrVG beziehe sich nicht auf "Arbeitsgruppen des Betriebsrates"[359]. Solche könnten nur durch die "Einbeziehung von sachkundigen Arbeitnehmern als Auskunftsperson gem. § 80 Abs. 2 BetrVG durch den Betriebsrat" gebildet werden[360]. Gemeint ist hiermit wohl die Möglichkeit des Betriebsrates, sich gem. § 80 Abs. 2 Satz 3 BetrVG zur ordnungsgemäßen Erfüllung seiner gesetzlichen Aufgaben sachkundige Arbeitnehmer vom Arbeitgeber zur Verfügung stellen zu lassen. Mit Bildung von Arbeitsgruppen im Sinne des § 28a BetrVG hat dies jedoch nichts zu tun. Gleiches gilt, soweit gem. § 28 Abs. 2 BetrVG gemeinsame Ausschüsse von Betriebsrat und Arbeitgeber gebildet werden[361]. Daher sollte der Begriff "Arbeitsgruppe" allein im Rahmen von § 28a BetrVG verwendet werden. Soweit es sich um bestimmte Ausschüsse oder die Einbeziehung von Sachverständigen handelt, sind sie auch als solche zu bezeichnen.

---

[357] So *Stege/Weinspach/Schiefer*, § 28a Rn.4; *Natzel*, DB 2001, 1362; ähnlich *Franke/Hunold/Malter*, § 28a Anm. 1; *Worzalla/Will*, Rn. 255; vgl. auch *Franzen*, ZfA 2001, 434.

[358] Vgl. dazu die Nachweise in Fußnote 356.

[359] So etwa *Gnade/Kehrmann/Schneider/Klebe/Ratayczak*, § 28a Rn. 6; vgl. auch *Wedde*, AuR 2002, 123.

[360] Vgl. *Gnade/Kehrmann/Schneider/Klebe/Ratayczak*, § 28a Rn. 6.

[361] Hier spricht *Wedde*, AuR 2002, 123 von "gemeinsamen Arbeitsgruppen von Betriebsrat und Arbeitgeber".

3. Mitbestimmung des Betriebsrates bei der Bildung von Arbeitsgruppen

Die Bildung der Arbeitsgruppen unterliegt, wie dargestellt, grundsätzlich nur der freien Organisationsentscheidung des Arbeitgebers[362]. Ein spezielles Mitbestimmungsrecht des Betriebsrates besteht in Bezug auf Bildung und Umfang der Arbeitsgruppe gem. § 28a BetrVG nicht[363]. Gleiches gilt bei der teilautonomen Gruppenarbeit nach § 87 Abs. 1 Nr. 13 BetrVG[364]. Trotzdem sind auch bei deren Bildung, wie bei jeder anderen Personalentscheidung im Betrieb, bestehende Mitbestimmungsrechte des Betriebsrates zu beachten[365]. In Betracht kommen insbesondere Mitbestimmungsrechte nach § 99 Abs. 1 BetrVG, soweit neue Arbeitnehmer eingestellt oder bereits vorhandene Arbeitnehmer aus anderen Abteilungen versetzt werden müssen[366]. Da eine Delegation von Aufgaben nur auf der Grundlage einer Rahmenvereinbarung zwischen Arbeitgeber und Betriebsrat zulässig ist, besteht die Möglichkeit, derartige Fragen im Zusammenhang mit dem Abschluß der Rahmenvereinbarung näher zu regeln[367].

Es bleibt daher festzuhalten, daß der Betriebsrat, zumindest im Regelfall, an der Bildung der Arbeitsgruppen im Rahmen der ihm zustehenden Mitbestimmungsrechte zu beteiligen ist.

---

[362] Siehe oben Fußnote 356.

[363] Im Rahmen von § 28a BetrVG ist der Betriebsrat insoweit beteiligt, als der Abschluß einer Rahmenvereinbarung zwischen ihm und dem Arbeitgeber für die Aufgabenübertragung erforderlich ist. Die Erforderlichkeit der Rahmenvereinbarung bezieht sich jedoch nicht auf die Bildung der Arbeitsgruppen; d.h. aber nicht, daß Vereinbarungen bzgl. der Bildung von Arbeitsgruppen nicht in die Rahmenvereinbarung aufgenommen werden könnten.

[364] Das Mitbestimmungsrecht des Betriebsrates aus § 87 Abs. 1 Nr. 13 BetrVG bezieht sich nach dem klaren Wortlaut nur auf die "Durchführung" von Gruppenarbeit; organisatorische Entscheidungen des Arbeitgebers, wie die Bildung von Gruppen, sind hier nicht erfaßt. Vgl. auch *Fitting/Kaiser/Heither/Engels/Schmidt*, § 28a Rn. 13; speziell für § 87 Abs. 1 Nr. 13 BetrVG: DKK-*Klebe*, § 87 Rn. 306 ff.; *Fitting/Kaiser/Heither/Engels/Schmidt*, § 87 Rn. 572 ff.; GK-BetrVG-*Wiese*, § 87 Rn. 1049 ff.; Richardi-*Richardi*, § 87 Rn. 957 f.; *Annuß*, NZA 2001, 370; *Engels/Trebinger/Löhr-Steinhaus*, DB 2001, 540; *Franzen*, ZfA 2001, 445; *Löwisch*, BB 2001, 1792. Vgl. auch die Ausführungen unter Gliederungspunkt § 5 B.II.2.

[365] Vgl. *Fitting/Kaiser/Heither/Engels/Schmidt*, § 28a Rn. 13; Jaeger/Röder/Heckelmann-*Kappenhagen*, Kap. 5 Rn. 134; *Raab*, NZA 2002, 476.

[366] Vgl. *Fitting/Kaiser/Heither/Engels/Schmidt*, § 28a Rn. 13; *Franzen*, ZfA 2001, 434; Jaeger/Röder/Heckelmann-*Kappenhagen*, Kap. 5 Rn. 134; *Raab*, NZA 2002, 476.

[367] So *Fitting/Kaiser/Heither/Engels/Schmidt*, § 28a Rn. 13; ähnlich GK-BetrVG-*Raab*, § 28a Rn. 13; *Raab*, NZA 2002, 476.

4. Pflicht zu Bildung von Arbeitsgruppen

Des weiteren stellt sich die Frage, ob trotz der grundsätzlich freien Organisationsentscheidungen des Arbeitgebers eine Verpflichtung bestehen kann, die Tätigkeit im Betrieb so zu organisieren, daß eine Arbeitsgruppe im Sinne des § 28a BetrVG entsteht.

a) Pflicht aus § 28a BetrVG

§ 28a BetrVG regelt lediglich die Frage der Aufgabenübertragung und den Abschluß von Gruppenvereinbarungen. Wie die Arbeitsgruppen zu bilden sind, wird jedoch nicht festgelegt. Die Vorschrift setzt vielmehr eine bereits bestehende Gruppe voraus, auf die dann die Aufgaben übertragen werden können[368]. Eine Pflicht zur Bildung von Arbeitsgruppen kann daher aus § 28a BetrVG nicht abgeleitet werden.

b) Pflicht aus § 75 Abs. 2 Satz 2 BetrVG

Eine solche Pflicht könnte sich jedoch aus § 75 Abs. 2 Satz 2 BetrVG ergeben.

aa) Regelungsinhalt des § 75 Abs. 2 Satz 2 BetrVG

Zunächst wird der Begriff der "Arbeitsgruppe" in § 75 Abs. 2 Satz 2 BetrVG ohne jede Einschränkung verwendet, so daß sich die Förderungspflicht auf alle Erscheinungsformen erstreckt; insbesondere beschränkt sie sich nicht auf die in § 87 Abs. 1 Nr. 13 Halbsatz 2 BetrVG definierte "Gruppenarbeit", sondern erfaßt wie in § 28a BetrVG auch Team- und Projektgruppen sowie Gruppen für bestimmte Beschäftigungsarten und Arbeitsbereiche[369]. Der Arbeitsgruppenbegriff ist hier also weit zu verstehen.

Weiterhin besteht nach dem Wortlaut der Vorschrift eine Pflicht zur Förderung der Arbeitnehmer und Arbeitsgruppen. Eine konkrete Festlegung, wie dies in der Praxis umzusetzen ist, gibt es allerdings nicht. Dies dürfte aufgrund der Vielzahl von theoretisch in Betracht kommenden Möglichkeiten auch kaum sinnvoll sein. Insbesondere könnten so die Umstände im

---

[368] Zu diesem Ergebnis kommt auch GK-BetrVG-*Raab*, § 28a Rn. 13; *Raab*, NZA 2002, 476.

[369] Ebenso ErfK-*Hanau/Kania*, § 75 Rn. 11; *Fitting/Kaiser/Heither/Engels/Schmidt*, § 75 Rn. 95; GK-BetrVG-*Kreutz*, § 75 Rn. 131; Dörner/Luczak/Wildschütz-*Wildschütz*, Rn. 1062.

konkreten Einzelfall nicht ausreichend berücksichtigt werden. Jedenfalls ist keine Pflicht zur Bildung von Arbeitsgruppen ausdrücklich festgelegt worden. Aus der amtlichen Begründung ergibt sich, daß die Eigeninitiative und Selbständigkeit vor allem durch eine entsprechende Gestaltung der Betriebsorganisation und der Arbeit, wodurch Freiräume für Entscheidungen, Eigenverantwortung und Kreativität der Arbeitnehmer und Arbeitsgruppen geschaffen werden, zu fördern ist[370]. Die Förderungspflicht ist eine wesentliche Grundlage dafür, daß die neu eingeführten Beteiligungsrechte der Arbeitnehmer und Arbeitsgruppen auch tatsächlich greifen[371]. Erfaßt wird hier sowohl die Bildung von Arbeitsgruppen im Sinne des § 28a BetrVG, wie auch die Einführung von Gruppenarbeit nach § 87 Abs. 1 Nr. 13 BetrVG. Sie muß allerdings unter dem Vorbehalt stehen, daß die jeweiligen betrieblichen Umstände eine entsprechende Gestaltung auch gestatten.

bb) Ausprägungen der Förderungspflicht

Die Förderungspflicht begründet für Arbeitgeber und Betriebsrat vor allem positive Handlungspflichten, den Arbeitnehmern und Arbeitsgruppen entsprechende Freiräume zu geben[372]. Beim Arbeitgeber betrifft dies vor allem die inhaltliche Ausgestaltung der Arbeitsverträge, die Ausübung des Direktionsrechts und Fragen der Organisation des Betriebsablaufs[373]. Der Betriebsrat hat das Gebot insbesondere bei der inhaltlichen Wahrnehmung der Mitwirkungs- und Mitbestimmungsrechte zu beachten, sowie die Möglichkeit der Aufgabenübertragung auf Arbeitsgruppen gem. § 28a BetrVG zu prüfen[374]. Darüber hinaus gebietet die Pflicht aber auch, den Arbeitnehmern und Arbeitsgruppen bereits vorhandene Freiräume zu belassen[375]. Weiterhin gibt § 75 Abs. 2 Satz 2 BetrVG für die Zusammenarbeit von Arbeitgeber und Betriebsrat einen verbindlichen Verhaltensmaß-

---

370 Siehe BT-Drucks. 14/5741, S. 45; vgl. auch *Franzen*, ZfA 2001, 425; *Löwisch*, BB 2001, 1740.

371 Siehe BT-Drucks. 14/5741, S. 29 f; vgl. GK-BetrVG-*Kreutz*, § 75 Rn. 125; *Franzen*, ZfA 2001, 425.

372 Vgl. ErfK-*Hanau/Kania*, § 75 Rn. 10; *Fitting/Kaiser/Heither/Engels/Schmidt*, § 75 Rn. 96; GK-BetrVG-*Kreutz*, § 75 Rn. 127 und 132 ff.

373 So *Fitting/Kaiser/Heither/Engels/Schmidt*, § 75 Rn. 96.

374 So *Fitting/Kaiser/Heither/Engels/Schmidt*, § 75 Rn. 96; ähnlich ErfK-*Hanau/Kania*, § 75 Rn. 10.

375 Vgl. GK-BetrVG-*Kreutz*, § 75 Rn. 127.

stab vor[376]. Insoweit enthält die Vorschrift eine Auslegungsregel[377]. Ergeben sich bei der Auslegung gesetzlicher Bestimmungen Zweifelsfragen, so ist daher stets eine Interpretation vorzuziehen, durch welche die Selbständigkeit und Eigeninitiative der Arbeitnehmer und Arbeitsgruppen gefördert wird[378]. Außerdem kann die Förderungspflicht auch als Konkretisierung der Schutz- und Fürsorgepflicht des Arbeitgebers im Arbeitsverhältnis verstanden werden[379].

cc) Pflicht zur Bildung von Arbeitsgruppen

Problematisch ist jedoch, ob aus des Förderungspflicht des § 75 Abs. 2 Satz 2 BetrVG auch eine Pflicht des Arbeitgebers zur Bildung von Arbeitsgruppen abgeleitet werden kann.

Für eine solche Pflicht, im Rahmen der Arbeitsorganisation Arbeitsgruppen zu schaffen, spricht zunächst der Sinn und Zweck der Vorschrift, da eine Förderung denknotwendig nur dann in Betracht kommt, wenn solche Gruppen auch tatsächlich bestehen. Dafür spricht auch die Gesetzesbegründung, wonach die Eigeninitiative und Selbständigkeit vor allem durch eine entsprechende Gestaltung der Betriebsorganisation und der Arbeit gefördert werden soll[380]. Nur so können die neu eingeführten Beteiligungsrechte der Arbeitnehmer und Arbeitsgruppen auch tatsächlich greifen[381].

Andererseits ist zu berücksichtigen, daß eine Förderung der Arbeitnehmer auf vielfältige Weise erfolgen kann. Außerdem trägt der Arbeitgeber auch das wirtschaftliche Risiko des Betriebes, so daß ihm schon deshalb hinsichtlich der Organisationsentscheidungen ein Beurteilungs- und Handlungsspielraum verbleiben muß. Insoweit besteht also ein Konkurrenzverhältnis zwischen freier Organisationsentscheidung des Arbeitgebers und der Förderungspflicht nach § 75 Abs. 2 Satz 2 BetrVG. Nimmt man einen Vorrang der Förderungspflicht an, dürfte der Arbeitgeber die Bildung von

---

376 Vgl. GK-BetrVG-*Kreutz*, § 75 Rn. 127 und 139.

377 So *Fitting/Kaiser/Heither/Engels/Schmidt*, § 75 Rn. 91; Richardi-*Richardi*, § 75 Rn. 35; vgl. auch ErfK-*Hanau/Kania*, § 75 Rn. 11.

378 In diesem Sinne Richardi-*Richardi*, § 75 Rn. 35; ebenso *Fitting/Kaiser/Heither/Engels/Schmidt*, § 75Rn. 91; *Franzen*, ZfA 2001, 449; *Löwisch*, BB 2001, 1740 und 1790; *Reichold*, NZA 2001, 864.

379 So GK-BetrVG-*Kreutz*, § 75 Rn. 126.

380 Siehe BT-Drucks. 14/5741, S. 45.

381 Siehe BT-Drucks. 14/5741, S. 29 f.; vgl. GK-BetrVG-*Kreutz*, § 75 Rn. 125; *Franzen*, ZfA 2001, 425.

Arbeitsgruppen nur aus sachlichen Gründen ablehnen. Dies würde also dazu führen, daß die Organisation der betrieblichen Arbeitsabläufe und die Betriebsstruktur dementsprechend einzurichten wären. Für eine freie unternehmerische Entscheidung würde insoweit also kaum noch ein Spielraum bestehen. Es würde damit für jedwede organisatorische Maßnahme eine Pflicht zur Begründung geben. Hiergegen bestehen daher erhebliche verfassungsrechtliche Bedenken im Hinblick auf Art. 12 und Art. 14 GG[382]. Darüber hinaus geht auch der Gesetzgeber nicht von einem generellen Vorrang der Förderungspflicht gem. § 75 Abs. 2 Satz 2 BetrVG aus. So bezieht sich die Mitbestimmung des Betriebsrates nach § 87 Abs. 1 Nr. 13 BetrVG ausdrücklich nur auf die Durchführung, nicht aber die Einführung bzw. Beendigung der Gruppenarbeit. Die Begründung sagt dazu ausdrücklich, daß der Arbeitgeber über die unternehmerischen Fragen mitbestimmungsfrei entscheiden können soll[383]. Da die Einführung von Gruppenarbeit nach § 87 Abs. 1 Nr. 13 BetrVG ebenfalls zur "Förderung der Arbeitsgruppen" gem. § 75 Abs. 2 Satz 2 BetrVG gehört, wird deutlich, daß nach der Konzeption des Gesetzgebers die unternehmerische Entscheidungsfreiheit der Förderungspflicht aus § 75 Abs. 2 Satz 2 BetrVG vorgeht. Soweit die Gruppenarbeit im Sinne von § 87 Abs. 1 Nr. 13 BetrVG auch in den Anwendungsbereich des § 28a BetrVG fällt[384], muß diese Wertung des Gesetzgebers hier ebenso durchgreifen. In den Bereichen, in denen der Anwendungsbereich des § 28a BetrVG weiter als der von § 87 Abs. 1 Nr. 13 BetrVG ist, kann indes nichts anderes gelten. Zum einen fehlen für ein anderes Verständnis jegliche Anhaltspunkte, zum anderen würden hierdurch erhebliche Wertungswidersprüche entstehen.

Dementsprechend kann aus der Förderungspflicht gem. § 75 Abs. 2 Satz 2 BetrVG keine Pflicht des Arbeitgebers zur Bildung von Arbeitsgruppen abgeleitet werden. Dies unterliegt allein seiner freien unternehmerischen Entscheidung.

c) Zwischenergebnis

Es kann festgehalten werden, daß nach § 75 Abs. 2 Satz 2 BetrVG eine Verpflichtung der Betriebspartner besteht, die Eigeninitiative und Selbständigkeit der Arbeitsgruppen zu fördern. Dazu gehört grundsätzlich

---

[382] Vgl. zum Schutz der unternehmerischen Freiheit ErfK-*Dieterich*, Art. 12 GG Rn. 14 und Art. 14 GG Rn. 5 f.

[383] Siehe BT-Drucks. 14/5741, S. 47.

[384] Vgl. zum Verhältnis von § 28a BetrVG zu § 87 Abs. 1 Nr. 13 BetrVG unter Gliederungspunkt § 4 B.I.2.

auch die Schaffung einer entsprechenden betrieblichen Organisation, soweit dies die betrieblichen Umstände zulassen. Allerdings ist hier der Vorrang der freien Unternehmerentscheidung zu beachten, so daß jedenfalls keine Pflicht zur Bildung von Arbeitsgruppen besteht. Folglich kann es mangels Pflichtverletzung auch keinen einklagbaren Rechtsanspruch für die Arbeitnehmer bzw. den Betriebsrat geben, soweit der Arbeitgeber auf die Einführung von Arbeitsgruppen verzichtet. Gleiches gilt für mittelbare Sanktionen nach § 23 Abs. 3 BetrVG.

III. Personelle Zusammensetzung

Wie bereits dargestellt, unterliegt die personelle Zusammensetzung der Arbeitsgruppe grundsätzlich allein der Organisationsbefugnis des Arbeitgebers[385].

1. Zugehörigkeit zu mehreren Arbeitsgruppen

Unter Umständen können sich jedoch Zweifel bei der personellen Zusammensetzung der Arbeitsgruppe ergeben, insbesondere hinsichtlich der Zugehörigkeit einzelner Arbeitnehmer zur einer bestimmten Gruppe[386]. Dies ist vor allem der Fall, wenn Stellenpläne fehlen oder sich die Kooperationszusammenhänge häufig ändern[387]. Dadurch entstehen Probleme bei der Frage, für welche Arbeitnehmer die abgeschlossenen Gruppenvereinbarungen gelten und für welche nicht[388]. Ebenso müssen die bei der Abstimmung gem. § 28a Abs. 2 Satz 1 Halbsatz 2 BetrVG die erforderlichen Mehrheiten bestimmbar sein[389]. Es ist daher notwendig, eine klare Zuordnung der Arbeitnehmer zu treffen. Eine solche Zuordnung unterliegt jedoch nicht einem einseitigen Bestimmungsrecht des Arbeitgebers[390]. Dieser kann lediglich die tatsächlichen Verhältnisse gestalten, an die das Gesetz anknüpft, nicht aber über die Auslegung des Rechtsbegriffes bestimmen[391].

---

[385] Siehe Gliederungspunkt § 4 B.II.

[386] Vgl. GK-BetrVG-*Raab*, § 28a Rn. 13; *Raab*, NZA 2002, 476.

[387] So *Däubler*, AuR 2001, 3.

[388] Vgl. ErfK-*Eisemann*, § 28a Rn. 4; *Fitting/Kaiser/Heither/Engels/Schmidt*, § 28a Rn. 14; *Däubler*, AuR 2001, 3; *Raab*, NZA 2002, 476; in diesem Sinne auch *Wedde*, AuR 2002, 123.

[389] So *Raab*, NZA 2002, 476; vgl. auch *Wedde*, AuR 2002, 123.

[390] So *Raab*, NZA 2002, 476.

[391] Mit dieser Begründung *Raab*, NZA 2002, 476.

Weiterhin ist zu beachten, daß es nicht zwingend erforderlich ist, daß ein Arbeitnehmer ausschließlich nur einer Arbeitsgruppe zugeordnet wird[392]. Ebenso wie Arbeitnehmer in mehreren Betrieben arbeiten können, kann es auch Arbeitnehmer geben, die mehreren Arbeitsgruppen zuzuordnen sind[393]. Es ist also möglich, daß Arbeitnehmer nicht nur dem eigentlichen Arbeitsteam angehören, sondern zusätzlich noch einer Projektgruppe und/oder der Gruppe einer bestimmten Beschäftigungsart[394]. Dies gilt nicht nur für arbeitsplatzvariable Arbeitnehmer[395], sondern auch für solche, deren einheitlich ausgeführte Funktion mehreren Arbeitsgruppen dient[396].

Zur Lösung bieten sich verschiedene Wege an: Zum einen könnte ein konkreter Stellenplan aufgestellt werden, der die Arbeitnehmer den einzelnen Arbeitsgruppen zuordnet. Möglich wären auch entsprechende Anpassungsklauseln[397] oder Konkretisierungen in der Rahmenvereinbarung[398]. Für eine Regelung in der Rahmenvereinbarung spricht schon, daß Arbeitgeber und Betriebsrat darüber entscheiden können, ob es überhaupt zu einer Aufgabenübertragung auf die Arbeitsgruppe kommt[399]. Dann sollten sie auch das Recht haben, die personellen Grenzen der Gruppe durch abstrakte Merkmale oder auch durch namentliche Nennung der einzelnen Arbeitnehmer näher zu konkretisieren[400]. In der Praxis dürfte die Umschreibung durch abstrakte Merkmale einer namentlichen Nennung der Arbeitnehmer vorzuziehen sein. Denn typischerweise wird es, abhängig vom konkreten Einzelfall und der Größe der Arbeitsgruppe und des Betriebes, mehr oder weniger häufig zu personellen Veränderungen

---

392 So Richardi-*Thüsing*, § 28a Rn. 10; *Thüsing*, ZTR 2002, 4.

393 Vgl. Richardi-*Thüsing*, § 28a Rn. 10; *Malottke*, AiB 2001, 626; *Thüsing*, ZTR 2002, 4.

394 So *Malottke*, AiB 2001, 626.

395 So Richardi-*Thüsing*, § 28a Rn. 10; *Thüsing*, ZTR 2002, 4; Beispiel: die Schreibkraft, die Arbeiten in verschiedenen Büros bei den jeweiligen Arbeitsgruppen erledigt.

396 So Richardi-*Thüsing*, § 28a Rn. 10; *Thüsing*, ZTR 2002, 4; Beispiel: die Reinigungskraft, die Arbeiten im gesamten Gebäude erledigt, in dem mehrere Arbeitsgruppen ihre Arbeitsplätze haben.

397 Nach der Vorstellung von *Däubler*, AuR 2001, 3 sollte hierin die Verpflichtung begründet werden, bei Veränderungen des Arbeitsprozesses oder der personellen Zusammensetzung über eine Anpassung zu verhandeln.

398 Vgl. *Fitting/Kaiser/Heither/Engels/Schmidt*, § 28a Rn. 14; GK-BetrVG-*Raab*, § 28a Rn. 13 und 20; *Raab*, NZA 2002, 476; *Wedde*, AuR 2002, 123. Siehe dazu auch unter Gliederungspunkt § 5 C.II.1.

399 So *Raab*, NZA 2002, 476.

400 Mit diesem Ergebnis auch GK-BetrVG-*Raab*, § 28a Rn. 13; *Raab*, NZA 2002, 476.

kommen. Soweit hier die Gruppenmitglieder namentlich in der Rahmenvereinbarung genannt sind, entsteht ein laufender Anpassungsbedarf und damit unter Umständen ein nicht unerheblicher, aber vermeidbarer Verwaltungsaufwand.

2. Veränderung der personellen Zusammensetzung

Ebenfalls nicht im Gesetz geregelt ist die Frage, wie sich eine Veränderung der personellen Zusammensetzung der Gruppe auf abgeschlossene Gruppenvereinbarungen auswirkt[401]. Im Extremfall könnte es vorkommen, daß in der Arbeitsgruppe nur noch Arbeitnehmer tätig sind, die am Abschluß der Gruppenvereinbarungen nicht beteiligt waren, weil sie zum Zeitpunkt des Abschlusses noch nicht der Arbeitsgruppe angehörten[402].

Die gleichen Fragen treten auch auf, wenn nach der Übertragung von Aufgaben auf die Arbeitsgruppe andere gesetzliche Voraussetzungen wegfallen. Daher soll eine Erörterung später im Zusammenhang erfolgen[403].

C. Zusammenfassung

Der Sinn des Schwellenwertes in § 28a BetrVG liegt darin, daß die Arbeitnehmerinteressen in kleineren Betrieben typischerweise ausreichend durch die Vermittlung über den Betriebsrat vertreten werden können. In größeren Betrieben sollen die Arbeitenehmer dagegen selbst die Möglichkeit der Interessenvertretung gegenüber dem Arbeitgeber haben. Darüber hinaus dient der Schwellenwert gleichzeitig der Entlastung des Betriebsrates.

Bei der Bestimmung der erforderlichen Arbeitnehmerzahl kommt es auf die regelmäßig beschäftigten Arbeitnehmer an. Anderenfalls wäre das Erreichen der notwendigen Arbeitnehmerzahl von Zufälligkeiten abhängig, was zu einer erheblichen Rechtsunsicherheit führen würde. Abzustellen ist auf den Zeitpunkt der Aufgabenübertragung auf die Arbeitsgruppe. Aufgrund der Änderungen durch das BetrVG-Reformgesetz sind, entgegen

---

[401] Hierauf weist auch *Franzen*, ZfA 2001, 434 hin.

[402] Vgl. dazu Richardi-*Thüsing*, § 28a Rn. 11

[403] Siehe zu den Auswirkungen auf die Aufgabenübertragung unter Gliederungspunkt § 6 C.II.1.a)bb). Zu den Auswirkungen für bereits abgeschlossene Gruppenvereinbarungen unter Gliederungspunkt § 7 F.II.2.

der im Schrifttum überwiegenden Meinung, auch die wahlberechtigten überlassenen Arbeitnehmer mitzuzählen, soweit solche regelmäßig im Betrieb beschäftigt werden.

Für die Definition des Arbeitsgruppenbegriffs wird in der Literatur verbreitet auf Kriterien zurückgegriffen, die für die Gruppenarbeit gem. § 87 Abs. 1 Nr. 13 BetrVG maßgeblich ist. Eine solche pauschale Übernahme wird jedoch dem Unterschied beider Vorschriften nicht gerecht und verengt den Anwendungsbereich des § 28a BetrVG in nicht notwendiger Weise. Eine Arbeitsgruppe im Sinne des § 28a BetrVG liegt bereits dann vor, wenn in einem Betrieb mindestens zwei Arbeitnehmer aufgrund der ihnen zugewiesenen Tätigkeit derart miteinander verbunden und von der übrigen Belegschaft abgrenzbar sind, daß für auftretende mitwirkungspflichtige Fragen genügend Handlungs- und Entscheidungsspielraum zur Verfügung steht, um diese eigenverantwortlich regeln zu können. Die Bildung der Arbeitsgruppen obliegt einer (freien) unternehmerischen Organisationsentscheidung des Arbeitgebers unter Berücksichtigung der Mitbestimmungsrechte des Betriebsrates in personellen Angelegenheiten. Eine Pflicht, die betrieblichen Abläufe so zu organisieren, daß Arbeitsgruppen gebildet werden können, besteht dagegen nicht.

§ 5 Rahmenvereinbarung zwischen Betriebsrat und Arbeitgeber

A. Rechtliche Einordnung

I. Bedeutung der Rahmenvereinbarung

Gemäß § 28a Abs. 1 Satz 1 Halbsatz 2 BetrVG kann eine Übertragung von Aufgaben auf Arbeitsgruppen nur nach Maßgabe einer Rahmenvereinbarung zwischen Arbeitgeber und Betriebsrat erfolgen. Schon die Verwendung des Begriffes "Rahmenvereinbarung" macht hierbei deutlich, daß lediglich ein äußerer Rahmen geschaffen werden sollte. Die Rahmenvereinbarung legt daher also die Grenzen fest, innerhalb derer der Betriebsrat im konkreten Fall Aufgaben übertragen kann[404]. Demzufolge wird die Übertragung als solche nicht durch die Rahmenvereinbarung vorgenommen, sondern bedarf eines konstitutiven Beschlusses des Betriebsrates, da es um die Übertragung seiner Kompetenzen geht[405]. Die Rahmenvereinbarung bildet also lediglich die Ermächtigungsgrundlage für die Aufgabenübertragung[406]. Das ergibt sich nicht nur daraus, daß der Übertragungsbeschluß im Gegensatz zum Abschluß der Rahmenvereinbarung einer qualifizierten Mehrheit bedarf, sondern auch aus der Regelung des § 28a Abs. 1 Satz 4 BetrVG[407]. Diese sieht die Möglichkeit eines Widerrufs der Übertragung vor, ohne daß die Rahmenvereinbarung gekündigt zu werden braucht[408]. Ob und in welchem Umfang der Betriebsrat hiervon Gebrauch macht, obliegt hingegen seiner alleinigen Entscheidungsgewalt ohne Beteiligung des Arbeitgebers[409]. Soweit keine Rahmen-

---

[404] Vgl. DKK-*Wedde*, § 28a Rn. 21; *Fitting/Kaiser/Heither/Engels/Schmidt*, § 28a Rn. 14; GK-BetrVG-*Raab*, § 28a Rn. 15; *Löwisch/Kaiser*, § 28a Rn. 11; *Däubler*, AuR 2001, 3; *Löwisch*, BB 2001, 1740; *Raab*, NZA 2002, 476; *Wedde*, AuR 2002, 123; *Worzalla/Will*, Rn. 257.

[405] So GK-BetrVG-*Raab*, § 28a Rn. 15; *Raab*, NZA 2002, 476; ähnlich *Fitting/Kaiser/Heither/Engels/Schmidt*, § 28a Rn. 15.

[406] Ebenso GK-BetrVG-*Raab*, § 28a Rn. 15; *Raab*, NZA 2002, 476; ähnlich DKK-*Wedde*, § 28a Rn. 21 f.; ErfK-*Eisemann*, § 28a Rn. 4; *Fitting/Kaiser/Heither/Engels/Schmidt*, § 28a Rn. 14; *Löwisch/Kaiser*, § 28a Rn. 11; Richardi-*Thüsing*, § 28a Rn. 13; *Stege/Weinspach/Schiefer*, § 28a Rn. 8; *Blanke*, RdA 2003, 149; *Däubler*, AuR 2001, 289; *Löwisch*, BB 2001, 1740; *Natzel*, DB 2001, 1362; *Wedde*, AuR 2002, 124.

[407] So *Fitting/Kaiser/Heither/Engels/Schmidt*, § 28a Rn. 15.

[408] So *Fitting/Kaiser/Heither/Engels/Schmidt*, § 28a Rn. 15.

[409] Vgl. *Raab*, NZA 2002, 476.

vereinbarung abgeschlossen wurde, können Arbeitgeber und Arbeitsgruppe ohne Beteiligung des Betriebsrates keine rechtswirksamen Vereinbarungen zu kollektiven Tatbeständen treffen, insbesondere nicht entgegen bestehender Mitwirkungs- und Mitbestimmungsrechte des Betriebsrates[410]. Entsprechende Vereinbarungen wären nichtig[411]. Ebensowenig kann sich der Betriebsrat in diesem Fall über den Willen des Arbeitgebers hinwegsetzen und Aufgaben auf eine Arbeitsgruppe übertragen[412].

Der Abschluß einer Rahmenvereinbarung ist vor allem erforderlich, um die berechtigten Interessen des Arbeitgebers ausreichend zu schützen[413]: Der Vorteil der gesetzlichen Regelung der Betriebsverfassung liegt nämlich gerade darin, daß der Arbeitgeber für die Regelung der die Arbeitnehmer betreffenden Angelegenheiten mit dem Betriebsrat einen einheitlichen Ansprechpartner hat und sich nicht mit unterschiedlichen Gremien auseinandersetzen muß[414]. Durch die Übertragung von Mitbestimmungsangelegenheiten vom Betriebsrat auf andere Gremien besteht aber die Gefahr, daß die betriebsverfassungsrechtlichen Zuständigkeiten zersplittert werden, was zur Unübersichtlichkeit führen und die effektive Organisation der Betriebsabläufe erschweren kann[415]. Der Vorteil der Betriebsverfassung könnte somit entfallen[416]. Um dies zu verhindern, sieht das Gesetz vor, daß der Betriebsrat nicht eigenmächtig Aufgaben auf Arbeitsgruppen übertragen kann, sondern dazu vielmehr eine Vereinbarung mit dem Arbeitgeber als Grundlage erforderlich ist[417].

Andererseits gibt die Rahmenvereinbarung dem Betriebsrat lediglich die Möglichkeit, Aufgaben zu übertragen. Allein aus dem Abschluß einer solchen Vereinbarung zwischen Arbeitgeber und Betriebsrat soll jedoch kein Rechtsanspruch der Arbeitsgruppen auf eine entsprechende Delegation begründet werden[418]. Deshalb darf sie durch ihre konkrete inhaltliche Ge-

---

[410] Vgl. DKK-*Wedde*, § 28a Rn. 22; Richardi-*Thüsing*, § 28a Rn. 16

[411] So DKK-*Wedde*, § 28a Rn. 22; ähnlich Richardi-*Thüsing*, § 28a Rn. 16.

[412] Vgl. ErfK-*Eisemann*, § 28a Rn. 4; *Fitting/Kaiser/Heither/Engels/Schmidt*, § 28a Rn. 14.

[413] In diesem Sinne *Franke/Hunold/Malter*, § 28a Anm. 1; *Neef*, NZA 2001, 363; *Raab*, NZA 2002, 476; vgl. auch *Stege/Weinspach/Schiefer*, § 28a Rn. 8; *Busch*, Arbeitsgruppen und Gruppenarbeit, S. 124.

[414] Vgl. GK-BetrVG-*Raab*, § 28a Rn. 14; *Raab*, NZA 2002, 476.

[415] So GK-BetrVG-*Raab*, § 28a Rn. 14; *Raab*, NZA 2002, 476; ähnlich *Franke/Hunold/Malter*, § 28a Anm. 1; *Neef*, NZA 2001, 363.

[416] Vgl. GK-BetrVG-*Raab*, § 28a Rn. 14; *Raab*, NZA 2002, 476.

[417] So GK-BetrVG-*Raab*, § 28a Rn. 14; *Raab*, NZA 2002, 476.

[418] In diesem Sinne auch DKK-*Wedde*, § 28a Rn. 32.

staltung spätere Übertragungsbeschlüsse des Betriebsrates nicht vorwegnehmen[419]. Insoweit soll es beispielsweise zulässig sein, in der Rahmenvereinbarung festzulegen, daß es grundsätzlich Aufgabe der Arbeitsgruppen ist, innerhalb bestimmter Vorgaben über die Festlegung der Arbeitszeit zu entscheiden[420]. Unzulässig sei es aber, wenn gleichzeitig festgelegt würde, daß das Auftreten von entsprechenden Arbeitszeitfragen automatisch ein Verhandlungsmandat der Arbeitsgruppe begründet[421]. Die Trennung von Rahmenvereinbarung und konkretem Übertragungsbeschluß ist auch für den Betriebsrat vorteilhaft, da er somit die Möglichkeit erhält, flexibel auf die Umstände des Einzelfalls zu reagieren[422]. Dementsprechend kann beispielsweise die Aufgabenübertragung (ganz oder teilweise) widerrufen werden, ohne gleichzeitig die Rahmenvereinbarung zu kündigen und damit die Rechtsgrundlage der Delegation auf die Arbeitsgruppe vollständig beseitigen zu müssen[423].

II. Verhältnis zur bisherigen Rechtslage

1. Bisherige Rechtslage

Als übertragungsfähige Aufgaben werden in der Gesetzesbegründung Regelungen angesprochen, die den sozialen Angelegenheiten nach § 87 BetrVG zuzuordnen sind[424]. Für diesen Bereich ist in der Rechtsprechung

---

[419] So DKK-*Wedde*, § 28a Rn. 32.

[420] Dieses Beispiel nennt DKK-*Wedde*, § 28a Rn. 32. Die gewählte Formulierung ist dabei aber irreführend! In der Rahmenvereinbarung kann gerade nicht festgelegt werden, daß eine Arbeitsgruppe über die Festlegung der Arbeitszeit zu entscheiden hat. Dies käme der Übertragung des Mitbestimmungsrechts aus § 87 Abs. 1 Nr. 2 BetrVG gleich und würde somit also den Übertragungsbeschluß vorwegnehmen, was aber unzulässig ist (dieser Ansicht ist auch *Wedde*, vgl. Fußnote zuvor). Es ist daher davon auszugehen, daß zum Ausdruck gebracht werden sollte, daß, wenn es zu einer Aufgabenübertragung durch den Betriebsrat kommt, vor allem Fragen der Festlegung der Arbeitszeit auf die Arbeitsgruppen delegiert werden sollen. Es handelt sich also nur um eine Vereinbarung zwischen Arbeitgeber und Betriebsrat über den Umfang einer späteren Aufgabenübertragung. Dies ergibt sich aus dem Zusammenhang mit den Gegenbeispiel (siehe nächste Fußnote). Vgl. zur Umschreibung der für die Übertragung in Betracht kommenden Angelegenheiten in allgemeiner Form auch *Fitting/Kaiser/Heither/Engels/Schmidt*, § 28a Rn. 15.

[421] Dieses Gegenbeispiel nennt DKK-*Wedde*, § 28a Rn. 32 für eine unzulässige vorweggenommene Aufgabenübertragung in der Rahmenvereinbarung.

[422] So *Fitting/Kaiser/Heither/Engels/Schmidt*, § 28a Rn. 15.

[423] Vgl. *Fitting/Kaiser/Heither/Engels/Schmidt*, § 28a Rn. 15.

[424] Siehe BT-Drucks. 14/5741, S. 40. So auch *Franzen*, ZfA 2001, 433 und 436. Genannt werden Arbeitszeitfragen, Pausenregelungen, Urlaubsplanung und Arbeitsges-

des Bundesarbeitsgerichts anerkannt, daß der Betriebsrat sich bei der Ausübung seines Mitbestimmungsrechts darauf beschränken kann, mit dem Arbeitgeber lediglich eine Rahmenvereinbarung zu treffen, und diesem die weitere Ausfüllung zu überlassen[425]. Dem Arbeitgeber können danach auch an sich mitbestimmungspflichtige Befugnisse zur Alleinentscheidung übertragen werden[426]. Dies soll sogar dann noch zulässig sein, wenn dem Arbeitgeber - aus welchen Gründen auch immer - eine Freiheit eingeräumt wird, die einem mitbestimmungsfreien Zustand nahe kommt[427]. Die Grenze der Vereinbarungsbefugnis der Betriebspartner werde erst überschritten, wenn das Mitbestimmungsrecht in seiner Substanz beeinträchtigt wird, die Ermächtigung also einem Verzicht auf das Mitbestimmungsrecht gleichkäme[428]. Ein solcher Verzicht wäre nämlich unzulässig[429]. Die Befugnis der Betriebspartner zu einer kollektivvertraglichen Regelung kann also lediglich nicht in der Weise ausgeübt werden, daß die Mitbestimmung durch ein einseitiges Gestaltungsrecht ersetzt wird[430].

Bedeutung haben solche Vereinbarungen vor allem für die Regelung von Eilfällen[431]. Eine Einschränkung des Mitbestimmungsrechts in Eilfällen wurde von der Rechtsprechung gerade unter Hinweis darauf abgelehnt, daß die Betriebspartner vorab durch entsprechende Vereinbarungen Vor-

---

taltung. Dies entspricht den Mitbestimmungsrechten nach § 87 Abs. 1 Nr. 1, 2, 5, 7 BetrVG.

[425] Vgl. BAG v. 28.10.1986, AP Nr. 20 zu § 87 BetrVG 1972 Arbeitszeit unter B.2.; BAG v. 26.07.1988, AP Nr. 6 zu § 87 BetrVG 1972 Provision unter II.3.a); BAG v. 17.11.1998, AP 79 zu § 87 BetrVG 1972 Arbeitszeit unter B.II.1.b); *Raab,* NZA 2002, 474; *Franzen,*. ZfA 2001, 436.

[426] Vgl. BAG v. 28.10.1986, AP Nr. 20 zu § 87 BetrVG 1972 Arbeitszeit unter B.3.; *Raab,* NZA 2002, 474; *Franzen,* ZfA 2001, 436.

[427] Vgl. etwa BAG v. 11.03.1986, AP Nr. 14 zu § 87 BetrVG 1972 Überwachung unter III.3.; BAG v. 28.10.1986, AP Nr. 20 zu § 87 BetrVG 1972 Arbeitszeit unter B.2.; BAG v. 26.07.1988, AP Nr. 6 zu § 87 BetrVG 1972 Provision unter II.3.a); so auch *Raab,* NZA 2002, 474; *Franzen,* ZfA 2001, 436.

[428] Vgl. BAG v. 26.07.1988, AP Nr. 6 zu § 87 BetrVG 1972 Provision unter II.3.a); BAG v. 17.11.1998, AP 79 zu § 87 BetrVG 1972 Arbeitszeit unter B.II.1.b); so auch *Raab,* NZA 2002, 474; ähnlich *Franzen,* ZfA 2001, 436.

[429] So *Raab,* NZA 2002, 474; näher dazu *Wiese,* RdA 1968, 455 ff.; vgl. auch *Franzen,* ZfA 2001, 436.

[430] Vgl. BAG v. 17.11.1998, AP 79 zu § 87 BetrVG 1972 Arbeitszeit unter B.II.2.a)bb).

[431] Vgl. dazu BAG v. 02.03.1982, AP Nr. 6 zu § 87 BetrVG 1972 Arbeitszeit unter B.II.2.; BAG v. 17.11.1998, AP 79 zu § 87 BetrVG 1972 Arbeitszeit unter B.II.1.b). Ebenso *Raab,* NZA 2002, 474, Fußnote 4.

sorge treffen und den Arbeitgeber ermächtigen könnten, unter bestimmten Voraussetzungen eine Maßnahme ohne Zustimmung des Betriebsrates im konkreten Einzelfall durchzuführen[432].

Es bleibt daher festzuhalten, daß es nach der bisherigen Rechtslage zulässig war, daß der Betriebsrat seine Mitbestimmungsrechte derart ausübte, daß auf Grundlage einer Rahmenvereinbarung mit dem Arbeitgeber diesem ein einseitiges Gestaltungs- und Entscheidungsrecht eingeräumt wurde. Wenn es jedoch möglich ist, ein solches Recht allein auf den Arbeitgeber zu übertragen, muß es erst recht möglich sein, in einer Rahmenvereinbarung vorzusehen, daß im einzelnen festgelegte Sachfragen von Arbeitgeber und betroffenen Arbeitnehmern gemeinsam oder von den Arbeitnehmern allein geregelt werden[433]. Auch in diesem Fall würde zwar der Betriebsrat als Repräsentant der Belegschaft sein Mitbestimmungsrecht wiederum nur durch die Festlegung eines Gestaltungs- und Entscheidungsrahmens ausüben, die repräsentierten Arbeitnehmer hätten aber bei der Ausfüllung des vorgegebenen Rahmens mitzuentscheiden. Insoweit liegt ein geringerer Eingriff in das System der Mitbestimmung vor, als wenn dem Arbeitgeber die Entscheidung allein überlassen wird.

2. Unterschiede zur Regelung des § 28a BetrVG

Auf den ersten Blick scheint daher zwischen der bisherigen Rechtslage und der Regelung in § 28a BetrVG kein großer Unterschied zu bestehen. So ist in beiden Fällen der Abschluß einer Rahmenvereinbarung zwischen Arbeitgeber und Betriebsrat erforderlich. Bei genauerer Betrachtung wird freilich ein wesentlicher Unterschied sichtbar: Nach der bisherigen Rechtslage gestaltete der Betriebsrat mit der Rahmenregelung die mitbestimmungspflichtige Angelegenheit selbst, wenn auch nur in Umrissen, und übte damit sein Mitbestimmungsrecht aus[434]. § 28a BetrVG sieht dagegen eine echte Delegation von Mitbestimmungsrechten auf die Arbeitsgruppe vor[435]. Der Betriebsrat übt daher sein Mitbestimmungsrecht gerade nicht aus, sondern überträgt die Wahrnehmung vielmehr auf die Arbeitsgruppe. Die Rahmenregelung im Sinne des § 28a Abs. 1 BetrVG trifft daher auch keinerlei Bestimmung darüber, wie inhaltlich in der mitbestimmungspflichtigen Angelegenheit zu verfahren ist, sondern regelt lediglich die Möglichkeit der Übertragung des Beteiligungsrechts und gegebenenfalls das Ver-

---

[432] Vgl. Fußnote zuvor.

[433] So auch *Franzen*, ZfA 2001, 436; ähnlich *Raab*, NZA 2002, 474.

[434] So auch *Raab*, NZA 2002, 474.

[435] Vgl. *Raab*, NZA 2002, 474.

fahren bei der Ausübung der Beteiligungsrechte durch die Arbeitsgruppe[436]. Die Vorschrift stellt daher ein echtes Novum dar[437].

3. Konsequenzen

Es stellt sich somit die Frage, ob die bislang von der Rechtsprechung anerkannten Möglichkeiten der Ausübung von Mitbestimmungsrechten des Betriebsrates in der Weise, daß auf Grundlage einer Rahmenvereinbarung mit dem Arbeitgeber diesem die mitbestimmungsrechtlichen Befugnisse zur Alleinentscheidung übertragen worden sind, zulässig bleiben oder ob künftig ausschließlich nach § 28a BetrVG verfahren werden muß[438].

Zunächst ergeben sich weder aus dem Wortlaut noch aus der Begründung des Gesetzes irgendwelche Anhaltspunkte für den Willen des Gesetzgebers. Da er die oben dargestellte Rechtsprechung offensichtlich nicht zur Kenntnis genommen hat, kann daraus jedenfalls nicht auf einen gesetzgeberischen Willen geschlossen werden, die hierdurch eröffneten Möglichkeiten generell zu beseitigen[439]. Für Betriebe, die nicht mehr als 100 regelmäßig beschäftigte Arbeitnehmer haben und daher ohnehin nicht in den Anwendungsbereich des § 28a BetrVG fallen, ergibt sich somit, daß für sie die bisher anerkannten Möglichkeiten bestehen bleiben müssen. Anders könnten jedoch Betriebe zu beurteilen sein, die in der Regel mehr als 100 Arbeitnehmer beschäftigen und daher von § 28a BetrVG erfaßt werden. Dies wäre der Fall, wenn man davon ausgeht, daß § 28a BetrVG als spezielle Regelung die bisher anerkannten Möglichkeiten verdrängt. Hiergegen spricht einerseits der Sinn und Zweck des neu eingeführten § 75 Abs. 2 Satz 2 BetrVG, wonach gerade die Selbständigkeit und Eigeninitiative von Arbeitnehmern und Arbeitsgruppen gefördert werden soll[440]. Eine solche Förderung kommt auch nach der bisherigen Rechtslage durch die zulässige unmittelbare Beteiligung der Arbeitnehmer bzw. Arbeitsgruppen bei der Ausfüllung des eröffneten Entscheidungs- und Gestaltungsspielraums durch den Arbeitgeber in Betracht[441]. Auf der anderen Seite sprechen die oben dargestellten Unterschiede im Regelungsgehalt zwischen der bisherigen Rechtslage und § 28a BetrVG dage-

---

[436] Vgl. *Raab*, NZA 2002, 474.

[437] Zu diesem Ergebnis kommt auch *Raab*, NZA 2002, 474.

[438] Diese Frage wird auch von *Franzen*, ZfA 2001, 437 aufgeworfen.

[439] So auch *Franzen*, ZfA 2001, 437.

[440] Ähnlich *Franzen*, ZfA 2001, 437.

[441] Vgl. dazu oben unter Gliederungspunkt § 5 A.II.1.

gen, diesen als spezielle Regelung anzusehen. Schließlich muß in der Praxis auch weiterhin die Möglichkeit bestehen, Eilfälle im voraus zwischen den Betriebspartnern zu regeln. Allein die Übertragung von Aufgaben auf Arbeitsgruppen ist nicht geeignet, die hier auftretenden Probleme zu lösen. Dies ergibt sich schon daraus, daß die Gruppenvereinbarungen nur für die Gruppenmitglieder Wirkung entfalten können. Für die übrigen Arbeitnehmer des Betriebes könnten also keine Regelungen für Eil- und Notfälle vorgenommen werden. Darüber hinaus dürfte in solchen Fällen eine betriebseinheitliche Regelung notwendig sein, etwa die Abstimmung von Notfallplänen und Fluchtwegen etc.

Dementsprechend bleiben die bislang von der Rechtsprechung anerkannten Möglichkeiten der Delegation von Mitbestimmungsrechten des Betriebsrates weiterhin zulässig und werden nicht durch § 28a BetrVG ausgeschlossen. Hierfür sprechen sowohl Erfordernisse der Praxis als auch der Sinn des BetrVG-Reformgesetzes, die unmittelbare Beteiligung der Arbeitnehmer zu stärken.

III. Rechtsnatur der Rahmenvereinbarung

Umstritten ist in der Literatur auch die Frage, welche rechtliche Qualität die erforderliche Rahmenvereinbarung haben muß.

1. Betriebsvereinbarung

Teilweise wird angenommen, es müsse sich um eine Betriebsvereinbarung iSd. § 77 BetrVG handeln. Danach könne eine bloße formlose Regelungsabrede nicht zur Übertragung von Kompetenzen ausreichen[442]. Zur Begründung wird angeführt, wenn die Übertragung selbst schriftlich erfolgen muß (§ 28a Abs. 1 Satz 3 BetrVG), dann müsse dies erst recht für die Vereinbarung gelten, die hierfür die Grundlage schafft[443]. Weiter sei

---

[442] Vgl. ErfK-*Eisemann*, § 28a Rn. 4; *Fitting/Kaiser/Heither/Engels/Schmidt*, § 28a Rn. 18; Richardi-*Thüsing*, § 28a Rn. 13; Jaeger/Röder/Heckelmann-*Kappenhagen*, Kap. 5 Rn. 136; *Richardi*, Grundriss, § 7 Rn. 18; *Thüsing*, ZTR 2002, 5; im Ergebnis wohl auch DKK-*Wedde*, § 28a Rn. 24 f.; *Gnade/Kehrmann/Schneider/Klebe/Ratayczak*, § 28a Rn. 2; *Wedde*, AiB 2001, 630; *Wedde*, AuR 2002, 123; zweifelnd *Stege/Weinspach/Schiefer*, § 28a Rn. 8; im Ergebnis ebenso *Busch*, Arbeitsgruppen und Gruppenarbeit, S. 85 ff.

[443] Vgl. Richardi-*Thüsing*, § 28a Rn. 13; *Richardi*, Grundriss, § 7 Rn. 18; *Thüsing*, ZTR 2002, 5; davon gehen wohl auch DKK-*Wedde*, § 28a Rn. 25; *Gnade/Kehrmann/Schneider/Klebe/Ratayczak*, § 28a Rn. 2 und *Wedde*, AuR 2002, 123 aus. Siehe dazu die überzeugenden Gegenargumente bei *Busch*, Arbeitsgruppen und Gruppenarbeit, S. 85.

eine förmliche Betriebsvereinbarung schon aus Gründen der Rechtssicherheit erforderlich, damit Inhalt, Umfang, Kompetenz und Verfahrensweise der Arbeitsgruppe eindeutig festliegen[444]. Außerdem könnten nur so verbindliche Regelungen mit unmittelbarer und zwingender Wirkung aufgestellt werden[445]. Im übrigen sei zu bedenken, daß die Rahmenvereinbarung eine von der gesetzlichen Regelung abweichende Wahrnehmung von Beteiligungsrechten zuläßt und eine solche Abweichung grundsätzlich einer normativen Regelung bedarf, so wie dies auch in sonstigen Fällen, in denen das Gesetz abweichende Regelungen gestattet, der Fall ist (beispielsweise in §§ 3 Abs. 1 und 2; 38 Abs. 1 Satz 4; 47 Abs. 4; 55 Abs. 4; 72 Abs. 4 BetrVG)[446].

2. Betriebsvereinbarung oder Regelungsabrede[447]

Andere gehen hingegen davon aus, daß die Rahmenvereinbarung sowohl Betriebsvereinbarung als auch Regelungsabrede sein kann[448]. Ob das eine oder das andere vorliege, hänge auch nicht davon ab, ob es sich um eine förmliche Vereinbarung im Sinne des § 77 Abs. 2 BetrVG handelt oder nicht[449]. Denn auch eine Regelungsabrede könne schriftlich abgeschlossen werden[450]. Maßgeblich sei allein der Geschäftswille der Betriebspartner[451]. Soweit dieser keine ausdrückliche Bestimmung gefunden habe, müsse er aus dem von den Betriebspartnern verfolgten Regelungszweck abgeleitet werden[452]. Eine Betriebsvereinbarung sei daher nur erforderlich, wenn vom Regelungszweck her eine normative Regelung geschaffen werden soll, also die Rahmenvereinbarung nach ihrem Inhalt unmittelbar Rechte und Pflichten für die betroffenen Arbeitnehmer be-

---

444 So *Fitting/Kaiser/Heither/Engels/Schmidt*, § 28a Rn. 18.

445 Vgl. *Fitting/Kaiser/Heither/Engels/Schmidt*, § 28a Rn. 18.

446 So *Fitting/Kaiser/Heither/Engels/Schmidt*, § 28a Rn. 18.

447 Teilweise auch Betriebsabsprache oder betriebliche Einigung genannt.

448 So etwa *Franke/Hunold/Malter*, § 28a Anm. 1; GK-BetrVG-*Raab*, § 28a Rn. 22; Dörner/Luczak/Wildschütz-*Wildschütz*, Rn. 475; *Malottke*, AiB 2001, 626; *Natzel*, DB 2001, 1362; *Raab*, NZA 2002, 477; Schaub/Koch/Linck-*Koch*, Arbeitsrechts-Handbuch, § 220 Rn. 15b; *Schaub*, ZTR 2001, 439; *Worzalla/Will*, Rn. 257; wohl auch Haufe-*Traut*, S. 127 Rn. 11.

449 So GK-BetrVG-*Raab*, § 28a Rn. 22; *Raab*, NZA 2002, 477.

450 Vgl. GK-BetrVG-*Raab*, § 28a Rn. 22; *Raab*, NZA 2002, 477.

451 So *Raab*, NZA 2002, 477.

452 Vgl. GK-BetrVG-*Raab*, § 28a Rn. 22; *Raab*, NZA 2002, 477.

gründet[453]. Dies ist beispielsweise der Fall, wenn Festlegungen zur personellen Zusammensetzung oder zur internen Organisation der Arbeitsgruppe getroffen werden[454]. Hier sei auch das Schriftformerfordernis des §§ 28a Abs. 2 Satz 2, 77 Abs. 2 BetrVG zu beachten[455]. Hingegen soll eine formlose Regelungsabrede genügen, wenn durch die Vereinbarung lediglich Rechtswirkungen zwischen Betriebsrat und Arbeitgeber erzeugt werden sollen bzw. sie dazu dient, Willensübereinstimmung zwischen Betriebsrat und Arbeitgeber in den Fällen herzustellen, in denen nach dem Gesetz Einvernehmen erforderlich ist[456]. Dies ist beispielsweise dann der Fall, wenn die Rahmenvereinbarung lediglich festlegt, ob und in welchem Umfang der Betriebsrat Aufgaben auf Arbeitsgruppen übertragen kann, da hier keine unmittelbaren Rechtswirkungen für die Arbeitnehmer eintreten, sondern lediglich dem Betriebsrat eine Ermächtigungsgrundlage gegeben wird[457]. Zur Begründung wird weiterhin der Wortlaut der Vorschrift herangezogen: Danach ist davon auszugehen, daß der Gesetzgeber bewußt die Formulierung "Rahmenvereinbarung" und nicht "Betriebsvereinbarung" gewählt hat[458]. Aus Gründen der Rechtssicherheit sei jedoch der Abschluß einer Betriebsvereinbarung zu empfehlen[459].

3. Vereinbarung sui generis

Schließlich kommt grundsätzlich auch die Einordnung der Rahmenvereinbarung als kollektive Vereinbarung eigener Art in Betracht. Jedenfalls sind derartige Vereinbarungen sui generis dem Gesetz nicht fremd. So ist etwa in § 112 Abs. 1 Satz 1 BetrVG der Interessenausgleich geregelt, welcher von der ganz überwiegenden Ansicht in Rechtsprechung[460] und

---

[453] So GK-BetrVG-*Raab*, § 28a Rn. 22; ähnlich *Raab*, NZA 2002, 477.

[454] Vgl. GK-BetrVG-*Raab*, § 28a Rn. 22; *Raab*, NZA 2002, 477.

[455] Vgl. GK-BetrVG-*Raab*, § 28a Rn. 22.

[456] So GK-BetrVG-*Raab*, § 28a Rn. 22; ähnlich *Raab*, NZA 2002, 477.

[457] Vgl. GK-BetrVG-*Raab*, § 28a Rn. 22; *Raab*, NZA 2002, 477.

[458] So *Malottke*, AiB 2001, 626.

[459] Vgl. *Franke/Hunold/Malter*, § 28a Anm. 1; Haufe-*Traut*, S. 127 Rn. 11; *Malottke*, AiB 2001, 626; *Natzel*, DB 2001, 1362; *Schaub*, ZTR 2001, 439; ähnlich Schaub/Koch/Linck-*Koch*, Arbeitsrechts-Handbuch, § 220 Rn. 15b; *Worzalla/Will*, Rn. 257; so auch *Stege/Weinspach/Schiefer*, § 28a Rn. 8, die ohnehin daran zweifeln, daß eine Regelungsabrede ausreichen kann.

[460] Vgl. BAG v. 20.04.1994, AP Nr. 27 zu § 113 BetrVG 1972 unter II.2.b); BGH v. 15.11.2000, NJW 2001, 440.

Literatur[461] als Kollektivvertrag besonderer Art qualifiziert wird. Auch der in § 112 Abs. 1 Satz 2 bis 4 BetrVG geregelte Sozialplan wird zumindest teilweise als "Betriebsvereinbarung besonderer Art" eingeordnet[462].

4. Stellungnahme

a) Einordnung als Vereinbarung sui generis

Eine Einordnung der Rahmenvereinbarung als Vereinbarung sui generis ist jedoch nur dann sinnvoll, wenn sie nach ihrem Regelungsinhalt nicht als Betriebsvereinbarung bzw. Regelungsabrede qualifiziert werden kann. Gegenstände einer Betriebsvereinbarung können nach ganz überwiegender Meinung neben normativen Regelungen über Abschluß, Inhalt und Beendigung von Arbeitsverhältnissen auch Regelungen über betriebliche und betriebsverfassungsrechtliche Fragen sowie schuldrechtliche Verpflichtungen zwischen den Betriebspartnern sein[463]. Auch in einer Regelungsabrede können schuldrechtliche Verpflichtungen zwischen den Betriebspartnern begründet und betriebsverfassungsrechtliche Fragen geregelt werden[464]. Inhalt der Rahmenvereinbarung wird neben der Klärung der betriebsverfassungsrechtlichen Frage, ob die Aufgabenübertragung gem. § 28a BetrVG überhaupt möglich sein soll, typischerweise eine mehr oder weniger ausführliche Regelung zur Organisation der Arbeitsgruppe und ihrer Mitglieder und deren konkreten Kompetenzen sein[465].

---

461 Vgl. Richardi-*Annuß*, § 112 Rn. 36 m.w.N.; *Schaub*, FS Däubler, S. 348; ähnlich GK-BetrVG-*Fabricius/Oetker*, § 112, 112a Rn. 48 ff. m.w.N., die die Bezeichnung als "Kollektivvereinbarung besonderer Art" für vorzugswürdig halten.

462 So etwa BAG v. 28.04.1993, AP Nr. 67 zu § 112 BetrVG 1972 unter II.2.b); BAG v. 16.03.1994, AP Nr. 75 zu § 112 BetrVG 1972 unter II.1.a); BAG v. 05.02.1997, AP Nr. 112 zu § 112 BetrVG 1972 unter II.1.; BAG v. 15.12.1998, AP Nr. 126 zu § 112 BetrVG 1972 unter 1.; GK-BetrVG-*Fabricius/Oetker*, § 112, 112a Rn. 111 f.; *Hoyningen-Huene*, Betriebsverfassungsrecht, S. 372; a.A. BAG v. 17.10.1989, AP Nr. 53 zu § 112 BetrVG 1972 unter B.2.a); BAG v. 10.08.1994, AP Nr. 86 zu § 112 BetrVG 1972 unter B.II.3.a); BAG v. 30.11.1994, AP Nr. 89 zu § 112 BetrVG 1972 unter II.2.; Richardi-*Annuß*, § 112 Rn. 171 m.w.N.

463 Vgl. BAG (GS) v. 07.11.1989, AP Nr. 46 zu § 77 BetrVG 1972 unter C.I.2.b); DKK-*Berg*, § 77 Rn. 37 und 40a; *Fitting/Kaiser/Heither/Engels/Schmidt*, § 77 Rn. 45 ff.; Richardi-*Richardi*, § 77 Rn. 50 ff.; a.A. GK-BetrVG-*Kreutz*, § 77 Rn. 172 ff., der nur normative wirkende Regelungen für zulässig hält, nicht aber schuldrechtliche Abreden oder Regelungen über betriebliche oder betriebsverfassungsrechtliche Fragen.

464 Vgl. GK-BetrVG-*Kreutz*, § 77 Rn. 12 ff.

465 Näheres zum Inhalt der Rahmenvereinbarung siehe unten unter Gliederungspunkt § 5 C.

Dementsprechend werden in der Rahmenvereinbarung ausschließlich Fragen geregelt, die Regelungsinhalt einer Betriebsvereinbarung bzw. hinsichtlich der betriebsverfassungsrechtlichen Fragen auch Regelungsinhalt einer Regelungsabrede sein können. Folglich besteht für die Einordnung der Rahmenvereinbarung als Vereinbarung sui generis keine Notwendigkeit. Sie ist vielmehr als Betriebsvereinbarung oder Regelungsabrede in das System der Betriebsverfassung einzuordnen.

b) Einordnung als Betriebsvereinbarung bzw. Regelungsabrede

Ob im Rahmen des § 28a BetrVG der Abschluß einer Betriebsvereinbarung erforderlich ist oder ob auch eine Regelungsabrede genügen kann, ist dabei durch Auslegung der Vorschrift zu ermitteln.

Nach dem Wortlaut des Gesetzes wird ausdrücklich eine "Rahmenvereinbarung" verlangt. Es ist insoweit kein Grund ersichtlich, warum diese nur einschränkend als Betriebsvereinbarung verstanden werden müßte. Wäre ausschließlich eine Betriebsvereinbarung gemeint gewesen, hätte man diesem Begriff ohne weiteres verwenden können. Auch die gesetzessystematische Auslegung unterstützt ein solches Verständnis. In anderen Fällen, in denen das Gesetz eine abweichende Regelung gestattet, ist ausdrücklich festgelegt, daß eine normative Regelung durch Betriebsvereinbarung bzw. Tarifvertrag erforderlich ist[466]. Im übrigen werden im Gesetz hingegen allgemeinere Formulierungen gebraucht[467]. Da in § 28a BetrVG keine Beschränkung auf eine Betriebsvereinbarung enthalten ist, muß somit auch eine Regelungsabrede genügen. Des weiteren gehen die Vertreter der Ansicht, die eine Betriebsvereinbarung für erforderlich hält, offenkundig davon aus, daß in der Rahmenvereinbarung zwingend Regelungen mit normativer Wirkung enthalten sein müssen[468]. Eine solche An-

---

[466] Siehe §§ 3 Abs. 2; 38 Abs. 1 Satz 5; 47 Abs. 4 und 5 BetrVG.

[467] Siehe §§ 37 Abs. 6 (Einigung); 44 Abs. 2 (Einvernehmen); 76 Abs. 2 (Einigung, Einverständnis); 77 Abs. 1 BetrVG (Vereinbarung).

[468] Deutlich wird dies beispielsweise bei *Richardi*, Grundriss, § 7 Rn. 18 Fußnote 12. Danach sei die Gegenmeinung nur richtig, "soweit man für möglich erachtet, daß die Rahmenvereinbarung nicht zugleich auch die Übertragung der Betriebsratsaufgaben an die Arbeitsgruppe enthält".

Auch *Busch*, Arbeitsgruppen und Gruppenarbeit, S. 87, geht davon aus, daß die Rahmenvereinbarung niemals als Regelungsabrede abgeschlossen werden könne, da die Festlegung der Arbeitsgruppen zum notwendigen Inhalt der Rahmenvereinbarung gehören soll (vgl. Gliederungspunkt § 5 C.I.2.d). Hierbei wird jedoch übersehen, daß ein Unterschied zwischen der abstrakten Festlegung der Arbeitsgruppen, der keine nornahme verkennt jedoch das Verhältnis der Rahmenvereinbarung zu dem Übertragungsbeschluß des Betriebsrates. Die Rahmenvereinbarung betrifft grundsätzlich ausschließlich das Verhältnis zwischen Betriebsrat und Arbeitgeber. Regelungen, die bereits auch die Arbeitsverhältnisse selbst betreffen, sind hingegen nicht zwingend notwendig. Es ist zwar durchaus zuzugestehen, daß eine ausführliche Regelung in der Rahmenvereinbarung, wodurch auch die Arbeitsverhältnisse der Arbeitnehmer normativ betroffen sein werden, schon aus Gründen der Rechtssicherheit wünschenswert wäre. Dies dürfte in der Praxis auch aller Wahrscheinlichkeit nach die übliche Form der Regelung sein. Allein, daß die Betriebsvereinbarung für alle Beteiligten die praktischere Regelungsalternative ist, kann jedoch nicht zur Unzulässigkeit der Regelungsabrede führen.

5. Zwischenergebnis

Dementsprechend genügt auch eine Regelungsabrede für den Abschluß einer Rahmenvereinbarung gem. § 28a BetrVG. Aus Gründen der Rechtssicherheit sollte die Vereinbarung in jedem Falle schriftlich niedergelegt werden. Für die Praxis ist jedoch der Abschluß einer Betriebsvereinbarung zu empfehlen, da hierin zugleich Fragen, welche die Arbeitsverhältnisse der Arbeitnehmer betreffen, geregelt werden können, insbesondere in Bezug auf die interne Organisation der Arbeitsgruppe.

B. Zustandekommen der Rahmenvereinbarung

I. Allgemeine Voraussetzungen

Da es sich bei der Rahmenvereinbarung um eine Betriebsvereinbarung bzw. eine Regelungsabrede handelt, gelten für ihren Abschluß grundsätzlich die allgemeinen Vorschriften des § 77 BetrVG[469]. Sie ist (unabhängig von ihrer Rechtsnatur) ein privatrechtlicher Vertrag und kommt daher gem. §§ 145 ff. BGB durch übereinstimmende Willenserklärungen zustande[470].

---

mative Wirkung zukommt, und der Festlegung der personellen Zusammensetzung der Gruppe besteht!

[469] Vgl. DKK-*Wedde*, § 28a Rn. 25; ErfK-*Eisemann*, § 28a Rn. 4.

[470] So ausdrücklich GK-BetrVG-*Raab*, § 28a Rn. 16; *Busch*, Arbeitsgruppen und Gruppenarbeit, S. 84; *Raab*, NZA 2002, 476. Dies gilt jedenfalls, wenn man von der ganz überwiegend anerkannten sog. Vertragstheorie ausgeht; vgl. zu den verschiedenen

1. Vertragspartner

Vertragspartner sind der Arbeitgeber und der Betriebsrat, dessen Betrieb die Arbeitsgruppe zuzuordnen ist[471]. Soweit in der Literatur teilweise, entgegen der hier vertretenen Auffassung[472], davon ausgegangen wird, daß die Bildung von betriebs- bzw. unternehmensübergreifenden Arbeitsgruppen zulässig ist, sollen die Betriebsräte sämtlicher betroffener Betriebe bzw. auch alle Arbeitgeber am Abschluß der Rahmenvereinbarung zu beteiligen sein[473]. Geht man dagegen mit der hier vertretenen Auffassung davon aus, daß die Bildung von betriebs- und unternehmensbezogenen Arbeitsgruppen im Rahmen des § 28a BetrVG nicht möglich ist, müssen die Tarif- bzw. Betriebspartner zunächst von den vom Gesetz zur Verfügung gestellten Möglichkeiten nach § 3 Abs. 1 Nr. 1 bis 3 BetrVG Gebrauch gemacht haben[474]. Diese so gebildeten betriebsverfassungsrechtlichen Organisationseinheiten gelten gem. § 3 Abs. 5 BetrVG als Betriebe im Sinne des BetrVG. Für diese ist damit der Anwendungsbereich des § 28a BetrVG wieder eröffnet. Vertragspartner des Arbeitgebers ist dann die hier gebildete Interessenvertretung der Arbeitnehmer[475]. Entsprechendes gilt, soweit ein gemeinsamer Betrieb gem. § 1 Abs. 1 Satz 2 BetrVG gebildet worden ist.

Nach einhelliger Ansicht kommt dagegen ein Abschluß durch den Gesamt- oder Konzernbetriebsrat grundsätzlich nicht in Betracht, da es sich um die Delegation von Rechten handelt, die nur dem örtlichen Betriebsrat zustehen[476]. Da dieser sie ansonsten wahrnehmen würde, muß er sie auch selbst delegieren[477]. Dies ergibt sich schon aus §§ 51 Abs. 1 und 59

Theorien über die Rechtsnatur des Begründungsaktes der Betriebsvereinbarung GK-BetrVG-*Kreutz*, § 77 Rn. 35 ff.

[471] So Richardi-*Thüsing*, § 28a Rn. 14; Jaeger/Röder/Heckelmann-*Kappenhagen*, Kap. 5 Rn. 136; *Thüsing*, ZTR 2002, 5; wohl auch DKK-*Wedde*, § 28a Rn. 25.

[472] Vgl. dazu die Erörterungen unter Gliederungspunkt § 4 B.I.4.a)gg) sowie die Stellungnahme unter Gliederungspunkt § 4 B.I.4.b).

[473] So etwa Richardi-*Thüsing*, § 28a Rn. 14; Jaeger/Röder/Heckelmann-*Kappenhagen*, Kap. 5 Rn. 136; *Thüsing*, ZTR 2002, 5; vgl. auch DKK-*Wedde*, § 28a Rn. 18; *Wedde*, AuR 2002, 123.

[474] So auch *Busch*, Arbeitsgruppen und Gruppenarbeit, S. 75

[475] Vgl. *Busch*, Arbeitsgruppen und Gruppenarbeit, S. 84; ausführlicher dazu siehe unten.

[476] So auch Richardi-*Thüsing*, § 28a Rn. 14; *Malottke*, AiB 2001, 629; Jaeger/Röder/Heckelmann-*Kappenhagen*, Kap. 5 Rn. 136.

[477] Vgl. Richardi-*Thüsing*, § 28a Rn. 14; *Gnade/Kehrmann/Schneider/Klebe/Ratayczak*, § 28a Rn. 1.

Abs. 1 BetrVG, wo ein Verweis auf § 28a BetrVG gerade nicht enthalten ist[478]. Da die gesetzliche Verteilung der Zuständigkeiten zwischen Einzelbetriebsrat und Gesamtbetriebsrat (§ 50 BetrVG) zwingend ist, kann sie auch durch Tarifvertrag, Betriebsvereinbarung oder sonst irgendeine einvernehmliche Regelung nicht abbedungen werden[479]. Nichts anderes kann für die Zuständigkeit des Konzernbetriebsrates gem. § 58 BetrVG gelten[480]. Ein Recht des Gesamtbetriebsrates zum Abschluß der Rahmenvereinbarung nach § 28a BetrVG läßt sich auch nicht aus § 51 Abs. 5 BetrVG herleiten. Diese Vorschrift hat nach der Vorstellung des Gesetzgeber lediglich klarstellende Funktion[481] und soll die Organisations- und Geschäftsführungsbestimmungen der §§ 47 bis 53 BetrVG nicht erweitern[482]. Möglich ist es jedoch gem. § 50 Abs. 2 BetrVG, daß der örtliche Betriebsrat den Gesamtbetriebsrat mit dem Abschluß der Rahmenvereinbarung beauftragt[483]. Ein solches Vorgehen sei insbesondere dann zweckmäßig, wenn ein starker Gesamtbetriebsrat existiert und der örtliche Betriebsrat befürchtet, selbst gegenüber dem Arbeitgeber nicht durchsetzungsstark genug zu sein[484].

Schließlich kommen als Vertragspartner des Arbeitgebers auch noch die nach § 3 Abs. 1 Nr. 1 bis 3 BetrVG gebildeten Arbeitnehmervertretungen in Betracht. Diese treten an die Stelle des eigentlichen Betriebsrates[485]. Daher müssen auf sie gem. § 3 Abs. 5 Satz 2 BetrVG die Vorschriften über die Rechte und Pflichten des Betriebsrates angewendet werden. Die so gebildeten Arbeitnehmervertretungen sind folglich ebenfalls für den Abschluß einer Rahmenvereinbarung und die Aufgabenübertragung nach § 28a BetrVG zuständig.

---

478 Mit dieser Begründung auch Richardi-*Thüsing*, § 28a Rn. 14; *Gnade/Kehrmann/Schneider/Klebe/Ratayczak*, § 28a Rn. 1; Jaeger/Röder/Heckelmann-*Kappenhagen*, Kap. 5 Rn. 136; *Malottke*, AiB 2001, 629; *Wedde*, AuR 2002, 123.

479 Vgl. dazu BAG v. 28.04.1992, AP Nr. 11 zu § 50 BetrVG 1972 unter B.II.1.b); BAG v. 30.08.1995, AP Nr. 29 zu § 87 BetrVG 1972 Überwachung unter B.I.2.b); BAG v. 11.11.1998, AP Nr. 18 zu § 50 BetrVG 1972 unter B.IV.5.b)aa); BAG v. 11.11.1998, AP Nr. 19 zu § 50 BetrVG 1972 unter B.I.3.; ebenso GK-BetrVG-*Kreutz*, § 50 Rn. 6.

480 Vgl. GK-BetrVG-*Kreutz*, § 58 Rn. 2 ff.

481 Vgl. zu BT-Drucks. VI/2729, S. 26.

482 Vgl. *Fitting/Kaiser/Heither/Engels/Schmidt*, § 51 Rn. 62 ff.; GK-BetrVG-*Kreutz*, § 51 Rn. 79.

483 Vgl. HaKo-BetrVG-*Blanke*, § 28a Rn. 1; *Malottke*, AiB 2001, 629; *Wedde*, AuR 2002, 123.

484 So *Malottke*, AiB 2001, 629.

485 Vgl. DKK-*Trümner*, § 3 Rn. 149; GK-BetrVG-*Kraft*, § 3 Rn. 19; Richardi-*Richardi*, § 3 Rn. 42.

2. Mehrheitserfordernisse

Auf Seiten des Betriebsrates kann der Abschluß einer Rahmenvereinbarung im Rahmen einer Sitzung mit einfacher Mehrheit der anwesenden Mitglieder beschlossen werden (§ 33 Abs. 1 Satz 1 BetrVG)[486]. Der Beschluß über den Abschluß der Rahmenvereinbarung bedarf also, anders als der konkrete Übertragungsbeschluß, keiner qualifizierten Mehrheit[487].

Etwas anderes soll nur dann gelten, wenn schon in der Rahmenvereinbarung selbst konkrete betriebsverfassungsrechtliche Beteiligungsrechte übertragen werden[488]. In diesem Falle ergebe sich die Notwendigkeit einer absoluten Stimmenmehrheit aus § 33 Abs. 1 Satz 1 BetrVG iVm. § 28a Abs. 1 Satz 1 Halbsatz 1 BetrVG[489]. Hiergegen spricht jedoch, daß das Gesetz strikt zwischen Abschluß der Rahmenvereinbarung und Übertragungsbeschluß trennt[490]. In der Rahmenvereinbarung können lediglich die Aufgaben festgelegt und konkretisiert werden, die einer Übertragung durch den Betriebsrat zugänglich seien sollen. Eine konkrete Aufgabenübertragung darf aber nicht vorgenommen werden. Daher kann bei dem Abschluß der Rahmenvereinbarung auch keine Notwendigkeit für eine absolute Stimmenmehrheit bestehen[491]. Diese Ansicht verwischt vielmehr in unzulässiger Weise die Grenzen zwischen Rahmenvereinbarung und Übertragungsbeschluß[492].

---

[486] Vgl. DKK-*Wedde*, § 28a Rn. 24; ErfK-*Eisemann*, § 28a Rn. 4; *Fitting/Kaiser/Heither/Engels/Schmidt*, § 28a Rn. 20; *Wedde*, AuR 2002, 123.

[487] So auch ausdrücklich ErfK-*Eisemann*, § 28a Rn. 4; *Fitting/Kaiser/Heither/Engels/Schmidt*, § 28a Rn. 20.

[488] Darauf verweisen ErfK-*Eisemann*, § 28a Rn. 4; *Fitting/Kaiser/Heither/Engels/Schmidt*, § 28a Rn. 20.

[489] So *Fitting/Kaiser/Heither/Engels/Schmidt*, § 28a Rn. 20.

[490] Vgl. oben unter Gliederungspunkt § 5 A.I.

[491] Dies schließt nicht aus, daß in einer einzigen Betriebsratssitzung sowohl ein zustimmender Beschluß zum Abschluß einer Rahmenvereinbarung gefaßt und sodann bestimmte Aufgaben übertragen werden. Es handelt sich jedoch rechtlich um zwei eigenständige Beschlüsse mit unterschiedlichen Mehrheitsanforderungen.

[492] Merkwürdig ist vor allem, daß diese Ansicht auch von *Fitting/Kaiser/Heither/Engels/Schmidt* vertreten wird (§ 28a Rn. 20), die zuvor noch ausdrücklich darauf hinweisen, daß die Festlegung der übertragungsfähigen Aufgaben in der Rahmenvereinbarung nur in allgemeiner Form geschehen können, da der Übertragungsbeschluß ein von dem Abschluß der Rahmenvereinbarung getrennter und gesonderter Akt ist (so § 28a Rn. 15).

3. Form

Für die Formerfordernisse kommt es darauf an, ob eine Betriebsvereinbarung oder eine Regelungsabrede abgeschlossen werden soll. Soweit man davon ausgeht, daß eine Betriebsvereinbarung erforderlich ist oder sich die Betriebspartner für diesen Regelungsweg entschieden haben, muß gem. § 77 Abs. 2 BetrVG zwingend das Schriftformerfordernis beachtet werden[493]. Die Vereinbarung ist daher schriftlich niederzulegen und von beiden Seiten zu unterzeichnen[494]. Soweit eine Regelungsabrede getroffen werden soll, würde eine mündliche Vereinbarungen genügen[495]. Dennoch ist auch hier der Abschluß einer schriftlichen Vereinbarung schon aus Gründen der Rechtssicherheit dringend zu empfehlen. Allerdings kann kein zwingendes Formerfordernis aus praktischen Erwägungen konstruiert werden. Insoweit stellen sich für die Rahmenvereinbarung keine anderen praktischen Probleme, als für sonstige Regelungsabreden. Auch dort besteht die Gefahr, daß im nachhinein Unstimmigkeiten zwischen den Betriebspartnern hinsichtlich des Inhaltes der Vereinbarung auftreten, ohne das hieraus ein Schriftformerfordernis abgeleitet wird. Ebenso ist die Einhaltung der Schriftform zum Schutz der Arbeitsgruppenmitglieder nicht erforderlich. Soweit sich die Betriebspartner für den Abschluß der Rahmenvereinbarung in Form einer Regelungsabrede entschieden haben, besteht nämlich ohnehin keine normative Wirkung, so daß die Arbeitsverhältnisse der Gruppenmitglieder nicht betroffen sein können.

4. Zwischenergebnis

Im Ergebnis ist also festzuhalten, daß Vertragspartner für den Abschluß der Rahmenvereinbarung der Arbeitgeber und der Betriebsrat bzw. die sonstige Arbeitnehmervertretung des betroffenen Betriebes sind. Für die Formerfordernisse kommt es auf die rechtliche Einordnung der Rahmenvereinbarung als Betriebsvereinbarung oder Regelungsabrede an. Im übrigen gelten hier keine Besonderheiten.

---

[493] Vgl. DKK-*Wedde*, § 28a Rn. 25.

[494] Vgl. allgemein zum Schriftformerfordernis des § 77 Abs. 2 BetrVG: ErfK-*Hanau/Kania*, § 77 Rn. 24; *Fitting/Kaiser/Heither/Engels/Schmidt*, § 77 Rn. 21; GK-BetrVG-*Kreutz*, § 77 Rn. 44 ff.

[495] Vgl. dazu allgemein *Fitting/Kaiser/Heither/Engels/Schmidt*, § 77 Rn. 218; GK-BetrVG-*Kreutz*, § 77 Rn. 10 f.

II. Erzwingbarkeit

1. Ansicht der Literatur

Die Frage, ob der Abschluß der Rahmenvereinbarung erzwungen werden kann, wird in der Literatur inzwischen nahezu einheitlich verneint[496].

Das Gesetz sieht für den Fall, daß sich Arbeitgeber und Betriebsrat nicht über die Rahmenvereinbarung einigen können, kein Konfliktlösungsmittel vor. Insbesondere wird keine verbindliche Entscheidung der Einigungsstelle angeordnet. Folglich obliegt der Entschluß, ob die Aufgabenübertragung auf Arbeitsgruppen durch den Abschluß der Rahmenvereinbarung ermöglicht werden soll, der freien Entscheidung des Arbeitgebers. Somit kann eine Übertragung nicht gegen den Willen des Arbeitgebers erfolgen und der Abschluß der Rahmenvereinbarung grundsätzlich nicht erzwungen werden[497].

2. Erzwingbarkeit aus § 87 Abs. 1 Nr. 13 BetrVG

Die Erzwingbarkeit könnte sich jedoch aus § 87 Abs. 1 Nr. 13 BetrVG ergeben, da die sog. teilautonome Gruppenarbeit auch vom Anwendungsbereich des § 28a BetrVG erfaßt wird. Dies ist abhängig davon, ob die Entscheidung über den Abschluß der Rahmenvereinbarung zu den Grundsätzen der Durchführung der Gruppenarbeit zählt, wo dem Be-

---

[496] So DKK-*Wedde*, § 28a Rn. 24; ErfK-*Eisemann*, § 28a Rn. 4; *Fitting/Kaiser/Heither/Engels/Schmidt*, § 28a Rn. 19; GK-BetrVG-*Raab*, § 28a Rn. 16 f.; *Gnade/Kehrmann/Schneider/Klebe/Ratayczak*, § 28a Rn. 2; Richardi-*Thüsing*, § 28a Rn. 18; *Stege/Weinspach/Schiefer*, § 28a Rn. 8a; *Annuß*, NZA 2001, 370; Dörner/Luczak/Wildschütz-*Wildschütz*, Rn. 475; *Blanke*, RdA 2003, 151; *Busch*, Arbeitsgruppen und Gruppenarbeit, S. 88; *Franzen*, ZfA 2001, 434; *Geffken*, AiB 2002, 258; *Hoyningen-Huene*, Betriebsverfassungsrecht, S. 172; Jaeger/Röder/Heckelmann-*Kappenhagen*, Kap. 5 Rn. 140; *Löwisch*, BB 2001, 1740; *Malottke*, AiB 2001, 626; *Natzel*, DB 2001, 1363; *Raab*, NZA 2002, 476; *Wedde*, AuR 2002, 123 f.; *Worzalla/Will*, Rn. 258; *Wulff*, ZBVR 2002, 138; zweifelnd *Blanke/Rose*, RdA 2001, 97; zunächst auch *Däubler*, AuR 2001, 3, der jedoch inzwischen ebenfalls davon ausgeht, daß die Rahmenvereinbarung nicht erzwungen werden kann, vgl. *Däubler*, AuR 2001, 289. Anders wohl nur noch *Löwisch/Kaiser*, § 28a Rn. 13, soweit keine sachlichen Gründe für die Ablehnung der Rahmenvereinbarung vorliegen; sowie GK-BetrVG-*Kreutz*, § 75 Rn. 135, soweit es sich bei der Arbeitsgruppe um teilautonome Gruppenarbeit im Sinne des § 87 Abs. 1 Nr. 13 BetrVG handelt, denn hier soll auch der Abschluß der Rahmenvereinbarung zu den "Grundsätzen der Durchführung der Gruppenarbeit" gehören und daher der erzwingbaren Mitbestimmung des Betriebsrates unterliegen (siehe dazu sogleich).

[497] Vgl. GK-BetrVG-*Raab*, § 28a Rn. 16; Richardi-*Thüsing*, § 28a Rn. 18; *Natzel*, DB 2001, 1363; *Raab*, NZA 2002, 476.

triebsrat gem. § 87 Abs. 1 Nr. 13 BetrVG ein Mitbestimmungsrecht zusteht[498].

a) "Durchführung der Gruppenarbeit" im Sinne des § 87 Abs. 1 Nr. 13 BetrVG

Nach dem eindeutigen Wortlaut des § 87 Abs. 1 Nr. 13 BetrVG soll gerade nur die "Durchführung der Gruppenarbeit", nicht aber deren Einführung und Beendigung erfaßt sein. Daß ausdrücklich auf die Erledigung der Gesamtaufgabe im Rahmen des betrieblichen Arbeitsablaufs abgestellt wird, deutet darauf hin, daß mit der Durchführung der Gruppenarbeit nur Angelegenheiten gemeint seien können, die sich auf die konkrete Arbeitsaufgabe der Gruppe beziehen. Nach dem Wortsinn betrifft die "Durchführung der Gruppenarbeit" daher vor allem Regelungen, welche die Organisation der Zusammenarbeit innerhalb der Arbeitsgruppe und die Ausübung der bestehenden Eigenverantwortung für die ihr übertragene Gesamtaufgabe zum Gegenstand haben[499]. Erfaßt sind hierdurch also das Zusammenwirken und das interne Verhältnis der Arbeitsgruppenmitglieder sowie das Verhältnis der Arbeitsgruppe zu anderen Arbeitsgruppen bzw. zum Arbeitgeber[500].

Der Abschluß einer Rahmenvereinbarung nach § 28a Abs. 2 BetrVG betrifft hingegen die Frage, ob und inwieweit Beteiligungsrechte des Betriebsrates auf eine Arbeitsgruppe übertragen und von ihr selbständig wahrgenommen werden können. Erfaßt wird hier allein das Verhältnis der Arbeitsgruppe zum Betriebsrat. Aus systematischen Gründen ist daher davon auszugehen, daß der Abschluß von Rahmenvereinbarungen nicht von § 87 Abs. 1 Nr. 13 BetrVG umfaßt werden soll.

Dieses Verständnis wird auch durch die in der Gesetzesbegründung aufgeführten Beispiele unterstützt[501]: Die Zusammenarbeit mit anderen Gruppen wird ausdrücklich genannt. Die Berücksichtigung leistungsschwächerer Arbeitnehmer, das Abhalten von Gruppengesprächen und die Konfliktlösung in der Gruppe betreffen das interne Verhältnis der Gruppenmitglieder. Fragen in Bezug auf den Gruppensprecher berühren

---

[498] Auch hier wird die Erzwingbarkeit überwiegend abgelehnt, vgl. GK-BetrVG-*Raab*, § 28a Rn. 17; Richardi-*Thüsing*, § 28a Rn. 18; *Annuß*, NZA 2001, 370; *Blanke*, RdA 2003, 151; *Raab*, NZA 2002, 477. Bejaht wird dies aber von GK-BetrVG-*Kreutz*, § 75 Rn. 135.

[499] Ebenso GK-BetrVG-*Raab*, § 28a Rn. 17; *Raab*, NZA 2002, 477.

[500] So auch GK-BetrVG-*Raab*, § 28a Rn. 17; *Raab*, NZA 2002, 477.

[501] Siehe BT-Drucks. 14/5741, S. 47; vgl. auch GK-BetrVG-*Raab*, § 28a Rn. 17.

vor allem das Verhältnis zum Arbeitgeber. Die Wahrnehmung von Beteiligungsrechten oder ein sonstiger Bezug zum Betriebsrat werden hingegen nicht genannt.

Schließlich wurde bereits festgestellt, daß die Bereitschaft zum Abschluß der Rahmenvereinbarung der freien unternehmerischen Entscheidung des Arbeitgebers unterliegt[502]. Gleiches gilt für die Entscheidung, in einem Betrieb Gruppenarbeit im Sinne von § 87 Abs. 1 Nr. 13 BetrVG einzuführen. Die Einführung von Gruppenarbeit und der Abschluß einer Rahmenvereinbarung über die Delegation von Beteiligungsrechten des Betriebsrates sind daher zwei eigenständige Organisationsentscheidungen des Arbeitgebers, die getrennt von einander getroffen werden. Wird also in einem Betrieb Gruppenarbeit durchgeführt, kann sich daraus kein Automatismus dahingehend ergeben, daß hierin auch eine Entscheidung über den Abschluß einer Rahmenvereinbarung liegt, da ansonsten von der unternehmerischen Entscheidungsfreiheit im Rahmen des § 28a BetrVG nichts mehr übrig bleiben würde.

b) Zwischenergebnis

Folglich gehört der Abschluß der Rahmenvereinbarung nicht zu den Grundsätzen der Durchführung der Gruppenarbeit. Auch wenn die Arbeitsgruppe sog. teilautonome Gruppenarbeit im Sinne des § 87 Abs. 1 Nr. 13 BetrVG durchführt, bezieht sich das Mitbestimmungsrecht des Betriebsrates nicht auf die Entscheidung des Arbeitgebers über die Einführung. Der Abschluß der Rahmenvereinbarung ist daher auch in diesen Fällen nicht erzwingbar.

III. Förderungspflicht gem. § 75 Abs. 2 Satz 2 BetrVG

Auch wenn die Rahmenvereinbarung zwischen Arbeitgeber und Betriebsrat nicht erzwungen werden kann, sind die Betriebspartner in der Entscheidung über deren Abschluß nicht völlig frei[503]. Vielmehr haben sie die Förderungspflicht gem. § 75 Abs. 2 Satz 2 BetrVG zu beachten[504].

---

502 Vgl. oben unter Gliederungspunkt § 5 B.II.

503 So auch GK-BetrVG-*Raab*, § 28a Rn. 18; *Fitting/Kaiser/Heither/Engels/Schmidt*, § 28a Rn. 19; *Löwisch/Kaiser*, § 28a Rn. 13; *Busch*, Arbeitsgruppen und Gruppenarbeit, S. 88; *Raab*, NZA 2002, 477.

504 Vgl. GK-BetrVG-*Raab*, § 28a Rn. 18; *Fitting/Kaiser/Heither/Engels/Schmidt*, § 28a Rn. 19; *Raab*, NZA 2002, 477.

1. Inhalt der Förderungspflicht

Sie sind danach verpflichtet, die Selbständigkeit und Eigeninitiative der einzelnen Arbeitnehmer, als auch der Arbeitsgruppen zu fördern[505]. Hierzu gehört auch, im Rahmen der betrieblichen Möglichkeiten, bestehenden Arbeitsgruppen entsprechende Freiräume bzw. Beteiligungsmöglichkeiten einzuräumen. Anderenfalls würde die Förderungspflicht vollkommen leerlaufen. Zur Einräumung dieser Freiräume gehört auch der Abschluß einer Rahmenvereinbarung, da nur so die Voraussetzungen für eine Aufgabenübertragung geschaffen werden können. Anders als bei der Bildung von Arbeitsgruppen wird durch den Abschluß einer Rahmenvereinbarung nicht in die Betriebsorganisation als solche eingegriffen, da die erforderlichen betrieblichen Strukturen schon bestehen. Insoweit steht hier also nicht die unternehmerische Entscheidungsfreiheit des Arbeitgebers hinsichtlich der Betriebsorganisation entgegen. Folglich kann der Abschluß der Rahmenvereinbarung von beiden Seiten nur dann abgelehnt werden, wenn es hierfür sachliche Gründe gibt, also insbesondere wenn betriebliche Erfordernisse und Umstände einer Aufgabenübertragung entgegenstehen[506].

2. Ablehnungsgründe

Völlig ungeklärt ist jedoch noch, welche inhaltlichen Anforderungen an die sachlichen Gründe für die Ablehnung zu stellen sind.

In der Literatur werden verschiedene Beispiele genannt, die als sachliche Ablehnungsgründe in Betracht kommen könnten. So soll der Arbeitgeber beispielsweise geltend machen können, der mit der Übertragung von Aufgaben an Arbeitsgruppen entstehende Verwaltungsaufwand sei zu groß[507] oder es seien sonstige Beeinträchtigungen für den Betriebsablauf zu befürchten[508], etwa die Gefahr von Konflikten innerhalb der Belegschaft[509]. Entsprechendes gilt auch für den Betriebsrat. Dieser könnte etwa geltend machen, eine klare Interessenabgrenzung zwischen Arbeits-

---

[505] Vgl. GK-BetrVG-*Raab*, § 28a Rn. 18; *Fitting/Kaiser/Heither/Engels/Schmidt*, § 28a Rn. 19; *Franzen*, ZfA 2001, 434; *Löwisch*, BB 2001, 1740; *Raab*, NZA 2002, 477.

[506] Vgl. GK-BetrVG-*Raab*, § 28a Rn. 18; *Löwisch/Kaiser*, § 28a Rn. 13; *Franzen*, ZfA 2001, 434; *Löwisch*, BB 2001, 1740; *Raab*, NZA 2002, 477; so wohl auch *Busch*, Arbeitsgruppen und Gruppenarbeit, S. 88.

[507] So etwa GK-BetrVG-*Raab*, § 28a Rn. 18; *Löwisch/Kaiser*, § 28a Rn. 13; *Busch*, Arbeitsgruppen und Gruppenarbeit, S. 88; *Löwisch*, BB 2001, 1740; *Raab*, NZA 2002, 477.

[508] So GK-BetrVG-*Raab*, § 28a Rn. 18; *Raab*, NZA 2002, 477.

[509] So *Löwisch/Kaiser*, § 28a Rn. 13.

gruppenmitgliedern und der übrigen Belegschaft sei nicht möglich, so daß eine Aufgabenwahrnehmung durch die Arbeitsgruppe ohnehin nicht in Betracht kommt.

Da das Erfordernis eines sachlichen Grundes im Gesetz nicht ausdrücklich geregelt ist, dürfte ein weiter Maßstab anzulegen sein. Es können daher also nicht die gleichen Anforderungen gestellt werden wie im Rahmen anderer gesetzlicher Vorschriften, nach denen das Vorliegen eines sachlichen (betrieblichen) Grundes ausdrücklich angeordnet wird[510]. Arbeitgeber bzw. Betriebsrat müssen also lediglich rationale und nachvollziehbare Gründe angeben, warum der Abschluß einer Rahmenvereinbarung im Einzelfall für die konkrete Arbeitsgruppe nicht in Betracht kommen kann.

3. Folgen einer Pflichtverletzung

Problematisch ist auch, welche Folgen eine Pflichtverletzung, etwa die Ablehnung des Abschlusses einer Rahmenvereinbarung ohne Angabe von Gründen, hat. Klar scheint insoweit nur zu sein, daß sie jedenfalls nicht die Zustimmung beider Seiten entbehrlich machen kann[511].

a) Mittelbare Sanktionierung über § 23 BetrVG

Weiterhin kommen bei grober Pflichtverletzung die mittelbaren Sanktionen nach § 23 Abs. 1 und Abs. 3 BetrVG in Betracht, da § 75 Abs. 2 Satz 2 BetrVG gesetzliche Amtspflichten für die Betriebspartner begründet[512]. Insoweit bestehen also keine Besonderheiten.

b) Ansprüche der Betriebspartner gegeneinander

Fraglich ist aber, ob einer der Betriebspartner bei Verstößen gegen Grundsätze des § 75 BetrVG durch den jeweils anderen, Ansprüche im arbeitsgerichtlichen Beschlußverfahren geltend machen kann.

Vereinzelt wird davon ausgegangen, daß für den Fall, daß ein sachlicher Grund für die Ablehnung der Rahmenvereinbarung fehlt, deren Abschluß vom Betriebsrat im arbeitsgerichtlichen Beschlußverfahren durchgesetzt werden kann[513]. Gleiches müßte dann konsequenterweise für den Arbeit-

---

[510] Vgl. etwa § 8 Abs. 4 Satz 1 TzBfG.

[511] Vgl. GK-BetrVG-*Raab*, § 28a Rn. 18; *Raab*, NZA 2002, 477.

[512] Vgl. *Fitting/Kaiser/Heither/Engels/Schmidt*, § 75 Rn. 99 f.; GK-BetrVG-*Kreutz*, § 75 Rn. 136.

[513] Vgl. *Löwisch/Kaiser*, § 28a Rn. 13.

geber gelten, falls der Betriebsrat den Abschluß ohne sachlichen Grund verweigert. Andere gehen dagegen davon aus, daß sich aus § 75 Abs. 2 Satz 2 BetrVG keine Möglichkeit für Arbeitgeber und Betriebsrat ergibt, die Erfüllung der Förderungspflicht durch den jeweils anderen im arbeitsrechtlichen Verfahren durchzusetzen[514].

Die Möglichkeit, den Abschluß einer Rahmenvereinbarungen bei fehlenden sachlichen Gründen für die Ablehnung vor den Arbeitsgerichten durchzusetzen, ist abzulehnen. Hierdurch würde auf dem Umweg über die Förderungspflicht des § 75 Abs. 2 Satz 2 BetrVG aus der freiwilligen Rahmenvereinbarung eine erzwingbare Betriebsvereinbarung gemacht werden. Dies entspricht aber, wie oben gezeigt, nicht der Konzeption des Gesetzgebers. Insbesondere wird nicht ausreichend berücksichtigt, daß die Vorschrift gerade keine Rechtsfolge für die Verletzung der Förderungspflicht anordnet. Darüber hinaus verlangt § 75 Abs. 2 Satz 2 BetrVG lediglich die Förderung der Arbeitnehmer und Arbeitsgruppen. Welche Maßnahmen konkret durchzuführen sind, ist aber nicht festgelegt. Insoweit besteht also für die Betriebspartner ein weiter Spielraum, der ihnen nicht durch eine Entscheidung des Arbeitsgerichts genommen werden darf. Schließlich könnte durch die gerichtliche Entscheidung nicht der Inhalt der Rahmenvereinbarung vorgegeben werden. Dieser muß vielmehr aufgrund von Verhandlungen zwischen den Betriebspartner vereinbart werden.

Dementsprechend kommen lediglich Feststellungs- und Unterlassungsansprüche gegen den jeweils anderen Betriebspartner in Betracht[515]. Hierdurch wird lediglich eine Pflichtverletzung festgestellt bzw. einem Beteiligten aufgegeben, die festgestellte Pflichtverletzung zu unterlassen; der Abschluß einer konkreten Rahmenvereinbarung kann aber nicht erzwungen werden.

c) Ansprüche der Arbeitnehmer und Arbeitsgruppen

Weiterhin gewährt § 75 Abs. 2 Satz 2 BetrVG weder einzelnen Arbeitnehmern noch Arbeitsgruppen oder deren Mitgliedern einen durchsetzbaren Anspruch auf eine bestimmte Gestaltung der Arbeitsbedingungen oder der betrieblichen Organisation, um so die Eigeninitiative und Selb-

---

[514] So *Fitting/Kaiser/Heither/Engels/Schmidt*, § 28a Rn. 19; GK-BetrVG-*Kreutz*, § 75 Rn. 126; *Stege/Weinspach/Schiefer*, § 28a Rn. 8a.

[515] Vgl. DKK-*Berg*, § 75 Rn. 42; *Fitting/Kaiser/Heither/Engels/Schmidt*, § 75 Rn. 99.

ständigkeit zu fördern[516]. Dies folgt schon daraus, daß Arbeitnehmer und Arbeitsgruppen nicht als Berechtigte genannt werden und § 75 BetrVG nach ganz herrschender Meinung keine individualrechtliche Norm ist[517].

4. Zwischenergebnis

Aus der Förderungspflicht gem. § 75 Abs. 2 Satz 2 BetrVG ergibt sich für die Betriebspartner die Pflicht, den Abschluß einer Rahmenvereinbarung nach § 28a BetrVG nur aus sachlichen Gründen abzulehnen. Allerdings ist der Anspruch auf Abschluß einer solchen Vereinbarung nicht unmittelbar durchsetzbar. Dies gilt sowohl im Verhältnis der Betriebspartner untereinander, als auch zu einzelnen Arbeitnehmern bzw. Arbeitsgruppen. Bei Pflichtverletzungen kommt daher nur eine mittelbare Sanktionierung über § 23 Abs. 1 und Abs. 3 BetrVG in Betracht.

C. Inhalt und Durchführung der Rahmenvereinbarung

I. Notwendiger Inhalt der Rahmenvereinbarung

Das Gesetz selbst legt nicht fest, was notwendiger Inhalt der Rahmenvereinbarung ist. Auch die Gesetzesbegründung enthält nur den vagen Hinweis, die Rahmenvereinbarung solle festlegen, "welchen Arbeitsgruppen in welchem Umfang Aufgaben übertragen werden sollen"[518]. Der notwendige Inhalt der ist daher anderweitig zu bestimmen.

1. Ansätze der Literatur

In der Literatur beschränkt man sich indes überwiegend darauf, die Gesetzesbegründung zu zitieren[519].

Teilweise wird jedoch vorgeschlagen, die Bestimmung des notwendigen Inhalts der Rahmenvereinbarung solle in Ansehung der in § 50 Abs. 2

[516] So *Fitting/Kaiser/Heither/Engels/Schmidt*, § 75 Rn. 97; GK-BetrVG-*Kreutz*, § 75 Rn. 126; Dörner/Luczak/Wildschütz-*Wildschütz*, Rn. 1060; ebenso allgemein zu § 75 BetrVG: Richardi-*Richardi*, § 75 Rn. 41.

[517] So GK-BetrVG-*Kreutz*, § 75 Rn. 23.

[518] Siehe BT-Drucks. 14/5741, S. 40.

[519] So zum Beispiel DKK-*Wedde*, § 28a Rn. 21; *Natzel*, DB 2001, 1363; *Raab*, NZA 2002, 477; *Worzalla/Will*, Rn. 257.

Satz 1 BetrVG geregelten Übertragung von Kompetenzen auf den Gesamtbetriebsrat sowie der in § 27 BetrVG geregelten Übertragung von Aufgaben auf den Betriebsausschuß einschließlich der zu diesen Normen entwickelten Rechtsprechung erfolgen[520]. Demzufolge müsse die Übertragung konkret beschrieben werden, die bloße Wiederholung des Gesetzestextes könne hingegen nicht genügen[521]. An dieser Formulierung wird bereits deutlich, daß diese Ansicht die eigentliche Bedeutung der Rahmenvereinbarung verkennt. Diese soll dem Betriebsrat lediglich die Möglichkeit der Aufgabenübertragung einräumen. Davon zu unterscheiden ist jedoch die konkrete Übertragung im Einzelfall. Folglich kann man für die Bestimmung des notwendigen Inhalts der Rahmenvereinbarung nicht auf die Maßstäbe abstellen, die für die Übertragung von Aufgaben auf Betriebsausschüsse bzw. den Gesamtbetriebsrat gelten. Außerdem kann die Rahmenvereinbarung ihrer Rechtsnatur nach auch eine Regelungsabrede sein, die gerade keine normative Auswirkung auf die Arbeitsverhältnisse hat. Dementsprechend ist auch aus diesem Grund die Forderung nach einer konkreten Umschreibung der Übertragung fehl am Platz.

Andere vertreten die Ansicht, die spezifischen Anforderungen an den Inhalt der Rahmenvereinbarung sei aus dem normativen Gesetzeszusammenhang abzuleiten[522]. Unter Beachtung von § 28a Abs. 1 Satz 2 BetrVG sei daher zwingend in der Rahmenvereinbarung festzulegen, welche Aufgaben auf die Arbeitsgruppen übertragen werden können[523]. Dieser Ansicht kann im Grundsatz zugestimmt werden, da sie sich an den allgemeinen Auslegungsmethoden orientiert. Mangels konkreter Festlegungen im Gesetzeswortlaut, müssen für die Bestimmung des notwendigen Inhalts der Rahmenvereinbarung vor allem die Ergebnisse einer systematischen und teleologischen Auslegung herangezogen werden. Festzustellen bleibt hier, daß zwar grundsätzlich vom richtigen Ansatz ausgegangen wird, jedoch letztlich ebenfalls - bis auf die Festlegung der übertragbaren Aufgaben - keine konkreten Angaben zum notwendigen Inhalt der Rahmenvereinbarung gemacht werden.

---

[520] So Richardi-*Thüsing*, § 28a Rn. 15.

[521] Vgl. Richardi-*Thüsing*, § 28a Rn. 15.

[522] So DKK-*Wedde*, § 28a Rn. 28.

[523] Vgl. DKK-*Wedde*, § 28a Rn. 28.

2. Eigene Bestimmung des notwendigen Inhalts der Rahmenvereinbarung

a) Ausgangspunkt

Wie oben bereits festgestellt wurde, ist der Abschluß der Rahmenvereinbarung als Betriebsvereinbarung aus Gründen der Rechtssicherheit und der Vereinfachung des Verfahrens zu empfehlen. Ebenso sinnvoll ist es, in der Rahmenvereinbarung hinsichtlich der möglichen Regelungsgegenstände, der Regelungsbereiche und des persönlich-organisatorischen Anwendungsbereichs weitgehende Vorgaben zu machen, die eng und abschließend ausgestaltet sind[524]. Der Detaillierungsgrad der Regelungen obliegt dabei der freien Vereinbarung zwischen Betriebsrat und Arbeitgeber[525]. Andererseits ist der Abschluß einer Betriebsvereinbarung - wie festgestellt - nicht erforderlich. Vielmehr genügt auch eine Regelungsabrede. Geht man von diesem Ansatzpunkt aus, folgt daraus, daß Regelungen, die normativ auf die Arbeitsverhältnisse der betroffenen Arbeitnehmer einwirken, nicht zwingend notwendig seien können. Hierzu zählen insbesondere Fragen der internen Organisation und der Rechtsstellung der Arbeitsgruppe bzw. der Arbeitsgruppenmitglieder. Dementsprechend ist es den Betriebsparteien unbenommen, sich auf die Verankerung allgemeiner Grundsätze zu beschränken und exaktere Vorgaben jeweils der Beschlußfassung des Betriebsrates in Einzelfällen zu überlassen[526]. Welches diese allgemeinen Grundsätze sind, soll im folgenden näher erörtert werden.

Weiterhin kann allgemein festgehalten werden, daß die entsprechenden Regelungen auch für mehrere Arbeitsgruppen gemeinschaftlich in einer Rahmenvereinbarung getroffen werden können[527]. In der Literatur wird jedoch überwiegend empfohlen, für jede Arbeitsgruppe eine gesonderte Vereinbarung zu treffen[528]. Zur Begründung wird angeführt, so könne etwaigen Besonderheiten der jeweiligen Gruppen am besten Rechnung getragen werden[529]. Außerdem könne dann die Rahmenvereinbarung für eine Arbeitsgruppe gekündigt werden, falls sich die Aufgabenübertragung

---

[524] Ebenso DKK-*Wedde*, § 28a Rn. 29.

[525] Vgl. DKK-*Wedde*, § 28a Rn. 29.

[526] So auch DKK-*Wedde*, § 28a Rn. 29.

[527] So GK-BetrVG-*Raab*, § 28a Rn. 19; *Raab*, NZA 2002, 477.

[528] Vgl. GK-BetrVG-*Raab*, § 28a Rn. 19; *Fitting/Kaiser/Heither/Engels/Schmidt*, § 28a Rn. 17; DKK-*Wedde*, § 28a Rn. 21; *Raab*, NZA 2002, 477; vgl. auch *Natzel*, DB 2001, 1363, der dies auch aus dem Gesetzeswortlaut herauslesen will.

[529] So GK-BetrVG-*Raab*, § 28a Rn. 19; *Fitting/Kaiser/Heither/Engels/Schmidt*, § 28a Rn. 17; *Natzel*, DB 2001, 1363; *Raab*, NZA 2002, 477.

dort nicht bewährt, ohne daß gleichzeitig die Übertragungen auf andere Arbeitsgruppen in Frage gestellt würden[530]. Eine Entscheidung dieser Frage kann indes nur in Ansehung der tatsächlichen betrieblichen Gegebenheiten, nicht jedoch allgemein erfolgen. Insoweit wird man es den Betriebspartnern überlassen müssen, die für den konkreten Betrieb vorteilhafteste Lösung zu finden. Hierbei wird es auch darauf ankommen, ob die Arbeitsgruppen eines Betriebes völlig unterschiedliche Aufgaben wahrnehmen, oder ob sich die Tätigkeit nur geringfügig unterscheidet. Darüber hinaus kann für den Fall, daß nur eine Rahmenvereinbarung für mehrere Arbeitsgruppen abgeschlossen werden soll, ausdrücklich festgelegt werden, daß eine Teilkündigung für die einzelnen Arbeitsgruppen zulässig ist[531]. Daher bestehen die zur Begründung angeführten Vorteile nicht nur beim Abschluß mehrerer Rahmenvereinbarungen, sondern lassen sich durch Vereinbarung auch beim Abschluß nur einer Rahmenvereinbarung erreichen.

b) "Ob" der Aufgabenübertragung

Zwingend notwendiger Gegenstand der Rahmenvereinbarung ist zunächst die Frage, ob überhaupt eine Übertragung von Aufgaben vom Betriebsrat auf eine Arbeitsgruppe erfolgen soll[532]. Diese Voraussetzung ergibt sich schon aus der Natur der Sache. Soweit bereits hierüber keine Einigung der Betriebspartner erzielt werden kann, erübrigt sich jedwede inhaltliche Festlegung ohnehin.

c) Umfang der übertragbaren Aufgaben

Weiterhin muß der Umfang der übertragbaren Aufgaben geregelt werden[533]. Dieses Erfordernis läßt sich dem ausdrücklichen Wortlaut der Gesetzesbegründung entnehmen[534].

---

[530] Darauf weisen GK-BetrVG-*Raab*, § 28a Rn. 19; *Fitting/Kaiser/Heither/Engels/Schmidt*, § 28a Rn. 17; *Natzel*, DB 2001, 1363; *Raab*, NZA 2002, 477 hin.

[531] Ebenso *Fitting/Kaiser/Heither/Engels/Schmidt*, § 28a Rn. 17.

[532] Vgl. *Löwisch/Kaiser*, § 28a Rn. 12; *Stege/Weinspach/Schiefer*, § 28a Rn. 8; *Löwisch*, BB 2001, 1740.

[533] Vgl. auch GK-BetrVG-*Raab*, § 28a Rn. 19; *Löwisch/Kaiser*, § 28a Rn. 12; *Stege/Weinspach/Schiefer*, § 28a Rn. 8; *Busch*, Arbeitsgruppen und Gruppenarbeit, S. 90; *Löwisch*, BB 2001, 1740.

[534] Siehe BT-Drucks. 14/5741, S. 40.

Arbeitgeber und Betriebsrat müssen sich also darüber verständigen, bei welchen Mitwirkungs- und Mitbestimmungsrechten die Ausübung durch eine Arbeitsgruppe anstelle des Betriebsrates in Betracht kommt und bei welchen nicht[535]. Entsprechende Festlegungen dienen vor allem der Schaffung und Erhaltung von Rechtssicherheit, so daß sowohl für die Arbeitsgruppe, als auch für Betriebsrat und Arbeitgeber Klarheit über die bestehenden Verhandlungsspielräume und deren Grenzen besteht[536]. Praktisch umsetzen lassen sich diese Anforderungen etwa durch die Nennung von Aufgaben, die übertragen werden oder durch den Ausschluß von Aufgaben, die nicht behandelt werden sollen[537]. Den aktuellen Bedürfnissen und Wandlungen kann dadurch Rechnung getragen werden, daß sich der vereinbarte Katalog bei Bedarf durch Vereinbarung zwischen Betriebsrat und Arbeitgeber erweitert bzw. verengt wird[538]. Bei der Festlegung der übertragbaren Angelegenheiten sollte ferner darauf geachtet werden, daß dies nur in allgemeiner Form geschieht[539]. Insbesondere dürfen nicht bereits einzelne Aufgaben auf Arbeitsgruppen übertragen werden. Nur so wird die Regelung nämlich der vom Gesetz vorgegebenen Trennung zwischen Rahmenvereinbarung und konkreter Aufgabenübertragung gerecht.

Mit Blick auf § 28a Abs. 1 Satz 2 BetrVG ist bei der Festlegung der übertragbaren Aufgaben in der Rahmenvereinbarung zu beachten, daß diese in einem inneren Zusammenhang mit den Aufgaben stehen müssen, die von der Arbeitsgruppe zu erledigen sind[540]. Nach der amtlichen Begründung ist diese Voraussetzung insbesondere hinsichtlich Arbeitszeitfragen, Pausenregelungen, Urlaubsplanung, Arbeitsgestaltung und ähnlichen tätigkeits- und aufgabenbezogenen Sachverhalten erfüllt[541]. In Betracht kommen weiterhin Themen mit direktem Bezug zur Arbeitsgruppe[542]. Voraussetzung ist stets, daß sich die Aufgaben so abgrenzen lassen, daß an-

[535] Vgl. *Löwisch/Kaiser*, § 28a Rn. 12; *Fitting/Kaiser/Heither/Engels/Schmidt*, § 28a Rn. 14; DKK-*Wedde*, § 28a Rn. 33; *Gnade/Kehrmann/Schneider/Klebe/Ratayczak*, § 28a Rn. 3; *Löwisch*, BB 2001, 1740; *Engels/Trebinger/Löhr-Steinhaus*, DB 2001, 537.

[536] Vgl. DKK-*Wedde*, § 28a Rn. 33.

[537] Vgl. DKK-*Wedde*, § 28a Rn. 33.

[538] Ähnlich DKK-*Wedde*, § 28a Rn. 33.

[539] So *Fitting/Kaiser/Heither/Engels/Schmidt*, § 28a Rn. 15.

[540] Darauf weißt auch DKK-*Wedde*, § 28a Rn. 30 hin.

[541] Siehe BT-Drucks. 14/5741, S. 40.

[542] Vgl. DKK-*Wedde*, § 28a Rn. 30; näheres hierzu vergleiche unter Gliederungspunkt § 6 B.I.2.

dere Arbeitnehmer des Betriebes außerhalb der Arbeitsgruppe nicht betroffen werden[543].

d) Festlegung der Arbeitsgruppen

Außerdem muß neben der Frage, welche Aufgaben übertragen werden können, auch geklärt werden, für welche Arbeitsgruppen eine Übertragung möglich sein soll[544].

In der Literatur wird hierzu überwiegend die Ansicht vertreten, eine solche Regelung sei sinnvoll, nicht aber zwingend notwendig[545]. Eine entsprechende Regelung ist indes schon deshalb notwendig, um die für die Anwendbarkeit des § 28a BetrVG die erforderliche Transparenz zu schaffen und gleichzeitig Mißbrauchsmöglichkeiten auszuschließen oder zu begrenzen[546]. Es ist also eine genaue Umschreibung der Arbeitsgruppe erforderlich[547]. Nur so kann eine eindeutige Abgrenzung der Zuständigkeit der Arbeitsgruppe und insbesondere der Geltungsbereich der mit ihr abgeschlossenen Gruppenvereinbarungen gegenüber den allgemeinen Betriebsvereinbarungen vorgenommen werden[548]. Auch dem ausdrücklichen Wortlaut der Gesetzesbegründung läßt sich dieses Erfordernis entnehmen[549].

Entsprechende Festlegungen können in der Praxis in Abhängigkeit von der betrieblichen Struktur konkret unter Benennung der Arbeitsgruppen oder abstrakt unter Beschreibung der hierfür in Betracht kommenden Bereiche, Aufgaben oder Tätigkeiten getroffen werden[550]. Ist in der Rahmenvereinbarung eine entsprechende Festlegung erfolgt, ist sie für Betriebsrat wie Arbeitgeber insoweit bindend, als eine Übertragung nur im

---

543 So DKK-*Wedde*, § 28a Rn. 30.

544 So auch *Fitting/Kaiser/Heither/Engels/Schmidt*, § 28a Rn. 14; Jaeger/Röder/Heckelmann-*Kappenhagen*, Kap. 5 Rn. 137; *Busch*, Arbeitsgruppen und Gruppenarbeit, S. 89; vgl. dazu auch DKK-*Wedde*, § 28a Rn. 34, der allerdings nicht davon ausgeht, daß eine solche Festlegung notwendig ist.

545 Vgl. DKK-*Wedde*, § 28a Rn. 34; *Raab*, NZA 2002, 477.

546 So die Begründung bei DKK-*Wedde*, § 28a Rn. 34 für den Sinn einer solchen Regelung.

547 Ebenso *Fitting/Kaiser/Heither/Engels/Schmidt*, § 28a Rn. 14.

548 Vgl. *Fitting/Kaiser/Heither/Engels/Schmidt*, § 28a Rn. 14.

549 Siehe BT-Drucks. 14/5741, S. 40.

550 Dazu DKK-*Wedde*, § 28a Rn. 34; vgl. auch *Busch*, Arbeitsgruppen und Gruppenarbeit, S. 89 f.

vereinbarten Rahmen möglich ist und Rechtswirkung entfalten kann[551]. Beispielsweise begründet die Nennung von Arbeitsgruppen im Produktionsbereich nicht die Möglichkeit, entsprechende Übertragungen analog auch für Arbeitsgruppen in der Verwaltung vorzunehmen[552]. Hierfür wäre eine entsprechende Ergänzung der Rahmenvereinbarung erforderlich[553].

Zu beachten ist ferner, daß die Festlegung der Arbeitsgruppen nicht mit Regelungen über die personelle Zusammensetzung der Arbeitsgruppe verwechselt werden darf. Hier geht es nur um die Umschreibung der Gruppe als solcher, unabhängig von den konkret betroffenen Arbeitnehmern. Daher genügt auch die Festlegung in einer Regelungsvereinbarung. Dort geht es um die konkrete Festlegung, welche Arbeitnehmer einer bestimmten Arbeitsgruppe zugeordnet werden. Insoweit sind also die Arbeitsverhältnisse betroffen, so daß eine Regelung mit normativer Wirkung erforderlich wäre. Da jedoch - wie festgestellt - der Abschluß einer Regelungsvereinbarung genügt, kann die Regelung der personellen Zusammensetzung der Arbeitsgruppe nicht zu den notwendigen Regelungsgegenständen gehören.

3. Zwischenergebnis

Der Rahmenvereinbarung ist somit zunächst die Entscheidung immanent, daß überhaupt eine Übertragung erfolgen soll. Weiterhin ist zwingend festzulegen, bei welchen Mitwirkungs- und Mitbestimmungsrechten eine Ausübung durch eine Arbeitsgruppe möglich sein soll. Außerdem müssen auch die Arbeitsgruppen, die für die Wahrnehmung der Aufgaben in Betracht kommen, benannt werden.

Darüber hinausgehende Regelungen, insbesondere zur personellen Zusammensetzung und internen Struktur der Arbeitsgruppe, sind zwar durchaus zu empfehlen, jedoch nicht zwingend erforderlich. Dies ergibt sich bereits daraus, daß der Abschluß einer Regelungsabrede genügt und somit keine normativen Regelungen notwendig sein können.

4. Folgen einer nicht ausreichenden Regelung in der Rahmenvereinbarung

Bisher nahezu ausgeblendet wurde in der Literatur die Frage, welche Auswirkungen es hat, wenn die Rahmenvereinbarung nicht alle zwingend

---

[551] So DKK-*Wedde*, § 28a Rn. 34.

[552] Dieses Beispiel nennt DKK-*Wedde*, § 28a Rn. 34.

[553] So DKK-*Wedde*, § 28a Rn. 34.

erforderlichen Regelungsgegenstände enthält oder diese nur so vage umschrieben worden sind, daß nicht mit hinreichender Sicherheit festgestellt werden kann, welche Aufgaben bzw. Arbeitsgruppen für eine Übertragung in Betracht kommen sollen.

Auszugehen ist hier vom Sinn und Zweck der Rahmenvereinbarung, dem Betriebsrat eine Ermächtigungsgrundlage für die Aufgabenübertragung einzuräumen. Ist sie nicht hinreichend konkretisiert und kann auch durch Auslegung nicht ermittelt werden, welchen Inhalt und Umfang die Ermächtigung an den Betriebsrat haben sollte, so kann die Aufgabe auch nicht wirksam delegiert werden[554]. Die praktische Relevanz dieser Frage dürfte allerdings relativ gering sein. In der Regel werden die Betriebspartner ohnehin eine Betriebsvereinbarung schließen und darin umfassende Regelungen nicht nur zu den übertragbaren Aufgaben und den in Betracht kommenden Arbeitsgruppen treffen, sondern auch die interne Struktur und Organisation sowie die Rechtsstellung der Gruppe detailliert festlegen.

II. Weitere mögliche Regelungsgegenstände

Neben den zwingend erforderlichen Regelungen besteht ein umfangreiches Spektrum an weiteren Themen, welche die Betriebspartner als Regelungsgegenstand in die Rahmenvereinbarung aufnehmen können[555].

1. Personelle Zusammensetzung

Möglich ist es zunächst, Regelungen über die personelle Zusammensetzung der Arbeitsgruppe zu treffen[556]. Hierdurch können Zweifelsfälle für die Frage vermieden werden, ob ein bestimmter Arbeitnehmer der Arbeitsgruppe angehört oder nicht. Die Bestimmung der Zugehörigkeit zur Arbeitsgruppe ist insbesondere deshalb wichtig, um feststellen zu können, wer unter den persönlichen Geltungsbereich einer zwischen Arbeitsgruppe und Arbeitgeber abgeschlossenen Gruppenvereinbarung im Sinne des § 28a Abs. 2 BetrVG fällt. Andererseits können solche Vereinbarungen nur

---

[554] Ähnlich auch Richardi-*Thüsing*, § 28a Rn. 16; *Thüsing*, ZTR 2002, 5.

[555] Vgl. dazu auch die ausführlichen Darstellungen bei *Busch*, Arbeitsgruppen und Gruppenarbeit, S. 91 ff.; *Wedde*, AuR 2002, 124; DKK-*Wedde*, § 28a Rn. 21 und 34 ff.; siehe auch *Klein*, NZA-Sonderbeilage 24/2001, 18 ff.; *Breisig*, Gruppenarbeit, S. 87 ff.; *Breisig*, Team Time, S. 151 ff.; sowie *Kort*, ZfA 2000, 344 zum Reformvorschlag des DGB; *Mückenberger*, KJ 1997, 196 ff.

[556] Vgl. GK-BetrVG-*Raab*, § 28a Rn. 20; *Fitting/Kaiser/Heither/Engels/Schmidt*, § 28a Rn. 14; *Raab*, NZA 2002, 477.

mit der Mehrheit der Stimmen der Arbeitsgruppenmitglieder geschlossen werden (§ 28a Abs. 2 Satz 1 Halbsatz 2 BetrVG)[557], so daß die Arbeitsgruppenzugehörigkeit sich auch auf die Stimmberechtigung und die Bestimmung der erforderlichen Mehrheit auswirkt. Darüber hinaus können in der Rahmenvereinbarung weitere Rechte und Pflichten für die Gruppenmitglieder festgelegt werden[558]. Auch hierfür ist die Zuordnung der Arbeitnehmer entscheidend.

Zu beachten sind hier natürlich die gesetzlichen Vorgaben des § 28a BetrVG. Es muß also tatsächlich eine Arbeitsgruppe, also eine Gruppe von Arbeitnehmern, die durch tätigkeitsbezogene Merkmale verbunden sind, vorliegen[559]. Die Betriebspartner können also nicht kraft Vereinbarung die gesetzlichen Merkmale umgehen. Nicht unproblematisch ist auch, daß immer eine gewisse Arbeitnehmerfluktuation in der Gruppe auftreten kann. Eine Regelung, die konkrete Arbeitnehmer einer Gruppe zuordnet, ist in solchen Fällen ungeeignet, da sie ständig der Wirklichkeit angepaßt werden müßte. Sinnvoller kann es daher sein, die Gruppenzugehörigkeit nur von allgemeinen, aber für die Gruppe typischen Merkmalen abhängig zu machen. Hier müssen also die betrieblichen Umstände im Einzelfall berücksichtigt werden.

2. Interne Struktur, Organisation und Geschäftsführung

a) Allgemeines

Aus der Gesetzesbegründung ergibt sich ausdrücklich, daß der Gesetzgeber bewußt auf Vorgaben zur inneren Struktur der Arbeitsgruppen verzichtet hat[560]. Folglich ist er davon ausgegangen, daß diese Regelungen durch die Betriebspartner getroffen werden. Dies ist auch sinnvoll, da einerseits der Abschluß einer Rahmenvereinbarung für die Aufgabenübertragung ohnehin erforderlich ist (§ 28a Abs. 1 Satz 1 Halbsatz 2 BetrVG), andererseits so die innere Struktur der Arbeitsgruppe an die konkreten Voraussetzungen und Erfordernisse des Betriebes angepaßt werden kann. Eine solche Sach- und Praxisnähe entspricht gerade dem Sinn der Regelung[561].

---

[557] So auch DKK-*Wedde*, § 28a Rn. 37.

[558] Vgl. dazu die Ausführungen unter Gliederungspunkt § 5 C.II.

[559] Darauf weist GK-BetrVG-*Raab*, § 28a Rn. 20 hin.

[560] Siehe BT-Drucks. 14/5741, S. 40.

[561] Siehe BT-Drucks. 14/5741, S. 29.

Ohne eine gesetzlich festgelegte innere Struktur der Arbeitsgruppen steht jedoch auch nicht fest, ob und welche Organe überhaupt in ihnen vorhanden sein werden. Somit konnten im Gesetz auch keine Regelungen über die Geschäftsführung getroffen werden. Es ist daher davon auszugehen, daß der Gesetzgeber den Betriebspartnern auch die Möglichkeit einräumen wollte, Regelungen über die Geschäftsführung der Arbeitsgruppe zu treffen. Für die Möglichkeit einer Regelung in der Rahmenvereinbarung spricht weiterhin, daß der Gesetzgeber die Entscheidung darüber, ob überhaupt eine Aufgabenübertragung stattfinden soll, den Betriebspartnern überläßt[562]. Dann müssen diese erst recht auch über die Modalitäten bei der Ausübung der Befugnisse bestimmen können[563].

Die Rahmenvereinbarung kann daher auch Regelungen über die interne Struktur und Binnenorganisation der Arbeitsgruppe, insbesondere über deren Willensbildung oder die Wahl eines Arbeitsgruppensprechers enthalten. Soweit die Arbeitsgruppe gleichzeitig sog. teilautonome Gruppenarbeit im Sinne des § 87 Abs. 1 Nr. 13 BetrVG durchführt, ergibt sich dies schon im Rahmen des Mitbestimmungsrechts des Betriebsrates bei der Durchführung der Gruppenarbeit gem. § 87 Abs. 1 Nr. 13 BetrVG[564]. In diesem Bereich kann der Abschluß einer entsprechenden Regelung vom Betriebsrat auch erzwungen werden. In allen anderen von § 28a BetrVG erfaßten Fällen ist eine Regelung hingegen nicht erzwingbar.

b) Bindung an die §§ 29 ff. BetrVG

Im Grunde stellen sich hier dieselben Fragen, die auch im Rahmen der Geschäftsführung des Betriebsrates auftreten und für diesen in §§ 26, 29 ff. BetrVG geregelt sind[565]. In der Literatur wird dabei - soweit ersichtlich - einhellig davon ausgegangen, daß sich die Regelungen über die Willensbildung und Vertretung der Arbeitsgruppe an den §§ 29 ff. BetrVG orientieren sollten[566]. Unterschiedliche Auffassungen bestehen jedoch über die Frage, wie stark die Bindung an diese Vorschriften ist.

---

[562] So auch GK-BetrVG-*Raab*, § 28a Rn. 20; *Raab*, NZA 2002, 477.

[563] Ebenso GK-BetrVG-*Raab*, § 28a Rn. 20; *Raab*, NZA 2002, 477.

[564] Vgl. GK-BetrVG-*Raab*, § 28a Rn. 20; DKK-*Wedde*, § 28a Rn. 21 und 38; *Fitting/ Kaiser/Heither/Engels/Schmidt*, § 28a Rn. 14; *Raab*, NZA 2002, 477.

[565] So *Raab*, NZA 2002, 477.

[566] Vgl. Richardi-*Thüsing*, § 28a Rn. 12; DKK-*Wedde*, § 28a Rn. 73; so auch *Wedde*, AuR 2002, 126.

aa) Meinungsstand

Teilweise wird dazu die Auffassung vertreten, §§ 29 ff. BetrVG seien nicht nur als bloße Orientierung heranziehen, sondern analog anwenden[567]. Zur Begründung wird angeführt, die durch die fehlenden Vorgaben der Neuregelung entstehende Regelungslücke sei aufgrund systematischen Einordnung des § 28a BetrVG in den dritten Abschnitt des Betriebsverfassungsgesetzes nur durch die analoge Anwendung dieser Vorschriften zu schließen[568].

Andere sind dagegen der Auffassung, im Rahmen der Arbeitsgruppen sei grundsätzlich nicht die gleiche Förmlichkeit wie in §§ 29 ff. BetrVG erforderlich[569]. Unverzichtbar sei lediglich die Gleichheit des Stimmrechts und ähnlich gewichtige Wahlprinzipien[570]. Im übrigen sind danach auch abweichende Regelungen in der Rahmenvereinbarung möglich.

bb) Stellungnahme

Gegen das Erfordernis einer analogen Anwendung der §§ 29 ff. BetrVG spricht schon, daß der Gesetzgeber von einer Regelung abgesehen hat, um den Betriebspartnern die Möglichkeit zu geben, selbst Regelungen über die interne Struktur der Arbeitsgruppen zu treffen. Demzufolge muß auch ein entsprechender Regelungsspielraum bestehen. Wäre dagegen ohnehin nur die analoge Anwendung der §§ 29 ff. BetrVG in Betracht gekommen, hätte dies auch gleich vom Gesetzgeber selbst festgelegt werden können. Folglich ergibt sich schon hieraus, daß die Betriebspartner für die Arbeitsgruppen auch Regelungen treffen können, die von der gesetzlichen Regelung für den Betriebsrat abweichen. Darüber hinaus ist die systematische Einordnung von § 28a BetrVG in den dritten Abschnitt des Betriebsverfassungsgesetzes ohnehin fragwürdig[571]. Aufgrund dessen läßt sich damit die Erforderlichkeit der analogen Anwendung der §§ 29 ff. BetrVG nicht begründen.

Somit haben die Betriebspartner bei den Regelungen bezüglich der Arbeitsgruppen einen gewissen Spielraum. Die Regelung ist nicht auf die

---

567 Vgl. DKK-*Wedde*, § 28a Rn. 73; HaKo-BetrVG-*Blanke*, § 28a Rn. 7; Haufe-*Traut*, S. 128 Rn. 17; *Wedde*, AuR 2002, 126.

568 Vgl. DKK-*Wedde*, § 28a Rn. 73; *Wedde*, AuR 2002, 126.

569 So etwa Richardi-*Thüsing*, § 28a Rn. 12.

570 Vgl. Richardi-*Thüsing*, § 28a Rn. 12.

571 Siehe oben unter Gliederungspunkt § 3.

Anordnung einer analogen Anwendung der für den Betriebsrat geltenden Vorschriften beschränkt.

c) Einzelfragen

aa) Wahl eines Arbeitsgruppensprechers und Vertretung der Arbeitsgruppe

Zunächst kann in der Rahmenvereinbarung die Vertretung der Gruppe durch einen Gruppensprecher geregelt werden[572]. Eine solche Regelung ist schon deshalb zu empfehlen, weil so in jedem Fall die Kommunikationsfähigkeit der Arbeitsgruppe gegenüber dem Arbeitgeber und dem Betriebsrat gesichert ist[573]. Bedeutung hat dies vor allem deshalb, weil die Arbeitsgruppe als Vertragspartner der Gruppenvereinbarungen nach § 28a Abs. 2 BetrVG in Erscheinung tritt[574]. Insbesondere lassen sich auf diesem Wege Schwierigkeiten bei der Abgabe und Entgegennahme von Erklärungen vermeiden. Dies gilt selbst dann, wenn die Arbeitsgruppe nur wenige Mitglieder hat. Auch in diesem Fall ist die Bestimmung eines Ansprechpartners in der Arbeitsgruppe für alle Beteiligten vorteilhaft[575]. Der Arbeitsgruppensprecher übt also für die Arbeitsgruppe dieselbe Funktion aus, die der Betriebsratsvorsitzende für den Betriebsrat hat. Aus den gleichen Gründen sollte es auch nicht versäumt werden, für den Fall der Verhinderung des Gruppensprechers vorzusorgen und die Bestimmung eines Stellvertreters zu regeln[576]. Inhaltlich bietet sich eine enge Orientierung an § 26 BetrVG an[577]. Gegenstand der Vereinbarung kann daher sowohl das Wahlverfahren als auch eine mögliche Abwahl des Gruppensprechers bzw. des Stellvertreters sein[578]. Darüber hinaus können aber auch alle üb-

---

572 So auch DKK-*Wedde*, § 28a Rn. 39; *Fitting/Kaiser/Heither/Engels/Schmidt*, § 28a Rn. 16; *Busch*, Arbeitsgruppen und Gruppenarbeit, S. 91 ff.

573 Vgl. DKK-*Wedde*, § 28a Rn. 39; *Fitting/Kaiser/Heither/Engels/Schmidt*, § 28a Rn. 16. *Brunhöber*, Neues BetrVG, S. 132, schlägt vor, daß Arbeitsgruppensprecher möglichst derjenige werden sollte, der auch außerhalb der betriebsverfassungsrechtlichen Aufgaben Leiter der Gruppe oder des Projektes etc. ist.

574 Vgl. Richardi-*Thüsing*, § 28a Rn. 12.

575 Aus diesem Grund regelt auch § 26 BetrVG selbst für den dreiköpfigen Betriebsrat die Wahl des Vorsitzenden bzw. des Stellvertreters als gesetzliche Pflichtaufgabe; vgl. hierzu DKK-*Wedde*, § 26 Rn. 3.

576 In diesem Sinne auch *Busch*, Arbeitsgruppen und Gruppenarbeit, S. 92.

577 Vgl. GK-BetrVG-*Raab*, § 28a Rn. 45; *Raab*, NZA 2002, 480.

578 In diesem Sinne auch DKK-*Wedde*, § 28a Rn. 39; *Busch*, Arbeitsgruppen und Gruppenarbeit, S. 92.

rigen Rechte, Pflichten und Kompetenzen geregelt werden[579]. In Betracht kommen insbesondere Regelungen über die Art und Umfang der Vertretungsbefugnis gegenüber der Gruppe, dem Betriebsrat und dem Arbeitgeber aber auch sonstige Fragen bezüglich der Rechtsstellung, wie etwa die Übernahme von aufgrund der Sprechertätigkeit entstehenden Kosten und Aufwendungen, besondere Schulungs- und Bildungsansprüche, Freistellungsansprüche für die Wahrnehmung der Sprecheraufgaben oder ein besonderer Kündigungsschutz[580].

bb) Interne Willensbildung

Bedeutung hat eine Regelung in der Rahmenvereinbarung über die interne Willensbildung in der Gruppe vor allem für das Zustandekommen von Gruppenvereinbarungen im Sinne des § 28a Abs. 2 BetrVG[581]. Gesetzlich vorgesehen ist in diesem Zusammenhang nur, daß diese Vereinbarungen der Mehrheit der Stimmen der Gruppenmitglieder bedarf (§ 28a Abs. 2 Satz 1 Halbsatz 2 BetrVG). Wie die interne Willensbildung in der Gruppe erfolgen soll, ist jedoch offengelassen worden. Insbesondere gibt es keine gesetzlichen Regelungen darüber, ob eine Mitgliederversammlung stattzufinden hat, ob eine Ladung zu dieser Sitzung erforderlich ist und wer diese ausspricht und welche formalen Anforderungen an die Einladung, die Sitzung und das Abstimmungsverfahren zu stellen sind[582].

Hier bietet sich eine Regelung in der Rahmenvereinbarung in Anlehnung an § 29 Abs. 2 bis 4 und § 33 BetrVG an, da auch die Willensbildung der Arbeitsgruppe typischerweise in einer Gruppensitzung erfolgen wird. Da die Beschlußfassung der Arbeitsgruppe, nicht anders als beim Betriebsrat, einer gewissen Vorbereitung und Leitung bedarf, kann der Arbeitsgruppensprecher die Funktion übernehmen, die für den Betriebsrat dessen Vorsitzender inne hat. Soweit also eine Sitzung der Arbeitsgruppe vorgesehen ist, hat er sie einzuberufen und zu leiten sowie die Tagesordnung festzusetzen. Unbedingt sollte auch geregelt werden, wie oft bzw. unter welchen Voraussetzungen eine Sitzung der Gruppenmitglieder stattfinden darf.

Weiterhin besteht die Möglichkeit in der Rahmenvereinbarung festzulegen, daß auch eine Abstimmung im sog. Umlaufverfahren durchgeführt

---

[579] Vgl. DKK-*Wedde*, § 28a Rn. 39; *Busch*, Arbeitsgruppen und Gruppenarbeit, S. 92.

[580] Diese Beispiele nennt DKK-*Wedde*, § 28a Rn. 39. Näheres dazu siehe bei den entsprechenden Gliederungspunkten.

[581] So auch GK-BetrVG-*Raab*, § 28a Rn. 20.

[582] Vgl. GK-BetrVG-*Raab*, § 28a Rn. 20.

werden kann[583]. Dies wird vor allem dann in Betracht kommen, wenn aus tatsächlichen betrieblichen Gründen Schwierigkeiten zu befürchten sind, welche der gleichzeitigen Anwesenheit aller Arbeitsgruppenmitglieder entgegenstehen könnten. Darüber hinaus könnte hierdurch der Verfahrensablauf vereinfacht und insbesondere auf zeitraubende Versammlungen verzichtet werden, um so Unterbrechungen der Arbeitszeit zu vermeiden. Gegen die Zulässigkeit einer Regelung in der Rahmenvereinbarung, welche die Abstimmung im Umlaufverfahren festschreibt, spricht auch nicht, daß dies nach § 33 BetrVG für den Betriebsrat nicht zulässig ist. Insoweit fehlt es hier schon der entgegenstehenden gesetzlichen Regelung[584].

Außerdem können in der Rahmenvereinbarung Regelungen über das Abstimmungsverfahren getroffen werden. Dazu gehört insbesondere die Festsetzung einer Geschäftsordnung für die Arbeitsgruppe. Hierin sollten vor allem konkrete Verfahrensfragen geregelt werden, wie etwa das Erfordernis einer Sitzungsniederschrift (in Anlehnung an § 34 BetrVG) oder zum Abstimmungsverhalten (offene oder geheime Abstimmung).

Schließlich kann für die Arbeitsgruppen noch die Möglichkeit eröffnet werden, entsprechend §§ 31, 32 BetrVG einen Gewerkschaftsbeauftragten bzw. die Schwerbehindertenvertretung zu ihren Sitzungen hinzuzuziehen.

3. Sonstige Modalitäten bei der Ausübung der übertragenen Aufgaben

Weiterhin sind im Gesetz keine Regelungen, die andere organisatorische Fragen bezüglich der Arbeitsgruppe betreffen, enthalten. In der Gesetzesbegründung ist hierfür ebenfalls kein Grund genannt. Es ist davon auszugehen, daß auch solche Regelungen der Vereinbarung durch die Betriebspartner zugänglich sein sollen. Dafür spricht wiederum der Zweck der Vorschrift, die betriebliche Mitbestimmung sach- und praxisnah zu gestalten. Neben der Regelung der personellen Zusammensetzung und der Binnenorganisation können in der Rahmenvereinbarungen daher auch sonstige Modalitäten festgelegt werden, welche die Arbeitsgruppe bei der Ausübung der ihr übertragenen Mitwirkungs- und Mitbestimmungsrechte

---

583 Insoweit anderer Ansicht sind diejenigen, die nur eine analoge Anwendung der für den Betriebsrat geltenden Vorschriften zulassen wollen.

584 Zur Frage, ob die Beschlußfassung im Umlaufverfahren zulässig ist, wenn dies nicht ausdrücklich in der Rahmenvereinbarung festgelegt worden ist siehe unten Gliederungspunkt § 7 C.II.1.b).

zu beachten hat[585]. Hierunter fallen insbesondere Regelungen über den Kontakt zwischen Arbeitsgruppe und Betriebsrat sowie Arbeitsgruppe und Arbeitgeber[586].

a) Allgemeine Festlegungen

So können etwa allgemeine Regelungen über formale Anforderungen an abzuschließende Vereinbarungen getroffen werden[587]. Hierunter fällt beispielsweise die Festlegung einer Pflicht der Arbeitsgruppe, beim Abschluß der Gruppenvereinbarungen eine von § 77 Abs. 5 BetrVG abweichende (kürzere oder längere) Kündigungsfrist zu vereinbaren oder in allen bzw. nur in bestimmten Fällen eine Nachwirkung auszuschließen. Ebenso könnte vorgesehen werden, daß die Gruppenvereinbarungen nur mit einer bestimmte Geltungsdauer abgeschlossen werden dürfen. Weiterhin wäre es möglich, eine Pflicht der Arbeitsgruppe zu statuieren, den Betriebsrat über den aktuellen Verhandlungsstand mit dem Arbeitgeber zu informieren[588]. Auch sonstige formale Bedingungen, wie etwa die Erfüllung der Schriftform durch Übersendung per E-Mail kann geregelt werden[589].

Praktisch relevant dürfte noch die Möglichkeit sein, bestimmte Beteiligungsanforderungen für die Beschlußfähigkeit der Arbeitsgruppe festzulegen. Hierdurch läßt sich sicherstellen, daß Entscheidungen der Gruppe auch tatsächlich von der Mehrheit der Gruppenmitglieder getragen werden und nicht eine Minderheit Entscheidungen durchsetzen kann. Ebenso kann umgekehrt ein gewisser Minderheitenschutz gewährleistet werden, indem eine Sperrminorität festgelegt wird. Insbesondere letzteres könnte in der Praxis erheblich dazu beitragen, daß das vielfach kritisierte Problem der demokratischen Legitimation der Gruppenmehrheit gegenüber der bei Abstimmungen unterlegenen Minderheit entschärft wird[590].

---

[585] So auch DKK-*Wedde*, § 28a Rn. 21 und 35; *Fitting/Kaiser/Heither/Engels/Schmidt*, § 28a Rn. 14; *Stege/Weinspach/Schiefer*, § 28a Rn. 8; *Wulff*, ZBVR 2002, 138; *Löwisch*, BB 2001, 1740 spricht von Verfahrensordnung.

[586] Vgl. *Löwisch/Kaiser*, § 28a Rn. 12; *Fitting/Kaiser/Heither/Engels/Schmidt*, § 28a Rn. 16.

[587] So auch DKK-*Wedde*, § 28a Rn. 36, der auch einige der nachfolgenden Beispiele nennt.

[588] So DKK-*Wedde*, § 28a Rn. 21.

[589] So DKK-*Wedde*, § 28a Rn. 36.

[590] So kann etwa festgelegt werden, daß bei einem Antrag einer bestimmten Zahl von Gruppenmitgliedern, der Beschluß ausgesetzt wird und nach Ablauf einer bestimmten Zeit nocheinmal abgestimmt werden muß (vgl. dazu die Beispielregelung bei *Wedde*, AiB 2001, 632 f.: "§ 6 Beschlussfähigkeit der Arbeitsgruppe"). Möglich wäre es auch,

b) Einschränkung der Regelungsbefugnisse der Arbeitsgruppe

Teilweise wird auch die Ansicht vertreten, es sei möglich festzulegen, daß die Gruppenvereinbarungen mit dem Arbeitgeber nicht unmittelbar von der Arbeitsgruppe getroffen werden können, sondern zuerst dem Betriebsrat zur Zustimmung vorzulegen sind bzw. sie erst nach einen zustimmenden Beschluß des Betriebsrates wirksam werden[591]. Auch die Festlegung von Widerspruchsfristen für den Betriebsrates nach Abschluß von Vereinbarungen durch die Arbeitsgruppe sollen in diesem Rahmen möglich sein[592]. Hier würde ihm also ein Vetorecht eingeräumt werden[593]. Zur Begründung wird insbesondere auf die fehlenden praktischen Erfahrungen mit § 28a BetrVG und darauf verwiesen, daß der Betriebsrat seine originären Mitwirkungs- und Mitbestimmungsrechte wahren müsse[594]. Insoweit seien die entsprechenden Vorschriften für die Ausschüsse des Betriebsrates in § 27 f. BetrVG heranzuziehen[595].

Der Wortlaut des § 28a Abs. 1 Satz 1 Halbsatz 2 BetrVG läßt eine solche Einschränkung grundsätzlich zu. Danach erfolgt die Übertragung der Aufgaben auf die Arbeitsgruppe "nach Maßgabe einer mit dem Arbeitgeber abzuschließenden Rahmenvereinbarung". Insoweit bestimmt sich dieser Rahmen auch durch einen etwaigen Zustimmungsvorbehalt des Betriebsrates. Weiterhin sprechen systematische Gründe für die Zulässigkeit eines Zustimmungsvorbehalts. Denn wenn es schon zulässig ist, daß der Betriebsrat eine bestimmte Aufgabe insgesamt auf die Arbeitsgruppe überträgt, dann muß es erst Recht möglich sein, eine Aufgabe unter Einschränkungen zu übertragen. Solche Einschränkungen müssen folglich grundsätzlich auch Gegenstand der Rahmenvereinbarung sein können. Bedenken ergeben sich jedoch aus dem Sinn und Zweck des § 28a BetrVG[596]: Danach sollen die Arbeitnehmer ihre Interessen gerade eigenverantwortlich und unmittelbar gegenüber dem Arbeitgeber vertreten können. Wenn der Betriebsrat einer Vereinbarung zwischen Arbeitgeber und Arbeitsgruppe zustimmen muß, liegt eine eigenverantwortliche und

---

eine echte Sperrminorität festzulegen, so daß bei einer bestimmten Zahl von Gegenstimmen der Beschluß abgelehnt ist und die Zuständigkeit in der betreffenden Angelegenheit gem. § 28a Abs. 2 Satz 3 BetrVG auf den Betriebsrat zurückfällt.

591 Vgl. DKK-*Wedde*, § 28a Rn. 35; *Wedde*, AuR 2002, 124.

592 Vgl. DKK-*Wedde*, § 28a Rn. 35.

593 So *Wedde*, AuR 2002, 124.

594 *Wedde*, AuR 2002, 124.

595 So ist wohl die Begründung bei DKK-*Wedde*, § 28a Rn. 35 zu verstehen.

596 Vgl. auch *Wulff*, ZBVR 2002, 138; ähnlich *Busch*, Arbeitsgruppen und Gruppenarbeit, S. 129.

unmittelbare Interessenvertretung aber nicht mehr vor. Insoweit besteht also die Gefahr, daß die Arbeitsgruppe zum Ausschuß des Betriebsrates "degradiert" wird. Des weiteren hat der Betriebsrat natürlich seine Förderungspflicht aus § 75 Abs. 2 Satz 2 BetrVG zu beachten und darf daher nicht beliebig auf in Inhalt der Gruppenvereinbarungen und damit auf die eigenverantwortliche und unmittelbare Vertretung der Interessen der Arbeitsgruppenmitglieder einwirken. Weiterhin sind die Arbeitsgruppen im Sinne des § 28a BetrVG selbständige Organe der Betriebsverfassung, so daß die Begründung mit der entsprechenden Heranziehung der für die Betriebsratsausschüsse geltenden Vorschriften (§ 27 f. BetrVG) nicht durchgreifen kann. Andererseits wird der Inhalt der Vereinbarung grundsätzlich immer noch allein von der Arbeitsgruppe in Zusammenarbeit mit dem Arbeitgeber bestimmt. Außerdem gehört es zu den allgemeinen Aufgaben des Betriebsrates, darüber zu wachen, daß die Arbeitsgruppe ihren Regelungsspielraum nicht überschreitet und keine Auswirkungen für Arbeitnehmer, die nicht Mitglieder der Arbeitsgruppe sind, entstehen. Ebenso wird durch die Kontrolle des Betriebsrates gewährleistet, daß Minderheiten in der Gruppe nicht "übervorteilt" werden. Insoweit trägt also auch die Kontrolle durch den Betriebsrat zur Entschärfung des Problems der demokratischen Legitimation der Gruppenmehrheit bei. Schließlich sind auch praktische Erwägungen einzubeziehen. Soweit dem Betriebsrat die Kontrolle über die Arbeitsgruppe völlig verwehrt ist, wird er im Zweifel von vornherein auf eine Aufgabenübertragung verzichten. Wenn dagegen durch einen Zustimmungsvorbehalt oder ähnliche Einschränkungen eine gewisse Kontrolle gesichert ist, dürfte auch die Bereitschaft des Betriebsrates steigen, Mitwirkungs- und Beteiligungsrechte abzugeben.

Folglich ist in der Rahmenvereinbarung eine Regelung, die für die Wirksamkeit eines Abschlusses einer Gruppenvereinbarung zwischen Arbeitsgruppe und Arbeitgeber die Zustimmung des Betriebsrates erforderlich macht bzw. diesem ein Widerspruchsrecht einräumt, grundsätzlich zulässig[597]. Es ist jedoch darauf zu achten, daß die Kontrolle durch den Betriebsrat sich darauf beschränkt, Rechte der Arbeitsgruppenmitglieder und der sonstigen Arbeitnehmer des Betriebes zu sichern. Ein darüber hinausgehender Einfluß auf die konkrete inhaltliche Gestaltung der Gruppenver-

---

[597] Hierbei sind jedoch in der Praxis gewisse Folgeprobleme nicht ausgeschlossen: Ist die Wirksamkeit der Gruppenvereinbarung von der Zustimmung des Betriebsrates abhängig, entstehen Schwierigkeiten vor allem dann, wenn der Betriebsrat die Zustimmung hinauszögert. Bei einem Widerspruchsrecht können Streitigkeit darüber entstehen, ob eine eingeräumte Widerspruchsfrist eingehalten wurde, insbesondere wegen unterschiedlicher Auffassungen über den Fristbeginn.

einbarung darf jedoch nicht entstehen[598]. Befürchtet der Betriebsrat, daß Gruppenvereinbarungen seinen Interessen zuwiderlaufen könnten, bleibt für ihn nur die Möglichkeit, die entsprechenden Aufgaben nicht zu übertragen. Die Arbeitsgruppe darf also durch die praktische Umsetzung in der Rahmenvereinbarung nicht zu einem weiteren Ausschuß des Betriebsrates "degradiert" werden.

4. Kostentragung, Ausstattung mit Tagungsmöglichkeiten und Hinzuziehung von Sachverständigen

Weiterhin sollte in der Rahmenvereinbarung unbedingt klargestellt werden, daß der Arbeitgeber die Kosten der Tätigkeit der Arbeitsgruppen entsprechend § 40 BetrVG zu tragen hat. Dies gilt auch hinsichtlich der Ausstattung der Arbeitsgruppe mit Tagungsmöglichkeiten und sonstiger notwendiger Materialien. Eine Regelung, durch welche die Kosten der Arbeitsgruppe auf deren Mitglieder abgewälzt werden soll, ist hingegen nicht zulässig. Dafür spricht schon, daß betriebsverfassungsrechtliche Aufgaben wahrgenommen werden, für die ansonsten immer der Arbeitgeber die Kosten zu tragen hat. Darüber hinaus würden anderenfalls die Arbeitsgruppenmitglieder gegenüber anderen Arbeitnehmern aufgrund der Wahrnehmung betriebsverfassungsrechtlicher Rechte benachteiligt werden. Auch würden in der Praxis die übertragenen Aufgaben von den Arbeitsgruppen praktisch nicht wahrgenommen, da kein Arbeitnehmer bereit wäre, die Kosten dafür zu tragen. Die Förderungspflicht des § 75 Abs. 2 Satz 2 BetrVG würde damit quasi "auf den Kopf gestellt".

Außerdem ist es möglich, in der Rahmenvereinbarung festzulegen, ob und inwieweit die Arbeitsgruppen berechtigt sein sollen, internen und externen Sachverstand gem. § 80 Abs. 2 Satz 3, Abs. 3 BetrVG hinzuzuziehen[599].

---

[598] Einfluß auf den Inhalt der Gruppenvereinbarung hat der Betriebsrat daher nur in allgemeiner Weise durch die Festlegungen in der Rahmenvereinbarung hinsichtlich der Wahrnehmung der Aufgaben etc. Auch hier sind Streitigkeiten zwischen Arbeitsgruppe und Betriebsrat über den Umfang der Einflußnahme vorgrammiert.

[599] Dies dürfte in der Praxis jedoch kaum eine Rolle spielen, da die Arbeitsgruppenmitglieder gerade selbst im Rahmen der Betriebsverfassung beteiligt werden sollen. Soweit sie den dazu notwendigen Sachverstand nicht besitzen, wird der Betriebsrat die entsprechenden Aufgaben daher typischerweise nicht übertragen.

5. Rechtliche Stellung der Gruppenmitglieder

Schließlich sollte die Rahmenvereinbarung unbedingt auch Regelungen bezüglich der rechtlichen Situation der Gruppenmitglieder enthalten[600]. Interessant sind hier vor allem Regelungen über den Benachteiligungs- und Kündigungsschutz der Arbeitsgruppenmitglieder[601], aber auch über Ansprüche auf Freistellung oder Schulungs- und Bildungsmaßnahmen. Der Vorteil einer solchen Regelung liegt für die Gruppenmitglieder insbesondere darin, daß sie einen klagbaren Anspruch erhalten[602].

So kann in der Rahmenvereinbarung der Schutz der §§ 103 BetrVG, 15 KSchG auch auf die Mitglieder der Arbeitsgruppen erweitert werden. In der Praxis wird dies jedoch nur selten generell vorgenommen werden. Die Konsequenz wäre nämlich, daß sämtliche Arbeitsgruppenmitglieder nicht mehr ordentlich kündbar und damit den Personalentscheidungen des Arbeitgebers weitgehend entzogen wären. Dieser könnte somit nicht mehr mit ausreichender Flexibilität auf die betrieblichen Erfordernisse reagieren. Zu empfehlen ist daher allenfalls eine punktuelle Anwendung der §§ 103 BetrVG, 15 KSchG. In Betracht kommt etwa der Arbeitsgruppensprecher, der die Gruppe nach außen gegenüber dem Arbeitgeber vertritt und deshalb besonders schutzbedürftig ist.

Weiterhin könnte in der Rahmenvereinbarung eine entsprechende Anwendung des Behinderungs-, Benachteiligungs- und Begünstigungsverbots gemäß § 78 BetrVG auf die Arbeitsgruppenmitglieder festgelegt werden[603]. Hierfür spricht, daß die Arbeitsgruppe betriebsverfassungsrechtliche Aufgaben wahrnimmt, die an sich dem Betriebsrat zuzuordnen sind. Insoweit befinden sich die Mitglieder der Arbeitsgruppe in einer ähnlichen Situation wie die Mitglieder des Betriebsrates und verdienen dementsprechend auch einen entsprechenden Schutz.

---

[600] Vgl. DKK-*Wedde*, § 28a Rn. 21 und 38; *Busch*, Arbeitsgruppen und Gruppenarbeit, S. 95; *Wulff*, ZBVR 2002, 138.

[601] Insoweit waren die oben bereits vorgestellten Reformvorschläge der CDU-Fraktion sowie des BDA zur Betriebsverfassungsgesetz-Novelle 1972 viel weiter (vgl. unter den Gliederungspunkten § 2 C.I.2.b) und § 2 C.I.2.c)). Zwar sind die Arbeitsgruppen nach § 28a BetrVG nicht ohne weiteres mit den Arbeitsgruppensprechern der Reformentwürfe zu vergleichen, dennoch ist bereits erkannt worden, die ein gewisser Schutz erforderlich ist.

[602] So *Malottke*, AiB 2001, 627.

[603] Zur Frage, ob eine solche Regelung nur deklaratorisch oder konstitutiv wäre, siehe unter Gliederungspunkt § 5 E.II.2.c).

Außerdem besteht die Möglichkeit klarzustellen, daß die Wahrnehmung der betriebsverfassungsrechtlichen Aufgaben im Rahmen der Arbeitsgruppe unentgeltlich erfolgt. Eine solche Regelung in Anlehnung an § 37 Abs. 1 BetrVG korrespondiert vor allem mit der Pflicht des Arbeitgebers zur Kostentragung nach § 40 BetrVG. Weiterhin bietet sich die entsprechende Anwendung der § 37 Abs. 2 und 3 BetrVG auf die Arbeitsgruppenmitglieder an, da insoweit die rechtliche Situation nicht anders als bei Betriebsratsmitgliedern ist. Daneben können der Arbeitsgruppe bzw. deren Mitgliedern Ansprüche auf Schulungs- und Bildungsmaßnahme entsprechend § 37 Abs. 6 und 7 BetrVG eingeräumt werden.

Ebenso ist es möglich, in der Rahmenvereinbarung Voraussetzungen für die Freistellung von Arbeitsgruppenmitgliedern festzulegen. Dabei dürfte schon aufgrund geringeren Größe der Arbeitsgruppe ein Katalog - wie in § 38 BetrVG - in Abhängigkeit der Zahl der Gruppenmitglieder typischerweise nicht in Betracht kommen. Eher werden wohl bestimmte Voraussetzungen für die Teilfreistellung eines Gruppenmitglieds - etwa des Arbeitsgruppensprechers - festgelegt werden. Als Freistellungsgrund könnte beispielsweise die Vorbereitung einer Arbeitsgruppensitzung in Betracht kommen.

Da die Gruppenmitglieder betriebsverfassungsrechtliche Aufgaben wahrnehmen und in diesem Rahmen auch Kenntnis von Tatsachen erhalten können, an denen der Arbeitgeber ein Geheimhaltungsinteresse hat, kann in der Rahmenvereinbarung der Anwendungsbereich des § 79 BetrVG auch auf die Mitglieder der Arbeitsgruppe ausgedehnt werden[604].

III. Durchführung der Rahmenvereinbarung

Die Pflicht zur Durchführung der Rahmenvereinbarung obliegt gem. 77 Abs. 1 BetrVG dem Arbeitgeber[605]. Insoweit gelten also keine Besonderheiten gegenüber "normalen" Betriebsvereinbarungen bzw. Regelungsab-

---

[604] Eine Strafbarkeit gem. § 120 BetrVG wegen Verletzung der Geheimhaltungspflicht kann für die Mitglieder der Arbeitsgruppen hingegen nicht in Betracht kommen. Bei der Vorschrift handelt es sich um ein echtes Sonderdelikt (so auch GK-BetrVG-*Oetker*, § 120 Rn. 20), die Arbeitsgruppenmitglieder werden aber nicht in § 120 Abs. 1 Nr. 1 bis 4 BetrVG mit aufgezählt und gehören daher nicht zum möglichen Täterkreis. Eine analoge Anwendung muß aufgrund des strafrechtlichen Analogieverbotes ausscheiden (siehe allgemein dazu Schönke/Schröder-*Eser*, § 1 Rn. 24 ff.; *Tröndle/Fischer*, § 1 Rn. 10 ff.; Lackner/Kühl-*Lackner*, § 1 Rn. 5 ff. jeweils m.w.N.). Es bleiben also nur die allgemeinen Sanktionsmöglichkeiten, insbesondere Schadensersatzforderungen und Kündigung.

[605] Vgl. DKK-*Wedde*, § 28a Rn. 25; *Schaub*, ZTR 2001, 440.

reden. Dies bedeutet für den Betriebsrat vor allem, daß er, auch wenn der Arbeitgeber gegen seine Durchführungspflicht verstößt, nicht an dessen Stelle einseitig in die betrieblichen Abläufe eingreifen darf. Er muß seinen Durchführungsanspruch vielmehr im arbeitsgerichtlichen Beschlußverfahren durchsetzen[606].

D. Beendigung und Nachwirkung

I. Allgemeine Grundsätze

Auch für die Beendigung der Rahmenvereinbarung gelten, ebenso wie für ihr Zustandekommen, die allgemeinen Grundsätze des § 77 BetrVG[607]. Ist die Vereinbarung befristet, verliert sie ihre Wirkung durch Zeitablauf[608]. Möglich ist es auch, die Beendigung der Rahmenvereinbarung an den Eintritt eines bestimmten Ereignisses zu knüpfen (auflösende Bedingung)[609]. In Betracht kommt etwa die Veränderung der Gruppen- oder Betriebsstruktur[610]. Auch eine einvernehmliche Beendigung durch die Betriebspartner in Form eines Aufhebungsvertrages oder den Abschluß einer neuen Rahmenvereinbarung, die an die Stelle der bisherigen tritt, ist möglich[611]. Darüber hinaus kann die Vereinbarung, soweit nichts Abweichendes vereinbart ist, gem. § 77 Abs. 5 BetrVG jederzeit von beiden Seiten mit einer Frist von drei Monaten gekündigt werden[612]. Dies gilt sowohl dann, wenn die Rahmenvereinbarung in Form einer Betriebsvereinbarung besteht, als auch analog, soweit eine lediglich Regelungsabrede vor-

---

[606] Vgl. GK-BetrVG-*Kreutz*, § 77 Rn. 25.

[607] Ebenso DKK-*Wedde*, § 28a Rn. 25; ErfK-*Eisemann*, § 28a Rn. 4; GK-BetrVG-*Raab*, § 28a Rn. 23; *Busch*, Arbeitsgruppen und Gruppenarbeit, S. 122 f.; *Raab*, NZA 2002, 477.

[608] Vgl. GK-BetrVG-*Raab*, § 28a Rn. 23; DKK-*Wedde*, § 28a Rn. 26.

[609] Vgl. DKK-*Wedde*, § 28a Rn. 26.

[610] Vgl. DKK-*Wedde*, § 28a Rn. 26.

[611] Vgl. GK-BetrVG-*Raab*, § 28a Rn. 23; wohl auch Richardi-*Thüsing*, § 28a Rn. 17.

[612] So auch ErfK-*Eisemann*, § 28a Rn. 4; GK-BetrVG-*Raab*, § 28a Rn. 23; *Fitting/Kaiser/Heither/Engels/Schmidt*, § 28a Rn. 20; DKK-*Wedde*, § 28a Rn. 26; Richardi-*Thüsing*, § 28a Rn. 17; *Stege/Weinspach/Schiefer*, § 28a Rn. 8b; Dörner/Luczak/Wildschütz-*Wildschütz*, Rn. 475; *Busch*, Arbeitsgruppen und Gruppenarbeit, S. 122; *Natzel*, DB 2001, 1363; *Raab*, NZA 2002, 477; *Wedde*, AuR 2002, 124; *Worzalla/Will*, Rn. 259.

liegt[613]. Auch eine Kündigung aus wichtigem Grund ist grundsätzlich möglich[614].

II. Wegfall der gesetzlichen Voraussetzungen

Schließlich soll die Rahmenvereinbarung enden, wenn die gesetzlichen Voraussetzungen für eine Aufgabenübertragung nicht mehr vorliegen, also der Betrieb die erforderliche Mindestgröße von mehr als 100 Arbeitnehmern nicht mehr erreicht oder die erfaßten Arbeitnehmer keine Arbeitsgruppe mehr bilden[615]. Insoweit entfalle der Regelungsgegenstand[616].

Dafür spricht schon, daß für die Rahmenvereinbarung nichts anderes gelten kann, als für jede andere Betriebsvereinbarung bzw. Regelungsabrede. Ist eine solche Regelung zur Verwirklichung eines bestimmten Zweckes abgeschlossen wurde, endet sie ohne weiteres im Zeitpunkt der Erreichung dieses Zweckes[617]. Auch der Wegfall der gesetzlichen Voraussetzungen für die Aufgabenübertragung kann dogmatisch als Fall der Zweckerreichung angesehen werden. Die Rahmenvereinbarung hatte gerade den Zweck die Aufgabenübertragung auf eine Arbeitsgruppe zu ermöglichen. Mit Wegfall der (anderen) gesetzlichen Übertragungsvoraussetzungen ist eine Delegation der Betriebsratsaufgaben jedoch nicht mehr zulässig. Damit ist der Regelungszweck weggefallen bzw. erreicht[618].

III. Nachwirkung gem. § 77 Abs. 6 BetrVG

Eine Nachwirkung der Rahmenvereinbarung kommt grundsätzlich nur unter den Voraussetzungen des § 77 Abs. 6 BetrVG in Betracht. Diese lie-

---

[613] Vgl. allgemein zur Kündigung von Betriebsvereinbarungen bzw. Regelungsabreden GK-BetrVG-*Kreutz*, § 77 Rn. 21, 358 ff.

[614] Ebenso DKK-*Wedde*, § 28a Rn. 26; ErfK-*Eisemann*, § 28a Rn. 4; *Wedde*, AuR 2002, 124.

[615] Vgl. GK-BetrVG-*Raab*, § 28a Rn. 23; *Raab*, NZA 2002, 477.

[616] Mit dieser Begründung GK-BetrVG-*Raab*, § 28a Rn. 23; *Raab*, NZA 2002, 477; Vgl. auch *Fitting/Kaiser/Heither/Engels/Schmidt*, § 77 Rn. 160.

[617] Vgl. GK-BetrVG-Kreutz, § 77 Rn. 353 f.

[618] Vgl. dazu den Fall einer Betriebsvereinbarung, die einen Tarifvertrag ergänzt. Endet dieser Tarifvertrag, muß dies auch für die Betriebsvereinbarung gelten; BAG v. 20.12.1961, AP Nr. 7 zu § 59 BetrVG, bestätigt durch BAG v. 25.08.1983, AP Nr. 7 zu § 77 BetrVG 1972 unter II.2. Beide Fälle sind insoweit vergleichbar, als daß die Betriebsvereinbarung ihren Regelungszweck wegen des Wegfalls anderer Voraussetzungen nicht mehr erreichen kann.

gen jedoch nicht vor, da die Rahmenvereinbarung nicht erzwingbar ist[619]. Für eine Weitergeltung besteht auch kein vergleichbares Bedürfnis wie bei der erzwingbaren Betriebsvereinbarung[620]. Endet die Rahmenvereinbarung, fallen die auf die Arbeitsgruppe übertragenen Kompetenzen wieder auf den Betriebsrat zurück[621]. Dieser kann dann die Beteiligungsrechte auch für die Mitglieder der Arbeitsgruppe wahrnehmen[622]. Wird die Rahmenvereinbarung gekündigt, endet mit Ablauf der Kündigungsfrist die Möglichkeit der Übertragung von Aufgaben auf Arbeitsgruppen[623]. Innerhalb der Kündigungsfrist können weiter Verhandlungen geführt und wirksame Gruppenvereinbarungen zwischen Arbeitgeber und der Arbeitsgruppe geschlossen werden, soweit der Betriebsrat nicht einen entsprechenden Widerruf ausgesprochen hat[624]. Der Widerruf kann sich dabei konkludent aus der Formulierung der Kündigung ergeben[625]. In diesem Fall ist ein entsprechender Beschluß des Betriebsrates mit absoluter Mehrheit erforderlich[626]. Allerdings besteht die Möglichkeit, eine Nachwirkung der Rahmenvereinbarung zwischen den Betriebspartner zu vereinbaren[627]. Dies wird in der Praxis typischerweise nicht geschehen, da beide Seite sich gerade die Möglichkeit erhalten wollen, die Rahmenvereinbarung und damit die Aufgabenübertragung auf die Arbeitsgruppe endgültig zu beseitigen.

---

[619] Vgl. die obigen Ausführungen unter Gliederungspunkt § 5 B.II.; ebenso GK-BetrVG-*Raab*, § 28a Rn. 24; *Fitting/Kaiser/Heither/Engels/Schmidt*, § 28a Rn. 20; DKK-*Wedde*, § 28a Rn. 27; ErfK-*Eisemann*, § 28a Rn. 4; *Stege/Weinspach/Schiefer*, § 28a Rn. 8b; Dörner/Luczak/Wildschütz-*Wildschütz*, Rn. 475; *Busch*, Arbeitsgruppen und Gruppenarbeit, S. 88; *Natzel*, DB 2001, 1363; *Raab*, NZA 2002, 477; *Wedde*, AuR 2002, 124; *Worzalla/Will*, Rn. 259.

[620] Vgl. *Raab*, NZA 2002, 477.

[621] Vgl. GK-BetrVG-*Raab*, § 28a Rn. 24; *Fitting/Kaiser/Heither/Engels/Schmidt*, § 28a Rn. 20; *Raab*, NZA 2002, 478.

[622] Vgl. *Fitting/Kaiser/Heither/Engels/Schmidt*, § 28a Rn. 20; *Raab*, NZA 2002, 478.

[623] So DKK-*Wedde*, § 28a Rn. 27. Vgl. auch unter Gliederungspunkt § 6 C.II.1.c).

[624] Vgl. DKK-*Wedde*, § 28a Rn. 27; ErfK-*Eisemann*, § 28a Rn. 4.

[625] So DKK-*Wedde*, § 28a Rn. 27; ErfK-*Eisemann*, § 28a Rn. 4.

[626] So DKK-*Wedde*, § 28a Rn. 27.

[627] Vgl. *Gnade/Kehrmann/Schneider/Klebe/Ratayczak*, § 28a Rn. 2; *Malottke*, AiB 2001, 629. Siehe allgemein dazu BAG v. 28.04.1998, AP Nr. 11 zu § 77 BetrVG 1972 Nachwirkung; GK-BetrVG-Kreutz, § 77 Rn. 410 ff.

E. Fehlende oder unvollständige Regelungen in der Rahmenvereinbarung

Über die Rechtsstellung der Arbeitsgruppe und ihrer Mitglieder enthält das Gesetz keine ausdrücklichen Vorschriften. Die Regelung dieser Fragen wurde vielmehr bewußt den Betriebspartner überlassen. Soweit jedoch in der Rahmenvereinbarung die angesprochenen Regelungen nicht oder nicht vollständig vereinbart worden sind, stellt sich die Frage, ob die für den Betriebsrat geltenden Vorschriften analog angewendet werden können.

I. Rechtsstellung der Arbeitsgruppe als solche

Für die Rechtsstellung der Arbeitsgruppe wird dies von der überwiegenden Meinung in der Literatur pauschal bejaht, ohne auf die Voraussetzungen einer Analogie einzugehen. Insbesondere hinsichtlich der Regelungen über die Geschäftsführung der Arbeitsgruppe ist zweifelhaft, ob überhaupt eine planwidrige Regelungslücke besteht.

1. Voraussetzungen der Analogie

a) Planwidrige Regelungslücke

Voraussetzung für eine analoge Anwendung ist, daß die durch eine fehlende oder unvollständige Regelung entstehende Lücke auch planwidrig ist[628]. Hierbei ist zwischen Vorschriften, welche die Geschäftsführung der Arbeitsgruppe betreffen und anderen Vorschriften zu unterscheiden.

aa) Vorschriften über die Geschäftsführung

Bezüglich der Geschäftsführungsvorschriften hat der Gesetzgeber, wie gerade festgestellt, bewußt auf eine Regelung verzichtet. Dies spricht grundsätzlich gegen die Planwidrigkeit der Regelungslücke[629]. Andererseits sollte die Frage der Geschäftsführung der Arbeitsgruppe nach den Vorstellungen des Gesetzgebers nicht ungeregelt bleiben, sondern von den Betriebspartnern unter Berücksichtigung der konkreten Verhältnisse im Betriebs geregelt werden. Folglich war eine Regelung durchaus vorgesehen. Soweit die Betriebspartner bestimmte Fragen nicht oder nicht vollständig regeln, entsteht daher eine Lücke, die der Gesetzgeber als rege-

---

[628] Vgl. hierzu *Larenz*, Methodenlehre, S. 373 ff.

[629] Vgl. dazu *Larenz*, Methodenlehre, S. 379.

lungsbedürftig angesehen hat. Mithin liegt also eine planwidrige Unvollständigkeit vor.

bb) Sonstige Vorschriften

Auch andere organisatorische Fragen, wie beispielsweise die Kostentragung oder die Möglichkeit der Zuziehung von Sachverständigen, sind im Gesetz für die Arbeitsgruppe nicht geregelt worden. Hierfür läßt sich der Gesetzesbegründung jedoch kein Grund entnehmen. Es muß daher davon ausgegangen werden, daß diese Fragen unbewußt nicht geregelt worden und somit eine planwidrige Regelungslücke vorliegt.

cc) Zwischenergebnis

Demzufolge liegt sowohl bezüglich der Geschäftsführungsvorschriften als auch hinsichtlich anderer organisatorischer Vorschriften für die Arbeitsgruppe eine planwidrige Regelungslücke vor, soweit Betriebsrat und Arbeitgeber hierfür keine oder nur eine unvollständige Regelung in der Rahmenvereinbarung treffen.

b) Vergleichbare Interessenlage

Weiterhin ist für eine analoge Anwendung Voraussetzung, daß eine vergleichbare Interessenlage zwischen geregeltem und ungeregeltem Tatbestand besteht. Dies läßt sich aufgrund der Vielzahl der in Betracht kommenden Vorschriften nicht pauschal beantworten. Vielmehr ist hierzu auf den Einzelfall abzustellen.

2. Einzelfragen

a) Vorschriften über die Geschäftsführung des Betriebsrates, §§ 29 ff. BetrVG

aa) Ansicht der Literatur

In der Literatur wird in Bezug auf die Geschäftsführung die Auffassung vertreten, daß die Vorschriften, die im Zusammenhang mit der Meinungsbildung des Betriebsrates stehen oder ihrer Dokumentation oder Kontrolle dienen, grundsätzlich ebenfalls zu beachten sind[630]. Hierbei soll es allerdings zulässig sein, diese Regelungen in der Rahmenvereinbarung an die Besonderheiten einer - in der Regel kleinen und überschaubaren - Ar-

[630] So *Fitting/Kaiser/Heither/Engels/Schmidt*, § 28a Rn. 38.

beitsgruppe anzupassen[631]. Vorbehaltlich einer konkretisierenden bzw. abweichenden Regelung in der Rahmenvereinbarung sollen deshalb für die Arbeitsgruppe grundsätzlich folgende Vorschriften entsprechend gelten: § 29 Abs. 2 bis 4 BetrVG hinsichtlich der Einberufung, Leitung und Tagesordnung von Gruppensitzungen[632]; § 30 BetrVG über den Zeitpunkt von Gruppensitzungen[633]; § 31 BetrVG über das Teilnahmerecht von Gewerkschaftsvertretern, wobei für deren Hinzuziehung ein Antrag von einem Viertel der Gruppenmitglieder ausreiche[634]; § 32 BetrVG über das Teilnahmerecht der Schwerbehindertenvertreter[635]; § 33 Abs. 1 und 2 BetrVG für nicht der qualifizierten Mehrheit bedürftige Entscheidungen der Arbeitsgruppe[636]; § 34 BetrVG über die Dokumentation von Entscheidungen sowie das Einsichtsrecht in die Unterlagen[637]. Grundsätzlich komme auch die Anwendung von § 33 Abs. 3 BetrVG in Betracht[638], wobei hier jedoch verschiedentlich auch ein eigenes Teilnahmerecht der jugendlichen Arbeitnehmer bei Gruppenentscheidungen angenommen wird[639]. Ferner könne die Arbeitsgruppe sich unter Beachtung bestehender Regelungen in der Rahmenvereinbarung auch eine eigene Geschäftsordnung gem. § 36 BetrVG geben[640].

---

[631] Siehe *Fitting/Kaiser/Heither/Engels/Schmidt*, § 28a Rn. 38.

[632] So *Fitting/Kaiser/Heither/Engels/Schmidt*, § 29 Rn. 3 und § 28a Rn. 38; ähnlich DKK-*Wedde*, § 29 Rn. 1, allerdings ohne Einschränkung auf Abs. 2-4; auch GK-BetrVG-*Raab*, § 28a Rn. 43 für § 29 Abs. 2 Satz 1.

[633] So *Fitting/Kaiser/Heither/Engels/Schmidt*, § 30 Rn. 3 und § 28a Rn. 38; ähnlich DKK-*Wedde*, § 30 Rn. 1; ebenso auch GK-BetrVG-*Raab*, § 28a Rn. 8 für § 30 Satz 1. Einzig Haufe-*Traut*, S. 128 Rn. 18, ist anderer Auffassung, da die Mitglieder der Arbeitsgruppen größtenteils Arbeitnehmer sind und dementsprechend in der Arbeitszeit ihrer Arbeitspflicht genügen müßten.

[634] So *Fitting/Kaiser/Heither/Engels/Schmidt*, § 31 Rn. 3 und § 28a Rn. 38; DKK-*Wedde*, § 31 Rn. 2 und 19; dagegen *Stege/Weinspach/Schiefer*, § 31 Rn. 4.

[635] So *Fitting/Kaiser/Heither/Engels/Schmidt*, § 32 Rn. 3 und § 28a Rn. 38; der Kommentierung bei DKK-*Wedde*, § 32 Rn. 4 kann nicht eindeutig entnommen werden, ob Arbeitsgruppen iSd. § 28a BetrVG oder "Arbeitsgruppen des Betriebsrates" gemeint sind (zur Unterscheidung siehe oben Gliederungspunkt § 4 B.II.2.).

[636] So *Fitting/Kaiser/Heither/Engels/Schmidt*, § 33 Rn. 2 und § 28a Rn. 38; viel weiter dagegen DKK-*Wedde*, § 33 Rn. 1; einschränkend GK-BetrVG-*Raab*, § 28a Rn. 44.

[637] So *Fitting/Kaiser/Heither/Engels/Schmidt*, § 34 Rn. 2 und § 28a Rn. 38; DKK-*Wedde*, § 34 Rn. 1.

[638] So DKK-*Wedde*, § 33 Rn. 1.

[639] So *Fitting/Kaiser/Heither/Engels/Schmidt*, § 28a Rn. 38.

[640] Vgl. *Fitting/Kaiser/Heither/Engels/Schmidt*, § 36 Rn. 2 und § 28a Rn. 38; DKK-*Wedde*, § 36 Rn. 2.

bb) Begründung und allgemeine Stellungnahme

Begründet wird die analoge Anwendung dieser Vorschriften mit der eigenständigen betriebsverfassungsrechtlichen Stellung[641] oder mit der Funktion der Arbeitsgruppe, die im Rahmen der übertragenen Aufgaben an die Stelle des Betriebsrates tritt[642].

Hierbei ist zunächst die Begründung mit der eigenständigen betriebsverfassungsrechtlichen Stellung etwas mißverständlich. Wenn es sich bei der Arbeitsgruppe um ein eigenständiges Organ der Betriebsverfassung handelt, spricht dies auf den ersten Blick gegen die pauschale Übernahme von Regeln, die für andere betriebsverfassungsrechtliche Organe maßgeblich sind. Andererseits müssen aber die allgemeinen Regelungen der Betriebsverfassung für jedes Organ gelten. Ordnet man die Arbeitsgruppe mit der überwiegenden Ansicht in der Literatur als eigenständiges Repräsentationsorgan der Arbeitnehmer neben Einzel-, Gesamt- und Konzernbetriebsrat in die Betriebsverfassung ein[643], müssen für sie grundsätzlich diejenigen Regelungen Anwendung finden, die auch für den Einzel-, Gesamt- und Konzernbetriebsrat gelten. Dies gilt jedenfalls soweit, wie nicht Besonderheiten der Arbeitsgruppe entgegenstehen. Hieraus folgt, daß die Vorschriften über die Geschäftsführung des (Einzel-) Betriebsrates (§§ 29 ff. BetrVG) grundsätzlich für die Arbeitsgruppe ebenso gelten, wie für den Gesamtbetriebsrat (§ 51 Abs. 1, 3 BetrVG) und den Konzernbetriebsrat (§ 59 Abs. 1 BetrVG). In diesem Sinne verstanden, kann die eigenständige betriebsverfassungsrechtliche Stellung der Arbeitsgruppe die entsprechende Anwendung der §§ 29 ff. BetrVG begründen.

Für die grundsätzliche Anwendung dieser Vorschriften spricht auch die Funktion der Arbeitsgruppe. Sie soll die Interessen ihrer Mitglieder im Rahmen der übertragenen Aufgaben wahrnehmen und dabei an die Stelle des Betriebsrates treten. Wenn sie jedoch an dies Stelle des Betriebsrates tritt und dessen Aufgaben wahrnimmt, können für sie grundsätzlich keine anderen Regelungen gelten, es sei denn, dem stehen gerade Besonderheiten der Arbeitsgruppe entgegen.

Nicht überzeugen kann hingegen, wenn zur Begründung der entsprechenden Anwendung der genannten Vorschriften auf die systematische Einbindung des § 28a BetrVG in den 3. Abschnitt des BetrVG abgestellt wird[644]. Dagegen spricht schon die selbständige Rechtsstellung der Ar-

---

[641] So *Fitting/Kaiser/Heither/Engels/Schmidt*, § 28a Rn. 38.

[642] In diesem Sinne wohl GK-BetrVG-*Raab*, § 28a Rn. 8; Raab, NZA 2002, 475.

[643] Vgl. dazu die obigen Ausführungen unter Gliederungspunkt § 3.

[644] So aber DKK-*Wedde*, § 28a Rn. 73.

beitsgruppe. Diese paßt jedoch nicht, zu der systematischen Stellung des § 28a BetrVG im Gesetz und ist insbesondere nicht mit den Betriebsratsausschüssen gleichzusetzen[645]. Insoweit wird also die Stellung der Arbeitsgruppe im Rahmen des Betriebsverfassungsrechts verkannt.

cc) Einzelne Vorschriften

(1) § 29 Abs. 2 bis 4 BetrVG

Für die entsprechende Anwendung des § 29 Abs. 2 bis 4 BetrVG hinsichtlich Einberufung, Leitung und Tagesordnung von Gruppensitzungen spricht, daß die Arbeitsgruppe gem. § 28a Abs. 2 Satz 1 BetrVG mit dem Arbeitgeber Vereinbarungen schließen kann, wofür die Mehrheit der Stimmen der Gruppenmitglieder erforderlich ist. Die interne Willensbildung wird dabei typischerweise in einer Gruppensitzung erfolgen[646]. Eine solche Sitzung bedarf ebenso wie eine Betriebsratssitzung der Vorbereitung und Leitung. Insoweit bietet es sich an dem Arbeitsgruppensprecher die Funktion zu übertragen, die für den Betriebsrat dessen Vorsitzender inne hat. Die grundsätzliche entsprechende Anwendung von § 29 Abs. 2 bis 4 BetrVG schließt gewisse Modifikationen aufgrund von Besonderheiten in der Organisation der Arbeitsgruppe nicht aus. So kommt etwa auch ein Selbstversammlungsrecht der Gruppenmitglieder in Betracht, soweit kein Arbeitsgruppensprecher existiert. Auch könnte aufgrund des besonderen Zwecks der Arbeitsgruppe auf eine Gruppensitzung verzichtet werden und eine Abstimmung im Umlaufverfahren zulässig sein[647].

(2) § 30 BetrVG, §§ 42 ff. BetrVG

Auch die entsprechende Anwendung von § 30 BetrVG erscheint als gerechtfertigt. Die Gruppenmitglieder sollen ebenso wie die Betriebsratsmitglieder nicht gezwungen sein, die ihnen übertragenen betriebsverfassungsrechtlichen Aufgaben während ihrer Freizeit wahrnehmen zu müssen[648]. Demzufolge finden auch die Gruppensitzungen entsprechend § 30 Satz 1 BetrVG grundsätzlich während der Arbeitszeit statt. Die Arbeitsgruppe darf ebenso wie der Betriebsrat die ihr zustehenden Rechte nicht

---

[645] Siehe dazu die obigen Ausführungen unter Gliederungspunkt § 3.

[646] Ob dies zwingend notwendig ist oder auch eine Abstimmung im Umlaufverfahren zulässig ist, wird unter Gliederungspunkt § 7 C.II.1.b) erörtert.

[647] Siehe Fußnote zuvor.

[648] So für die Betriebsratsmitglieder GK-BetrVG-*Wiese/Raab*, § 30 Rn. 5. Dies verkennt Haufe-*Traut*, S. 128 Rn. 18.

mißbrauchen und willkürlich betriebliche Interessen verletzen. Daher muß bei der Terminbestimmung Rücksicht auf betriebliche Notwendigkeiten genommen (§ 30 Satz 2 BetrVG) und der Arbeitgeber zuvor informiert werden (§ 30 Satz 3 BetrVG). Insoweit besteht von vornherein keine Begrenzung der Zahl der Gruppensitzungen. Diese richtet sich allein nach den Notwendigkeiten für die Wahrnehmung der übertragenen betriebsverfassungsrechtlichen Aufgaben. Eine Begrenzung der Gruppensitzungen, etwa in Anlehnung an die für Betriebs- und Abteilungsversammlungen geltenden Vorschriften (§§ 42 ff. BetrVG), kommt somit nicht in Betracht. Mißbraucht die Arbeitsgruppe das ihr zustehende Recht zur Durchführung von Gruppensitzungen, bleiben dem Arbeitgeber nur individualrechtliche Sanktionsmöglichkeiten gegenüber den Arbeitnehmern oder die Kündigung der Rahmenvereinbarung. Ebenfalls entsprechend anwendbar ist dagegen § 30 Abs. 4 BetrVG, um die Entscheidung der Arbeitsgruppe vor Einflußnahme von außen zu schützen.

(3) § 31 BetrVG

In der Literatur werden hinsichtlich der entsprechenden Anwendung des § 31 BetrVG unterschiedliche Ansichten vertreten. Nach überwiegender Auffassung soll § 31 BetrVG auch auf Arbeitsgruppen entsprechend anzuwenden sein[649]. Teilweise wird dies auch verneint[650]. Eine Begründung für die eine oder andere Ansicht wird indes nicht gegeben.

Auszugehen ist dabei vom Zweck des § 31 BetrVG. Danach soll dem Betriebsrat die Möglichkeit eröffnet werden, einen Gewerkschaftsbeauftragten zu seinen Sitzungen hinzuzuziehen, um sich so sachkundiger Beratung durch die Gewerkschaft(en) zu bedienen. Gleiches soll für den Betriebsausschuß (§ 27 BetrVG) und die weiteren Ausschüsse des Betriebsrats (§ 28 BetrVG) gelten, da der Betriebsrat auf sie Aufgaben zur selbständigen Erledigung übertragen kann[651]. In diesem Fall treten die Ausschüsse an die Stelle des Betriebsrates. Für eine entsprechende Anwendung des § 31 BetrVG spricht daher, daß auch die Arbeitsgruppen, die ihnen vom Betriebsrat übertragenen Aufgaben selbständig wahrnehmen. Insoweit treten auch sie an dessen Stelle. Allerdings sind sie im Gegensatz zu den Ausschüssen nach §§ 27, 28 BetrVG keine Hilfsorgane des Betriebsrates,

---

[649] Vgl. *Fitting/Kaiser/Heither/Engels/Schmidt*, § 31 Rn. 3 und § 28a Rn. 38; DKK-*Wedde*, § 31 Rn. 2 und 19; *Wulff*, ZBVR 2002, 138.

[650] So *Stege/Weinspach/Schiefer*, § 31 Rn. 4.

[651] Vgl. DKK-*Wedde*, § 31 Rn. 19; *Fitting/Kaiser/Heither/Engels/Schmidt*, § 31 Rn. 27; GK-BetrVG-*Wiese/Raab*, § 31 Rn. 3.

sondern haben eine eigenständige betriebsverfassungsrechtliche Stellung. Folglich kann die Argumentation nicht ohne weiteres auf sie übertragen werden.

Gegen die entsprechende Anwendung des § 31 BetrVG spricht vor allem, daß der Zweck der Arbeitsgruppe darin liegt, dem einzelnen Arbeitnehmer die Möglichkeit zu geben, die betrieblichen Mitbestimmung mitzugestalten[652]. Die Arbeitsgruppe soll dabei gerade die Interessen der ihr angehörigen Arbeitnehmer vertreten. Eine besondere Pflicht die Interessen aller Arbeitnehmer des Betriebes zu berücksichtigen besteht indes, im Gegensatz zum Betriebsrat, nicht. Ihre eigenen Interessen können die Arbeitsgruppenmitglieder aber auch selbst formulieren. Hierfür benötigen sie nicht die Unterstützung durch die Sachkunde von dritter Seite. Eine Einbeziehung von Gewerkschaftsbeauftragten in die Arbeit der Arbeitsgruppen steht daher im Widerspruch zu dem besonderen Zweck des § 28a BetrVG. Die entsprechende Anwendung des § 31 BetrVG kommt daher nicht in Betracht.

(4) § 32 BetrVG

Problematisch ist auch, ob § 32 BetrVG entsprechend auf die Sitzungen der Arbeitsgruppe anzuwenden ist. In der Literatur wird dieses Problem überwiegend gar nicht behandelt. Teilweise ist die entsprechende Anwendung ohne Begründung bejaht worden[653].

Auch hier muß jedoch vom Zweck der Vorschrift ausgegangen werden. Die Schwerbehindertenvertretung hat gem. § 95 Abs. 1 Satz 1 SBG IX die Eingliederung schwerbehinderter Menschen in den Betrieb zu fördern und deren Interessen im Betrieb zu vertreten und ihnen beratend und helfend zur Seite zu stehen. Da die Arbeitsgruppe nur die Interessen ihrer Mitglieder vertreten soll, würde eine entsprechende Anwendung des § 32 BetrVG jedenfalls dann ins Leere gehen, wenn nicht zumindest ein Schwerbehinderter Mitglied der Arbeitsgruppe ist. Folglich kann scheidet eine entsprechende Anwendung in diesem Fall von vornherein aus. Dagegen spricht auch nicht, daß die Schwerbehindertenvertretung gem. § 95 Abs. 4 SGB IX an den Sitzungen der Betriebsratsausschüsse teilnehmen kann. Diese sind lediglich Hilfsorgane des Betriebsrates und somit bei der

---

[652] Siehe die Gesetzesbegründung BT-Drucks. 14/5741, S. 30.

[653] So *Fitting/Kaiser/Heither/Engels/Schmidt*, §32 Rn. 3 und § 28a Rn. 38; *Wulff*, ZBVR 2002, 138; wohl auch DKK-*Wedde*, § 32 Rn. 4. Einzig *Stege/Weinspach/Schiefer*, § 32 Rn. 1 wollen nach dem Aufgabengebiet der Arbeitsgruppe differenzieren; sie halten die entsprechende Anwendung somit jedenfalls für möglich.

Aufgabenwahrnehmung wie dieser den Interessen aller Arbeitnehmer des Betriebes verpflichtet.

Die einzige Aufgabe, die auch im Rahmen der Arbeitsgruppe sinnvoll erfüllt werden könnte, wäre es, den Schwerbehinderten "beratend und helfend zur Seite zu stehen". Die "Interessenvertretung im Betrieb" ist auf Ebene der Arbeitsgruppe dagegen von vornherein ausgeschlossen. Daher spricht auch die sich schon aus dem Wortlaut des § 95 SGB IX ergebende Ausrichtung auf die Betriebsebene dafür, die Vorschrift nicht entsprechend auf Arbeitsgruppensitzungen anzuwenden. Darüber hinaus können die Schwerbehinderten sich im Rahmen der Arbeitsgruppe gerade selbst unmittelbar beteiligen und benötigen daher keinen Interessenvertreter. Schließlich haben auch Betriebsrat und Arbeitgeber darauf zu achten, daß im Rahmen der Tätigkeit der Arbeitsgruppe kein Gruppenmitglied benachteiligt wird. Beim Abschluß von Gruppenvereinbarungen kann dies etwa durch die Festlegung eines Zustimmungserfordernisses bzw. Widerrufsrechts des Betriebsrates verwirklicht werden[654]. Dementsprechend besteht auch ohne Beteiligung der Schwerbehindertenvertretung nicht die Gefahr, daß die Interessen von schwerbehinderten Gruppenmitgliedern unberücksichtigt bleiben. Entgegen der in der Literatur vertretenden Ansicht ist § 32 BetrVG daher nicht entsprechend auf die Arbeitsgruppen anwendbar.

(5) § 33 BetrVG

Hinsichtlich der entsprechenden Anwendung des § 33 BetrVG ist eine Differenzierung zwischen den einzelnen Absätzen erforderlich.

Einer entsprechenden Anwendung des § 33 Abs. 1 und 2 BetrVG ist grundsätzlich zuzustimmen. Auch für die Arbeitsgruppe als Kollegialorgan sind Regelungen über die Willensbildung erforderlich. Für sie gilt insoweit grundsätzlich nichts anderes als für den Betriebsrat, so daß hier die gleichen Regeln angewendet werden können. Dies gilt jedenfalls, soweit die Beschlußfassung in einer Sitzung stattfindet. Dabei sind gewisse Modifikationen aufgrund von Besonderheiten in der Organisation der Arbeitsgruppe nicht ausgeschlossen. So könnte etwa auch die Beschlußfassung im Umlaufverfahren in Betracht kommen, wo es gerade keine "anwesenden Mitglieder" im Sinne des § 33 Abs. 1 BetrVG gibt[655]. Weiterhin ist auch hier zu beachten, daß die Beschlußfassung mit der Mehrheit der anwesenden Mitglieder nur für Beschlüsse der Arbeitsgruppe gelten, die kei-

[654] Vgl. dazu die Ausführungen unter Gliederungspunkt § 5 C.II.3.b).

[655] Vgl. dazu unten unter Gliederungspunkt § 7 C.II.1.b).

ne qualifizierte Mehrheit erfordern. Insoweit gilt nichts anderes, als für den Betriebsrat. Eine qualifizierte Mehrheit ist vom Gesetz (§ 28a Abs. 2 Satz 1 Halbsatz 2 BetrVG) insbesondere für den Abschluß der Gruppenvereinbarung zwischen Arbeitgeber und Arbeitsgruppe angeordnet.

Die Anwendbarkeit von § 33 Abs. 3 BetrVG wird in der Literatur unterschiedlich beurteilt. Nach teilweise Ansicht soll auch § 33 Abs. 3 BetrVG entsprechend anzuwenden sein[656], andere halten eine Beteiligung der Jugend- und Auszubildendenvertreter für überflüssig[657]. Auch hier kann nur der Sinn und Zweck der Jugend- und Auszubildendenvertretung entscheidend sein. Dieser liegt gem. § 60 Abs. 2 BetrVG darin, die besonderen Interessen der jugendlichen Arbeitnehmer und der zu ihrer Berufsausbildung Beschäftigten (unter 25 Jahren) wahrzunehmen. Nach der gesetzlichen Konzeption bezieht sich auch die Beteiligung der Jugend- und Auszubildendenvertretung, nicht anders als bei der Schwerbehindertenvertretung, vor allem auf die betriebliche Ebene. Ihre Beteiligung auf der Ebene der Arbeitsgruppen ist vor allem deshalb nicht notwendig, da sich die von ihr vertretenen Arbeitnehmer im Rahmen der Willensbildung und Beschlußfassung in den Arbeitsgruppen unmittelbar selbst beteiligen können[658]. Somit sind sie in der Lage ihre Interessen selbst zu vertreten. Folglich ist § 33 Abs. 3 BetrVG auf Sitzungen der Arbeitsgruppe nicht entsprechend anzuwenden.

(6) § 34 BetrVG

Der Zweck Vorschrift liegt vor allem darin, durch den Nachweis des ordnungsgemäßen Zustandekommens der Betriebsratsbeschlüsse der Rechtssicherheit zu dienen[659]. Dieses Bedürfnis besteht im Rahmen der Beschlußfassung der Arbeitsgruppen jedoch ebenso. Auch hier muß nachvollziehbar und überprüfbar sein, welchen konkreten Inhalt ein bestimmter Beschluß hat. Aus diesem Grunde geht ein Teil der Literatur davon aus, die Gruppenvereinbarungen nach § 28a Abs. 2 BetrVG seien ihrer rechtlichen Wirkung nach Betriebsvereinbarungen, so daß auch das Schriftformerfordernis des § 77 Abs. 2 BetrVG entsprechend gelten müsse. Auch soweit der Abschluß von formlos wirksamen nur schuldrechtlichen Vereinbarungen (Gruppenregelungsabreden) für möglich gehalten wird, wird ausdrücklich aus Gründen der Rechtssicherheit empfohlen, die-

---

[656] So wohl DKK-*Wedde*, § 33 Rn. 1.

[657] So *Fitting/Kaiser/Heither/Engels/Schmidt*, § 28a Rn. 38.

[658] Siehe dazu die Ausführungen unter Gliederungspunkt § 7 C.I.2.

[659] Vgl. hierzu GK-BetrVG-*Wiese/Raab*, § 34 Rn. 11.

se Vereinbarungen schriftlich niederzulegen. Diese Überlegungen lassen sich auch auf die Willensbildung in der Gruppe im übrigen übertragen. Insoweit besteht also kein Unterschied zur Willensbildung des Betriebsrates. Folglich ist § 34 BetrVG entsprechend auf die Beschlußfassung der Arbeitsgruppen anwendbar.

(7) § 36 BetrVG

Soweit Betriebsrat und Arbeitgeber in der abzuschließenden Rahmenvereinbarung für die Arbeitsgruppe keine (oder nur eine unvollständige) Geschäftsordnung vorgesehen haben, soll die Gruppe weiterhin die Möglichkeit haben, sich entsprechend § 36 BetrVG eine solche zu geben[660]. Dafür spricht schon die Notwendigkeit, die Durchführung der übertragenen Aufgaben auch verfahrensmäßig zu regeln.

Diese Ansicht ist jedoch problematisch. Soweit die Betriebspartner keine entsprechenden Regelungen getroffen haben, kommt zwar die analoge Anwendung der für den Betriebsrat geltenden Vorschriften grundsätzlich in Betracht. Hätte die Arbeitsgruppe in diesem Fall aber auch die Möglichkeit, ihre interne Struktur selbst festzulegen, könnte dies den Vorstellungen der Betriebspartner widersprechen. Hierfür bietet das Gesetz jedoch keine Grundlage. Auch für die verfahrensmäßige Regelung der Durchführung der übertragenen Aufgaben ist dies nicht erforderlich, da diesbezüglich gerade die analoge Anwendung der für den Betriebsrat geltenden Vorschriften in Betracht kommt. Hierdurch kann die vorhandene Regelungslücke ausreichend geschlossen werden. Einer eigenen Geschäftsordnung für die Arbeitsgruppe bedarf es dazu nicht.

Besonderes problematisch ist diese Situation, wenn die Arbeitsgruppe zugleich sog. teilautonome Gruppenarbeit im Sinne des § 87 Abs. 1 Nr. 13 BetrVG darstellt. In diesem Fall würde das Recht zur Schaffung einer Geschäftsordnung der Arbeitsgruppe die Möglichkeit geben, Fragen zu regeln, die zu den Grundsätzen der Durchführung der Gruppenarbeit gehören, ohne daß dieses Mitbestimmungsrecht auf sie übertragen wurde[661]. Hier könnten daher unauflösbare Wertungswidersprüche zwischen der Geschäftsordnung der Arbeitsgruppe und den zwischen Arbeitgeber und Betriebsrat im Rahmen des Mitbestimmungsrechts nach § 87 Abs. 1 Nr.

---

660 Vgl. DKK-*Wedde*, § 36 Rn. 2; *Fitting/Kaiser/Heither/Engels/Schmidt*, § 28a Rn. 38 und § 36 Rn. 2.

661 Zur Frage, ob es überhaupt zulässig wäre Aufgaben nach § 87 Abs. 1 Nr. 13 BetrVG auf die Arbeitsgruppen zu übertragen, siehe unten Gliederungspunkt § 6 B.II.1.).

13 BetrVG getroffenen Festlegungen entstehen. Insbesondere hätte die Arbeitsgruppe auf dem Umweg über die analoge Anwendung des § 36 BetrVG die Möglichkeit, Aufgaben des Betriebsrates wahrzunehmen, die ihr gar nicht übertragen worden sind. Folglich ist § 36 BetrVG nicht entsprechend anwendbar. Die Arbeitsgruppe kann sich daher nicht selbst eine eigene Geschäftsordnung geben.

b) Kostentragung und Bereitstellung von Sachmitteln, § 40 BetrVG

Ebenfalls in der Literatur umstritten ist die Frage, ob der Arbeitgeber die Kosten der Tätigkeit der Arbeitsgruppe bzw. deren Sachaufwand entsprechend § 40 BetrVG zu tragen hat[662].

Ausdrückliche Regelungen zur Kostentragung finden sich neben § 40 BetrVG auch noch an anderen Stellen im Gesetz. So hat der Arbeitgeber gem. § 20 Abs. 3 BetrVG die Kosten der Betriebsratswahl sowie gem. § 76a Abs. 1 BetrVG die Kosten der Einigungsstelle zu tragen. Weiterhin wird für die Kosten von Gesamt- und Konzernbetriebsrat, von Gesamt-/Konzern-Jugend- und Auszubildendenvertretung sowie von Bordvertretung und Seebetriebsrat auf § 40 BetrVG verwiesen (§§ 51 Abs. 1 Satz 1, 59 Abs. 1, 73 Abs. 2, 73b Abs. 2, 115 Abs. 4 Satz 1, 116 Abs. 3 BetrVG). Für die Jugend- und Auszubildendenvertretung und deren Wahl gelten §§ 20 Abs. 3 und 40 BetrVG (§§ 63 Abs. 2 Satz 2, 65 Abs. 1 BetrVG). Darüber hinaus gilt § 40 BetrVG unmittelbar für die Ausschüsse nach §§ 27, 28 BetrVG, da deren Tätigkeit eine Tätigkeit des Betriebsrates ist und entsprechend für den Wirtschaftsausschuß[663].

Aus dieser Vielzahl von Regelungen läßt sich ersehen, daß der Arbeitgeber die Kosten sämtlicher Organe der Betriebsverfassung zu tragen hat. Für eine entsprechende Anwendung des § 40 BetrVG auf Arbeitsgruppen spricht daher schon ihre Stellung als eigenständiges betriebsverfassungsrechtliches Repräsentationsorgan[664]. Auch bei ihr entstehen, wie bei den anderen Organen der Betriebsverfassung, Kosten durch die Wahrneh-

---

[662] Bejaht wird dies von *Fitting/Kaiser/Heither/Engels/Schmidt*, § 28a Rn. 38 und § 40 Rn. 2; gänzlich ablehnend *Stege/Weinspach/Schiefer*, § 28a Rn. 6 und Haufe-*Traut*, S. 128 Rn. 19; die Anwendung von § 40 Abs. 2 verneinen GK-BetrVG-*Raab*, § 28a Rn. 8; *Raab*, NZA 2002, 475; *Worzalla/Will*, Rn. 262. Nicht eindeutig äußern sich Richardi-*Thüsing*, § 28a Rn. 3 und *Schiefer/Korte*, NZA 2001, 79. Sie gehen aber von einer höheren Kostenlast für die Unternehmen aus, was für die Anwendung von § 40 BetrVG spricht.

[663] Vgl. dazu *Fitting/Kaiser/Heither/Engels/Schmidt*, § 40 Rn. 2; GK-BetrVG-*Wiese/Weber*, § 40 Rn. 2; BAG v. 17.10.1990, AP Nr. 8 zu § 108 BetrVG 1972.

[664] Vgl. dazu die obigen Ausführungen unter Gliederungspunkt § 3.

mung der auf sie übertragenen betriebsverfassungsrechtlichen Aufgaben. Warum die Arbeitsgruppe und damit letztlich die Arbeitnehmer diese Kosten selbst tragen sollen, ist nicht ersichtlich. Darüber hinaus können Kosten der Arbeitsgruppe ohne Einverständnis des Arbeitgebers ohnehin nicht entstehen, da der Abschluß einer Rahmenvereinbarung zwischen ihm und Betriebsrat für eine Aufgabenübertragung auf die Gruppe erforderlich ist. Insoweit hat der Arbeitgeber es in der Hand, durch die Verweigerung des Abschlusses der Rahmenvereinbarung Kosten von vornherein zu verhindern.

Folglich ist § 40 Abs. 1 BetrVG entsprechend anwendbar. Warum dies nicht auch für § 40 Abs. 2 BetrVG gelten soll, bleibt unklar. Soweit diese Auffassung in der Literatur vertreten wird, mangelt es jedenfalls an einer Begründung[665]. Es ist kein sachlicher Grund ersichtlich, warum der Arbeitgeber zwar die Kosten der Arbeitsgruppe nach § 40 Abs. 1 BetrVG tragen muß, andererseits aber nicht verpflichtet sein soll, Räume für die Arbeitsgruppensitzung zur Verfügung zu stellen. Dementsprechend ist § 40 BetrVG insgesamt entsprechend anzuwenden. Für die Arbeitsgruppe gelten dabei, insbesondere hinsichtlich Erforderlichkeit, Verhältnismäßigkeit und Nachweis der Kosten, dieselben Einschränkungen wie auch für den Betriebsrat[666]. Insoweit gelten keine Besonderheiten.

c) Teilnahme an Schulungs- und Bildungsveranstaltungen, § 37 Abs. 6 BetrVG

Ansprüche der Arbeitsgruppe in entsprechender Anwendung des § 37 Abs. 6 BetrVG, ihre Mitglieder zu Schulungs- und Bildungsveranstaltungen zu schicken, werden in der Literatur einhellig abgelehnt[667].

Zweck der Vorschrift ist es sicherzustellen, daß die Mitglieder des Betriebsrates durch entsprechende Schulungs- und Bildungsmaßnahmen in die Lage versetzt werden, die vielgestaltigen und teilweise schwierigen Aufgaben des Betriebsrates sachgerecht zu erfüllen[668]. Demgegenüber liegt der Zweck des § 28a BetrVG darin, den einzelnen Arbeitnehmern die

---

[665] Siehe GK-BetrVG-*Raab*, § 28a Rn. 8; *Raab*, NZA 2002, 475, *Worzalla/Will*, Rn. 262.

[666] Vgl. hierzu die Kommentierungen zu § 40 BetrVG.

[667] Siehe GK-BetrVG-*Raab*, § 28a Rn. 8; *Fitting/Kaiser/Heither/Engels/Schmidt*, § 28a Rn. 39; ebenso *Hjort/Hummel/Helm*, AiB 2001, 123; Jaeger/Röder/Heckelmann-*Kappenhagen*, Kap. 5 Rn. 146; *Natzel*, DB 2001, 1362; *Raab*, NZA 2002, 475; *Worzalla/Will*, Rn. 263.

[668] So *Fitting/Kaiser/Heither/Engels/Schmidt*, § 37 Rn. 136.

Möglichkeit zu geben, die betriebliche Mitbestimmung mitzugestalten[669]. Diese sollen sich also selbst einbringen und ihre Interessen, soweit wie möglich, selbst wahrnehmen und nicht auf die Vermittlung durch den Betriebsrat angewiesen sein[670]. Die Erreichung dieses Zweckes ist jedoch ausgeschlossen, soweit der in der Arbeitsgruppe vorhandene Sachverstand nicht zur Bewältigung der anfallenden Probleme ausreicht. In diesem Fall ist es den Arbeitsgruppenmitgliedern eben gerade nicht möglich, ihre Interessen selbst wahrzunehmen. Sie müssen daher in solchen Fällen den Betriebsrat in Anspruch nehmen[671]. Folglich würden Schulungs- und Bildungsveranstaltungen für Mitglieder der Arbeitsgruppen nicht im Einklang mit dem Zweck des § 28a BetrVG stehen. Dementsprechend ist der Ansicht der Literatur zuzustimmen. Die entsprechende Anwendung des § 37 Abs. 6 BetrVG kommt nicht in Betracht.

d) Heranziehung internen oder externen Sachverstandes, § 80 Abs. 2 Satz 3, Abs. 3 BetrVG

Ebenso wird in der Literatur die entsprechende Anwendung von § 80 Abs. 2 Satz 3, Abs. 3 BetrVG abgelehnt[672].

Auch dem ist zuzustimmen. Zur Begründung ist hier ebenfalls der Zweck des § 28a BetrVG heranzuziehen. Genügt der in der Arbeitsgruppe vorhandene Sachverstand nicht zur Bewältigung der anfallenden Problemfragen, sind die Arbeitsgruppenmitglieder gerade nicht in der Lage, sich selbst zu vertreten. Der Zweck des § 28a BetrVG kann also nicht erreicht werden. Dementsprechend müssen die Gruppenmitglieder sich an den Betriebsrat wenden, der die Interessenvertretung selbst wahrzunehmen hat. Insoweit kann hier nichts anderes gelten, als für die Teilnahme an Schulungs- und Bildungsveranstaltungen nach § 37 Abs. 6 BetrVG.

e) Zusammenarbeit zwischen Arbeitsgruppe und Arbeitgeber, §§ 2, 74 BetrVG

Weiterhin stellt sich noch die Frage, ob die Grundsätze der §§ 2, 74 BetrVG über die Zusammenarbeit der Betriebspartner auch im Verhältnis zwischen Arbeitgeber und Arbeitsgruppe gelten. Teilweise ist dies in der

---

[669] So die Gesetzesbegründung BT-Drucks. 14/5741, S. 30.

[670] Vgl. die Gesetzesbegründung BT-Drucks. 14/5741, S. 29.

[671] Vgl. *Franke/Hunold/Malter*, § 28a Anm. 4.

[672] Siehe GK-BetrVG-*Raab*, § 28a Rn. 8; *Natzel*, DB 2001, 1362; *Raab*, NZA 2002, 475; *Worzalla/Will*, Rn. 263.

Literatur bejaht worden[673]. Andere wollen §§ 2, 74 BetrVG nicht auf die Arbeitsgruppen anwenden[674].

Aus § 2 Abs. 1 BetrVG ergibt sich zunächst, daß die Beziehungen zwischen Arbeitgeber und Betriebsrat auf eine "vertrauensvolle Zusammenarbeit" ausgerichtet sein sollen. Beide verbindet das Ziel des Wohles der Arbeitnehmer und des Betriebes. Gemeint sind damit die Arbeitnehmer des Betriebes in ihrer Gesamtheit[675]. Dieses Gebot der vertrauensvollen Zusammenarbeit wird durch § 74 BetrVG konkretisiert. Hier finden sich insbesondere Regelungen über die Beilegung von Meinungsverschiedenheiten (Abs. 1) und über die Sicherung der vertrauensvollen Zusammenarbeit (Abs. 2).

Demgegenüber steht der schon mehrfach erwähnte Zweck der Arbeitsgruppe, den einzelnen Arbeitnehmern die Möglichkeit zu geben, die betrieblichen Mitbestimmung mitzugestalten[676]. Sie sind dabei, im Gegensatz zum Betriebsrat, nicht an das Wohl aller Arbeitnehmer des Betriebes gebunden, sondern sollen vor allem ihre eigenen Interessen vertreten. Schon daran zeigt sich, daß die Zielsetzung des § 2 BetrVG nicht ohne weiteres auf die Arbeitsgruppen übertragen werden kann. Darüber hinaus fällt die Zuständigkeit für die übertragene Aufgabe gem. § 28a Abs. 2 Satz 3 BetrVG kraft Gesetzes zurück an den Betriebsrat, soweit Arbeitsgruppe und Arbeitgeber sich nicht einigen können. Daran zeigt sich, daß nach der gesetzlichen Konzeption größere Konflikte aufgrund von Meinungsverschiedenheiten zwischen Arbeitsgruppe und Arbeitgeber nicht auftreten können, da in diesem Fall sofort die Zuständigkeit des Betriebsrates eintritt. Folglich passen insbesondere auch die Regelungen des § 74 BetrVG nicht auf die Arbeitsgruppen.

Andererseits wurde der Grundsatz der vertrauensvollen Zusammenarbeit an die Spitze des Gesetzes gestellt um die besondere Bedeutung des Kooperationsgebotes als Leitprinzip der Betriebsverfassung zu betonen[677]. Aus § 2 Abs. 1 BetrVG ergibt sich daher auch ein Gebot der fairen und schikanefreien Verfahrensweise. Die Beteiligten sollen also bei der Aus-

---

[673] Siehe *Fitting/Kaiser/Heither/Engels/Schmidt*, § 28a Rn. 38; wohl auch Richardi-*Richardi*, § 2 Rn. 11; *Löwisch/Kaiser*, § 2 Rn. 1.

[674] So *Franzen*, ZfA 2001, 437.

[675] Vgl. dazu GK-BetrVG-*Kraft*, § 2 Rn. 43 f.; Richardi-*Richardi*, § 2 Rn. 6.

[676] So die Gesetzesbegründung BT-Drucks. 14/5741, S. 30.

[677] Vgl. GK-BetrVG-*Kraft*, § 2 Rn. 5 und 13; siehe auch die amtliche Begründung zum BetrVG 1972, BR-Drucks. 715/70, S. 35 (zu § 2) und S. 46 (zu § 74), sowie den Bericht des 10. Ausschuß, zu BT-Drucks. VI/2729, S. 9.

übung betriebsverfassungsrechtlich eingeräumter Rechte nicht mutwillig oder gar rechtsmißbräuchlich handeln. Insoweit spricht nichts dagegen, diese Grundsätze auch auf die Arbeitsgruppen anzuwenden.

Im Ergebnis erscheint eine differenzierte Betrachtung angebracht zu sein. Eine pauschale Anwendung der für die Zusammenarbeit von Betriebsrat und Arbeitgeber geltenden Grundsätze kommt nicht in Betracht. Soweit die §§ 2, 74 BetrVG jedoch allgemeine Grundsätze, vergleichbar mit § 242 BGB, enthalten, müssen sie auch für die Arbeitsgruppen gelten.

f) Grundsätze für die Behandlung von Betriebsangehörigen, § 75 BetrVG

Mit ähnlichen Erwägungen wird im Schrifttum auch die entsprechende Anwendung von § 75 BetrVG auf Arbeitsgruppen bejaht[678]

Die Vorschrift enthält die elementaren Grundsätze für die Behandlung von Betriebsangehörigen[679]. Insoweit kann hier konsequenterweise nichts anderes gelten, als für die in §§ 2, 74 BetrVG enthaltenen allgemeinen Grundsätze. Des weiteren nehmen die Arbeitsgruppen die betriebsverfassungsrechtlichen Aufgaben an Stelle des Betriebsrates wahr. Da dieser seine Regelungsbefugnisse dazu auf die Gruppe übertragen muß, müssen hinsichtlich der Ausübung dieser Befugnisse durch die Arbeitsgruppe die gleichen Einschränkungen gelten, wie für die Ausübung durch den Betriebsrat selbst. Anderenfalls würde der Regelungsspielraum für die Arbeitsgruppe größer sein, als der Regelungsspielraum, den der Betriebsrat auf sie übertragen kann. Dementsprechend gelten auch die Grundsätze über die Behandlung der Betriebsangehörigen gem. § 75 BetrVG für die Arbeitsgruppe entsprechend.

3. Zusammenfassung

Im Ergebnis läßt sich festhalten, daß, soweit die Betriebspartner in der Rahmenvereinbarung keine oder nur unvollständige Regelungen getroffen haben, alle Vorschriften, die allgemeine Grundsätze der Betriebsverfassung enthalten, auch auf die Arbeitsgruppen im Sinne des § 28a BetrVG anzuwenden sind. Dies betrifft vor allem §§ 29 Abs. 2 bis 4, 30, 33 Abs. 1 und 2, 34, 40 sowie §§ 2, 74 und 75 BetrVG.

---

[678] Vgl. GK-BetrVG-*Kreutz*, § 75 Rn. 11; *Fitting/Kaiser/Heither/Engels/Schmidt*, § 75 Rn. 4.

[679] So auch *Fitting/Kaiser/Heither/Engels/Schmidt*, § 75, Rn. 3.

II. Die Rechtsstellung der Mitglieder der Arbeitsgruppe

Auch die rechtliche Situation der Arbeitsgruppenmitglieder ist in § 28a BetrVG nicht ausdrücklich geregelt worden.

1. Vergleichbarkeit der Betriebsrats- und Arbeitsgruppenmitglieder

Ausgangspunkt für die Betrachtung der Rechtsstellung der Arbeitsgruppenmitglieder ist die Feststellung, daß sie gleichzeitig Betriebsratsmitglieder sein können - dies aber nicht sein müssen[680]. Dies gilt trotzdem der Arbeitsgruppe betriebsverfassungsrechtliche Aufgaben übertragen werden, die ansonsten der Betriebsrat wahrzunehmen hätte[681]. Der Grund hierfür liegt darin, daß die Arbeitsgruppen im Gegensatz zu den Ausschüssen nach §§ 27, 28 BetrVG nicht vom Betriebsrat gebildet und mit dessen Mitgliedern besetzt werden, sondern bereits im Betrieb vorhandene, vom Arbeitgeber im Rahmen der Betriebsorganisation gebildete Strukturen sind. Darauf deutet bereits der Wortlaut des § 28a BetrVG hin, der deren Bildung nicht erwähnt, sondern vielmehr ihr Vorhandensein voraussetzt. Die Arbeitsgruppe bildet somit eine eigenständige und vom Betriebsrat vor allem personell unabhängige Repräsentationsebene. Für sie müssen daher grundsätzlich auch eigene Regeln gelten[682].

Folglich haben die Gruppenmitglieder, sofern sie nicht zugleich auch Mitglieder des Betriebsrates sind, grundsätzlich auch keine einem Betriebsratsmitglied vergleichbare rechtliche Stellung[683].

2. Für die Arbeitsgruppenmitglieder geltende Vorschriften

Dies bedeutet jedoch nicht, daß die Mitglieder der Arbeitsgruppen gegenüber dem Arbeitgeber vollkommen rechtlos sind. Zum einen ist es nicht von vornherein ausgeschlossen, Vorschriften über die Rechtsstellung der Betriebsratsmitglieder auf Arbeitsgruppenmitglieder entsprechend anzuwenden[684]. Andererseits gelten für sie die allgemeinen Vorschriften zum Schutz der Arbeitnehmer. So dürfen die Mitglieder der Arbeitsgruppe

---

680 Ebenso *Stege/Weinspach/Schiefer*, § 28a Rn. 5; *Popp*, Personal 2002, 17; *Worzalla/Will*, Rn. 263.

681 Vgl. *Fitting/Kaiser/Heither/Engels/Schmidt*, § 28a Rn. 39.

682 Mit dieser Begründung auch *Raab*, NZA 2002, 475.

683 So auch GK-BetrVG-*Raab*, § 28a Rn. 8; *Fitting/Kaiser/Heither/Engels/Schmidt*, § 28a Rn. 39; *Brunhöber*, Neues BetrVG, S. 133; *Natzel*, DB 2001, 1362; *Raab*, NZA 2002, 475; *Wedde*, AuR 2002, 126; *Worzalla/Will*, Rn. 263.

684 So auch *Raab*, NZA 2002, 475.

durch die Übertragung betriebsverfassungsrechtlicher Aufgaben keine Nachteile erleiden[685].

Die Frage nach der entsprechenden Anwendung von Vorschriften über die Rechtsstellung der Betriebsratsmitglieder auf Mitglieder von Arbeitsgruppen kann daher nicht pauschal beantwortet werden. Hier ist, ebenso wie bei den Regelungen über die Rechtsstellung der Gruppe, für jede einzelne Vorschrift eine Begründung herzuleiten.

a) §§ 103 BetrVG, 15 KSchG

Die entsprechende Anwendung der §§ 103 BetrVG, 15 KSchG wird in der Literatur einheitlich abgelehnt[686].

Zunächst spricht bereits der Wortlaut der Vorschriften wegen der Aufzählung der einzelnen geschützten Personenkreise für eine abschließende Regelung. Andererseits war aber schon für die Mitglieder von "anderen Vertretungen" der Arbeitnehmer iSd. § 3 Abs. 1 Nr. 2 BetrVG a.F.[687] anerkannt, daß diese ebenfalls erfaßt sind, ohne in §§ 103 BetrVG, 15 KSchG genannt zu werden[688]. Begründet wurde dies damit, daß die anderen Vertretungen praktisch an die Stelle des Betriebsrates treten und Arbeitnehmerinteressen gegenüber dem Arbeitgeber wahrnehmen, für die ansonsten der Betriebsrat zuständig wäre. Sie verdienten daher den gleichen Schutz. Die Möglichkeit der entsprechenden Anwendung war also grundsätzlich anerkannt. Aufgrund des durch das BetrVG-Reformgesetz eingefügten § 3 Abs. 5 Satz 2 BetrVG gelten nunmehr die Vorschriften über die Rechtsstellung der Betriebsratsmitglieder kraft gesetzlicher Anordnung auch für die Arbeitnehmervertretungen nach § 3 Abs. 1 Nr. 1 bis 3 BetrVG[689]. Der Gesetzgeber hat damit die Regelungsbedürftigkeit dieser Frage erkannt. Wäre eine Ausdehnung auch auf Mitglieder der Arbeitsgruppen gewollt gewesen, hätte dies ebenfalls durch das BetrVG-Reformgesetz geregelt werden können. Da eine solche Regelung jedoch

---

685 Siehe *Fitting/Kaiser/Heither/Engels/Schmidt*, § 28a Rn. 39.

686 Siehe GK-BetrVG-*Raab*, § 28a Rn. 8 und § 103 Rn. 10; *Fitting/Kaiser/Heither/Engels/Schmidt*, § 28a Rn. 39; *Stege/Weinspach/Schiefer*, § 28a Rn. 5; *Raab*, NZA 2002, 475; *Hjort/Hummel/Helm*, AiB 2001, 123; *Hoyningen-Huene/Linck*, § 15 Rn. 9 und 27a; Jaeger/Röder/Heckelmann-*Kappenhagen*, Kap. 5 Rn. 146; Stahlhacke/Preis/ Vossen-*Stahlhacke*, Rn. 1603; *Worzalla/Will*, Rn. 263.

687 Die Norm ist vergleichbar mit § 3 Abs. 1 Nr. 3 BetrVG n.F.

688 GK-BetrVG^6-*Kraft*, § 103 Rn. 4 m.w.N.; KR-*Etzel*, § 15 KSchG Rn. 11 und § 103 BetrVG Rn. 10.

689 § 3 Abs. 1 Nr. 3 BetrVG n.F. entspricht in etwa § 3 Abs. 1 Nr. 2 a.F.

nicht besteht, ist davon auszugehen, daß §§ 103 BetrVG, 15 KSchG für Arbeitsgruppenmitglieder nach dem Willen des Gesetzgebers nicht gelten soll und der Wortlaut der Vorschriften abschließend ist. Weiterhin besteht der Zweck der Regelung darin, die Sicherung der Funktionsfähigkeit der betriebsverfassungsrechtlichen Organe und der Kontinuität der Amtsführung durch die Wahrung der personellen Zusammensetzung des Gremiums zu gewährleisten[690]. Die gewählten Vertreter der Arbeitnehmer sollen so vor einer Ausschaltung durch den Arbeitgeber geschützt werden[691]. Dieser Zweck geht jedoch nicht mit der Struktur der Arbeitsgruppen konform. Einerseits handelt es sich nicht um eine gewählte Vertretung der Arbeitnehmer, sondern diese sollen sich im Rahmen der übertragenen Aufgaben selbst vertreten. Andererseits würde eine "Wahrung der personellen Zusammensetzung" dazu führen, daß der Arbeitgeber die Personalhoheit über die Arbeitsgruppe verliert, die durch ihn im Rahmen der Betriebsorganisation gebildet worden ist. Folglich spricht auch der Zweck der §§ 103 BetrVG, 15 KSchG gegen eine entsprechende Anwendung auf die Mitglieder der Arbeitsgruppen. Darüber hinaus würde eine Anwendung der Vorschriften dazu führen, daß alle Arbeitnehmer der Arbeitsgruppen dem besonderen Kündigungsschutz unterlägen. Dies würde im Extremfall bei einem Betrieb mit vielen Arbeitsgruppen bedeuten, daß ein (Groß-)Teil der Belegschaft quasi unkündbar wäre. Eine ordentliche Kündigung wäre von vornherein ausgeschlossen (§ 15 KSchG), eine außerordentliche Kündigung wäre nur noch mit Zustimmung des Betriebsrates möglich. Die Konsequenz einer entsprechenden Anwendung der §§ 103 BetrVG, 15 KSchG ist daher offensichtlich schon aus praktischen Gründen untragbar. Somit ist in Übereinstimmung mit der einheitlichen Auffassung in der Literatur die entsprechende Anwendung der §§ 103 BetrVG, 15 KSchG abzulehnen.

b) § 78a BetrVG

Hinsichtlich der entsprechenden Anwendung des § 78a BetrVG auf Arbeitsgruppenmitglieder sind in der Literatur bisher kaum Stellungnahmen vorhanden[692].

Zweck der Einführung der Vorschrift war es, eine Gesetzeslücke zu schließen, aufgrund derer der besondere Schutz der §§ 103 BetrVG, 15

[690] So GK-BetrVG-*Raab*, § 103 Rn. 1.

[691] Siehe GK-BetrVG-*Raab*, § 103 Rn. 1.

[692] Einzig *Fitting/Kaiser/Heither/Engels/Schmidt*, § 28a Rn. 39 und § 78a Rn. 7 haben sich dazu ablehnend geäußert.

KSchG für Auszubildende leerlief, wenn der Arbeitgeber den Auszubildenden nicht in ein Arbeitsverhältnis übernommen hat[693]. Somit steht § 78a BetrVG in einem engen Zusammenhang mit der Regelung der §§ 103 BetrVG, 15 KSchG. Dies spricht dafür, ihn ebenfalls nicht entsprechend anzuwenden. Insbesondere würden sich hier ansonsten ähnliche praktische Probleme wie bei §§ 103 BetrVG, 15 KSchG ergeben. Der Arbeitgeber würde gezwungen jeden Auszubildenden, der gleichzeitig Mitglied einer Arbeitsgruppe ist, nach Ende des Ausbildungsverhältnisses zu übernehmen. Will er das nicht, bestünde für den Arbeitgeber ein erheblicher Begründungsaufwand; darüber hinaus müßte er auch erhebliche Prozeßrisiken tragen. Dementsprechend ist auch § 78a BetrVG nicht entsprechend auf Arbeitsgruppenmitglieder anwendbar.

c) § 78 BetrVG

Unterschiedlich wird dagegen in der Literatur die Frage beantwortet, ob daß allgemeine Behinderungs-, Benachteiligungs- und Begünstigungsverbot nach § 78 BetrVG entsprechend für die Mitglieder der Arbeitsgruppen gilt. Überwiegend wird dies bejaht[694], teilweise aber auch strikt abgelehnt[695].

Zunächst benennt die Vorschrift den geschützten Personenkreis durch eine Einzelaufzählung. Im Gegensatz dazu wird in §§ 8, 107 BPersVG eine Generalklausel verwendet, die den Schutz allgemein auf alle Personen, die Aufgaben oder Befugnisse nach dem Personalvertretungsgesetz wahrnehmen, bezieht. Der Vergleich dieser Vorschriften spricht dafür, den Wortlaut des § 78 BetrVG als abschließend zu verstehen. Ansonsten wäre eine Einzelaufzählung nicht notwendig gewesen und der geschützte Personenkreis hätte ebenfalls über eine Generalklausel bestimmt werden können. Insoweit gilt daher nichts anderes, als für §§ 103 BetrVG, 15 KSchG. Darüber hinaus sind durch das BetrVG-Reformgesetz in § 78 Satz 1 BetrVG der Schutz der Auskunftspersonen nach § 80 Abs. 2 Satz 3 BetrVG, der neu geschaffenen Konzern-Jugend- und Auszubildendenvertretung sowie aller in § 3 BetrVG genannten Arbeitnehmervertretungen

---

[693] So die Gesetzesbegründung BT-Drucks. 7/1170, S. 3.

[694] So etwa *Fitting/Kaiser/Heither/Engels/Schmidt*, § 28a Rn. 39 und § 78 Rn. 1; Jaeger/Röder/Heckelmann-*Kappenhagen*, Kap. 5 Rn. 146; Stahlhacke/Preis/Vossen-*Stahlhacke*, Rn. 1603; wohl auch GK-BetrVG-*Kreutz*, § 78 Rn. 3; DKK-*Kittner*, § 103 Rn. 12; *Hoyningen-Huene/Linck*, § 15 Rn. 27a; KR-*Etzel*, § 103 BetrVG Rn. 17.

[695] So, wenn auch ohne jede Begründung GK-BetrVG-*Raab*, § 103 Rn. 10; wohl ebenso zu verstehen sind *Stege/Weinspach/Schiefer*, § 28a Rn. 6.

aufgenommen worden. Daraus wird ersichtlich, daß dem Gesetzgeber das Problem der Schutzbedürftigkeit bestimmter Arbeitnehmer bzw. Arbeitnehmervertretungen bewußt war. Wenn dennoch die Arbeitsgruppenmitglieder in der Neufassung des § 78 BetrVG keine Aufnahme gefunden haben, muß grundsätzlich davon ausgegangen werden, daß dies auch in der Absicht des Gesetzgebers lag. Auch dies spricht gegen eine entsprechende Anwendung des § 78 BetrVG. Andererseits ist es gerade Sinn und Zweck der Vorschrift, die freie und unabhängige Amtsausübung zu gewährleisten[696]. Wer im Rahmen der Betriebsverfassung eine mitbestimmungsrechtliche Funktion wahrnimmt, soll darin nicht gestört oder wegen seiner Tätigkeit benachteiligt oder bevorzugt werden[697]. Daher kann § 78 BetrVG als genereller Ausdruck und Reaktion auf typische Gefährdungssituationen verstanden werden, die sich für eine betriebsverfassungsrechtliche Interessenvertretung ergeben können, ohne im einzelnen nachgewiesen sein zu müssen[698]. Dieser Zweck trifft jedoch gleichermaßen auch auf die Arbeitsgruppen zu. Sie nehmen nach der Übertragung selbständig Aufgaben wahr, für die ansonsten der Betriebsrat zuständig gewesen wäre. Insoweit tritt die Gruppe also an die Stelle des Betriebsrates. Folglich benötigen ihre Mitglieder auch einen entsprechenden Schutz wie Betriebsratsmitglieder. Möglichen Konflikten zwischen Arbeitsgruppe und Arbeitgeber steht auch das Einigungsprinzip nach § 28a Abs. 2 Satz 3 BetrVG nicht entgegen. Zwar endet im Falle der Nichteinigung die Zuständigkeit der Arbeitsgruppe kraft Gesetzes. Dies kann jedoch nicht ausschließen, daß unter Umständen Mitglieder der Arbeitsgruppe wegen ihres "unkooperativen Verhaltens" Benachteiligungen durch den Arbeitgeber ausgesetzt sind. Weiterhin ergibt sich aus der Begründung zu § 78 BetrVG a.F., daß der Gesetzgeber aufgrund gleicher Schutzbedürftigkeit den Geltungsbereich des Benachteiligungs- und Behinderungsverbotes über den Schutz der Betriebsratsmitglieder hinaus auf die Mitglieder aller nach dem Betriebsverfassungsgesetz möglichen Institutionen ausdehnen wollte[699]. Im Rahmen des BetrVG-Reformgesetzes sind weitere Arbeitnehmer und Arbeitnehmervertretungen ausdrücklich in den Gesetzestext aufgenommen worden[700]. Das hierdurch von der Absicht abgerückt wurde, die Mitglieder aller gesetzlich möglichen Institutionen zu schützen, läßt sich jedoch der Gesetzesbegründung nicht entnehmen. Des weiteren stehen der Einbe-

---

[696] Siehe GK-BetrVG-*Kreutz*, § 78 Rn. 2.

[697] Siehe Richardi-*Richardi/Thüsing*, § 78 Rn. 2.

[698] So DKK-*Buschmann*, § 78 Rn. 1.

[699] Vgl. BT-Drucks. VI/1786, S. 47.

[700] Vgl. dazu die Begründung BT-Drucks. 14/5741, S. 46.

ziehung der Arbeitsgruppenmitglieder in den Schutz des § 78 BetrVG nicht die gleichen praktischen Schwierigkeiten entgegen, wie die Einbeziehung in den Schutz nach §§ 103 BetrVG, 15 KSchG[701]. Insbesondere wird die Personalhoheit des Arbeitgebers nicht in Frage gestellt. Vielmehr würde lediglich kraft Gesetzes gelten, was ohnehin selbstverständlich sein sollte: die Arbeitnehmer dürfen wegen der Wahrnehmung ihrer betriebsverfassungsrechtlichen Rechte nicht behindert, benachteiligt oder bevorzugt werden.

Dementsprechend sprechen die besseren Gründe dafür, der überwiegenden Ansicht in der Literatur zuzustimmen und § 78 BetrVG analog auf die Mitglieder der Arbeitsgruppen anzuwenden. Hieraus ergibt sich für diese ein relativer Kündigungsschutz; denn eine Kündigung, die wegen der rechtmäßigen Wahrnehmung betriebsverfassungsrechtlicher Aufgaben und Rechte erfolgt, ist nichtig[702]. Das Gleiche gilt bei einer beruflichen Benachteiligung aus diesen Gründen[703].

d) § 612 a BGB

Im Übrigen richtet sich der Schutz der Mitglieder der Arbeitsgruppen nach den allgemeinen Vorschriften. Zu beachten ist insbesondere § 612a BGB[704]. Die Vorschrift gewährt zwar keinen Schutz speziell für die Arbeitsgruppenmitglieder als solche. Diese werden aber wie jeder andere Arbeitnehmer des Betriebes erfaßt. Insoweit bestehen also keine Besonderheiten der Gruppenmitglieder gegenüber jedem "normalen" Arbeitnehmer.

Vereinzelt ist auch die Anwendung von § 612a BGB auf Arbeitsgruppenmitglieder abgelehnt worden[705]. Eine Begründung für diese Ansicht wird allerdings nicht gegeben. Hieraus resultierende Konsequenz wäre, daß Mitglieder der Arbeitsgruppe, die betriebsverfassungsrechtliche Aufgaben wahrnehmen, weniger geschützt sind, als alle anderen Arbeitnehmer des Betriebes. Selbst wenn man eine entsprechende Anwendung von § 78 BetrVG ablehnt, ist kein Grund ersichtlich, warum Arbeitnehmer, die gleichzeitig Mitglied einer Arbeitsgruppe sind, weniger geschützt werden sollten als Arbeitnehmer, die keiner Arbeitsgruppe angehören. Darüber hinaus sollten die Rechte der Arbeitnehmer durch das BetrVG-

---

[701] Siehe dazu die obigen Ausführungen unter Gliederungspunkt § 5 E.II.2.a).

[702] Vgl. *Fitting/Kaiser/Heither/Engels/Schmidt*, § 28a Rn. 39.

[703] Vgl. *Fitting/Kaiser/Heither/Engels/Schmidt*, § 28a Rn. 39.

[704] Vgl. *Löwisch/Kaiser*, § 28a Rn. 28.

[705] Siehe *Stege/Weinspach/Schiefer*, § 28a Rn. 5.

Reformgesetz gerade erweitert werden. Eine Begründung für diese Ansicht ist daher nicht ersichtlich. Dementsprechend gilt § 612a BGB auch für die Mitglieder der Arbeitsgruppen.

e) § 37 Abs. 1 bis 5 und Abs. 7 BetrVG

In Betracht kommt weiterhin die entsprechende Anwendung von § 37 Abs. 1 bis 5 und Abs. 7 BetrVG. Zweck des § 37 BetrVG ist es, den in § 78 Satz 2 BetrVG normierten und auch für Arbeitsgruppenmitglieder geltenden Grundsatz, daß Träger betriebsverfassungsrechtlicher Aufgaben und Rechte wegen ihrer Tätigkeit weder benachteiligt noch begünstigt werden dürfen, zu konkretisieren[706].

aa) § 37 Abs. 1 bis 3 BetrVG

Zunächst sollen nach überwiegender Ansicht § 37 Abs. 1 bis 3 BetrVG entsprechend gelten[707].

(1) § 37 Abs. 1 BetrVG

Nach § 37 Abs. 1 BetrVG ist das Betriebsratsamt unentgeltlich als Ehrenamt wahrzunehmen. Für die Amtsführung darf daher keine Vergütung oder ein sonstiger geldwerter Vorteil gewährt werden[708]. Insoweit wird hier § 78 Satz 2 BetrVG konkretisiert, wonach Betriebsratsmitglieder nicht wegen ihrer Tätigkeit begünstigt werden dürfen. Die Arbeitsgruppenmitglieder nehmen betriebsverfassungsrechtliche Aufgaben, die ursprünglich durch den Betriebsrat wahrgenommen worden sind, nach einer Übertragung selbst wahr. Da sie hierbei ihre eigenen Interessen unmittelbar gegenüber dem Arbeitgeber vertreten sollen, wäre der Sinn und Zweck des § 28a BetrVG gefährdet, wenn sie für eine bestimmte Art und Weise der Durchführung der betriebsverfassungsrechtlichen Aufgaben durch den Arbeitgeber begünstigt werden dürften. Insoweit kann also für die Mitglieder der Arbeitsgruppen nichts anderes gelten, als für die Betriebsratsmitglieder. Anderenfalls könnte der Arbeitgeber durch Beeinflussung von außen ein ihm genehmes, von den Interessen der Arbeitnehmer unabhängi-

---

[706] Vgl. GK-BetrVG-*Wiese/Weber*, § 37 Rn. 6.

[707] So *Fitting/Kaiser/Heither/Engels/Schmidt*, § 28a Rn. 39; für § 37 Abs. 2 GK-BetrVG-*Wiese/Weber*, § 37 Rn. 8; *Stege/Weinspach/Schiefer*, § 37 Rn. 1b; Jaeger/Röder/Heckelmann-*Kappenhagen*, Kap. 5 Rn. 146; *Wulff*, ZBVR 2002, 139; a.A. ohne Begründung Haufe-*Traut*, S. 129 Rn. 22.

[708] Siehe GK-BetrVG-*Wiese/Weber*, § 37 Rn. 9.

ges Ergebnis erreichen. Dies würde das System der Betriebsverfassung völlig aushebeln. Folglich ist § 37 Abs. 1 BetrVG auch auf die Arbeitsgruppenmitglieder entsprechend anzuwenden.

(2) § 37 Abs. 2 BetrVG

Gem. § 37 Abs. 2 BetrVG sind die Mitglieder des Betriebsrates ohne Minderung des Arbeitsentgelts von ihrer beruflichen Tätigkeit freizustellen, soweit dies zur ordnungsgemäßen Durchführung ihrer Aufgaben erforderlich ist. Auch die Mitglieder der Arbeitsgruppen nehmen betriebsverfassungsrechtliche Aufgaben war. Soweit dies für die Wahrnehmung der übertragenen Aufgaben erforderlich ist, kommt daher eine Freistellung einzelner Gruppenmitglieder, etwa des gewählten Gruppensprechers, analog § 37 Abs. 2 BetrVG in Betracht[709]. Anderenfalls müßten die Aufgaben außerhalb der Arbeitszeit wahrgenommen werden, was zu einer gegen § 78 Satz 2 BetrVG verstoßenden Benachteiligung führen würde. Zu Recht wird in der Literatur gefordert, daß Einzelheiten hierzu zweckmäßigerweise in der Rahmenvereinbarung zwischen Arbeitgeber und Betriebsrat geregelt werden sollten[710]. Dadurch ist eine Anpassung an die konkreten betrieblichen Verhältnisse möglich. Darüber hinaus sind die Mitglieder der Arbeitsgruppe für die Dauer der Teilnahme an der Gruppenversammlung analog § 37 Abs. 2 BetrVG von ihrer Arbeitspflicht freizustellen[711]. Dabei ist jeweils zu berücksichtigen, daß die Arbeitsbefreiung voraussetzt, daß sie zur ordnungsgemäßen Durchführung der übertragenen Aufgaben erforderlich sein muß. Insoweit gilt für die Arbeitsgruppe nichts anderes als für den Betriebsrat[712]. Insbesondere ist zu beachten, daß nach dem Sinn und Zweck des § 28a BetrVG die Gruppenmitglieder gerade ihre eigenen Interessen vertreten sollen ohne an die Interessen der gesamten Betriebsbelegschaft gebunden zu sein. Daher dürfte in der Regel im Vergleich zum Betriebsrat ein deutlich geringerer Bedarf nach umfassenden Gruppensitzungen bestehen. Häufig wird daher eine kurze Aussprache mit anschließender Abstimmung genügen.

---

[709] So auch GK-BetrVG-*Raab*, § 28a Rn. 8; *Fitting/Kaiser/Heither/Engels/Schmidt*, § 28a Rn. 39; *Raab*, NZA 2002, 475; *Worzalla/Will*, Rn. 262.

[710] So etwa GK-BetrVG-*Raab*, § 28a Rn. 8; *Raab*, NZA 2002, 475.

[711] Ebenso GK-BetrVG-*Raab*, § 28a Rn. 8; *Stege/Weinspach/Schiefer*, § 37 Rn. 1b.

[712] Vgl. dazu die Kommentierung bei GK-BetrVG-*Wiese/Weber*, § 37 Rn. 32 ff.

(3) § 37 Abs. 3

Soweit die Gruppenversammlungen aus betriebsbedingten Gründen außerhalb der Arbeitszeit stattfinden, muß konsequenterweise auch § 37 Abs. 3 BetrVG entsprechend angewendet werden. Insoweit kann nichts anderes als für § 37 Abs. 2 BetrVG gelten[713]. Auch hier ist zur Begründung das Benachteiligungsverbot gem. § 78 Satz 2 BetrVG heranzuziehen.

bb) § 37 Abs. 4, Abs. 5 und Abs. 7 BetrVG

Dagegen dürften § 37 Abs. 4 und 5 BetrVG für die Arbeitsgruppenmitglieder keine größere Bedeutung erlangen. Sinn und Zweck dieser Regelung ist es, arbeitsbefreite Betriebsratsmitglieder so zu stellen, als ob sie im Betrieb weitergearbeitet hätten. Für die Mitglieder der Arbeitsgruppe werden Arbeitsbefreiungen jedoch eher die Ausnahme sein[714]. Allenfalls werden kurzzeitige Freistellungen des Gruppensprechers zur Vorbereitung einer Gruppenversammlung in Betracht kommen. Sollte dies im Einzelfall anders sein, müssen jedoch auch § 37 Abs. 4 und Abs. 5 BetrVG entsprechend angewendet werden, da daß betroffene Gruppenmitglied ansonsten entgegen § 78 Satz 2 BetrVG benachteiligt werden würde.

Die entsprechende Anwendung von § 37 Abs. 6 und Abs. 7 BetrVG kommt ebenfalls nicht in Betracht. Für § 37 Abs. 6 BetrVG wurde dies bereits festgestellt[715]. Für § 37 Abs. 7 BetrVG kann indes nichts anderes gelten[716]. Soweit der Sachverstand der Arbeitsgruppenmitglieder nicht ausreicht, müssen sie sich an den Betriebsrat wenden.

f) § 38 BetrVG

Auch eine entsprechende Anwendung des § 38 BetrVG auf Arbeitsgruppen scheidet aus[717]. Zweck der Regelung ist es, dem Umstand Rechnung zu tragen, daß die Aufgaben des Betriebsrates in Betrieben bestimmter

---

[713] Ebenso *Fitting/Kaiser/Heither/Engels/Schmidt*, § 28a Rn. 39.

[714] Siehe dazu die Ausführungen oben unter Gliederungspunkt § 5 E.II.2.e)aa)(2).

[715] Siehe oben Gliederungspunkt § 5 E.I.2.c).

[716] Vgl. GK-BetrVG-*Raab*, § 28a Rn. 8; *Fitting/Kaiser/Heither/Engels/Schmidt*, § 28a Rn. 39; ebenso *Hjort/Hummel/Helm*, AiB 2001, 123; Jaeger/Röder/Heckelmann-*Kappenhagen*, Kap. 5 Rn. 146; *Natzel*, DB 2001, 1362; *Raab*, NZA 2002, 475; *Worzalla/Will*, Rn. 263.

[717] So auch *Fitting/Kaiser/Heither/Engels/Schmidt*, § 28a Rn. 39.

Größe so umfassend und zeitaufwendig sind, daß sie nur durch die Freistellungen einer bestimmten Zahl von Betriebsratsmitgliedern ordnungsgemäß erfüllt werden können[718]. Die Mitglieder der Arbeitsgruppe nehmen hingegen im Rahmen der Aufgabenübertragung nur ihre eigenen Interessen wahr. Ein so großer Arbeitsaufwand, daß ständige Freistellungen erforderlich sind, entsteht daher regelmäßig nicht. Darüber hinaus ist es kaum denkbar, daß die Mitgliederzahlen der einzelnen Arbeitsgruppen solche Ausmaße annehmen, daß der nach § 38 BetrVG für eine Freistellung erforderliche Umfang erreicht wird[719]. Sollte dies aufgrund von Besonderheiten des Betriebes im Einzelfall anderes, kann das von den Betriebspartnern in der Rahmenvereinbarung berücksichtigt werden. Folglich ist § 38 BetrVG nicht entsprechend anzuwenden.

g) § 79 BetrVG

Weiterhin stellt sich die Frage, ob die Geheimhaltungspflicht des § 79 Abs. 1 BetrVG auch für die Mitglieder der Arbeitsgruppe gilt.

Gegen eine entsprechende Anwendung des § 79 BetrVG spricht, daß die Arbeitsgruppenmitglieder nicht in den Katalog des § 79 Abs. 2 BetrVG aufgenommen worden sind. Durch das BetrVG-Reformgesetz ist die Verschwiegenheitspflicht nur auf die Mitglieder und Ersatzmitglieder der Konzern-Jugend- und Auszubildendenvertretung sowie auf die Arbeitnehmervertretungen nach § 3 Abs. 1 BetrVG erstreckt worden. Dies legt die Annahme nahe, daß der Gesetzgeber die Arbeitsgruppenmitglieder bewußt nicht mit einbezogen hat. Andererseits liegt der Zweck des § 79 BetrVG gerade darin, daß Interesse des Arbeitgebers an der Geheimhaltung bestimmter Tatsachen zu schützen[720]. Insbesondere die im Rahmen der Beteiligungsrechte bestehenden umfangreichen Informationsrechte sowie das Gebot der vertrauensvollen Zusammenarbeit (§ 2 Abs. 1 BetrVG) bringen es mit sich, daß der Betriebsrat und andere nach dem Betriebsverfassungsrecht zu beteiligende Institutionen bzw. Personen Mitteilungen

---

[718] Siehe GK-BetrVG-*Wiese/Weber*, § 38 Rn. 1.

[719] Selbst wenn diese Ausmaße theoretisch erreicht werden könnten, würde der Arbeitgeber die Mitgliederzahlen wohl durch eine rein formale Aufteilung in verschiedene Arbeitsgruppen niedrig halten. So wäre es durch relativ geringen Organisationsaufwand möglich, Kosten für die Freistellung zu sparen. Diese Möglichkeit wird sich kein wirtschaftlich denkender Arbeitgeber entgehen lassen.

[720] Vgl. *Fitting/Kaiser/Heither/Engels/Schmidt*, § 79 Rn. 1; ähnlich GK-BetrVG-*Oetker*, § 79 Rn. 7; siehe auch *Berger-Delhey*, ZTR 2001, 109, der aufgrund der Möglichkeit der Aufgabenübertragung auf Arbeitsgruppen Bedenken hinsichtlich der Wahrung der Vertraulichkeit geäußert hat.

und Kenntnisse über Betriebs- und Geschäftsgeheimnisse erhalten können[721]. Gerade dies trifft auch auf die Arbeitsgruppen zu, da sie im Rahmen der übertragenen Aufgaben an die Stelle des Betriebsrates treten und Beteiligungsrechte wahrnehmen. Vom Zweck der Vorschrift werden sie daher ebenso erfaßt. Die Verpflichtung der Betriebsratsmitglieder zur Verschwiegenheit nach § 79 BetrVG, gilt daher für die Mitglieder der Arbeitsgruppe entsprechend[722]. Zu beachten ist dabei allerdings, daß bei ihnen eine Verletzung der Verschwiegenheitspflicht nicht nach § 120 BetrVG strafbewehrt ist[723]. Dies ergibt sich aus dem strafrechtlichen Analogieverbot[724]. Darüber hinaus gilt für die Arbeitsgruppenmitglieder die allgemeine Verschwiegenheitspflicht, die sich aus der arbeitsvertraglichen Treue- oder Interessenwahrungspflicht herleitet[725].

F. Zusammenfassung

Die Rahmenvereinbarung bildet die abstrakte Grundlage für die Übertragung von Aufgaben an eine Arbeitsgruppe. Durch sie wird der Betriebsrat erst ermächtigt, die konkrete Übertragung durch einen entsprechenden Beschluß vorzunehmen. Ihrer Rechtsnatur nach kann die Rahmenvereinbarung sowohl eine Betriebsvereinbarung als auch eine Regelungsabrede sein. Hierbei kommt es darauf an, für welche Regelungsmöglichkeit sich die Betriebspartner entscheiden. Einigkeit besteht weitgehend darüber, daß diese Vereinbarung keinesfalls erzwingbar ist. Die Voraussetzungen für das Zustandekommen richten sich dementsprechend nach der Rechtsnatur. Insoweit gelten keine Besonderheiten. Dies gilt ebenso für die Beendigung und Nachwirkung.

In Bezug auf den Inhalt der Rahmenvereinbarungen sind lediglich Festlegungen über das "Ob" und den Umfang der übertragbaren Aufgaben sowie über die in Betracht kommenden Arbeitsgruppen zwingend not-

---

721 Siehe *Fitting/Kaiser/Heither/Engels/Schmidt*, § 79 Rn. 1.

722 So auch *Fitting/Kaiser/Heither/Engels/Schmidt*, § 28a Rn. 39 und § 79 Rn. 1 und 10.

723 Ebenso *Fitting/Kaiser/Heither/Engels/Schmidt*, § 28a Rn. 39. Insoweit gilt nicht anderes, als wenn die Verschwiegenheitsverpflichtung in der Rahmenvereinbarung ausdrücklich festgelegt wäre, vgl. dazu oben unter Gliederungspunkt § 5 C.II.5.

724 Vgl. allgemein dazu Schönke/Schröder-*Eser*, § 1 Rn. 24 ff.; *Tröndle/Fischer*, § 1 Rn. 10 ff.; Lackner/Kühl-*Lackner*, § 1 Rn. 5 ff. jeweils m.w.N.

725 Siehe *Fitting/Kaiser/Heither/Engels/Schmidt*, § 28a Rn. 39; vgl. allgemein dazu auch GK-BetrVG-*Oetker*, § 79 Rn. 53.

wendig. Im übrigen steht den Betriebspartner ein sehr weiter Spielraum zur Verfügung. In der Literatur wird zu Recht darauf hingewiesen, daß bei der Beurteilung der Notwendigkeit einer Regelung nicht vergessen werden dürfe, daß die Möglichkeiten sich gegen Druck von der Arbeitgeberseite zu wehren, auch deshalb nachhaltig geschwächt seien, weil die Beschäftigten zwar Aufgaben des Betriebsrates wahrnehmen, jedoch nicht den besonderen Kündigungsschutz nach §§ 103 BetrVG, 15 KSchG wie Betriebsratsmitglieder genießen[726]. Es wird daher die faktische Aushöhlung der Mitbestimmungsrechte des Betriebsrates befürchtet[727]. Der Arbeitgeber erhalte einen Verhandlungspartner, der nicht "konfrontationsfähig" sei[728]. Andere gehen davon aus, daß wegen des Machtgefälles zwischen Arbeitgeber und Arbeitsgruppenmitgliedern nur die Übertragung von unterhalb der Mitbestimmung bleibenden Aufgaben in Betracht kommen wird[729]. Dem ist insoweit zuzustimmen, als die Arbeitsgruppenmitglieder weniger stark geschützt sind als Mitglieder des Betriebsrates. Dies bedeutet jedoch nicht, daß sie dem Arbeitgeber quasi "schutzlos ausgeliefert" sind. Insbesondere besteht ein relativer Kündigungsschutz über § 78 Satz 2 BetrVG. Weiterhin schützt das Einigungsprinzip nach § 28a Abs. 2 Satz 3 BetrVG vor Konfrontationen mit dem Arbeitgeber, die über bloße Meinungsverschiedenheiten hinausgehen. Darüber hinaus gehört es zu den allgemeinen Aufgaben des Betriebsrates, die Einhaltung der geltenden Gesetze zu überwachen (§ 80 Abs. 1 Nr. 1 BetrVG). Hierzu gehört auch das Verhalten des Arbeitgebers gegenüber der Arbeitsgruppe. Notfalls könnte der Betriebsrat auch die Aufgabenübertragung widerrufen und somit die Arbeitsgruppenmitglieder "aus der Schußlinie des Arbeitgebers" nehmen.

Um die Arbeitsgruppenmitglieder gegenüber dem Arbeitgeber "verhandlungsfest" zu machen, können entsprechende Regelungen in die Rahmenvereinbarung zwischen Arbeitgeber und Betriebsrat aufgenommen werden[730]. Die betriebsverfassungsrechtliche Rechtsstellung der Gruppenmitglieder kann somit näher geregelt und stärker an die Rechtsstellung von Betriebsratsmitgliedern angepaßt werden[731]. Möglich sind dabei Regelungen zur entsprechenden Geltung der §§ 37, 40, 78, 78a, 103 BetrVG und

---

[726] So auch *Fitting/Kaiser/Heither/Engels/Schmidt*, § 28a Rn. 39; *Hjort/Hummel/Helm*, AiB 2001, 123.

[727] Vgl. dazu *Geffken*, AiB 2002, 259; *Hjort/Hummel/Helm*, AiB 2001, 123.

[728] So *Däubler*, AuR 2001, 289.

[729] So etwa *Däubler*, AuR 2001, 289.

[730] Ebenso *Malottke*, AiB 2001, 627; *Wedde*, AuR 2002, 126

[731] Vgl. *Fitting/Kaiser/Heither/Engels/Schmidt*, § 28a Rn. 39.

§ 15 KSchG[732]. Eine solche Gleichbehandlung von Betriebsrats- und Arbeitsgruppenmitgliedern ist auch gerechtfertigt, weil die Mitglieder der Arbeitsgruppen Aufgaben des Betriebsrates erledigen. Demzufolge benötigen sie auch denselben Schutz[733].

Soweit die Betriebspartner in der Rahmenvereinbarung keine oder nur eine unvollständige Regelung getroffen haben, gelten für die Arbeitsgruppe diejenigen Vorschriften über die Geschäftsführung des Betriebsrates entsprechend, die allgemeine Grundsätze des Betriebsverfassungsrechts enthalten. Dies betrifft vor allem die §§ 29 Abs. 2 bis 4, 30, 33 Abs. 1 und 2, 34, 40 sowie §§ 2, 74 und 75 BetrVG. Für die Mitglieder der Arbeitsgruppe sind §§ 37 Abs. 1 bis Abs. 3, 78, 79 BetrVG, 612a BGB entsprechend anzuwenden.

---

[732] Vgl. auch *Malottke*, AiB 2001, 627; *Wedde*, AuR 2002, 126.

[733] Mit dieser Begründung auch *Malottke*, AiB 2001, 627; ähnlich *Wedde*, AuR 2002, 126.

§ 6 Der Übertragungsbeschluß des Betriebsrates

A. Zustandekommen

I. Allgemeine Grundsätze

Die von Betriebsrat und Arbeitgeber abzuschließende Rahmenvereinbarung räumt dem Betriebsrat lediglich die Möglichkeit ein, Aufgaben auf eine Arbeitsgruppe zu übertragen. Umgesetzt wird diese Möglichkeit jedoch erst durch einen entsprechenden Übertragungsbeschluß des Betriebsrates. Eine allgemeine Vorwegnahme der Übertragung durch die Rahmenvereinbarung darf es hingegen nicht geben[734].

Hieraus wird in der Literatur teilweise die Schlußfolgerung gezogen, die Übertragungsbeschlüsse müßten vom Betriebsrat für jeden Einzelfall gefaßt werden[735]. Ebenso könne die Übertragung der Aufgaben nicht generell vorab für bestimmte Zwecke oder bestimmte Themen erfolgen[736]. Dies begründe sich schon aus dem Wortlaut des § 28a Abs. 1 Satz 1 BetrVG, wonach eine Übertragung auf Arbeitsgruppen nur für "bestimmte Aufgaben" erfolgen kann[737]. Der Begriff "bestimmte Aufgaben" sei dabei eng auszulegen und beziehe sich nur auf begrenzte Beteiligungsrechte[738]. Nur so könnten die allgemeinen Rechte des Betriebsrates gewahrt und die Interessen aller Arbeitnehmer des Betriebes berücksichtigt werden[739]. Ein Abstellen nur auf den Zusammenhang mit der Tätigkeit der Arbeitsgruppe könne dagegen nicht genügen und würde im Ergebnis einer Generalzuständigkeit gleichkommen[740].

Diese Ansicht ist jedoch mißverständlich und unterscheidet nicht genau zwischen dem Begriff "bestimmte Aufgaben" nach § 28a Abs. 1 Satz 1 Halbsatz 1 BetrVG und dem Kriterium "Zusammenhang mit den von der

---

[734] Vgl. DKK-*Wedde*, § 28a Rn. 43; *Gnade/Kehrmann/Schneider/Klebe/Ratayczak*, § 28a Rn. 7; *Stege/Weinspach/Schiefer*, § 28a Rn. 9; *Wedde*, AuR 2002, 124. Siehe oben unter Gliederungspunkt § 5 A.I.

[735] So DKK-*Wedde*, § 28a Rn. 43; *Wedde*, AuR 2002, 124.

[736] So DKK-*Wedde*, § 28a Rn. 43.

[737] Mit dieser Begründung *Wedde*, AuR 2002, 124.

[738] Vgl. DKK-*Wedde*, § 28a Rn. 44; *Wedde*, AuR 2002, 124.

[739] So DKK-*Wedde*, § 28a Rn. 44; *Wedde*, AuR 2002, 124.

[740] So DKK-*Wedde*, § 28a Rn. 44.

Arbeitsgruppe zu erledigenden Tätigkeiten" gem. § 28a Abs. 1 Satz 2 BetrVG. Letzeres dient vor allem der inhaltlichen Beschränkung der übertragbaren Aufgaben und soll sicherstellen, daß die von der Arbeitsgruppe wahrgenommenen Aufgaben nur ihre Mitglieder, nicht aber die Interessen anderer Arbeitnehmer des Betriebes betreffen[741]. Aus dem Begriff "bestimmte Aufgaben" läßt sich dagegen lediglich ableiten, daß die Aufgaben, die auf eine Arbeitsgruppe übertragen werden sollen, auch hinreichend genau bestimmt sein müssen. Dies bedeutet hier nichts anderes, als bei der Übertragung von Aufgaben auf Ausschüsse des Betriebsrates gem. §§ 27, 28 BetrVG: Die übertragenen Aufgaben müssen in dem Beschluß so genau und eindeutig bezeichnet werden, daß sowohl für die Betriebsratsmitglieder bei der Beschlußfassung, als auch für die Arbeitsgruppenmitglieder oder den Arbeitgeber Klarheit über den Umfang der Übertragung besteht[742]. Eine solche Bestimmtheit ist schon deshalb erforderlich, damit die vorgeschriebene Schriftform auch ihre Funktion erfüllen kann[743]. Es handelt sich also primär um eine Frage der Rechtssicherheit. Der Wahrung der allgemeinen Rechte des Betriebsrates oder der Berücksichtigung der Interessen aller Arbeitnehmer des Betriebes dient dies nur mittelbar. Eine Generalzuständigkeit der Arbeitsgruppe ist dementsprechend nicht zu befürchten, denn die übertragenen Aufgaben müssen nicht nur im Zusammenhang mit der Tätigkeit der Arbeitsgruppe stehen, sondern auch hinreichend genau bezeichnet werden.

Ebenso mißverständlich ist die Forderung, daß die Übertragungsbeschlüsse vom Betriebsrat für jeden Einzelfall gefaßt werden müßten und die Übertragung der Aufgaben nicht generell vorab für bestimmte Zwecke oder bestimmte Themen erfolgen könne. Richtig ist hieran, daß der Betriebsrat jede Aufgabe, die von der Arbeitsgruppe wahrgenommen werden soll, auch auf diese übertragen muß. Insoweit wird für jede Aufgabe "im Einzelfall" ein Beschluß gefaßt[744]. Dies bedeutet jedoch nicht, daß die Arbeitsgruppe die Aufgabe nur ein einziges Mal wahrnehmen und eine Gruppenvereinbarung nach § 28a Abs. 2 BetrVG mit dem Arbeitgeber schließen kann und dann für eine spätere Veränderung der Gruppenvereinbarung wiederum ein Beschluß des Betriebsrats zur erneuten Legitima-

---

[741] Siehe näheres dazu unten unter Gliederungspunkt § 6 B.I.2.

[742] Vgl. hierzu GK-BetrVG-*Wiese/Raab*, § 27 Rn. 74 und § 28 Rn. 27.

[743] Vgl. GK-BetrVG-*Raab*, § 28a Rn. 26. Siehe zur Schriftform unten unter Gliederungspunkt § 6 A.III.

[744] Dies schließt natürlich nicht aus, daß im Rahmen der Beschlußfassung gleichzeitig mehrere Aufgaben behandelt werden. "Im Einzelfall" bedeutet hier lediglich eine Willensbildung des Betriebsrates für jede einzelne Aufgabe.

tion der Arbeitsgruppe notwendig wäre. Sie kann also mit dem Arbeitgeber im Rahmen des übertragenen Aufgabenbereichs solange Gruppenvereinbarungen schließen und immer wieder verändern, solange der Betriebsrat sich nicht zum Widerruf der Aufgabenübertragung (§ 28a Abs. 1 Satz 4 BetrVG) entschlossen hat. Darüber hinaus ist nicht ersichtlich, warum es nicht möglich sein soll, durch einen entsprechenden Übertragungsbeschluß Aufgaben generell vorab für bestimmte Zwecke oder Themen zu übertragen. Aus dem Gesetz ergibt sich dies jedenfalls nicht, soweit die Aufgaben nur hinreichend genau bestimmt sind und im Zusammenhang mit der zu verrichtenden Tätigkeit stehen.

Zusammenfassend läßt sich folglich festhalten, daß der Übertragungsbeschluß die zu übertragenen Aufgaben hinreichend genau und eindeutig bezeichnen muß, so daß hierüber keine Unklarheiten entstehen können. Im übrigen kann die Übertragung auch generell im voraus für bestimmte Zwecke erfolgen. Die Aufgaben müssen jedoch gem. § 28a Abs. 1 Satz 2 BetrVG im Zusammenhang mit den von der Arbeitsgruppe zu erledigenden Aufgaben stehen.

II. Die Beschlußfassung des Betriebsrates

Für die Beschlußfassung des Betriebsrates gelten dabei die allgemeinen Grundsätze; es sind insbesondere §§ 29 Abs. 2, 33 Abs. 1 und 2 BetrVG zu beachten[745].

Der Beschluß bedarf gem. § 28a Abs. 1 Satz 1 Halbsatz 1 BetrVG der Mehrheit der Stimmen der Betriebsratsmitglieder (absolute Mehrheit)[746]. Stimmenthaltungen wirken daher wie Gegenstimmen[747]. Sollen Aufgaben übertragen werden, bei denen die Jugend- und Auszubildendenvertreter ein eigenes Stimmrecht haben, so muß der Beschluß zusätzlich mit der absoluten Mehrheit der Stimmen von Betriebsratsmitgliedern und Jugend-

---

[745] So auch *Gnade/Kehrmann/Schneider/Klebe/Ratayczak*, § 28a Rn. 7; DKK-*Wedde*, § 28a Rn. 41.

[746] Vgl. ErfK-*Eisemann*, § 28a Rn. 5; GK-BetrVG-*Raab*, § 28a Rn. 25; *Fitting/Kaiser/Heither/Engels/Schmidt*, § 28a Rn. 22; DKK-*Wedde*, § 28a Rn. 40; *Löwisch/Kaiser*, § 28a Rn. 14; Richardi/*Thüsing*, § 28a Rn. 19; *Gnade/Kehrmann/Schneider/Klebe/Ratayczak*, § 28a Rn. 7; *Stege/Weinspach/Schiefer*, § 28a Rn. 9; *Engels/Trebinger/Löhr-Steinhaus*, DB 2001, 537; *Löwisch*, BB 2001, 1740; *Malottke*, AiB 2001, 626; *Natzel*, DB 2001, 1363; *Raab*, NZA 2002, 478; *Wedde*, AuR 2002, 124.

[747] Vgl. *Fitting/Kaiser/Heither/Engels/Schmidt*, § 33 Rn. 33; GK-BetrVG-*Wiese/Raab*, § 33 Rn. 29; *Gnade/Kehrmann/Schneider/Klebe/Ratayczak*, § 28a Rn. 7.

und Auszubildendenvertretern gefaßt werden[748]. Da ausdrücklich auf die Mehrheit der Stimmen der Betriebsratsmitglieder abgestellt wird, kann ein Beschluß des Betriebsausschusses oder eines anderen Ausschusses des Betriebsrates nicht genügen[749]. Kommt in der Abstimmung die erforderliche Mehrheit nicht zustande, besteht die originäre Zuständigkeit des Betriebsrates uneingeschränkt fort[750]. Die Arbeitsgruppe bleibt ohne einschlägige Regelungskompetenz[751].

Soweit ein Betriebsratsmitglied gleichzeitig der Arbeitsgruppe angehört, darf es dennoch an der Beschlußfassung teilnehmen. Es entspricht zwar zur Vermeidung von Interessenkollisionen allgemeinen Grundsätzen, daß sich niemand an Abstimmungen über eigene Angelegenheiten beteiligen darf[752]. Voraussetzung für einen Ausschluß ist jedoch, daß das betreffende Mitglied persönlich und unmittelbar in seiner Rechtsstellung betroffen ist. Ein Ausschluß wegen persönlicher Befangenheit kommt daher bei der Abstimmung über die Aufgabenübertragung nicht in Betracht, da es sich nicht um eine eigene, das persönliche Arbeitsverhältnis betreffende Angelegenheit handelt[753]. Darüber hinaus kann eine unmittelbare Betroffenheit der eigenen Rechtsstellung erst durch einen Beschluß der Arbeitsgruppe, nicht aber durch die Einräumung dieser Möglichkeit entstehen. Schließlich ist anerkannt, daß diese Grundsätze bei bloßen Organisations- oder Geschäftsführungsentscheidungen des Betriebsrates, die nicht die Rechtsstellung des Betriebsratsmitglieds als solche betreffen, keine Anwendung finden[754].

Die Übertragung der Aufgaben ist dem Arbeitgeber aufgrund des Gebotes zur vertrauensvollen Zusammenarbeit gem. § 2 Abs. 1 BetrVG mitzuteilen[755]. Das Interesse des Arbeitgebers an einer Unterrichtung entfällt

---

[748] Vgl. GK-BetrVG-*Raab*, § 28a Rn. 25; vgl. dazu allgemein GK-BetrVG-*Wiese/Raab*, § 33 Rn. 32 f.

[749] So auch *Löwisch/Kaiser*, § 28a Rn. 14.

[750] Vgl. *Wedde*, AuR 2002, 124.

[751] So auch DKK-*Wedde*, § 28a Rn. 40.

[752] Vgl. dazu *Fitting/Kaiser/Heither/Engels/Schmidt*, § 33 Rn. 37; GK-BetrVG-*Wiese/Raab*, § 33 Rn. 23 ff. m.w.N.

[753] Mit dieser Begründung DKK-*Wedde*, § 28a Rn. 41.

[754] Vgl. *Fitting/Kaiser/Heither/Engels/Schmidt*, § 33 Rn. 37; GK-BetrVG-*Wiese/Raab*, § 33 Rn. 26.

[755] Vgl. GK-BetrVG-*Raab*, § 28a Rn. 26, DKK-*Wedde*, § 28a Rn. 52; *Busch*, Arbeitsgruppen und Gruppenarbeit, S. 123; ähnlich *Wedde* AuR 2002, 125, der allerdings nicht auf den Übertragungsbeschluß Betriebsrats, sondern auf die Übertragung an die Arbeitsgruppe als solche abstellt.

auch nicht dadurch, daß er der Rahmenvereinbarung zugestimmt hat, da insoweit kein Automatismus für die Aufgabenübertragung besteht[756].

III. Formerfordernisse

Die Übertragung bedarf gem. § 28a Abs. 1 Satz 3 BetrVG der Schriftform[757]. Es handelt sich hierbei um eine gesetzliche Schriftform, so daß sich die Anforderungen aus § 126 Abs. 1 BGB ergeben[758]. Es gilt somit das Gleiche, wie bei der Übertragung von Aufgaben auf den Betriebsausschuß nach § 27 Abs. 2 Satz 2 und 3 BetrVG oder auf den Gesamtbetriebsrat gem. § 50 Abs. 2 BetrVG[759]. Neuerdings kann die Schriftform nach § 126 Abs. 1 BGB durch die - hier freilich kaum praktikable - elektronische Form gem. §§ 126 Abs. 3, 126a BGB ersetzt werden[760].

Damit die Schriftform ihre Funktion erfüllen kann, muß sich der Umfang der Übertragung klar und eindeutig aus dem Übertragungsbeschluß ergeben[761]. Da nur "bestimmte Aufgaben" übertragen werden können, sind diese in dem Beschluß genau zu bezeichnen[762]. Im einzelnen müssen die übertragenen Aufgaben benannt und hinsichtlich der Regelungsbefugnisse abschließend aufgelistet werden[763]. Die Schriftform ist eingehalten, wenn der Beschluß über die Übertragung gem. § 34 Abs. 1 BetrVG in der vom Betriebsratsvorsitzenden und einem weiteren Betriebsratsmitglied unterschriebenen Sitzungsniederschrift enthalten ist[764]. Dabei muß der Beschluß inhaltlich vollständig wiedergegeben und auch Umfang und Grenzen der übertragenen Vertretungsbefugnisse abschließend beschrie-

---

[756] Mit dieser Begründung GK-BetrVG-*Raab*, § 28a Rn. 26.

[757] So auch ErfK-*Eisemann*, § 28a Rn. 5; *Fitting/Kaiser/Heither/Engels/Schmidt*, § 28a Rn. 22; *Stege/Weinspach/Schiefer*, § 28a Rn. 9; *Raab*, NZA 2002, 478; *Thüsing*, ZTR 2002, 5; *Wedde*, AuR 2002, 125.

[758] Vgl. GK-BetrVG-*Raab*, § 28a Rn. 26; *Busch*, Arbeitsgruppen und Gruppenarbeit, S. 123; *Raab*, NZA 2002, 478.

[759] Vgl. *Fitting/Kaiser/Heither/Engels/Schmidt*, § 28a Rn. 22; Richardi-*Thüsing*, § 28a Rn. 19; *Busch*, Arbeitsgruppen und Gruppenarbeit, S. 123; *Thüsing*, ZTR 2002, 5.

[760] Darauf weist *Raab*, NZA 2002, 478 hin.

[761] Vgl. GK-BetrVG-*Raab*, § 28a Rn. 26; *Thüsing*, ZTR 2002, 5.

[762] Vgl. GK-BetrVG-*Raab*, § 28a Rn. 26; Richardi-*Thüsing*, § 28a Rn. 19; siehe auch oben unter Gliederungspunkt § 6 A.I.

[763] Vgl. *Gnade/Kehrmann/Schneider/Klebe/Ratayczak*, § 28a Rn. 8.

[764] So grundsätzlich auch *Löwisch/Kaiser*, § 28a Rn. 15; *Löwisch*, BB 2001, 1740, die jedoch auch eine schriftliche Rahmenvereinbarung fordern.

ben werden[765]. Dies muß insbesondere für Einschränkungen gegenüber den Vorgaben der Rahmenvereinbarung gelten[766].

Teilweise wird darüber hinaus für erforderlich gehalten, daß die Rahmenvereinbarung schriftlich und von Arbeitgeber und Betriebsrat unterschrieben vorliegt[767]. Das Erfordernis einer schriftlich vorliegenden Rahmenvereinbarung kann indes schon deshalb nicht überzeugen, weil - wie bereits oben festgestellt - insoweit grundsätzlich auch eine formlose Regelungsabrede genügt. Die Vertreter dieser Ansicht verkennen also die Rechtsnatur der Rahmenvereinbarung. Etwas anderes kann nur gelten, soweit in dem Übertragungsbeschluß hinsichtlich der Einzelheiten auf den Inhalt der Rahmenvereinbarung Bezug genommen wird[768]. In diesem Fall muß ist das Schriftformerfordernis nur eingehalten, wenn auch die Rahmenvereinbarung schriftlich niedergelegt wurde. In der Praxis dürften diese unterschiedlichen Standpunkte kaum relevante Auswirkungen haben, da typischerweise die Rahmenvereinbarung ohnehin als schriftliche Betriebsvereinbarung abgeschlossen werden wird. Dies wurde schon oben aus Gründen der Rechtssicherheit empfohlen[769].

Da nach § 28a Abs. 1 Satz 3 BetrVG "die Übertragung" und nicht nur der Übertragungsbeschluß schriftlich erfolgen muß[770], ist der Beschluß auch der Arbeitsgruppe bzw. dem Gruppenvertreter schriftlich mitzuteilen[771].

Nur die schriftlich fixierten Aufgaben und Regelungsbefugnisse können von der Arbeitsgruppe wahrgenommen und umgesetzt werden[772]. Fehlt eine Übertragung oder ist sie formell fehlerhaft, dann fehlt der Arbeitsgruppe das Mandat zum Handeln[773]. Vereinbarungen nach § 28a Abs. 2 BetrVG sind dann nichtig[774]. Sie können jedoch nachträglich vom Betriebsrat genehmigt werden, wenn dieser aufgrund wirksamer Rahmenverein-

---

765 So DKK-*Wedde*, § 28a Rn. 50; *Wedde*, AuR 2002, 125.

766 So auch DKK-*Wedde*, § 28a Rn. 50; vgl. auch *Wedde*, AuR 2002, 125.

767 So *Löwisch/Kaiser*, § 28a Rn. 15; *Löwisch*, BB 2001, 1740.

768 So zu Recht GK-BetrVG-*Raab*, § 28a Rn. 26.

769 Siehe oben Gliederungspunkt § 5 A.III.4.

770 Mit dieser Begründung *Malottke*, AiB 2001, 626, Fußnote 1.

771 So *Malottke*, AiB 2001, 626; vgl. auch *Wedde*, AuR 2002, 125.

772 Vgl. *Gnade/Kehrmann/Schneider/Klebe/Ratayczak*, § 28a Rn. 8.

773 Vgl. Richardi-*Thüsing*, § 28a Rn. 20; *Thüsing*, ZTR 2002, 5.

774 Vgl. ErfK-*Eisemann*, § 28a Rn. 5; Richardi-*Thüsing*, § 28a Rn. 20; *Thüsing*, ZTR 2002, 5.

barung eine wirksame Übertragung hätte aussprechen können[775]. Darüber hinaus kann unter Umständen auch eine Zurechnung nach Vertrauensgesichtspunkten in Betracht kommen[776].

IV. Die Beachtung von § 75 Abs. 2 Satz 2 BetrVG

Der Betriebsrat ist in der Entscheidung darüber, ob von der Ermächtigung, Aufgaben an eine Arbeitsgruppe zu übertragen, Gebrauch gemacht werden soll, nicht vollkommen frei, sondern hat vielmehr nach pflichtgemäßen Ermessen zu entscheiden[777]. Hierbei ist die Förderungspflicht aus § 75 Abs. 2 Satz 2 BetrVG zu beachten[778].

Teilweise wird dazu die Ansicht vertreten, aus dem Gebot des § 75 Abs. 2 Satz 2 BetrVG könne keine Rechtsverpflichtung zur Übertragung von Aufgaben auf die Arbeitsgruppe abgeleitet werden[779]. Der Betriebsrat habe bei seiner Entscheidung, ob und gegebenenfalls in welchem Umfang eine Übertragung von Aufgaben auf eine Arbeitsgruppe in Betracht kommt, vielfältige Aspekte zu bedenken[780]. Diese gingen von der allgemeinen Einbettung und Einbindung von isolierten Gruppenentscheidungen in das betriebliche Geschehen und der allgemeinen Betriebsratstätigkeit einschließlich ihrer Akzeptanz in der Gesamtbelegschaft über die Frage der Sach-, Fach- und Durchsetzungskompetenz der Gruppenangehörigen bei der Wahrnehmung der zu übertragenden Aufgaben gegenüber dem Arbeitgeber bis hin zu der Frage, ob und in welchem Umfang von den allgemeinen betrieblichen Regelungen abweichende Sonderregelungen für die Arbeitsgruppe sachgerecht bzw. vertretbar erscheinen[781].

Dem ist insoweit zuzustimmen, daß der Betriebsrat für seine Entscheidung viele Gesichtspunkte zu berücksichtigen hat. Wenn sich bei der Abwägung jedoch keine sachlichen Gründe finden lassen, die gegen die Aufgabenübertragung sprechen, ist nicht einzusehen, warum in solchen Fäl-

---

[775] So ErfK-*Eisemann*, § 28a Rn. 5; Richardi-*Thüsing*, § 28a Rn. 20; *Thüsing*, ZTR 2002, 5.

[776] So Richardi-*Thüsing*, § 28a Rn. 20; *Thüsing*, ZTR 2002, 5.

[777] Vgl. ErfK-*Eisemann*, § 28a Rn. 5; GK-BetrVG-*Raab*, § 28a Rn. 27; *Fitting/Kaiser/Heither/Engels/Schmidt*, § 28a Rn. 25; *Raab*, NZA 2002, 478; *Löwisch/Kaiser*, § 28a Rn. 16; *Löwisch*, BB 2001, 1740.

[778] Vgl. GK-BetrVG-*Raab*, § 28a Rn. 27; *Fitting/Kaiser/Heither/Engels/Schmidt*, § 28a Rn. 25; *Raab*, NZA 2002, 478; *Löwisch/Kaiser*, § 28a Rn. 16; *Löwisch*, BB 2001, 1740.

[779] So *Fitting/Kaiser/Heither/Engels/Schmidt*, § 28a Rn. 25.

[780] Vgl. *Fitting/Kaiser/Heither/Engels/Schmidt*, § 28a Rn. 25.

[781] Diese Beispiele nennt *Fitting/Kaiser/Heither/Engels/Schmidt*, § 28a Rn. 25.

len nicht auch eine Rechtspflicht zur Übertragung bestehen soll. Oder umgekehrt gesagt: Soweit eine Aufgabenübertragung aus Sicht des Betriebsrates aufgrund der Abwägung aller Gesichtspunkte aus bestimmten Gründen nicht in Betracht kommen kann, so liegt hierin ein sachlicher Grund, der gegen die Übertragung spricht. Folglich besteht eine Verpflichtung des Betriebsrates zur Aufgabenübertragung, sofern keine sachlichen Gründe dagegen sprechen[782]. Bezüglich der inhaltlichen Anforderungen an die sachlichen Gründe kann auf die obigen Ausführungen verwiesen werden[783].

Unmittelbar durchsetzbar ist eine solche Verpflichtung allerdings nicht[784]. Insoweit gilt hier Ähnliches, wie für den Abschluß der Rahmenvereinbarung[785]: Der Betriebsrat hat einen weiten Spielraum, inwieweit er von seiner Übertragungsmöglichkeit Gebrauch macht und welche konkreten Aufgaben an die Arbeitsgruppe delegiert werden sollen. Durch eine arbeitsgerichtliche Entscheidung darf dieser Spielraum nicht verengt oder gar die Entscheidung durch das Gericht selbst getroffen werden. Es kann also auch hier nur die Feststellung eines pflichtwidrigen Verhaltens in Betracht kommen. Dies ergibt sich weiterhin auch daraus, daß der Betriebsrat nach erfolgter Übertragung diese jederzeit gem. § 28a Abs. 1 Satz 4 BetrVG ohne besonderen Grund widerrufen kann[786]. In Betracht kommen jedoch zumindest mittelbare Konsequenzen für den Betriebsrat aus § 23 Abs. 1 BetrVG, sofern die Verweigerung der Übertragung von Aufgaben eine grobe Verletzung gesetzlicher Pflichten darstellt[787].

---

[782] Ebenso GK-BetrVG-*Raab*, § 28a Rn. 27; *Raab*, NZA 2002, 478.

[783] Siehe Gliederungspunkt § 5 B.III.2.

[784] Vgl. GK-BetrVG-*Raab*, § 28a Rn. 27; *Raab*, NZA 2002, 478.

[785] Vgl. die Ausführungen unter Gliederungspunkt § 5 B.III.3.

[786] So die Begründung bei GK-BetrVG-*Raab*, § 28a Rn. 27; *Raab*, NZA 2002, 478. Selbst wenn man mit der hier vertretenen Meinung davon ausgeht, daß auch der Widerruf eines sachlichen Grundes bedarf (siehe unter Gliederungspunkt § 6 C.I.5.), so gilt dies lediglich im Innenverhältnis. Im Außenverhältnis ist das Widerrufsrecht des Betriebsrates hingegen nicht beschränkt.

[787] Vgl. GK-BetrVG-*Raab*, § 28a Rn. 27; *Raab*, NZA 2002, 478.

B. Inhalt und Umfang der Aufgabenübertragung

I. Umfang der Aufgabenübertragung

Auch der Umfang der übertragenen Aufgaben steht nicht im Belieben des Betriebsrates, sondern wird in verschiedener Hinsicht begrenzt.

1. Begrenzung durch die Rahmenvereinbarung

Zunächst ist der Umfang der Aufgabenübertragung durch die Rahmenvereinbarung begrenzt[788]. Soweit in ihr Regelungen über die übertragbaren Aufgaben enthalten sind, ist der Betriebsrat daran gebunden und kann keine hierüber hinausgehenden Aufgaben auf die Arbeitsgruppe übertragen[789]. Die Rahmenvereinbarung bildet also die äußere Grenze der Übertragbarkeit. Geht der Betriebsratsbeschluß inhaltlich darüber hinaus, fehlt dem Betriebsrat insoweit die Ermächtigungsgrundlage für die Aufgabenübertragung. Der Beschluß ist in diesen Fällen daher nichtig.

Andererseits ist eine Abweichung von der Rahmenvereinbarung insoweit zulässig, daß eine Aufgabenübertragung trotz bestehender Möglichkeit dazu völlig unterbleibt oder sich die Übertragung nur auf bestimmte Arbeitsgruppen beschränkt[790]. Ebenso kann der Betriebsrat durch Beschluß nur bestimmte Aufgaben übertragen[791]. Eine Verpflichtung, die Rahmenvereinbarung in allem Punkten umzusetzen, besteht also nicht[792].

---

[788] Vgl. GK-BetrVG-*Raab*, § 28a Rn. 28; *Busch*, Arbeitsgruppen und Gruppenarbeit, S. 124; *Raab*, NZA 2002, 478.

[789] Vgl. GK-BetrVG-*Raab*, § 28a Rn. 28, *Gnade/Kehrmann/Schneider/Klebe/Ratayczak*, § 28a Rn. 3; *Busch*, Arbeitsgruppen und Gruppenarbeit, S. 124; *Raab*, NZA 2002, 478.

[790] Vgl. *Gnade/Kehrmann/Schneider/Klebe/Ratayczak*, § 28a Rn. 7; *Busch*, Arbeitsgruppen und Gruppenarbeit, S. 124.

[791] Vgl. *Gnade/Kehrmann/Schneider/Klebe/Ratayczak*, § 28a Rn. 7.

[792] So auch ErfK-*Eisemann*, § 28a Rn. 5; *Gnade/Kehrmann/Schneider/Klebe/Ratayczak*, § 28a Rn. 7; *Busch*, Arbeitsgruppen und Gruppenarbeit, S. 124.

2. Begrenzung durch den Zusammenhang mit der zu erledigenden Aufgabe

Weiterhin müssen die übertragenen Aufgaben gem. § 28a Abs. 1 Satz 2 BetrVG im Zusammenhang mit den von der Arbeitsgruppe zu erledigenden Tätigkeiten stehen[793].

a) Begriffsbestimmung

Der "Zusammenhang mit der Tätigkeit der Arbeitsgruppe" ist ein gänzlich neues Kriterium im Betriebsverfassungsrecht, dessen Bedeutung noch ermittelt werden muß[794]. Allein die Orientierung am Wortlaut des Gesetzes führt zu keinem konkreten Ergebnis: Erfaßt wird danach jeder Umstand, der in irgendeiner Weise Einfluß auf die Arbeitsleistung nimmt[795]. Dies betrifft nahezu jede Regelung, die auch einer Betriebsvereinbarung zugänglich wäre[796]. Das Kriterium würde insoweit durch seine beliebige Weite ohne Funktion bleiben[797]. Es bedarf daher weiterer ergänzender Überlegungen, um den zu weit geratenen Normtext näher einzugrenzen[798].

aa) Ansätze der Literatur

In der Literatur sind dazu verschiedentlich einige Ansatzpunkte erörtert worden.

So wird aus der Systematik des Gesetzes teilweise gefolgert, daß der Begriff des "Zusammenhangs" mit Blick auf die sonstigen kollektiven Rechte des Betriebsrates und anderer Arbeitnehmer außerhalb der Arbeitsgruppe im Zweifel eng auszulegen sei[799]. Nur so lasse sich vermei-

---

793 Vgl. *Fitting/Kaiser/Heither/Engels/Schmidt*, § 28a Rn. 23; *Stege/Weinspach/ Schiefer*, § 28a Rn. 9; *Raab*, NZA 2002, 478.

794 Vgl. Richardi-*Thüsing*, § 28a Rn. 23.

795 So auch Richardi-*Thüsing*, § 28a Rn. 23; *Busch*, Arbeitsgruppen und Gruppenarbeit, S. 103.

796 Vgl. Richardi-*Thüsing*, § 28a Rn. 23; *Busch*, Arbeitsgruppen und Gruppenarbeit, S. 103.

797 Vgl. Richardi-*Thüsing*, § 28a Rn. 23.

798 So Richardi-*Thüsing*, § 28a Rn. 23.

799 So etwa DKK-*Wedde*, § 28a Rn. 23.

den, daß etwaige Gruppenvereinbarungen ungewollte Auswirkungen auf andere Arbeitnehmer des Betriebes haben[800].

Aus der Begründung des Gesetzes, wo als Beispiele für übertragbare Aufgaben die Regelung von Arbeitszeitfragen, Pausenregelungen sowie Fragen der Urlaubsplanung und Arbeitsgestaltung genannt werden[801], folgert *Thüsing* verallgemeinernd, daß alles im Zusammenhang mit der Tätigkeit der Arbeitsgruppe steht, was "auch individualvertraglich mit den Mitgliedern der Arbeitsgruppe vereinbart werden könnte, also Inhaltsnorm einer entsprechenden Betriebsvereinbarung wäre"[802]. Weil aber gerade ein Zusammenhang zur Tätigkeit der Arbeitsgruppe und nicht nur zur Tätigkeit ihrer einzelnen Mitglieder verlangt werde, sei darüber hinaus zu fordern, daß die Regelung zweckmäßigerweise einheitlich für alle Mitglieder vereinbart werden würde[803]. Entsprechend soll alles das im Zusammenhang zur Tätigkeit der Arbeitsgruppe stehen, was Inhaltsnorm einer Betriebsvereinbarung wäre, die sinnvoller Weise in einheitlicher Regelung ausschließlich die Arbeitsgruppe erfassen würde[804].

Zusammenfassend läßt sich also zunächst feststellen, daß nach den bisher in der Literatur entwickelten Kriterien die übertragenen Aufgaben dann im Zusammenhang mit der von der Arbeitsgruppe zu erledigenden Tätigkeit stehen, wenn die auftretenden Fragen typischerweise kollektiv geregelt werden und durch eine solche Regelung ausschließlich die Mitglieder der Arbeitsgruppe betroffen sind. Dementsprechend müsse der Betriebsrat die Aufgabe selbst behandeln, wenn gleichzeitig die Interessen von Arbeitnehmern berührt werden, die nicht Mitglieder der Arbeitsgruppe sind[805]. Soweit solche Auswirkungen auf andere Arbeitnehmer nicht ausgeschlossen werden können, dürfe die Arbeitsgruppe insbesondere keine Vereinbarungen mit dem Arbeitgeber abschließen[806]. Der Betriebsrat soll sich also durch die Übertragung nicht seiner gesetzlichen

---

[800] Vgl. DKK-*Wedde*, § 28a Rn. 23.

[801] Siehe BT-Drucks. 14/5741, S. 40.

[802] Vgl. Richardi-*Thüsing*, § 28a Rn. 23.

[803] So Richardi-*Thüsing*, § 28a Rn. 23.

[804] So Richardi-*Thüsing*, § 28a Rn. 23.

[805] Vgl. DKK-*Wedde*, § 28a Rn. 45; GK-BetrVG-*Raab*, § 28a Rn. 28; *Gnade/Kehrmann/Schneider/Klebe/Ratayczak*, § 28a Rn. 3; *Löwisch/Kaiser*, § 28a Rn. 9; *Raab*, NZA 2002, 478.

[806] Vgl. DKK-*Wedde*, § 28a Rn. 45.

Aufgabe, Vertreter aller Arbeitnehmer des Betriebes zu sein und für einen umfassenden Interessenausgleich zu sorgen, entziehen dürfen[807].

bb) Kritik an der Begriffsbestimmung der Literatur

Zuzustimmen ist den bisherigen Äußerungen in der Literatur insoweit, als die Übertragung von Aufgaben auf eine Arbeitsgruppe keine Auswirkungen auf andere Arbeitnehmer des Betriebes haben darf. Dies begründet sich schon aus dem Zweck des § 28a BetrVG, nach dem die Arbeitnehmer der Arbeitsgruppe ihre eigenen Interessen gegenüber dem Arbeitgeber selbst und nicht nur vermittelt über den Betriebsrat wahrnehmen können sollen[808]. Für die Interessenvertretung der Arbeitnehmer, die nicht der Arbeitsgruppe angehören, ist aber nach wie vor allein der Betriebsrat zuständig. Auch ein Vergleich der in der Gesetzesbegründung genannten Beispiele ergibt, daß es sich bei den übertragbaren Aufgaben um Fragen handeln muß, die allein die Mitglieder der Arbeitsgruppe betreffen. Andere Aufgaben, von denen grundsätzlich auch andere Arbeitnehmer des Betriebes betroffen sind, wie beispielsweise die Beteiligungsrechte bei einer Betriebsänderung gem. §§ 111 ff. BetrVG, sollen dagegen nach der Gesetzesbegründung nicht zulässiger Gegenstand einer Übertragung sein.

Ebenso kann das Erfordernis, daß die Aufgabe typischerweise einheitlich für alle Gruppenmitglieder geregelt werden würde, überzeugen, da ausdrücklich auf die Tätigkeit der Arbeitsgruppe, nicht nur auf die Tätigkeit einzelner Gruppenmitglieder abgestellt wird. Soweit eine kollektive Regelung nicht in Betracht kommt, besteht auch kein Raum für eine Gruppenvereinbarung gem. § 28a Abs. 2 BetrVG zwischen Arbeitsgruppe und Arbeitgeber.

Die Ableitung einer engen Auslegung des Begriffes "Zusammenhang" aus der Systematik des Gesetzes kann zwar im Ergebnis, nicht aber mit der genannten Begründung überzeugen. Zum einen sollen durch diese Auslegung lediglich ungewollte Auswirkungen der Gruppenvereinbarungen auf andere Arbeitnehmer des Betriebes verhindert werden. Insoweit wird also nur (wenn auch zutreffend) der Regelungsspielraum der Arbeitsgruppe für den Abschluß von Gruppenvereinbarungen eingeschränkt. Dies bestätigt das Ergebnis, welches bereits aus dem Zweck des § 28a BetrVG und der Gesetzesbegründung abgeleitet wurde. Eine Definition des Begrif-

---

[807] So auch GK-BetrVG-*Raab*, § 28a Rn. 28; DKK-*Wedde*, § 28a Rn. 45; *Raab*, NZA 2002, 478.

[808] Siehe BT-Drucks. 14/5741, S. 29 f. und 40.

fes "Zusammenhang" wird indes nicht vorgenommen. Zum anderen läßt sich daraus, daß anderen Arbeitnehmern des Betriebes und vor allem dem Betriebsrat bestimmte Rechte zustehen, nicht die zwingende Notwendigkeit einer engen Auslegung des Merkmals "Zusammenhang mit der Tätigkeit der Arbeitsgruppe" ableiten. Hieraus läßt sich vielmehr nur schlußfolgern, daß zwischen den Rechten, die das Gesetz dem Betriebsrat, den Arbeitsgruppen und den übrigen Arbeitnehmern einräumt, differenziert werden muß. Diese Frage betrifft also ebenfalls nur den Regelungsspielraum. Weiterhin betreffen die Mitbestimmungsrechte des Betriebsrates sowohl Angelegenheiten, die im engen Zusammenhang mit der Tätigkeit der Arbeitsgruppe stehen, als auch Angelegenheiten, in denen nur ein weiter Zusammenhang besteht. Daher lassen sich daraus auch keine Rückschlüsse auf den Begriff des "Zusammenhangs" mit der Tätigkeit der Arbeitsgruppe ziehen. Die enge Auslegung läßt sich unter systematischen Gesichtspunkten vor allem mit dem Ausnahmecharakter des § 28a BetrVG rechtfertigen. Dieser ermöglicht es, Aufgaben, die grundsätzlich vom Betriebsrat wahrzunehmen sind, unter bestimmten Voraussetzungen auf eine Arbeitsgruppe zu übertragen.

Problematisch ist also, daß nach wie vor der Begriff des "Zusammenhangs" nicht positiv definiert wird. Insbesondere bleibt unklar, ob ein enger Zusammenhang mit der Tätigkeit der Arbeitsgruppe erforderlich ist, oder ob eventuell auch ein weiter Zusammenhang ausreichen kann. Durch die von der Literatur bisher vorgeschlagenen Kriterien werden lediglich Fälle ausgenommen, in denen auch andere Arbeitnehmer außerhalb der Arbeitsgruppe betroffen wären bzw. eine kollektive Regelung ohnehin nicht in Betracht kommt. Insoweit müßte der Betriebsrat also nur sicherstellen, daß bei der Übertragung der Aufgaben der Regelungsspielraum der Gruppe auf diese beschränkt wird. Dies dürfte jedoch in der Praxis problemlos durchzuführen sein, da die Arbeitsgruppe ohnehin eine homogene Einheit darstellt und somit in der Regel jedenfalls die Teilregelung einer bestimmten Angelegenheit unabhängig von den übrigen Arbeitnehmern des Betriebes möglich ist. Im Ergebnis wäre immer noch jeder Umstand erfaßt, der in irgendeiner Weise Einfluß auf die Arbeitsleistung nimmt. Auch wenn der Geltungsbereich auf die Mitglieder der Arbeitsgruppe beschränkt wird, betrifft dies nach wie vor nahezu jede Angelegenheit, die auch einer Regelung durch eine Betriebsvereinbarung zugänglich wäre. Der Begriff des "Zusammenhangs" hat also durch die von der Literatur vorgeschlagenen Kriterien nicht viel von seiner fast beliebigen Weite verloren. Das Ziel, den zu weit geratenen Normtext einzuschränken, und dafür entsprechende Kriterien aufzustellen, ist daher nur teilweise erreicht worden. Insoweit sind weitere Streitigkeiten, ob eine

Angelegenheit im ausreichenden Zusammenhang mit der Tätigkeit der Arbeitsgruppe steht, vorprogrammiert. Dementsprechend kann die zugedachte Abgrenzungsfunktion so nicht erfüllt werden. Der Begriff "Zusammenhang" ist daher weiter zu konkretisieren.

cc) Eigener weitergehender Ansatz zur Begriffsbestimmung

Der Wortlaut und die Systematik des Gesetzes helfen, wie aufgezeigt, bei der Begriffsdefinition nicht weiter.

Aus der Gesetzesbegründung ergibt sich zunächst, daß ein "innerer Zusammenhang" zwischen der übertragenen Aufgabe und der zu erledigenden Tätigkeit vorliegen muß[809]. Auch hierdurch ergibt sich aber keine positive Definition des Begriffs. Nach dem Wortsinn besteht ein "innerer Zusammenhang" jedoch nur, bei einer engen Verbindung. Folglich kann nicht jeder beliebige Zusammenhang genügen; vielmehr ist eine einschränkende Auslegung erforderlich.

Weiterhin werden als Beispiele für übertragbare Aufgaben die Regelung von Arbeitszeitfragen, Pausenregelungen, Urlaubsplanung und Arbeitsgestaltung genannt[810]. Unzulässig soll es dagegen sein, bei einer Betriebsänderung die Beteiligungsrechte nach § 111 ff. BetrVG auf den betroffenen Arbeitsbereich zu übertragen[811]. Bei einem Vergleich der genannten Beispiele zeigt sich, daß es sich bei den übertragbaren Aufgaben sämtlich um Fragen handelt, die sich unmittelbar auf die Durchführung und Organisation der konkreten Tätigkeit der Arbeitsgruppenmitglieder beziehen[812]. Die Beteiligungsrechte bei der Betriebsänderung beziehen sich dagegen typischerweise auf die Betriebsebene, d.h. also die Organisation des gesamten Betriebes, nicht aber auf die konkrete Tätigkeit der Arbeitnehmer. Auswirkungen auf die von der Arbeitsgruppe zu verrichtende Tätigkeit sind zwar nicht ausgeschlossen, betreffen deren konkrete Durchführung und Organisation aber in der Regel nur mittelbar. Dementsprechend liegt der erforderliche innere Zusammenhang nur dann vor, wenn die übertragene Aufgabe unmittelbaren Einfluß auf die Durchführung oder Organisation der Tätigkeit der Arbeitsgruppe hat.

Das Kriterium des unmittelbaren Einflusses auf die Durchführung oder Organisation der zu verrichtenden Arbeit führt im Vergleich zu der im

---

809 Siehe BT-Drucks. 14/5741, S. 40.

810 Siehe BT-Drucks. 14/5741, S. 40.

811 Siehe BT-Drucks. 14/5741, S. 40.

812 Dies übersieht *Busch*, Arbeitsgruppen und Gruppenarbeit, S. 103.

Schrifttum vertretenen Auffassung zu einer echten Einschränkung des gesetzlichen Merkmals, so daß die ihm zugedachte Abgrenzungsfunktion auch tatsächlich erfüllt werden kann. Es scheiden hierdurch alle Beteiligungsrechte und Aufgaben aus, die zwar in irgendeiner Weise an die Tätigkeit anknüpfen, jedoch keinen konkreten Einfluß auf sie nehmen. Das Kriterium ist auch sachgerecht, da die Arbeitsgruppenmitglieder diejenigen Fragen, die sich unmittelbar auf die konkrete Durchführung und/oder Organisation ihrer Arbeitstätigkeit beziehen am besten beurteilen können. Für weitergehende Fragen, kann ihnen eine gewisse Beurteilungskompetenz zwar nicht gänzlich abgesprochen werden, jedoch sind hier auch Gesichtspunkte zu berücksichtigen, die außerhalb der Ebene der Arbeitsgruppen liegen.

b) Zwischenergebnis

Folglich stehen die zu übertragenen Aufgaben nur dann im Zusammenhang mit der von der Arbeitsgruppe zu erledigenden Tätigkeit im Sinne des § 28a Abs. 1 Satz 2 BetrVG, wenn sie einen unmittelbaren Einfluß auf die Durchführung oder Organisation der zu verrichtenden Arbeit haben. Darüber hinaus müssen die auftretenden Fragen typischerweise kollektiv geregelt werden und es dürfen durch eine solche Regelung ausschließlich die Mitglieder der Arbeitsgruppe betroffen sein.

c) Feststellung eines hinreichenden Zusammenhangs

Bei der Feststellung, ob ein hinreichender Zusammenhang zur Tätigkeit der Arbeitsgruppe vorliegt, sollen Arbeitgeber und Betriebsrat nach einer in Teilen der Literatur vertretenen Ansicht einen gewissen Einschätzungsspielraum haben[813]. Schon die Tatsache, daß durch den Abschluß der Rahmenvereinbarung beide Seiten der neuen betriebsverfassungsrechtlichen Organisation zugestimmt haben, deute regelmäßig darauf hin, daß hier auch tatsächlich eine zweckmäßige Lösung gefunden wurde[814]. Es sei weiterhin nicht anzunehmen, daß bei der Frage einer sinnvollen Abgrenzung der Aufgaben Arbeitgeber und Betriebsrat eher irren als das Arbeitsgericht[815]. Insoweit bestehe für sie eine Einschätzungsprärogative, die einer nur eingeschränkten Überprüfung durch die Gerichte unterliege[816].

---

[813] Vgl. DKK-*Wedde*, § 28a Rn. 45; Richardi-*Thüsing*, § 28a Rn. 24.

[814] So Richardi-*Thüsing*, § 28a Rn. 24.

[815] Vgl. Richardi-*Thüsing*, § 28a Rn. 24.

[816] So Richardi-*Thüsing*, § 28a Rn. 24.

Folglich sei die Feststellung der Betroffenheit von Arbeitnehmern außerhalb der Arbeitsgruppe unter Anlegung eines weiten Maßstabs zu treffen[817].

Hierbei ist jedoch zu beachten, daß das Kriterium des Zusammenhangs mit der zu verrichtenden Tätigkeit eine Abgrenzungsfunktion zu erfüllen hat und daher nicht durch die Einräumung eines weiten Einschätzungsspielraums wieder aufgeweicht werden darf. Die Betriebspartner haben sich deshalb bei der Feststellung, ob ein hinreichender Zusammenhang besteht, streng an die oben entwickelten Maßstäbe zu halten. Im übrigen kann jedoch nicht einheitlich für alle Arbeitsgruppen entschieden werden, welche der gesetzlichen Beteiligungsrechte wegen Sachzusammenhangs mit der Tätigkeit der Arbeitsgruppe übertragungsfähig sind[818]. Das hängt nicht nur von der jeweiligen Tätigkeit, sondern auch von den Entscheidungs- und Gestaltungskompetenzen der jeweiligen Arbeitsgruppe ab[819]. Daher ist in jedem Einzelfall zu prüfen und sicher zu stellen, daß die zu übertragenen Aufgaben unmittelbaren Einfluß auf die Durchführung und/oder Organisation der Tätigkeit haben und von den Entscheidungen der Arbeitsgruppen sowie den abgeschlossenen Gruppenvereinbarungen nur Mitglieder der Gruppe, nicht aber andere Arbeitnehmer des Betriebes betroffen werden.

II. Inhalt der Aufgabenübertragung

1. Soziale Angelegenheiten im Sinne des § 87 Abs. 1 BetrVG

Als mögliche Gegenstände des Übertragungsbeschlusses kommen zunächst die Mitbestimmungsrechte des Betriebsrates in sozialen Angelegenheiten im Sinne des § 87 Abs. 1 BetrVG in Betracht[820]. Insoweit steht aber lediglich fest, daß die Aufzählung in der Gesetzesbegründung nicht abschließend ist[821]. Im übrigen besteht jedoch für die Frage, bei welchen Angelegenheiten des § 87 Abs. 1 BetrVG eine Aufgabenübertragung auf eine Arbeitsgruppe zulässig ist, ein vielfältiges Meinungsspektrum.

---

[817] Vgl. DKK-*Wedde*, § 28a Rn. 45.

[818] Vgl. *Fitting/Kaiser/Heither/Engels/Schmidt*, § 28a Rn. 23.

[819] Mit dieser Begründung *Fitting/Kaiser/Heither/Engels/Schmidt*, § 28a Rn. 23.

[820] Vgl. GK-BetrVG-*Raab*, § 28a Rn. 29; *Fitting/Kaiser/Heither/Engels/Schmidt*, § 28a Rn. 23; *Löwisch/Kaiser*, § 28a Rn. 9; *Busch*, Arbeitsgruppen und Gruppenarbeit, S. 105.

[821] Siehe BT-Drucks. 14/5741, S. 40. Es werden ausdrücklich auch "andere aufgaben- oder tätigkeitsbezogende Sachverhalte" einbezogen.

a) § 87 Abs. 1 Nr. 1 BetrVG

Für die Frage, ob die Regelung der Ordnung der Arbeitsgruppe und des diesbezüglichen Verhaltens ihrer Mitglieder auf eine Arbeitsgruppe übertragen werden kann, finden sich in der Literatur kaum Stellungnahmen. Soweit ersichtlich wird dies ohne Gegenstimmen vereinzelt bejaht[822].

Der Wortlaut des § 87 Abs. 1 Nr. 1 BetrVG spricht jedoch von der Ordnung "des Betriebes" bzw. vom Verhalten der Arbeitnehmer "im Betrieb". Insbesondere ersteres legt zunächst ein betriebseinheitliches Verständnis nahe, so daß die Übertragung auf eine Arbeitsgruppe ausgeschlossen wäre. Andererseits ist aber auch die Arbeitsgruppe ein organisatorischer Teil des Betriebes. Insoweit kommt also eine Regelung nur für diesem Teil in Betracht. Jedenfalls ist nicht ersichtlich, warum dies nicht zumindest im Grundsatz möglich sein soll. Insbesondere lassen sich so etwa bestehende Besonderheiten für die Arbeitsgruppe erfassen. Darüber hinaus besteht bei Fragen der Ordnung der Arbeitsgruppe und des Verhaltens ihrer Mitglieder regelmäßig auch der erforderliche unmittelbare Bezug zur Durchführung und insbesondere zur Organisation der konkreten Tätigkeit, da es sich vor allem um Regelungen zur Sicherung eines ungestörten Arbeitsablaufs handelt[823]. Dementsprechend kann der Betriebsrat das Mitbestimmungsrecht nach § 87 Abs. 1 Nr. 1 BetrVG auf eine Arbeitsgruppe übertragen, soweit bei der Übertragung der Regelungsspielraum auf den Bereich der Gruppe beschränkt wird.

b) § 87 Abs. 1 Nr. 2 BetrVG

Als mögliche Übertragungsgegenstände kommen auch Arbeitszeitfragen und Pausenregelungen gem. § 87 Abs. 1 Nr. 2 BetrVG in Betracht. Der erforderliche Bezug zur Tätigkeit der Arbeitsgruppe ergibt sich bereits aus der ausdrücklichen Aufzählung in der Gesetzesbegründung[824]. Die Literatur beschränkt sich daher für diese Fragen auf die schlichte Wiederholung der Gesetzesbegründung.

---

[822] So *Fitting/Kaiser/Heither/Engels/Schmidt*, § 28a Rn. 23; im Ergebnis ebenso *Busch*, Arbeitsgruppen und Gruppenarbeit, S. 105.

[823] So die Definition der Rechtsprechung, vgl. BAG v. 09.12.1980, AP Nr. 2 zu § 87 BetrVG 1972 Ordnung des Betriebes unter B.I.2.; BAG v. 24.11.1981, AP Nr. 3 zu § 87 BetrVG 1972 Ordnung des Betriebes unter B.1.; ähnlich BAG v. 08.06.1999, AP Nr. 31 zu § 87 BetrVG 1972 Ordnung des Betriebes unter B.I.1. Vgl. dazu auch die umfangreichen Ausführungen bei GK-BetrVG-*Wiese*, § 87 Rn. 212 ff.

[824] Siehe BT-Drucks. 14/5741, S. 40.

c) § 87 Abs. 1 Nr. 3 BetrVG

Unterschiedlich wird in der Literatur die Zulässigkeit von Aufgabenübertragungen im Zusammenhang mit der Einführung von Überstunden oder Kurzarbeit beurteilt. Zum Teil hält man dies für unzulässig[825]; für andere kommt eine Übertragung grundsätzlich in Betracht[826]. Eine Begründung wird jeweils nicht gegeben.

Der Wortlaut der Vorschrift, der ausdrücklich auf die "betriebliche" Arbeitszeit abstellt, spricht auch hier zunächst für ein betriebseinheitliches Verständnis und damit gegen die Übertragbarkeit des Mitbestimmungsrechts auf eine Arbeitsgruppe. Andererseits ist eine Teilregelung für eine bestimmte Gruppe nicht zwangsläufig ausgeschlossen. Auch in der Rechtsprechung und Literatur zu § 87 Abs. 1 Nr. 3 BetrVG ist anerkannt, daß es durchaus mehrere betriebliche Arbeitszeiten geben kann[827]. Hierbei ist weiterhin zu beachten, daß die Arbeitsgruppe in der Regel nicht völlig von der übrigen Belegschaft des Betriebes abgekoppelt ist[828]. Insoweit muß der Betriebsrat bei der Aufgabenübertragung sicher stellen, daß deren Interessen gewahrt bleiben[829]. Möglich ist dies etwa durch die Vorgabe eines bestimmten Zeitrahmens, in dem sich die vorübergehende Änderung der Arbeitszeit bewegen kann[830]. Weiterhin kann sich der Betriebsrat die Gruppenvereinbarungen, die die Arbeitsgruppe abschließen will, vorlegen lassen, um durch eine Prüfung sicherzustellen, daß von der geplanten Regelung nur Gruppenmitglieder betroffen werden[831]. Eine allgemeine Beurteilung ist an dieser Stelle allerdings kaum möglich, es muß vielmehr auf den konkret vorliegenden Einzelfall abgestellt und für diesen ent-

---

[825] Vgl. etwa *Gnade/Kehrmann/Schneider/Klebe/Ratayczak*, § 28a Rn. 3; DKK-*Wedde*, § 28a Rn. 31.

[826] Vgl. *Fitting/Kaiser/Heither/Engels/Schmidt*, § 28a Rn. 23; *Stege/Weinspach/ Schiefer*, § 28a Rn. 10; *Busch*, Arbeitsgruppen und Gruppenarbeit, S. 105.

[827] Vgl. dazu BAG v. 13.06.1989, AP Nr. 36 zu § 87 BetrVG 1972 Arbeitszeit unter B.II.1.a); BAG v. 16.07.1991, AP Nr. 44 zu § 87 BetrVG 1972 Arbeitszeit unter B.II.1.a)aa); BAG v. 23.07.1996, AP Nr. 68 zu § 87 BetrVG 1972 Arbeitszeit unter B.II.1.; BAG v. 25.02.1997, AP Nr. 72 zu § 87 BetrVG 1972 Arbeitszeit unter B.II.1.a); BAG v. 19.06.2001, AP Nr. 1 zu § 87 BetrVG 1972 Leiharbeitnehmer unter B.II.5.b); DKK-*Klebe*, § 87 Rn. 87; *Fitting/Kaiser/Heither/Engels/Schmidt*, § 87 Rn. 132; GK-BetrVG-*Wiese*, § 87 Rn. 381; Richardi-*Richardi*, § 87 Rn. 337.

[828] So zu Recht der Hinweis bei *Stege/Weinspach/Schiefer*, § 28a Rn. 10.

[829] Vgl. *Stege/Weinspach/Schiefer*, § 28a Rn. 10.

[830] Genügt eine Festlegung in diesem Rahmen nicht, um den betrieblichen Erfordernissen gerecht zu werden, dann muß der Betriebsrat die Aufgabe selbst wahrnehmen.

[831] Vgl. dazu unter Gliederungspunkt § 5 C.II.3.b).

schieden werden[832]. Für die Zulässigkeit der Übertragung von Mitbestimmungsrechten gem. § 87 Abs. 1 Nr. 3 BetrVG spricht letztlich auch, daß die Gesetzesbegründung ausdrücklich die Übertragung von Arbeitszeitfragen und Pausenregelungen nach § 87 Abs. 1 Nr. 2 BetrVG für zulässig erklärt[833]. Hier bestehen hinsichtlich der Auswirkungen auf andere Arbeitnehmer des Betriebes nämlich die gleichen Probleme[834]. Schließlich haben Regelungen über die Arbeitszeit auch unmittelbaren Einfluß auf die Tätigkeit der Gruppenmitglieder. Dementsprechend ist auch die Übertragung von Mitbestimmungsrechten gem. § 87 Abs. 1 Nr. 3 BetrVG auf die Arbeitsgruppe grundsätzlich zulässig. Der Betriebsrat muß jedoch, etwa durch Rahmenvorgaben oder entsprechende Kontrollen, sicherstellen, daß keine Auswirkungen auf andere Arbeitnehmer des Betriebes vorkommen können.

d) § 87 Abs. 1 Nr. 4 BetrVG

Im Zusammenhang mit § 87 Abs. 1 Nr. 4 BetrVG findet sich nur vereinzelt eine Stellungnahme in der Literatur[835].

Typischerweise werden hier für die Mitglieder der Arbeitsgruppen keine anderen Vorschriften gelten als für die übrigen Belegschaftsmitglieder. Es ist auch nicht davon auszugehen, daß in der Praxis ein relevantes Bedürfnis nach einer speziellen Regelung für eine Arbeitsgruppe hinsichtlich Zeit, Ort und Art der Auszahlung des Arbeitsentgelts besteht. Eine Übertragung wird daher in der Regel schon deshalb nicht in Betracht kommen. Darüber hinaus knüpfen Regelungen über das Entgelt zwar auch an die Tätigkeit der Gruppenmitglieder an; die Auszahlung des Arbeitsentgelts betrifft a-

---

[832] Problematisch sind insbesondere Fälle, in denen die Arbeitsgruppe stark in die Produktionsprozesse eingegliedert ist, etwa bei Fließbandarbeit, wo andere Arbeitnehmer des Betriebes vor- und nachgelagerte Tätigkeiten wahrnehmen.

Unproblematischer sind Fälle, in denen die Arbeitsgruppe ihre Arbeit relativ selbständig und losgelöst von der Tätigkeit der übrigen Arbeitnehmern durchführt, etwa bei Forschungsabteilungen. Hier muß bei einer Verlängerung der Arbeitszeit beispielsweise sichergestellt werden, daß der etwa vorhandene Pförtner nicht ebenfalls länger arbeiten muß. Eine Verkürzung der Arbeitszeit ist in diesem Fällen noch unproblematischer.

[833] Siehe BT-Drucks. 14/5741, S. 40. Vgl. auch *Fitting/Kaiser/Heither/Engels/Schmidt*, § 87 Rn. 130, der § 87 Abs. 1 Nr. 3 BetrVG als Unterfall des § 87 Abs. 1 Nr. 2 BetrVG ansieht.

[834] So darf die Arbeitszeit der Gruppe beispielsweise keine Auswirkungen auf die Arbeitszeit des Pförtners haben.

[835] Siehe *Busch*, Arbeitsgruppen und Gruppenarbeit, S. 105.

ber gerade nicht die unmittelbare Durchführung oder Organisation dieser Tätigkeit. Es besteht daher nicht der erforderlich unmittelbare Zusammenhang im Sinne des § 28a Abs. 1 Satz 2 BetrVG[836]. Dementsprechend ist die Übertragung des Mitbestimmungsrechts aus § 87 Abs. 1 Nr. 4 BetrVG auf eine Arbeitsgruppe nicht zulässig.

e) § 87 Abs. 1 Nr. 5 BetrVG

Die Zulässigkeit der Übertragung von Aufgaben nach § 87 Abs. 1 Nr. 5 BetrVG ergibt sich ebenfalls bereits aus der Gesetzesbegründung[837]. Insoweit gilt hier nichts anderes als für die Aufgaben nach § 87 Abs. 1 Nr. 2 BetrVG.

f) § 87 Abs. 1 Nr. 6 BetrVG

Uneinheitlich wird dagegen in der Literatur die Frage nach der Zulässigkeit von Aufgabenübertragungen im Zusammenhang mit der Einführung und Anwendung von technischen Einrichtungen zur Verhaltens- und Leistungskontrolle beantwortet. Teilweise wird dies für unzulässig gehalten[838]. Überwiegend hält man die Übertragung bezüglich gruppenspezifischer Überwachungseinrichtungen hingegen für zulässig[839].

Für die Zulässigkeit spricht hier schon, daß der Wortlaut nur allgemein auf die "Einführung und Anwendung" technischer Einrichtungen abstellt. Dies kann jedoch auch ausschließlich für bestimmte Arbeitsbereiche oder Abteilungen und nicht nur betriebseinheitlich erfolgen[840]. Erforderlich ist lediglich, daß nur Arbeitsgruppenmitglieder von diesen Einrichtungen betroffen werden. Dies ist vom Betriebsrat bei der Übertragung sicherzustellen. Die Regelung von Fragen der Einführung und Anwendung von technischen Einrichtungen zur Verhaltens- und Leistungskontrolle hat darüber hinaus auch unmittelbare Auswirkungen auf die Organisation der Tätigkeit der Gruppenmitglieder. Der nach § 28a Abs. 1 Satz 2 BetrVG erforderliche

---

[836] Dies übersieht *Busch*, Arbeitsgruppen und Gruppenarbeit, S. 105.

[837] Siehe BT-Drucks. 14/5741, S. 40.

[838] So etwa DKK-*Wedde*, § 28a Rn. 31.

[839] Vgl. *Fitting/Kaiser/Heither/Engels/Schmidt*, § 28a Rn. 23; HaKo-BetrVG-*Blanke*, § 28a Rn. 5; *Busch*, Arbeitsgruppen und Gruppenarbeit, S. 107.

[840] So können beispielsweise für eine Arbeitsgruppe wegen der bei ihrer Tätigkeit verwendeten Technik bestimmte Sicherungs- und Überwachungseinrichtungen erforderlich sein, die unvermeidbar auch zu einer Überwachung der Arbeitnehmer führt, während dies im übrigen im Betrieb nicht notwendig ist.

Zusammenhang zur Tätigkeit der Arbeitsgruppe liegt somit vor. Die Übertragung von Mitbestimmungsrechten nach § 87 Abs. Nr. 6 BetrVG ist daher grundsätzlich zulässig.

g) § 87 Abs. 1 Nr. 7 BetrVG

Die Übertragung von Aufgaben im Zusammenhang mit dem Arbeits- und Gesundheitsschutz ist in der Literatur vereinzelt als unzulässig abgelehnt worden[841]. Im übrigen sind hierzu kaum Stellungnahmen ersichtlich[842]. Die erforderliche Auswirkung einer solchen Regelung auf die Arbeit der Arbeitsgruppe läßt sich in diesem Fällen relativ unproblematisch feststellen, da es gerade um Fragen geht, die bei der Ausübung der Tätigkeit zu beachten sind. Typischerweise wird jedoch eine Aufgabenübertragung in diesem Bereich dennoch nicht in Betracht kommen, da für die Arbeitnehmer der Arbeitsgruppe in der Regel keine anderen Vorschriften gelten als für die übrigen Arbeitnehmer des Betriebes. Völlig ausgeschlossen ist dies jedoch nicht[843]. Insoweit kommt eine Übertragung - jedenfalls theoretisch - in Betracht. Folglich ist die Übertragung von Aufgaben im Zusammenhang mit dem Arbeits- und Gesundheitsschutz grundsätzlich zulässig, soweit die entsprechenden Vorschriften aufgrund ihrer Tätigkeit nur für die Arbeitsgruppenmitglieder gelten.

h) § 87 Abs. 1 Nr. 8, 9 BetrVG

Hinsichtlich der Zulässigkeit der Übertragung von Mitbestimmungsrechten im Rahmen des § 87 Abs. 1 Nr. 8 und 9 BetrVG ist nur eine vereinzelte Stellungnahme in der Literatur ersichtlich[844].

Auch hier dürfte eine Übertragung - wie schon bezüglich § 87 Abs. 1 Nr. 4 und 7 BetrVG - in der Regel deshalb nicht in Betracht kommen, weil typischerweise für die Mitglieder der Arbeitsgruppen keine anderen Vorschriften gelten als für die übrigen Belegschaftsmitglieder. Dies schließt

---

[841] Vgl. DKK-*Wedde*, § 28a Rn. 31.

[842] So hält *Busch*, Arbeitsgruppen und Gruppenarbeit, S. 107, eine Aufgabenübertragung für grundsätzlich zulässig.

[843] So wäre es beispielsweise möglich, daß für die Arbeitsgruppe aufgrund der bei ihrer Tätigkeit verwendeten chemischen Stoffe, besondere Sicherheitsmaßnahmen entsprechend der Gefahrstoffverordnung eingehalten werden müssen. Soweit diese Stoffe ansonsten im Betrieb nicht benutzt werden, würden entsprechende Regelungen allein für die Arbeitnehmer der Arbeitsgruppe gelten.

[844] Vgl. *Busch*, Arbeitsgruppen und Gruppenarbeit, S. 107, der die Übertragbarkeit mangels Tätigkeitsbezug ablehnt.

jedoch nicht völlig aus, daß im Einzelfall dennoch eine Regelung getroffen werden kann, die lediglich für die Mitglieder einer Arbeitsgruppe, nicht aber für die übrige Belegschaft relevant ist. Daneben betrifft eine Regelung über Sozialeinrichtungen nicht die unmittelbare Durchführung oder Organisation der zu verrichtenden Tätigkeit. Vielmehr soll für die Begünstigten ein irgendwie gearteter Vorteil zusätzlich zu den arbeitsvertraglich geschuldeten Leistungen (insbesondere dem Arbeitsentgelt) entstehen[845]. Dementsprechend stehen die erbrachten Leistungen gerade neben der eigentlich zu verrichtenden Tätigkeit, so daß allenfalls ein mittelbarer Zusammenhang zu dieser besteht. Gleiches gilt für Regelungen über Wohnräume nach § 87 Abs. 1 Nr. 9 BetrVG, da lediglich auf das Bestehen eines Arbeitsverhältnisses abgestellt, nicht aber an eine bestimmte Tätigkeit angeknüpft wird. Folglich ist im Rahmen des § 87 Abs. 1 Nr. 8, 9 BetrVG die Aufgabenübertragung unzulässig.

i) § 87 Abs. 1 Nr. 10 BetrVG

Umstritten ist in der Literatur die Frage, ob die Übertragung von Aufgaben im Zusammenhang mit der betrieblichen Lohngestaltung zulässig ist.

Teilweise wird dies verneint[846]. Zur Begründung wird angeführt, § 87 Abs. 1 Nr. 10 BetrVG stelle ausdrücklich auf die "betriebliche" Lohngestaltung ab[847]. Andere halten eine Übertragung für zulässig[848]. Sie soll insbesondere bei Arbeitsgruppen, denen eine weitgehende eigene Regelungskompetenz bei der Erfüllung der Arbeit und der Sicherung ihrer Qualität eingeräumt ist, in Betracht kommen[849]. Außerdem sei auch die Regelung des Entgelts eine Aufgabe, die an die Arbeitstätigkeit angeknüpft[850].

Zunächst kann die Tatsache, daß einer Arbeitsgruppe eine weitgehende Regelungskompetenz eingeräumt wurde, kein Argument dafür sein, daß die Übertragung von Fragen der betrieblichen Lohngestaltung auf sie zu-

---

845 Vgl. dazu GK-BetrVG-*Wiese*, § 87 Rn. 687.

846 So etwa DKK-*Wedde*, § 28a Rn. 31; *Gnade/Kehrmann/Schneider/Klebe/Ratayczak*, § 28a Rn. 3; HaKo-BetrVG-*Blanke*, § 28a Rn. 5; *Busch*, Arbeitsgruppen und Gruppenarbeit, S. 107.

847 Vgl. HaKo-BetrVG-*Blanke*, § 28a Rn. 5; *Busch*, Arbeitsgruppen und Gruppenarbeit, S. 107.

848 So etwa *Fitting/Kaiser/Heither/Engels/Schmidt*, § 28a Rn. 23; *Löwisch/Kaiser*, § 28a Rn. 9; *Stege/Weinspach/Schiefer*, § 28a Rn. 10; *Löwisch*, BB 2001, 1740.

849 Vgl. *Fitting/Kaiser/Heither/Engels/Schmidt*, § 28a Rn. 23.

850 Vgl. *Löwisch/Kaiser*, § 28a Rn. 9; *Stege/Weinspach/Schiefer*, § 28a Rn. 10; *Löwisch*, BB 2001, 1740.

lässig ist. Dies richtet sich allein nach den oben festgestellten Kriterien[851]. Problematisch ist hier insbesondere, ob ein unmittelbarer Zusammenhang zwischen Entgeltfragen und der Durchführung bzw. Organisation der zu verrichtenden Tätigkeit besteht. Insoweit ist es zwar richtig, daß Regelungen über das Entgelt auch an die Tätigkeit der Gruppenmitglieder anknüpfen, da diese gerade die Grundlage für die Berechnung des Entgelts ist. Auch kann es durchaus Wechselwirkungen zwischen der Lohngestaltung und der Durchführung der Tätigkeiten geben[852]. Hierbei handelt es sich jedoch lediglich um mittelbare Einflüsse. Fragen der Lohngestaltung im Betrieb (oder der Arbeitsgruppe) nehmen aber gerade keinen unmittelbaren Einfluß auf die Durchführung oder Organisation dieser Tätigkeit als solche. Es besteht daher nicht der erforderliche unmittelbare Zusammenhang im Sinne des § 28a Abs. 1 Satz 2 BetrVG. Darüber hinaus stellt § 87 Abs. 1 Nr. 10 BetrVG ausdrücklich auf die "betriebliche" Lohngestaltung ab, was für ein betriebseinheitliches Verständnis spricht. Dies schließt zwar nach dem Wortlaut nicht aus, daß innerhalb des Betriebes für bestimmte Arbeitsbereiche besondere Entlohnungsgrundsätze und/oder -methoden Anwendung finden können. Hier ist jedoch auch der Sinn und Zweck der Vorschrift zu berücksichtigen. Danach sollen die Grundlagen der Entgeltfindung angemessen, in sich stimmig und durchschaubar gestaltet werden und durch generelle Regelungen eine gleichmäßige Behandlung der Arbeitnehmer, mithin die innerbetriebliche Lohngerechtigkeit gewährleisten[853]. Demzufolge ist eine allgemeine Regelung erforderlich, die alle im Betrieb vertretenen Belange mit einbezieht. Möglich ist dies nur mit einer betriebseinheitlichen Regelung unter Beteiligung des Betriebsrates. Dabei können etwaige Besonderheiten für bestimmte Arbeitsgruppen oder -bereiche ausreichend berücksichtigt werden. Schließlich ist zu berücksichtigen, daß die Arbeitsgruppe im Vergleich zum Betriebsrat weniger Verhandlungsstärke und Konfliktfähigkeit besitzt[854].

---

[851] Siehe die Ausführungen unter Gliederungspunkt § 6 B.I.2.

[852] So wird beispielsweise ein stückzahlbezogenes Prämiensystem typischerweise dazu führen, daß im gleichen Zeitraum eine großere Stückzahl produziert wird.

[853] So die ständige Rechtsprechung: BAG v. 22.01.1980, AP Nr. 3 zu § 87 BetrVG 1972 Lohngestaltung unter B.II.2.c); BAG v. 16.07.1991, AP Nr. 49 zu § 87 BetrVG 1972 Lohngestaltung unter B.II.3.b); BAG(GS) v. 03.12.1991, AP Nr. 51 zu § 87 BetrVG 1972 Lohngestaltung unter B.III.1.a); BAG v. 26.08.1997, AP Nr. 74 zu § 87 BetrVG 1972 Arbeitszeit unter B.II.2.c); BAG v. 29.02.2000, AP Nr. 105 zu § 87 BetrVG 1972 Lohngestaltung unter B.II.1.b)bb); BAG v. 15.05.2001, AP Nr. 17 zu § 87 BetrVG 1972 Prämie unter B.II.2.a). Vgl. auch DKK-*Klebe*, § 87 Rn. 241 f.; *Fitting/Kaiser/Heither/Engels/Schmidt*, § 87 Rn. 408; GK-BetrVG-*Wiese*, § 87 Rn. 804 f.; Richardi-*Richardi*, § 87 Rn. 730 f.

[854] Darauf weist auch HaKo-BetrVG-*Blanke*, § 28a Rn. 5 hin.

Sie kommt daher nicht als gleichgewichtiger Verhandlungspartner des Arbeitgebers in Betracht[855]. Da es sich bei Entgeltfragen aber um eine Regelungsmaterie handelt, die äußerst kostenrelevant ist, wird der Arbeitgeber hier, im Gegensatz etwa zu Fragen der Lage der Pausenzeiten, verstärkt versuchen seine Interessen durchzusetzen. Dementsprechend ist die Übertragung von Aufgaben im Zusammenhang mit der betrieblichen Lohngestaltung auf eine Arbeitsgruppe unzulässig.

j) § 87 Abs. 1 Nr. 11 BetrVG

Ebenso umstritten ist die Frage, ob die Übertragung der Festsetzung von Akkord- und Prämiensätzen und vergleichbarer leistungsbezogener Entgelte zulässig ist.

Teilweise wird dies verneint[856]. Zur Begründung ist angeführt worden, die Übertragung müsse wegen der über den organisatorischen Rahmen hinausgehenden direkten materiellrechtlichen Folgen ausscheiden[857]. Andere halten eine Übertragung dieser Fragen dagegen für zulässig[858]. Dies soll auch hier - ebenso wie für § 87 Abs. 1 Nr. 10 BetrVG - insbesondere bei Arbeitsgruppen, denen eine weitgehende eigene Regelungskompetenz bei der Erfüllung der Arbeit und der Sicherung ihrer Qualität eingeräumt ist, in Betracht kommen[859]. Darüber hinaus könne ein Bezug zur ausgeübten Tätigkeit angesichts verbreiteter Managementpraxis bereichsbezogener, mit Arbeitsgruppen ausgehandelter Zielvereinbarungen und Prämiensätze durchaus gegeben sein; insoweit bestehe in der Praxis ein Bedarf an dezentraler Mitbeeinflussung dieser Entgeltbemessungsfaktoren[860]. Der Betriebsrat solle jedoch die Eckpunkte einer Regelung vorgeben[861].

Grundsätzlich kann hier nichts anderes als im Bezug auf § 87 Abs. 1 Nr. 10 BetrVG gelten: Auch die Festsetzung von Akkord- und Prämiensätzen oder anderer leistungsbezogener Entgelte betrifft gerade nicht die Durchführung oder Organisation dieser Tätigkeit als solche. Es fehlt daher am

---

[855] Vgl. HaKo-BetrVG-*Blanke*, § 28a Rn. 5.

[856] So etwa *Gnade/Kehrmann/Schneider/Klebe/Ratayczak*, § 28a Rn. 3; DKK-*Wedde*, § 28a Rn. 31.

[857] Vgl. DKK-*Wedde*, § 28a Rn. 31.

[858] So etwa *Fitting/Kaiser/Heither/Engels/Schmidt*, § 28a Rn. 23; HaKo-BetrVG-*Blanke*, § 28a Rn. 5; *Busch*, Arbeitsgruppen und Gruppenarbeit, S. 108.

[859] Vgl. *Fitting/Kaiser/Heither/Engels/Schmidt*, § 28a Rn. 23.

[860] Vgl. HaKo-BetrVG-*Blanke*, § 28a Rn. 5.

[861] Vgl. HaKo-BetrVG-*Blanke*, § 28a Rn. 5.

erforderlichen unmittelbaren Zusammenhang. Auch eine weitgehende Regelungskompetenz der Arbeitsgruppe kann daran nichts ändern. Gleiches gilt für ein eventuell bestehendes praktisches Bedürfnis nach einer dezentralen Regelung. Hierdurch können nicht gesetzlichen Voraussetzungen ausgehebelt werden. Nicht überzeugen kann allerdings die Begründung, die Übertragung müsse wegen der über den organisatorischen Rahmen hinausgehenden direkten materiellrechtlichen Folgen ausscheiden. Hierfür gibt es nicht nur im Gesetz keine Anhaltspunkte, vielmehr wird die Bedeutung des § 28a BetrVG vollkommen verkannt. Danach sollen die Arbeitsgruppen im Rahmen der Übertragung gerade berechtigt sein, mit dem Arbeitgeber Gruppenvereinbarungen zu schließen, die auch materiellrechtliche Folgen haben. Die Beschränkung auf bloß organisatorische Regelungen wird dem Zweck des § 28a BetrVG hingegen nicht gerecht. Dementsprechend ist die Übertragung von Aufgaben nach § 87 Abs. 1 Nr. 11 BetrVG unzulässig.

k) § 87 Abs. 1 Nr. 12 BetrVG

Die Zulässigkeit einer Aufgabenübertragung im Rahmen des § 87 Abs. 1 Nr. 12 BetrVG ist in der Literatur vereinzelt abgelehnt worden[862]. Hier dürfte eine Übertragung in der Regel schon deshalb nicht in Betracht kommen, weil typischerweise für die Mitglieder der Arbeitsgruppen keine anderen Vorschriften gelten als für die übrigen Belegschaftsmitglieder. Außerdem haben Regelungen über das betriebliche Vorschlagswesen keine unmittelbare Auswirkung auf die konkrete Durchführung oder Organisation der zu verrichtenden Tätigkeit. Dementsprechend ist im Rahmen des § 87 Abs. 1 Nr. 12 BetrVG eine Aufgabenübertragung nicht zulässig.

l) § 87 Abs. 1 Nr. 13 BetrVG

Problematisch ist schließlich, ob der Betriebsrat die Bestimmung der Grundsätze über die Durchführung der Gruppenarbeit gem. § 87 Abs. 1 Nr. 13 BetrVG auch der Arbeitsgruppe selbst überlassen kann.

Als mögliche Gegenstände des § 87 Abs. 1 Nr. 13 BetrVG nennt die Gesetzesbegründung Regelungen über die Wahl und die Amtszeit eines Arbeitsgruppensprechers, dessen rechtliche Stellung und Aufgaben, das Abhalten von Gruppengesprächen zwecks Meinungsaustausch und -bildung innerhalb der Gruppe, die Berücksichtigung von leistungsschwächeren Ar-

---

[862] Vgl. *Busch*, Arbeitsgruppen und Gruppenarbeit, S. 108.

beitnehmern und die Konfliktlösung in der Gruppe[863]. Diese Fragen betreffen jedoch nicht unmittelbar die Durchführung oder Organisation der von der Arbeitsgruppe zu erledigenden Tätigkeiten, sondern vielmehr deren innere Organisation. Grundsätzlich muß daher davon ausgegangen werden, daß mangels unmittelbarer Auswirkungen auf die Tätigkeit, eine Übertragung der Mitbestimmungsrechte des § 87 Abs. 1 Nr. 13 BetrVG unzulässig ist[864]. Der Betriebsrat kann sich daher dieser Aufgabe nicht durch Übertragung entziehen. Teilweise wird deswegen sogar eine "doppelte Regulierung und Gängelung der Arbeitsgruppe" befürchtet[865].

Dagegen ist insbesondere *Raab* der Auffassung, daß die besseren Gründe dafür sprechen, dennoch eine Übertragung des Mitbestimmungsrechts aus § 87 Abs. 1 Nr. 13 BetrVG zuzulassen. Aus der vom Arbeitgeber zugewiesenen besonderen Form der teilautonomen Gruppenarbeit ergebe sich die Notwendigkeit, sich unter den Gruppenmitgliedern abzustimmen[866]. Diese Abstimmung diene dabei zugleich der reibungslosen Zusammenarbeit bei der Erledigung der übertragenden Arbeitsaufgabe[867]. Somit bestehe zumindest im weiteren Sinne ein Zusammenhang zur übertragenden Tätigkeit[868]. Weiter werde gerade durch die Selbstbestimmung bezüglich der inneren Organisation und etwaiger Konfliktlösungsmechanismen die Autonomie der Arbeitsgruppe gestärkt[869]. Es finden sich auch andere Stellungnahmen in der Literatur, welche die Übertragung von Themen mit direktem Bezug zur Arbeitsgruppe für zulässig halten, etwa die Ausgestaltung interner Kommunikationsprozesse und Entscheidungsstrukturen (beispielsweise Gruppengespräche, Konfliktlösungsmechanismen oder Arbeitswechsel in der Gruppe, Reihenfolge der Arbeitsabwicklung, Zusammenarbeit in der Gruppe) sowie die innerbetriebliche Koordination mit anderen Gruppen[870]. Dieser Ansicht kann jedoch nicht zugestimmt werden. Es ist zwar richtig, daß die interne Organisation auch der reibungslosen Zusammenarbeit bei der Erledigung der übertragenden Arbeitsaufgabe dient und durch eine etwaige Selbstbestimmung in diesem

---

[863] Siehe BT-Drucks. 14/5741, S. 47.

[864] Dies wird von *Busch*, Arbeitsgruppen und Gruppenarbeit, S. 109 verkannt.

[865] So etwa *Hanau*, RdA 2001, 73; ähnlich *Rieble*, ZIP 2001, 142; dagegen *Wiese*, BB 2002, 203.

[866] So GK-BetrVG-*Raab*, § 28a Rn. 29; *Raab*, NZA 2002, 478.

[867] So GK-BetrVG-*Raab*, § 28a Rn. 29; *Raab*, NZA 2002, 478.

[868] So GK-BetrVG-*Raab*, § 28a Rn. 29; *Raab*, NZA 2002, 478; in diesem Sinne auch *Blanke*, RdA 2003, 152.

[869] So GK-BetrVG-*Raab*, § 28a Rn. 29; *Raab*, NZA 2002, 478.

[870] Vgl. *Wedde*, AuR 2002, 125; ähnlich HaKo-BetrVG-*Blanke*, § 28a Rn. 5.

Bereich die Autonomie der Arbeitsgruppe gestärkt werden könnte. Die praktischen Vorteile können aber nicht dazu führen, daß die gesetzlichen Voraussetzungen der Übertragung umgangen werden dürfen. Der erforderliche unmittelbare Zusammenhang zur Tätigkeit der Arbeitsgruppe besteht indes nicht. Der vorhandene mittelbare Zusammenhang kann dafür jedenfalls nicht ausreichen. Um die dargestellten Vorteile zu nutzen, muß der Betriebsrat also in Zusammenarbeit mit dem Arbeitgeber auch die nötigen Voraussetzungen durch eine Gestaltung der inneren Struktur der Arbeitsgruppe schaffen. Darüber hinaus führt auch eine unvollständige Regelung der inneren Organisation der Arbeitsgruppe nicht notwendigerweise dazu, daß übertragene Aufgaben nicht mehr wahrgenommen werden können. Vielmehr kommt in diesen Fällen die entsprechende Anwendung der Vorschriften über die Geschäftsführung des Betriebsrates in Betracht[871]. Dementsprechend können die Mitbestimmungsrechte des § 87 Abs. 1 Nr. 13 BetrVG nicht auf eine Arbeitsgruppe übertragen werden[872].

2. Beteiligungsrechte nach §§ 90, 91 BetrVG

Hinsichtlich der Beteiligungsrechte, die dem Betriebsrat gem. §§ 90, 91 BetrVG bei einer Umgestaltung der Arbeitsplätze bzw. der Arbeitsumgebung zustehen, wird in der Literatur - soweit ersichtlich - ohne Gegenstimmen die Auffassung vertreten, daß auch eine Übertragung auf die Arbeitsgruppen zulässig wäre[873].

Dem ist grundsätzlich zuzustimmen. Eine Veränderung der konkreten Arbeitsplätze bzw. der Arbeitsabläufe wirkt sich zwangsläufig immer auch unmittelbar auf die Durchführung und Organisation der zu verrichtenden Tätigkeit aus. Dafür spricht auch die Gesetzesbegründung, wonach die "Arbeitsgestaltung" als übertragungsfähige Aufgabe genannt wird[874]. Mit "Arbeitsgestaltung" ist nach dem Wortsinn gerade die Umgestaltung der Arbeitsplätze bzw. der Arbeitsumgebung gemeint. Sichergestellt werden muß insoweit lediglich, daß es sich nur um Maßnahmen handelt, die allein die Arbeitsplätze der Arbeitsgruppenmitglieder, nicht aber die anderer Arbeitnehmer des Betriebes betreffen[875].

---

[871] Vgl. dazu die Ausführungen unter Gliederungspunkt § 5 E.I.2.a).

[872] Im Ergebnis ebenso *Busch*, Arbeitsgruppen und Gruppenarbeit, S. 110.

[873] Vgl. GK-BetrVG-*Raab*, § 28a Rn. 29; *Löwisch/Kaiser*, § 28a Rn. 9; *Busch*, Arbeitsgruppen und Gruppenarbeit, S. 113.

[874] Vgl. BT-Drucks. 14/5741, S. 40.

[875] So auch GK-BetrVG-*Raab*, § 28a Rn. 29.

3. Beteiligungsrechte in personellen Angelegenheiten

Nach einheitlicher Auffassung in der Literatur, kommt auch eine Übertragung von Aufgaben im Rahmen von personellen Angelegenheiten (etwa nach § 99 BetrVG bei einer Einstellung eines Arbeitnehmers für die Arbeitsgruppe oder bei einer Versetzung in die Arbeitsgruppe) nicht in Betracht[876].

Zum einen stellen sich die dortigen Regelungsfragen in der Regel schon nicht nur isoliert für die Arbeitsgruppe (so z.B. §§ 92, 93, 95 BetrVG), sondern betreffen betriebseinheitliche Vorgänge[877]. Zum anderen handelt es sich selbst dort, wo eine Eingrenzung auf die Mitglieder der Arbeitsgruppe möglich ist, um Angelegenheiten, die im Vorfeld der Arbeitsorganisation liegen und insbesondere das Arbeitsverhältnis zwischen Arbeitgeber und einzelnem Arbeitnehmer betreffen (z.B. §§ 99, 102, 103 BetrVG)[878]. Dies gilt sowohl für eine Einstellung als auch bei der Versetzung eines Arbeitnehmers in die Arbeitsgruppe, da hier auch Gesichtspunkte der abgebenden Stelle und ihrer Arbeitnehmer zu berücksichtigen sind[879]. Insoweit fehlt es also bei diesen Angelegenheiten an dem erforderlichen unmittelbaren Bezug zur Durchführung bzw. Organisation der von der Arbeitsgruppe zu verrichtenden Tätigkeit. Die Übertragbarkeit von Aufgaben im Rahmen von personellen Angelegenheiten wird folglich zu Recht abgelehnt.

4. Beteiligungsrechte nach §§ 111 ff. BetrVG

Nach der ganz überwiegenden Ansicht in der Literatur kommt eine Übertragung von Beteiligungsrechten in wirtschaftlichen Angelegenheiten, insbesondere bei Betriebsänderungen im Sinne der §§ 111 ff. BetrVG ebenfalls nicht in Betracht[880]. Bei diesen Fragen gehe es um die wirtschaftliche Situation des Betriebes bzw. Unternehmens und um deren Auswirkung

---

[876] Vgl. GK-BetrVG-*Raab*, § 28a Rn. 30; *Fitting/Kaiser/Heither/Engels/Schmidt*, § 28a Rn. 24; *Löwisch/Kaiser*, § 28a Rn. 10; DKK-*Wedde*, § 28a Rn. 31; *Busch*, Arbeitsgruppen und Gruppenarbeit, S. 113 ff.; *Raab*, NZA 2002, 478.

[877] So auch GK-BetrVG-*Raab*, § 28a Rn. 30; *Raab*, NZA 2002, 478.

[878] Ebenso *Fitting/Kaiser/Heither/Engels/Schmidt*, § 28a Rn. 24; GK-BetrVG-*Raab*, § 28a Rn. 30; *Löwisch/Kaiser*, § 28a Rn. 10; *Raab*, NZA 2002, 478.

[879] So *Fitting/Kaiser/Heither/Engels/Schmidt*, § 28a Rn. 24.

[880] Vgl. dazu GK-BetrVG-*Raab*, § 28a Rn. 30; *Löwisch/Kaiser*, § 28a Rn. 10; *Fitting/Kaiser/Heither/Engels/Schmidt*, § 28a Rn. 24; DKK-*Wedde*, § 28a Rn. 31; *Busch*, Arbeitsgruppen und Gruppenarbeit, S. 118 ff.; *Engels/Trebinger/Löhr-Steinhaus*, DB 2001, 537; *Raab*, NZA 2002, 478; *Wedde*, AuR 2002, 125; *Worzalla/Will*, Rn. 261

auf die Arbeitsverhältnisse[881]. Diese Angelegenheiten beträfen also keine gruppenspezifischen, sondern darüber hinausgehende Fragen auf betrieblicher Ebene[882]. Weiterhin solle nach dem Zweck der Regelung die Zuständigkeit der Arbeitsgruppe nur für Angelegenheiten begründet werden können, die einen unmittelbaren Tätigkeitsbezug besitzen[883]. Dies sei bei Betriebsänderungen nicht der Fall, weil Auslöser des Beteiligungsrechts die unternehmerische Entscheidung selbst und nicht deren organisatorische Umsetzung ist[884]. Auch die Verhandlungen über einen Interessenausgleich und die Erstellung eines Sozialplans stünden nicht im unmittelbaren Zusammenhang mit den von der Arbeitsgruppe zu erledigenden Tätigkeiten[885]. Schon zum Schutz der Arbeitnehmer könne sich der Betriebsrat hier nicht seiner Verantwortung entziehen[886]. Es solle insoweit zur Vermeidung von unzulässigen Drucksituationen ausgeschlossen werden, daß hier die unmittelbar Betroffenen Beteiligungsrechte des Betriebsrats ausüben können[887]. Auch nach dem ausdrücklichen Wortlaut der Gesetzesbegründung kommt eine Übertragung von Beteiligungsrechen im Rahmen von §§ 111 ff. BetrVG nicht in Betracht[888].

Die Gegenansicht hält dies für nicht nachvollziehbar[889]. Sie zieht zur Begründung zunächst den Wortlaut des § 28a BetrVG heran, wonach die Übertragung von Beteiligungsrechten nach den §§ 111 ff. BetrVG nicht ausdrücklich ausgeschlossen ist. Außerdem könne durchaus ein Zusammenhang mit den von der Arbeitsgruppe zu erledigenden Tätigkeiten bestehen[890]. Beispielhaft wird zur Erfüllung dieses Kriteriums die Einführung eines auf die Arbeitsgruppe beschränkten, gleichwohl aber für den gesamten Betrieb bedeutsamen neuen technischen Fertigungsverfahrens genannt[891].

---

881 So *Löwisch/Kaiser*, § 28a Rn. 10; *Fitting/Kaiser/Heither/Engels/Schmidt*, § 28a Rn. 24.

882 Vgl. *Fitting/Kaiser/Heither/Engels/Schmidt*, § 28a Rn. 24.

883 So auch *Raab*, NZA 2002, 478.

884 Vgl. *Raab*, NZA 2002, 479.

885 Vgl. *Engels/Trebinger/Löhr-Steinhaus*, DB 2001, 537; *Worzalla/Will*, Rn. 261

886 Vgl. *Engels/Trebinger/Löhr-Steinhaus*, DB 2001, 537.

887 Vgl. DKK-*Wedde*, § 28a Rn. 30; *Wedde*, AuR 2002, 125.

888 Siehe BT-Drucksache 14/5741, 40.

889 So etwa *Annuß*, NZA 2001, 370, Fußnote 25; zweifelnd auch *Richardi/Annuß*, DB 2001, 44.

890 So *Annuß*, NZA 2001, 370, Fußnote 25.

891 Vgl. *Annuß*, NZA 2001, 370, Fußnote 25.

Zunächst spricht die Tatsache, daß die Übertragbarkeit von Angelegenheit nach den §§ 111 ff. BetrVG im Wortlaut des § 28a BetrVG nicht ausdrücklich ausgeschlossen wurde, nicht für die Zulässigkeit einer solchen Übertragung. Die Vorschrift enthält nämlich keinen Katalog mit Angelegenheiten, deren Übertragung zulässig bzw. unzulässig wäre, sondern fordert gem. § 28a Abs. 1 Satz 2 BetrVG lediglich allgemein, daß die übertragende Aufgabe im Zusammenhang mit der von der Arbeitsgruppe zu verrichtenden Tätigkeit stehen muß. Entsprechend den hierzu entwickelten Kriterien sind davon solche Angelegenheiten nicht erfaßt, die keinen unmittelbaren Bezug zur Durchführung oder Organisation der Tätigkeit aufweisen oder neben den Gruppenmitgliedern auch andere Arbeitnehmer des Betriebes betreffen. Soweit die Einführung eines auf die Arbeitsgruppe beschränkten neuen technischen Fertigungsverfahrens (§ 111 Satz 3 Nr. 5 BetrVG) gleichwohl für den gesamten Betrieb bedeutsam ist, kann die Betroffenheit von Arbeitnehmern, die nicht der Arbeitsgruppe angehören, jedoch gerade nicht ausgeschlossen werden. Darüber hinaus erfordert § 111 Satz 3 Nr. 5 BetrVG die Einführung "grundlegend" neuer Arbeitsmethoden bzw. Fertigungsverfahren. Aus dem Zweck des § 111 Satz 3 BetrVG, die für die Belegschaft besonders relevanten Betriebsänderungen aufzuzählen[892], ergibt sich, daß dieses Kriterium im Zusammenhang mit den möglichen "wesentlichen Nachteilen" für die Belegschaft bzw. für erhebliche Teile der Belegschaft zu verstehen ist[893]. Dementsprechend können "grundlegend" nur solche Änderungen sein, die jedenfalls erhebliche Teile der Belegschaft betreffen[894]. Typischerweise stellt eine einzelne Arbeitsgruppe jedoch nicht einen erheblichen Teil der Belegschaft dar. Schließlich ergibt sich aus der Gesetzesbegründung ausdrücklich, daß Beteiligungsrechte nach den §§ 111 ff. BetrVG nicht erfaßt werden sollten. Über diesen eindeutigen Willen des Gesetzgebers kann sich nicht ohne weiteres hinweggesetzt werden. Dementsprechend ist mit der überwiegenden Ansicht im Schrifttum davon auszugehen, daß Beteiligungsrechte gem. §§ 111 ff. BetrVG nicht auf Arbeitsgruppen übertragen werden können.

---

[892] So GK-BetrVG-*Fabricius/Oetker*, § 111 Rn. 127.

[893] Vgl. GK-BetrVG-*Fabricius/Oetker*, § 111 Rn. 119.

[894] Nach gefestigter Rechtsprechung und der überwiegenden Ansicht in der Literatur ist hierbei auf die Prozent- und Zahlenangaben in § 17 Abs. 1 KSchG zurückzugreifen. Vgl. GK-BetrVG-*Fabricius/Oetker*, § 111 Rn. 69 m.w.N.

5. Qualifikationsmaßnahmen

Ebenfalls unterschiedlich wird in der Literatur die Frage nach der Übertragbarkeit von Beteiligungsrechten im Zusammenhang mit der Qualifikation und Berufsbildung (§§ 96 ff. BetrVG) beantwortet. Teilweise werden keine Bedenken geäußert[895]. Danach soll eine Übertragung hinsichtlich spezifischer Berufsbildungsmaßnahmen in Betracht kommen, soweit sich diese in ihren Auswirkungen auf die Arbeitsgruppe begrenzen lassen[896]. Andere verneinen dagegen die Möglichkeit der Übertragung von Beteiligungsrechten des Betriebsrates in bezug auf die Einführung oder Durchführung von Maßnahmen der Berufsbildung selbst dann, wenn es um Maßnahmen geht, die ausschließlich der beruflichen Qualifikation der Mitglieder der Arbeitsgruppe dienen[897]. Begründet wird diese Ansicht damit, daß auch hier kein Zusammenhang zur Tätigkeit der Arbeitsgruppe besteht, sondern es sich um Maßnahmen handelt, die das Arbeitsverhältnis des einzelnen Arbeitnehmers zum Arbeitgeber betreffen[898].

Für die Beteiligungsrechte im Zusammenhang mit der Qualifikation und Berufsbildung gem. §§ 96 ff. BetrVG kann insoweit nichts anderes gelten, als für die bereits erörterten Angelegenheiten. Erforderlich ist dementsprechend ein unmittelbarer Zusammenhang zur Durchführung oder Organisation der zu verrichtenden Tätigkeit sowie die Begrenzung der Auswirkungen auf die Arbeitsgruppenmitglieder. Für den Bereich der personellen Angelegenheiten wurde die Möglichkeit der Aufgabenübertragung bereits oben abgelehnt. Daher spricht zunächst die systematische Einordnung der §§ 96 ff. BetrVG in den fünften Abschnitt des Betriebsverfassungsgesetzes gegen die Übertragbarkeit. Darüber hinaus wird schon am Wortlaut der Vorschriften deutlich, daß diese einen betriebsbezogenen Charakter aufweisen. So stellt etwa § 96 Abs. 1 BetrVG auf die "betriebliche Personalplanung", § 97 Abs. 1 BetrVG auf "betriebliche Einrichtungen zur Berufsbildung" und § 98 BetrVG auf die "betriebliche Berufsbildung" ab. Daher wird typischerweise nur eine betriebseinheitliche Regelung in Betracht kommen. Schließlich haben die Qualifikations- und Bildungsmaßnahmen lediglich mittelbare Auswirkungen auf Tätigkeit der Arbeitsgrup-

---

895 So *Löwisch/Kaiser*, § 28a Rn. 9; wohl auch DKK-*Wedde*, § 28a Rn. 30.

896 Vgl. DKK-*Wedde*, § 28a Rn. 30.

897 So etwa GK-BetrVG-*Raab*, § 28a Rn. 30; *Busch*, Arbeitsgruppen und Gruppenarbeit, S. 115 ff.; *Raab*, NZA 2002, 478.

898 Vgl. GK-BetrVG-*Raab*, § 28a Rn. 30; *Busch*, Arbeitsgruppen und Gruppenarbeit, S. 115 ff.; *Raab*, NZA 2002, 478.

penmitglieder. Folglich ist die Übertragung vom Beteiligungsrechten gem. §§ 96 ff. BetrVG unzulässig.

III. Auswirkungen der Übertragung auf die Zuständigkeit des Betriebsrates

Im Gesetz nicht ausdrücklich geregelt ist weiterhin die Frage, welche Auswirkungen eine Übertragung von Aufgaben auf eine Arbeitsgruppe für die Zuständigkeit des Betriebsrats hat.

Auszugehen ist hier zunächst vom einem Vergleich des § 28a BetrVG zu den Vorschriften über die Ausschüsse des Betriebsrates. Gemäß §§ 27 Abs. 2 Satz 2, 28 Abs. 1 Satz 3 BetrVG kann der Betriebsrat Aufgaben auf seine Ausschüsse zur selbständigen Erledigung übertragen; einzig der Abschluß von Betriebsvereinbarungen mit dem Arbeitgeber ist hier ausgeschlossen. Im Rahmen der selbständigen Erledigung treten die Ausschüsse in vollem Umfang an die Stelle des Betriebsrates[899]. Im Gegensatz dazu können die Arbeitsgruppen gem. § 28a Abs. 2 Satz 2, § 77 BetrVG auch Vereinbarungen mit dem Arbeitgeber abschließen. Insoweit ist der Regelungsspielraum für Arbeitsgruppen also viel weiter, als für die Ausschüsse des Betriebsrates. Dementsprechend muß es sich bei den Arbeitsgruppen ebenfalls um eine Übertragung zur selbständigen Erledigung handeln. Folglich treten auch die Arbeitsgruppen im Rahmen der übertragenen Aufgaben in vollem Umfang an die Stelle des Betriebsrates. Für eine eigenständige Regelungskompetenz der Arbeitsgruppen spricht weiterhin der Sinn und Zweck des § 28a BetrVG. Nach der Gesetzesbegründung werden die Arbeitsgruppen durch die Aufgabendelegation selbst Träger von Mitbestimmungsrechten[900]. Die Arbeitnehmermitglieder sollen die betriebliche Mitbestimmung in Eigeninitiative und mitverantwortlich gestalten können[901]. Die Zuständigkeit des Betriebsrates ist hingegen nur für den Fall von Konflikten gegeben sein[902].

Mit der Übertragung der betriebsverfassungsrechtlichen Aufgaben erwirbt die Arbeitsgruppe daher eine eigenständige Regelungskompetenz[903]. Der Betriebsrat kann grundsätzlich nur durch Widerruf der Übertragung oder durch Kündigung der Rahmenvereinbarung das Recht zur eigenen

---

[899] Vgl. GK-BetrVG-*Wiese/Raab*, § 27 Rn. 76.

[900] Siehe BT-Drucks. 14/5741, S. 29.

[901] Siehe BT-Drucks. 14/5741, S. 29 f.

[902] Siehe BT-Drucks. 14/5741, S. 30.

[903] Vgl. *Fitting/Kaiser/Heither/Engels/Schmidt*, § 28a Rn. 29.

Regelung der Angelegenheit wieder an sich ziehen[904]. Daraus ergibt sich weiterhin, daß mit der wirksamen Übertragung auf die Arbeitsgruppe die Zuständigkeit des Betriebsrates für die betreffende Angelegenheit entfällt[905]. Der Fall einer konkurrierenden Zuständigkeit von Arbeitsgruppe und Betriebsrat kann somit nicht auftreten[906].

IV. Einschränkungen der Regelungsbefugnis der Arbeitsgruppe durch den Übertragungsbeschluß

Darüber hinaus ist fraglich, ob und inwieweit die soeben dargestellte grundsätzliche eigenständige Regelungsbefugnis der Arbeitsgruppe durch den Übertragungsbeschluß des Betriebsrats beschnitten werden kann. Insoweit stellen sich hier ähnliche Fragen, wie bei der Einschränkbarkeit der Regelungsbefugnisse der Arbeitsgruppe durch die Rahmenvereinbarung[907].

1. Überwiegende Literaturmeinung

Überwiegend wird in der Literatur hierzu festgestellt, daß der Betriebsrat Aufgaben auf die Arbeitsgruppe übertragen "kann", so daß diese dann mit dem Arbeitgeber in diesem Rahmen selbständig Vereinbarungen schließen "kann"[908]. Eine selbständige Erledigung durch die Arbeitsgruppe soll danach zwar möglich, nicht aber zwingend sein. Vielmehr wird es auch für zulässig gehalten, die Selbständigkeit der Arbeitsgruppe bei der Erledigung der ihr übertragenen Aufgaben einzuschränken.

So ist *Malottke* der Meinung, es sollten weitere Regelungen in die Rahmenvereinbarung aufgenommen werden, welche die Zusammenarbeit zwischen Betriebsrat und Arbeitsgruppe regeln, je nachdem, wie "der Betriebsrat zum selbständigen Handeln der Arbeitsgruppe steht"[909]. Gedacht wird hierbei an Teilnahmerechte des Betriebsrates an Treffen der Arbeitsgruppe, an Berichte der Arbeitsgruppe auf den Betriebs- bzw. Teilbe-

---

[904] Vgl. *Fitting/Kaiser/Heither/Engels/Schmidt*, § 28a Rn. 30.

[905] So auch GK-BetrVG-*Raab*, § 28a Rn. 33.

[906] Vgl. GK-BetrVG-*Raab*, § 28a Rn. 33.

[907] Siehe dazu oben unter Gliederungspunkt § 5 C.II.3.b).

[908] Vgl. Richardi-*Thüsing*, § 28a Rn. 25; *Blanke/Rose*, RdA 2001, 97; *Malottke*, AiB 2001, 629; *Richardi/Annuß*, DB 2001, 44.

[909] Vgl. *Malottke*, AiB 2001, 629.

triebsversammlungen und an regelmäßige gemeinsame Treffen von Arbeitsgruppensprechern und Betriebsrat[910].

Thüsing stellt zwar mit dem Hinweis auf die Gruppenvereinbarungen im Sinne des § 28a Abs. 2 BetrVG fest, daß hinsichtlich der selbständigen Erledigung von Aufgaben im Rahmen des § 28a BetrVG nicht die dieselben Grenzen wie für die Ausschüsse nach § 28 BetrVG bestehen[911]. Gleichzeitig hält er es dennoch für möglich, daß der Betriebsrat sich in dem Übertragungsbeschluß darauf beschränkt, die Arbeitsgruppe (analog zu § 50 Abs. 2 Satz 2 BetrVG) die Verhandlungen führen zu lassen, sich aber gleichzeitig die endgültigen Entscheidungen vorbehält[912].

Auch *Wedde* und *Gnade/Kehrmann/Schneider/Klebe/Ratayczak* vertreten die Auffassung, daß der Betriebsrat durch den Übertragungsbeschluß selbst die Regelungsbefugnis der Arbeitsgruppen modifizieren kann. Entsprechende Vorgaben oder Einschränkungen könnten sich sowohl auf die zu verhandelnden Regelungsbereiche beziehen als auch grundsätzlicher Art sein[913]. So könne beispielsweise bestimmt werden, daß Gruppenvereinbarungen nur mit bestimmten Kündigungsfristen oder ohne Nachwirkung[914] abzuschließen sind. Ebenso soll der Abschluß von Gruppenvereinbarungen durch die Arbeitsgruppe ausgeschlossen werden können[915]. Schon um im konkreten Fall Kollisionen zu vermeiden, sei es sinnvoll, im Rahmen des Übertragungsbeschlusses Art und Umfang der übertragenen Aufgaben abschließend festzulegen[916]. Dem Betriebsrat stehe es insoweit frei, bei der konkreten Beschlußfassung spezifische Vorgaben oder Einschränkungen gegenüber der Rahmenvereinbarung vorzunehmen[917]. Sieht beispielsweise eine Rahmenvereinbarung nur ein Vetorecht und kein Zustimmungsvorbehalt des Betriebsrats vor, könne dieser sich bei einer konkreten Übertragung die letztendliche Entscheidungskompetenz vorbehalten[918]. Aus der bestehenden Rahmenvereinbarung leite sich insoweit keine Verpflichtung des Betriebsrats ab, auf die ihm zustehenden Mitbestimmungs- und Mitwirkungsrechte in einer bestimmten Art und Weise

---

[910] Vgl. *Malottke*, AiB 2001, 629.

[911] So Richardi-*Thüsing*, § 28a Rn. 25.

[912] Vgl. Richardi-*Thüsing*, § 28a Rn. 25.

[913] So DKK-*Wedde*, § 28a Rn. 47.

[914] So die Beispiele bei *Gnade/Kehrmann/Schneider/Klebe/Ratayczak*, § 28a Rn. 7.

[915] So *Gnade/Kehrmann/Schneider/Klebe/Ratayczak*, § 28a Rn. 7.

[916] Vgl. *Wedde*, AuR 2002, 125.

[917] Vgl. DKK-*Wedde*, § 28a Rn. 47; *Wedde*, AuR 2002, 125.

[918] So *Wedde*, AuR 2002, 125.

verzichten zu müssen[919]. Schließlich könne der Übertragungsbeschluß formale Vorgaben enthalten wie etwa Anforderungen an die Organisationsstruktur der Arbeitsgruppen (beispielsweise Verknüpfung der Übertragung mit vorheriger Wahl von Gruppensprecher und Vertreter nach demokratischen Prinzipien)[920].

2. Gegenansicht von Raab[921]

Gegen diese Ansicht hat *Raab* Einwände erhoben. Anders als bei der Übertragung von Aufgaben an Ausschüsse des Betriebsrats, die auch nur zum Zwecke der Vorbereitung von Entscheidungen des Betriebsrates erfolgen kann, komme bei § 28a BetrVG nur eine Übertragung zur selbständigen Erledigung durch die Arbeitsgruppe in Betracht. Dies sei zwar - im Gegensatz zu §§ 27 Abs. 2 Satz 2, 28 Abs. 1 Satz 3 BetrVG - nicht ausdrücklich im Wortlaut geregelt, ergebe sich jedoch aus der Stellung der Arbeitsgruppe sowie dem Zweck der Regelung. Die Arbeitsgruppe sei anders als die Ausschüsse kein Hilfsorgan des Betriebsrats, dem zur Arbeitsentlastung vorbereitende Handlungen übertragen werden könnten. Außerdem könne das gesetzgeberische Ziel, den betroffenen Arbeitnehmern mehr Einfluß auf die sie betreffenden Entscheidungen einzuräumen, nur erreicht werden, wenn die Arbeitsgruppe tatsächlich autonom arbeiten kann. Folglich könne der Betriebsrat, anders als bei der Übertragung von Aufgaben auf einen Ausschuß im Sinne der §§ 27, 28 BetrVG, auch nicht die Beschlüsse der Arbeitsgruppe aufheben oder ändern. Dies ergebe sich zum einen im Gegenschluß aus § 28a Abs. 2 Satz 3 BetrVG, der für den Fall fehlender Einigung zwischen Arbeitgeber und Arbeitsgruppe anordnet, daß die Zuständigkeit an den Betriebsrat zurückfällt. Außerdem würde ein Recht des Betriebsrates zur Abänderung oder Aufhebung der Bedeutung der Vorschrift nicht gerecht, welche die Autonomie der Arbeitsgruppe auch im Verhältnis zum Betriebsrat stärken soll. Sofern der Betriebsrat mit einer Regelung nicht einverstanden ist, müsse er folglich von seinem Widerrufsrecht Gebrauch machen und die Vereinbarung mit dem Arbeitgeber kündigen. Dementsprechend dürfte der Betriebsrat die Selbständigkeit der Arbeitsgruppe bei der Erledigung der ihr übertragenen Aufgaben nicht einschränken.

---

[919] So *Wedde*, AuR 2002, 125.

[920] Vgl. DKK-*Wedde*, § 28a Rn. 48.

[921] Vgl. GK-BetrVG-*Raab*, § 28a Rn. 32 f.

3. Stellungnahme

Auszugehen ist bei einer Bewertung von dem oben festgestellten Ergebnis, daß die Arbeitsgruppe die übertragenen Aufgaben grundsätzlich eigenverantwortlich wahrnimmt.

Dies bedeutet jedoch nicht, daß im Rahmen der Übertragung keinerlei Modifizierungen hinsichtlich der Regelungskompetenz der Arbeitsgruppe zulässig wären. Schon der Wortlaut des § 28a Abs. 2 Satz 1 Halbsatz 1 BetrVG läßt eine solche Einschränkung grundsätzlich zu. Danach "kann" die Arbeitsgruppe Vereinbarungen mit dem Arbeitgeber lediglich "im Rahmen der ihr übertragenen Aufgaben" schließen. Weiterhin sprechen systematische Gründe für die Möglichkeit der von Einschränkung des Regelungsspielraumes der Arbeitsgruppe. Denn wenn es schon zulässig ist, daß der Betriebsrat eine bestimmte Aufgabe insgesamt auf die Arbeitsgruppe überträgt, dann muß es erst Recht möglich sein, eine Aufgabe unter Einschränkungen zu übertragen. Zu denken ist hier etwa an die Vorgabe, daß Gruppenvereinbarungen nur mit bestimmten Kündigungsfristen abgeschlossen werden dürfen. Gleiches gilt für andere formale Vorgaben, welche zwar die Entscheidungen der Arbeitsgruppe beeinflussen, ihr jedoch nicht die Selbständigkeit nehmen[922].

Anders ist diese Frage jedoch zu beurteilen, wenn die Selbständigkeit der Arbeitsgruppe bei der Erledigung der ihr übertragenen Aufgaben eingeschränkt werden soll. Bedenken ergeben sich vor allem aus dem Sinn und Zweck des § 28a BetrVG: Danach sollen die Arbeitnehmer ihre Interessen gerade eigenverantwortlich und unmittelbar gegenüber dem Arbeitgeber vertreten können. Daher hat der Betriebsrat seine Förderungspflicht aus § 75 Abs. 2 Satz 2 BetrVG zu beachten und darf nicht beliebig auf die eigenverantwortliche und unmittelbare Vertretung der Interessen der Arbeitsgruppenmitglieder einwirken. Des weiteren muß berücksichtigt werden, daß es sich bei einer Arbeitsgruppe, im Gegensatz zu den Ausschüssen nach §§ 27, 28 BetrVG, nicht um ein Hilfsorgan des Betriebsrates handelt. Dementsprechend kann es nicht zulässig sein, wenn der Betriebsrat der Arbeitsgruppe im Übertragungsbeschluß zwar die Verhandlungen mit dem Arbeitgeber überträgt, sich aber die endgültige Entscheidung selbst vorbehält. Die Vertreter der Ansicht, die einen solchen Übertragungsbeschluß für zulässig halten, verkennen also die betriebsverfassungsrechtliche Stellung der Arbeitsgruppen. Diese kann nicht im Belieben des Betriebsrates stehen. Folglich kann im Übertragungsbeschluß

---

[922] Vgl. dazu auch die Ausführungen zur Rahmenvereinbarung unter Gliederungspunkt § 5 C.II.3.b).

der Abschluß von Gruppenvereinbarungen durch die Arbeitsgruppe nicht ausgeschlossen werden.

Allerdings sind auch hier die allgemeinen Aufgaben des Betriebsrates, darüber zu wachen, daß die Arbeitsgruppe ihre Regelungsspielräume nicht überschreitet und keine Auswirkungen für Arbeitnehmer entstehen, die nicht Mitglieder der Arbeitsgruppe sind, zu beachten. Gleiches gilt für praktische Erwägungen dahingehend, daß der Betriebsrat im Zweifel von vornherein auf eine Aufgabenübertragung verzichten wird, soweit ihm die Kontrolle über die Arbeitsgruppe völlig verwehrt ist.

4. Zwischenergebnis

Folglich kann in dem Übertragungsbeschluß des Betriebsrates die Selbständigkeit und Eigenverantwortlichkeit der Arbeitsgruppe für die Wahrnehmung der übertragenen Aufgaben nicht ausgeschlossen werden. Insbesondere ist es daher unzulässig, die Arbeitsgruppe lediglich die Verhandlungen mit dem Arbeitgeber führen zu lassen, den Abschluß von Vereinbarungen jedoch dem Betriebsrat vorzubehalten. Soweit sich der Betriebsrat für den Abschluß der Gruppenvereinbarungen bestimmte Rechte vorbehält (etwa Zustimmungserfordernisse oder Widerspruchsrechte), ist darauf zu achten, daß die Kontrolle durch den Betriebsrat sich darauf beschränkt, Rechte der Arbeitsgruppenmitglieder und der sonstigen Arbeitnehmer des Betriebes zu sichern. Ein darüber hinausgehender Einfluß auf die konkrete inhaltliche Gestaltung der Gruppenvereinbarung und damit ein Eingriff in die Eigenverantwortlichkeit und selbständige Wahrnehmung der übertragenen Aufgaben durch die Arbeitsgruppe darf jedoch nicht entstehen[923]. Befürchtet der Betriebsrat dennoch, daß Gruppenvereinbarungen seinen Interessen zuwiderlaufen könnten, bleibt für ihn nur die Möglichkeit, die entsprechenden Aufgaben nicht zu übertragen. Die Arbeitsgruppe darf also durch die praktische Umsetzung in der Rahmenvereinbarung nicht zu einem weiteren Ausschuß des Betriebsrates "degradiert" werden. Insoweit gilt hier nichts anderes, als bereits oben für die Frage der Einschränkung von Regelungsbefugnissen der Arbeitsgruppe durch die Rahmenvereinbarung festgestellt wurde[924].

---

[923] Einfluß auf die inhaltliche Gestaltung hat der Betriebsrat darüber hinaus nur allgemein, etwa durch die Vorgabe bestimmter Rahmenregelungen in der Rahmenvereinbarung oder im Übertragungsbeschluß.

[924] Siehe oben unter Gliederungspunkt § 5 C.II.3.b).

C. Die Beseitigung der Zuständigkeit der Arbeitsgruppe

I. Widerruf der Übertragung durch den Betriebsrat

1. Allgemeines

Gemäß § 28a Abs. 1 Satz 4 BetrVG kann der Betriebsrat die Übertragung der Aufgaben jederzeit widerrufen. Für einen solchen Widerruf gelten als actus contrarius grundsätzlich dieselben Regeln wie für die Übertragung[925]. Dies ergibt sich auch aus § 28a Abs. 1 Satz 4 BetrVG, wonach § 28a Abs. 1 Satz 1 Halbsatz 1 und Satz 3 BetrVG entsprechende Anwendung finden. Folglich ist ein Beschluß des Betriebsrates mit der Mehrheit der Stimmen seiner Mitglieder erforderlich[926]. Auch gilt wiederum das Schriftformerfordernis[927].

2. Empfänger der Widerrufserklärung

Unterschiedliche Ansichten bestehen im Schrifttum in der Frage, wem gegenüber der Betriebsrat den Widerruf der Aufgabenübertragung zu erklären hat.

Nach wohl überwiegender Auffassung ist der Widerruf grundsätzlich gegenüber der Arbeitsgruppe zu erklären[928]. Soweit ein Arbeitsgruppensprecher gewählt worden ist, vertritt dieser die Arbeitsgruppe nach außen und

---

[925] Vgl. GK-BetrVG-*Raab*, § 28a Rn. 34; *Fitting/Kaiser/Heither/Engels/Schmidt*, § 28a Rn. 26; DKK-*Wedde*, Rn. § 28a Rn. 53; Richardi-*Thüsing*, § 28a Rn. 21; *Busch*, Arbeitsgruppen und Gruppenarbeit, S. 171; *Raab*, NZA 2002, 479.

[926] So auch GK-BetrVG-*Raab*, § 28a Rn. 34; *Fitting/Kaiser/Heither/Engels/Schmidt*, § 28a Rn. 26; DKK-*Wedde*, § 28a Rn. 53; ErfK-*Eisemann*, § 28a Rn. 6; *Löwisch/Kaiser*, § 28a Rn. 17; Richardi-*Thüsing*, § 28a Rn. 21; *Gnade/Kehrmann/Schneider/Klebe/Ratayczak*, § 28a Rn. 9; *Engels/Trebinger/Löhr-Steinhaus*, DB 2001, 537; *Malottke*, AiB 2001, 629; *Natzel*, DB 2001, 1363; *Raab*, NZA 2002, 479; *Wedde*, AuR 2002, 125; *Worzalla/Will*, Rn. 267.

[927] Ebenso GK-BetrVG-*Raab*, § 28a Rn. 34; *Fitting/Kaiser/Heither/Engels/Schmidt*, § 28a Rn. 26; DKK-*Wedde*, Rn. § 28a Rn. 54; ErfK-*Eisemann*, § 28a Rn. 6; *Löwisch/Kaiser*, § 28a Rn. 17; Richardi-*Thüsing*, § 28a Rn. 21; *Gnade/Kehrmann/Schneider/Klebe/Ratayczak*, § 28a Rn. 9; *Engels/Trebinger/Löhr-Steinhaus*, DB 2001, 537; *Natzel*, DB 2001, 1363; *Raab*, NZA 2002, 479; *Wedde*, AuR 2002, 125; *Worzalla/Will*, Rn. 267.

[928] So etwa DKK-*Wedde*, Rn. § 28a Rn. 54. GK-BetrVG-*Raab*, § 28a Rn. 34 spricht davon, daß der Widerruf dem Arbeitgeber mitgeteilt werden müsse. Gemeint dürfte damit aber nur die Mitteilung nach § 2 Abs. 1 BetrVG sein, nicht die Erklärung des Widerrufs.

ist empfangszuständig[929]. Existiert hingegen kein Gruppensprecher, muß die Erklärung gegenüber allen Gruppenmitgliedern abgegeben werden. Die Information aller Mitglieder der Arbeitsgruppe kann etwa durch Anschreiben an alle Arbeitnehmer der Arbeitsgruppe erfolgen[930]. Denkbar ist aber auch ein Aushang an zentraler Stelle oder die Zusendung per E-Mail[931].

Teilweise wird in der Literatur auch die Ansicht vertreten, es komme alternativ zur Erklärung gegenüber der Arbeitsgruppe bzw. deren Sprecher auch die Erklärung des Widerrufs gegenüber dem Arbeitgeber in Betracht[932]. Diese Frage solle daher in der Rahmenvereinbarung geklärt werden[933]. Eine Begründung, warum auch die Erklärung des Widerrufs gegenüber dem Arbeitgeber die Zuständigkeit der Arbeitsgruppe beseitigen können soll, wird indes nicht gegeben.

Mit der überwiegenden Meinung ist daher davon auszugehen, daß die Zuständigkeit der Arbeitsgruppe nur durch die Erklärung gegen gegenüber ihr selbst bzw. ihrem Sprecher beseitigt werden kann. Die Erklärung des Widerrufs gegenüber dem Arbeitgeber genügt hierfür hingegen nicht. Dafür spricht schon, daß § 28a Abs. 1 Satz 4 BetrVG ausdrücklich auf die §§ 28a Abs. 1 Satz 1 Halbsatz 1 und Satz 3 BetrVG verweist. Der Widerruf ist somit actus contrarius zur Übertragung. Da auch die Aufgabenübertragung gegenüber der Arbeitsgruppe bzw. deren Sprecher zu erklären ist, kann für den Widerruf nichts anderes gelten. Durch die Möglichkeit der Erklärung gegenüber dem Arbeitgeber sollen offenbar praktische Schwierigkeiten des Zugangs vermieden werden, die auftreten können, wenn der Widerruf gegenüber allen Arbeitsgruppenmitgliedern erklärt werden muß. Hieran zeigt sich, wie wichtig eine ausführliche Regelung in der Rahmenvereinbarung über die innere Organisation der Arbeitsgruppe ist. Der Widerruf ist jedoch, ebenso wie die Übertragung, wegen dem Gebot der vertrauensvollen Zusammenarbeit gem. § 2 Abs. 1 BetrVG dem Arbeitgeber mitzuteilen[934]. Hat dieser Kenntnis vom wirksamen Widerruf, ist er aus dem Grundsatz der vertrauensvollen Zusammenarbeit heraus an

---

929 Vgl. DKK-*Wedde*, Rn. § 28a Rn. 54; *Fitting/Kaiser/Heither/Engels/Schmidt*, § 28a Rn. 26.

930 So DKK-*Wedde*, § 28a Rn. 54.

931 So DKK-*Wedde*, § 28a Rn. 54.

932 So etwa *Fitting/Kaiser/Heither/Engels/Schmidt*, § 28a Rn. 26; *Malottke*, AiB 2001, 629.

933 Vgl. *Malottke*, AiB 2001, 629.

934 So auch GK-BetrVG-*Raab*, § 28a Rn. 34; DKK-*Wedde*, § 28a Rn. 54; *Gnade/Kehrmann/Schneider/Klebe/Ratayczak*, § 28a Rn. 9.

weiteren Verhandlungen gehindert und kann keine rechtswirksamen Vereinbarungen mehr mit der Arbeitsgruppe abschließen[935]. Insoweit führt also die Mitteilung an den Arbeitgeber auch dazu, daß mit der Arbeitsgruppe keine Gruppenvereinbarungen nach § 28a Abs. 2 BetrVG mehr geschlossen werden können, beseitigt aber nicht die Zuständigkeit der Gruppe als solche.

3. Wirksamwerden des Widerrufs

Der Widerruf wird grundsätzlich wirksam, sobald der Beschluß des Betriebsrates der Arbeitsgruppe bzw. dem Arbeitsgruppensprecher zugeht[936].

Teilweise wird auch bereits auf den Betriebsratsbeschluß abgestellt bzw. eine dahingehende abweichende Regelung in der Rahmenvereinbarung für zulässig gehalten[937]. So soll es etwa möglich sein, festzulegen, daß der Widerruf nicht erst mit Zugang bei der Arbeitsgruppe bzw. dem Arbeitsgruppensprecher, sondern schon mit Beschlußfassung des Betriebsrates wirksam wird[938]. Gegen die Zulässigkeit einer solchen Regelung spricht schon das Bedürfnis nach Rechtssicherheit. Für die Arbeitsgruppe und den Arbeitgeber muß klar erkennbar sein, bis zu welchem Zeitpunkt sie zum Abschluß einer Gruppenvereinbarung berechtigt sind und wann die Zuständigkeit zurück an den Betriebsrat gefallen ist. Diese Sicherheit ist jedoch nur dann gegeben, wenn auf den Zugang der Widerrufserklärung abgestellt wird. Dies ist auch in der Praxis unproblematisch, da der Betriebsrat die in der Beschlußfassung getroffene Entscheidung in der Regel zeitnah der Arbeitsgruppe mitteilen kann. Bestehen hier praktische Schwierigkeiten, etwa weil kein Arbeitsgruppensprecher gewählt wurde, kann zumindest die Mitteilung an den Arbeitgeber erfolgen, so daß schon wegen des Grundsatzes der vertrauensvollen Zusammenarbeit (§ 2 Abs. 1 BetrVG) keine Gruppenvereinbarungen nach § 28a Abs. 2 BetrVG mehr geschlossen werden können. Dementsprechend ist allein auf den Zugang der Widerrufserklärung, nicht aber auf den Zeitpunkt der Beschlußfassung durch den Betriebsrat abzustellen. Eine davon abweichende Regelung in der Rahmenvereinbarung kann aufgrund der entstehenden Rechtsunsi-

---

[935] Vgl. DKK-*Wedde*, § 28a Rn. 54.

[936] Vgl. DKK-*Wedde*, § 28a Rn. 55; *Gnade/Kehrmann/Schneider/Klebe/Ratayczak*, § 28a Rn. 9; HaKo-BetrVG-*Blanke*, § 28a Rn. 3.

[937] So etwa *Löwisch/Kaiser*, § 28a Rn. 17; *Löwisch*, BB 2001, 1740; vgl. auch *Gnade/Kehrmann/Schneider/Klebe/Ratayczak*, § 28a Rn. 9; *Malottke*, AiB 2001, 629.

[938] So *Malottke*, AiB 2001, 629.

cherheit keine Wirksamkeit erlangen. Darüber hinaus besteht auch kein praktisch relevantes Bedürfnis nach einer solchen Regelung.

4. Zulässigkeit eines Teilwiderrufs

Nicht unumstritten ist auch die Frage, ob ein Teilwiderruf der Aufgabenübertragung in Betracht kommt. Überwiegend wird die Zulässigkeit eines Teilwiderrufs bejaht[939]. Teilweise wird jedoch auch die Auffassung vertreten, ein Teilwiderruf sei unzulässig[940]. Vielmehr könne der Widerruf nur insgesamt erfolgen und die Beauftragung als solche beenden[941]. Dem Betriebsrat soll es aber unbenommen sein, im Anschluß an einen Widerruf eine veränderte Aufgabenübertragung vorzunehmen[942]. Beide Vorgänge sollen gegebenenfalls auch verbunden werden können[943].

Für die Zulässigkeit eines Teilwiderrufs spricht indes schon der Wortlaut der gesetzlichen Regelung. Nach § 28a Abs. 1 Satz 1 Halbsatz 1 BetrVG können "bestimmte Aufgaben" auf die Arbeitsgruppe übertragen werden. Da diese Regelung gem. § 28a Abs. 1 Satz 4 BetrVG für den Widerruf entsprechend gilt, können auch ganz "bestimmte Aufgaben" widerrufen werden. Der Widerruf in vollem Umfang wird also gerade nicht gefordert. Der Wortsinn spricht vielmehr dafür, daß der Betriebsrat sich auch einzelne Aufgaben heraussuchen und deren Übertragung widerrufen kann. Auch der Sinn und Zweck der Regelung erfordert keine andere Bewertung. Insbesondere sind auch die Vertreter der Ansicht, die einen Teilwiderruf für unzulässig hält, der Auffassung, daß die übertragenen Aufgaben insgesamt widerrufen werden und anschließend eine veränderte Aufgabenübertragung vorgenommen werden kann. Dies soll sogar in einem Vorgang verbunden werden können. Insoweit besteht jedoch kein qualitativer Unterschied zu einem Teilwiderruf mehr. Die Aufteilung in zwei einzelne Vorgänge ist vielmehr bloße Förmelei, ohne jede rechtliche oder praktische Notwendigkeit. Dementsprechend ist mit der überwiegenden Meinung davon auszugehen, daß auch ein Teilwiderruf der übertragenen Aufgaben zulässig ist.

---

[939] Vgl. ErfK-*Eisemann*, § 28a Rn. 6; *Fitting/Kaiser/Heither/Engels/Schmidt*, § 28a Rn. 26.

[940] So etwa DKK-*Wedde*, § 28a Rn. 53; *Gnade/Kehrmann/Schneider/Klebe/Ratayczak*, § 28a Rn. 9.

[941] Vgl. DKK-*Wedde*, § 28a Rn. 53.

[942] So DKK-*Wedde*, § 28a Rn. 53.

[943] So DKK-*Wedde*, § 28a Rn. 53.

5. Beachtung von § 75 Abs. 2 Satz 2 BetrVG

Der Widerruf ist nach § 28a BetrVG von keinerlei sachlichen Voraussetzungen abhängig[944]. Insbesondere ist nach dem Wortlaut der Regelung kein besonderer Grund hierfür erforderlich. Der Betriebsrat hat jedoch auch bei der Ausübung des Widerrufsrechts seine Förderungspflicht aus § 75 Abs. 2 Satz 2 BetrVG zu beachten[945]. Welche Auswirkungen diese Pflicht für die Begründung des Widerrufs hat, wird jedoch unterschiedlich beurteilt.

a) Meinungsstand im Schrifttum

Teilweise wird die Auffassung vertreten, daß trotz der bestehenden Förderungspflicht aus § 75 Abs. 2 Satz 2 BetrVG kein besonderer Grund für den Widerruf erforderlich ist[946]. Gestützt wird diese Auffassung durch die Gesetzesbegründung nach welcher der Widerruf der Delegation ausdrücklich ohne besonderen Grund möglich sein soll[947].

Andere gehen dagegen davon aus, daß der Betriebsrat von seinem Recht zum Widerruf nur Gebrauch machen darf, wenn hierfür sachliche Gründe vorliegen[948]. Zumindest müßten die Grundsätze der Billigkeit beachtet werden[949]. Es wird vorgeschlagen, Details hierzu in der Rahmenvereinbarung zu regeln, etwa durch die Festlegung formeller Voraussetzungen oder Bestimmung von Gründen für den Widerruf[950]. In Betracht sollen etwa Verstöße der Arbeitsgruppe gegen Rechtsvorschriften bei Ausübung der übertragenen Befugnisse oder die unbillige Benachteiligung

---

944 So auch *Stege/Weinspach/Schiefer*, § 28a Rn. 11; Jaeger/Röder/Heckelmann-*Kappenhagen*, Kap. 5 Rn. 145; *Raab*, NZA 2002, 479.

945 Ebenso GK-BetrVG-*Raab*, § 28a Rn. 35; *Fitting/Kaiser/Heither/Engels/Schmidt*, § 28a Rn. 26; *Stege/Weinspach/Schiefer*, § 28a Rn. 11; Jaeger/Röder/Heckelmann-*Kappenhagen*, Kap. 5 Rn. 145; *Busch*, Arbeitsgruppen und Gruppenarbeit, S. 171 ff.; *Raab*, NZA 2002, 479.

946 So Richardi-*Thüsing*, § 28a Rn. 21; *Engels/Trebinger/Löhr-Steinhaus*, DB 2001, 537; *Malottke*, AiB 2001, 629; *Wedde*, AuR 2002, 125.

947 Siehe BT-Drucks. 14/5741, S. 40. Dies sieht auch *Franzen*, ZfA 2001, 434, der grundsätzlich aber zur Erforderlichkeit einer plausiblen Begründung neigt.

948 So etwa GK-BetrVG-*Raab*, § 28a Rn. 35; *Franzen*, ZfA 2001, 434; *Raab*, NZA 2002, 479. Im Ergebnis wohl auch *Busch*, Arbeitsgruppen und Gruppenarbeit, S. 174. Vgl. auch *Kort*, ZfA 2000, 344 zum Reformvorschlag des DGB.

949 So *Stege/Weinspach/Schiefer*, § 28a Rn. 11; *Franke/Hunold/Malter*, § 28a Anm. 2; *Natzel*, DB 2001, 1363; *Worzalla/Will*, Rn. 267.

950 Vgl. *Natzel*, DB 2001, 1363.

einzelner Arbeitsgruppenmitglieder bei Entscheidungen kommen[951]. Möglich sei auch, daß die Ausübung des Mitbestimmungsrechts durch den Betriebsrat erforderlich ist, um die Interessen von Arbeitnehmern zu wahren, die nicht der Arbeitsgruppe angehören[952]. Zur Begründung wird angeführt, die Gegenauffassung nehme der Arbeitsgruppe jegliche Planungssicherheit und würde sie völlig vom Betriebsrat abhängig machen[953]. Gleiches gelte hinsichtlich der Planungssicherheit auch für den Arbeitgeber.

b) Stellungnahme

Nach der gesetzgeberischen Konzeption soll die Förderungspflicht nach § 75 Abs. 2 Satz 2 BetrVG gerade dazu dienen, daß neu eingeführten Beteiligungsrechte für die einzelnen Arbeitnehmer und Arbeitsgruppen auch tatsächlich greifen[954]. Wenn es dagegen allein im Belieben des Betriebsrates steht, die einmal übertragenen Aufgaben zu widerrufen, würde die Förderungspflicht letztlich leerlaufen. Ebenso bestünde in diesem Fall die Gefahr, daß die Arbeitsgruppe bei der Wahrnehmung der übertragenen Aufgaben allein auf das Wohlwollen des Betriebsrates angewiesen wäre. Sie würde hierdurch faktisch zu einem Ausschuß des Betriebsrates "degradiert". Dies entspricht aber nicht ihrer eigenständigen Stellung im Rahmen der Betriebsverfassung. Demzufolge bedarf auch der Widerruf der Aufgabenübertragung durch den Betriebsrat eines sachlichen Grundes.

c) Folgen einer Pflichtverletzung

Liegen die erforderlichen sachlichen Gründe nicht vor, stellt der Widerruf folglich eine Pflichtverletzung des Betriebsrates dar.

Allerdings muß auch beachtet werden, daß die Stellung des Betriebsrates als einheitliche Interessenvertretung durch die Neuregelung unangetastet bleiben sollte[955]. Dies setzt voraus, daß grundsätzlich der Betriebsrat allein darüber entscheiden kann, ob und in welchem Umfang die ihm zugewiesenen Aufgaben auf eine andere Beteiligungsebene verlagert

---

[951] Mit diesen Beispielen GK-BetrVG-*Raab*, § 28a Rn. 35; *Raab*, NZA 2002, 479.

[952] Vgl. GK-BetrVG-*Raab*, § 28a Rn. 35; *Raab*, NZA 2002, 479.

[953] Vgl. *Franzen*, ZfA 2001, 434.

[954] Siehe BT-Drucks. 14/5741, S. 30 und 45.

[955] Siehe BT-Drucks. 14/5741, S. 29.

werden[956]. Die Formulierung in der Gesetzesbegründung, daß der Widerruf "jederzeit und ohne besonderen Grund" erfolgen kann, muß daher dahingehend verstanden werden, daß ein Verstoß gegen die Förderungspflicht jedenfalls nicht zur Unwirksamkeit des Widerrufs führt[957]. Im Außenverhältnis unterliegt das Widerrufsrecht also keinen Beschränkungen[958]. Gegen eine Unwirksamkeit des Widerrufs im Falle eines Verstoßes gegen § 75 Abs. 2 Satz 2 BetrVG sprechen auch Gründe der Rechtssicherheit[959]. Für den Arbeitgeber muß Klarheit darüber bestehen, wer für ihn der zuständige Ansprechpartner ist[960]. Dies wäre nicht gewährleistet, wenn der Wirksamkeit des Widerrufs und damit auch die Zuständigkeit des Betriebsrates unter Berufung auf eine mangelnde sachliche Rechtfertigung jederzeit in Frage gestellt werden könnte und erst durch ein gerichtliches Verfahren geklärt werden müßte[961]. Die Verletzung der Förderungspflicht ist daher auch hier nur mittelbar über § 23 Abs. 1 BetrVG sanktioniert, kann also in schwerwiegenden Fällen einen Antrag auf Auflösung des Betriebsrates rechtfertigen[962].

d) Zwischenergebnis

Auch der Widerruf der Aufgabenübertragung durch den Betriebsrat darf nur aus sachlichen Gründen erfolgen. Liegt diese Voraussetzung nicht vor, stellt der Widerruf eine Verletzung der Förderungspflicht nach § 75 Abs. 2 Satz 2 BetrVG dar. Dies führt jedoch nicht zu dessen Unwirksamkeit. In Betracht kommt lediglich eine mittelbare Sanktionierung über § 23 Abs. 1 BetrVG.

---

[956] Ebenso *Raab*, NZA 2002, 479. Aus diesem Grund wird auch von *Neef*, NZA 2001, 363 kritisiert, die Eigenständigkeit der Arbeitsgruppe bestehe nur "von Betriebsratsgnaden".

[957] Vgl. GK-BetrVG-*Raab*, § 28a Rn. 35; *Raab*, NZA 2002, 479; siehe dazu BT-Drucksache 14/5741, S. 40.

[958] Ebenso GK-BetrVG-*Raab*, § 28a Rn. 35; *Raab*, NZA 2002, 479.

[959] Vgl. GK-BetrVG-*Raab*, § 28a Rn. 35; *Raab*, NZA 2002, 479.

[960] Vgl. GK-BetrVG-*Raab*, § 28a Rn. 35; *Raab*, NZA 2002, 479.

[961] Vgl. GK-BetrVG-*Raab*, § 28a Rn. 35; *Raab*, NZA 2002, 479.

[962] So GK-BetrVG-*Raab*, § 28a Rn. 35; *Raab*, NZA 2002, 479; vgl. auch die obigen Ausführungen unter Gliederungspunkt § 5 B.III.3.a).

6. Wirkung des Widerrufs

Mit dem Zugang des Widerrufs bei der Arbeitsgruppe entfällt die Zuständigkeit der Arbeitsgruppe mit ex-nunc-Wirkung[963]. Etwaige Mitbestimmungsrechte stehen nunmehr wieder in vollem Umfange dem Betriebsrat zu[964]. Nach diesem Zeitpunkt kann die Arbeitsgruppe daher keine Verhandlungen gem. § 28a BetrVG mit dem Arbeitgeber durchführen und insbesondere keine rechtswirksamen Gruppenvereinbarungen mehr abschließen[965]. Sie hat folglich keinerlei Regelungskompetenz mehr[966]. Liegt nur ein Teilwiderruf vor, beschränkt sich der Verlust der Regelungskompetenz dementsprechend nur auf den widerrufenen Teil der übertragenen Aufgaben[967].

Die Auswirkungen des Widerrufs auf bereits abgeschlossene Vereinbarungen zwischen der Arbeitsgruppe und dem Arbeitgeber sollen unten, für alle Gründe des Wegfalls der Zuständigkeit der Arbeitsgruppen gemeinsam, im Zusammenhang mit den Ausführungen zur Gruppenvereinbarung erörtert werden[968].

II. Wegfall der Zuständigkeit kraft Gesetzes

Die Zuständigkeit der Arbeitsgruppe kann auch ohne besonderen Widerruf kraft Gesetzes entfallen. Hierbei sind verschiedene Konstellationen möglich.

1. Wegfall der gesetzlichen Übertragungsvoraussetzungen

Zunächst kommt der Wegfall der gesetzlichen Übertragungsvoraussetzungen in Betracht.

---

[963] Vgl. *Fitting/Kaiser/Heither/Engels/Schmidt*, § 28a Rn. 26; GK-BetrVG-*Raab*, § 28a Rn. 34; *Gnade/Kehrmann/Schneider/Klebe/Ratayczak*, § 28a Rn. 9; HaKo-BetrVG-*Blanke*, § 28a Rn. 3; *Wedde*, AuR 2002, 125; so wohl auch *Natzel*, DB 2001, 1363; *Raab*, NZA 2002, 479; *Worzalla/Will*, Rn. 268.

[964] Vgl. GK-BetrVG-*Raab*, § 28a Rn. 34; *Gnade/Kehrmann/Schneider/Klebe/Ratayczak*, § 28a Rn. 9; *Löwisch/Kaiser*, § 28a Rn. 17; *Busch*, Arbeitsgruppen und Gruppenarbeit, S. 176; *Löwisch*, BB 2001, 1740; *Natzel*, DB 2001, 1363; *Raab*, NZA 2002, 479; *Wulff*, ZBVR 2002, 140.

[965] Vgl. *Wedde*, AuR 2002, 125.

[966] Vgl. *Fitting/Kaiser/Heither/Engels/Schmidt*, § 28a Rn. 26; *Stege/Weinspach/ Schiefer*, § 28a Rn. 12.

[967] Darauf weisen auch *Fitting/Kaiser/Heither/Engels/Schmidt*, § 28a Rn. 26 hin.

[968] Siehe dazu Gliederungspunkt § 7 F.III.

a) Veränderungen der Organisationseinheit Arbeitsgruppe

aa) Auflösung der Arbeitsgruppe

Zum einen können die Übertragungsvoraussetzungen dadurch entfallen, daß die betroffenen Arbeitnehmer infolge organisatorischer Änderungen keine Arbeitsgruppe mehr bilden. Das Gesetz trifft für diesen Fall keine ausdrückliche Regelung über den Fortbestand oder das Erlöschen der Aufgabenübertragung. Der Betriebsrat kann jedoch betriebsverfassungsrechtliche Aufgaben nur auf Arbeitsgruppen als solche, nicht aber auf einzelne Arbeitnehmer oder beliebige Gruppen von Arbeitnehmern übertragen[969]. Die einmal übertragenen Aufgaben können daher nicht von denjenigen Arbeitnehmern weiterhin wahrgenommen werden, die der ehemals bestehenden Arbeitsgruppe vor ihrer Auflösung angehört haben. Weiterhin würde für sie auch keinerlei Regelungsspielraum bestehen, um Gruppenvereinbarungen im Sinne von § 28a Abs. 2 BetrVG mit dem Arbeitgeber abzuschließen, da deren Geltungsbereich auf die Mitglieder einer Arbeitsgruppe beschränkt sein muß, eine solche aber gerade nicht mehr existiert. Folglich müssen hier dieselben rechtlichen Wirkungen eintreten, wie nach dem Widerruf der Aufgabenübertragung: die Zuständigkeit für die Wahrnehmung der Aufgaben fällt an den Betriebsrat zurück[970].

bb) Veränderungen der personellen Zusammensetzung oder des Aufgabenbereichs

In diesem Zusammenhang stellt sich auch die Frage, welche Auswirkungen Veränderungen in der personellen Zusammensetzung oder im Aufgabenbereich der Arbeitsgruppe haben.

Thüsing will in diesen Fällen wegen einer funktionellen Vergleichbarkeit, ähnlich wie bei strukturellen Veränderungen auf Betriebsebene, danach unterscheiden, ob trotz des Ausscheidens oder des Eintritts von Arbeitnehmern die Gruppe ihre Identität behält[971]. Ist dies der Fall, dann bleibe die Übertragung wirksam, wo dem nicht so ist, soll sie erlöschen. Kriterien, die Identität der Arbeitsgruppe zu bestimmen, seien neben ihrer Aufgabe und Funktion auch ihre personelle Zusammensetzung: Scheiden alle Mitarbeiter aus, sei auch dann nicht mehr von einem Fortbestand der Ar-

---

[969] Siehe dazu oben unter Gliederungspunkt § 4 B.I.

[970] Zu diesem Ergebnis kommen auch GK-BetrVG-*Raab*, § 28a Rn. 36; *Raab*, NZA 2002, 479; wohl auch Richardi-*Thüsing*, § 28a Rn. 11, da die Arbeitsgruppe ihre Identität verliert.

[971] Vgl. Richardi-*Thüsing*, § 28a Rn. 11; ähnlich Jaeger/Röder/Heckelmann-*Kappenhagen*, Kap. 5 Rn. 135.

beitsgruppe auszugehen, wenn sie durch neue ersetzt werden. Bekommt die Arbeitsgruppe eine neue Funktion und organisiert sie sich neu, dann ist sie auch dann eine neue Arbeitsgruppe im Sinne des § 28a BetrVG, wenn ihr viele Arbeitnehmer angehören, die zuvor eine andere Arbeitsgruppe bildeten.

Das Abstellen auf die personelle Zusammensetzung der Arbeitsgruppe kann im Grundsatz aus den genannten Gründen überzeugen. Jedoch sollte kein zu strenger Maßstab angelegt werden. So muß es etwa unschädlich sein, wenn durch personelle Fluktuationen nach und nach die ursprünglichen Gruppenmitglieder ausscheiden und dafür neue Arbeitnehmer in die Arbeitsgruppe eingegliedert werden. Insoweit ändert sich zwar die konkrete personelle Zusammensetzung, die Identität der Arbeitsgruppe ändert sich aber jedenfalls aus betrieblicher Sicht nicht: es stellen sich die gleichen Regelungsfragen und auch Aufgabe und Funktion bleiben unverändert bestehen. Anders ist dies zu beurteilen, wenn alle Gruppenmitglieder auf einmal ausscheiden. Hier dürfte in der Regel ohnehin die Auflösung der Arbeitsgruppe vorliegen, so daß die oben genannten Folgen eintreten.

Ähnlich weite Maßstäbe wird man für die Veränderung von Funktion und Aufgabe der Arbeitsgruppe ansetzten müssen. Auch hier gilt, daß nicht jede organisatorische Änderung zum Identitätsverlust der Gruppe führt. Denkbar ist beispielsweise, daß eine bestehende Arbeitsgruppe bestimmte, der eigenen Arbeitsaufgabe vor- oder nachgelagerte Tätigkeiten nunmehr selbst wahrnimmt und die bisher damit beschäftigten Arbeitnehmer in die Gruppe eingegliedert werden. Hierdurch ändern sich sowohl der Aufgabenbereich als auch die personelle Zusammensetzung, eventuell sind auch einige organisatorische Neuerungen notwendig. Dennoch wird man nicht davon ausgehen können, daß immer ein Identitätsverlust der Arbeitsgruppe vorliegt. Es sind auch keine Gründe ersichtlich, warum bisher wahrgenommene betriebsverfassungsrechtliche Aufgaben (etwa die Pausengestaltung oder die Urlaubsplanung) nun nicht mehr von dieser Gruppe vorgenommen werden sollten. Anders könne diese Fälle aber zu beurteilen sein, wenn der Aufgaben- und Funktionsbereich nicht nur verkleinert oder erweitert, sondern völlig neu gestaltet wird. Dies ist etwa der Fall, wenn mehrere Arbeitsgruppen zu einer neuen Gruppe zusammengefaßt werden sollen. Hier liegt in der Regel die Auflösung der alten Gruppen vor, so daß schon aus diesem Grund eine erneute Aufgabenübertragung vom Betriebsrat auf die neu gebildete Gruppe erfolgen muß. Auch können sich in solchen Fällen ganz andere Regelungsfragen ergeben, die gruppenintern gelöst werden sollen bzw. müssen.

Dementsprechend wird deutlich, daß eine Beurteilung, ob die Identität einer Arbeitsgruppe durch Änderungen im Aufgabenbereich oder der personellen Zusammensetzung erhalten geblieben oder verloren gegangen ist, nur im konkreten Einzelfall unter Berücksichtigung aller Umstände vorgenommen werden kann. Dabei wird insbesondere zu berücksichtigen sein, in welchem Ausmaß Veränderungen in personeller und /oder funktioneller Hinsicht vorgenommen werden. Eine abstrakte Grenze, ab der ein Identitätsverlust der Arbeitsgruppe vorliegt, läßt sich jedoch nicht ziehen.

b) Absinken der Arbeitnehmerzahl unter den Schwellenwert von über 100 Arbeitnehmern

Keine Regelung über den Fortbestand oder das Erlöschen der Aufgabenübertragung trifft das Gesetz auch für den Fall, daß die Betriebsgröße unter die nach § 28a BetrVG erforderliche Zahl von mehr als 100 (regelmäßig beschäftigten) Arbeitnehmern sinkt. Im Schrifttum werden hierzu unterschiedliche Ansichten vertreten:

Wohl überwiegend geht man davon aus, daß auch hier die Übertragung auf die Arbeitsgruppe endet und der Betriebsrat wieder die Aufgaben wahrzunehmen hat[972]. Begründet wird dies mit einer Analogie zur herrschenden Meinung beim Verlust der Betriebsratsfähigkeit, wonach diese nicht nur Voraussetzung für die Wahl, sondern auch für den Bestand des Betriebsrats ist[973]: Die Übertragung auf die Arbeitsgruppe endet automatisch; die Aufgaben werden wieder vom Betriebsrat wahrgenommen[974]. Im Ergebnis sollen also dieselben rechtlichen Wirkungen eintreten, wie nach dem Widerruf der Aufgabenübertragung durch den Betriebsrat.

Wedde nimmt für diesen Fall an, daß die Verhandlungen zwischen Arbeitsgruppe und Arbeitgeber im Rahmen des Übertragungsbeschlusses fortgesetzt werden dürfen, da sich der gesetzlich festgelegte Mindestwert für die Arbeitnehmerzahl nach dem Wortlaut des § 28a Abs. 1 Satz 1 BetrVG auf den Zeitpunkt der Übertragung beziehe[975]. Folglich habe eine Veränderung der Arbeitnehmerzahl auf die Zuständigkeit der Arbeitsgruppe für Verhandlungen und den Abschluß von Gruppenvereinbarungen mit dem Arbeitgeber keine Auswirkung. Allerdings könne in der Rahmenver-

---

[972] So etwa GK-BetrVG-*Raab*, § 28a Rn. 36; Richardi-*Thüsing*, § 28a Rn. 6; Jaeger/Röder/Heckelmann-*Kappenhagen*, Kap. 5 Rn. 132.

[973] Vgl. dazu *Fitting/Kaiser/Heither/Engels/Schmidt*, § 21 Rn. 31; GK-BetrVG-*Kreutz*, § 21 Rn. 37; Richardi-*Richardi/Thüsing*, § 21 Rn. 23.

[974] So Richardi-*Thüsing*, § 28a Rn. 6.

[975] Vgl. DKK-*Wedde*, § 28a Rn. 13.

einbarung für derartige Fälle eine andersartige Regelung getroffen werden. Darüber hinaus könnte dies der Betriebsrat auch zum Anlaß für einen Widerruf der Aufgabenübertragung nehmen.

Auch *Busch* ist der Ansicht, daß die nachträgliche Unterschreitung des Schwellenwertes keinen Einfluß auf die Aufgabenübertragung haben könne[976]. Begründet wird dies mit Aspekten der Rechtssicherheit. Insbesondere bestünde die Gefahr, daß ein von den Beteiligten unbemerkter Kompetenzwegfall zum Abschluß unwirksamer Gruppenvereinbarungen führt.

Zunächst ist festzuhalten, daß die Arbeitnehmerzahl dauerhaft unter den gesetzlichen Schwellenwert sinken muß, um überhaupt relevante Rechtsfolgen auslösen zu können. Eine nur zeitweise vorübergehende Unterschreitung kann nicht ausreichen. Insoweit dürfte auch in der Literatur Einigkeit bestehen. Weiterhin bezieht sich der Schwellenwert nach dem Wortlaut des § 28a Abs. 1 Satz 1 Halbsatz 1 BetrVG sich auf den Zeitpunkt der Aufgabenübertragung[977]. Welche Auswirkungen eine Veränderung der Arbeitnehmerzahl auf die Zuständigkeit der Arbeitsgruppe hat, wird indes nicht geregelt. Dementsprechend kann aus dem Gesetzeswortlaut - im Gegensatz zu der teilweise vertretenen Ansicht - kein diesbezüglicher Schluß gezogen werden. Die Rechtsfolgen einer dauerhaften Unterschreitung des Schwellenwertes sind daher anderweitig zu bestimmen. Die entsprechende Anwendung der für den Wirtschaftsausschuß gem. § 106 BetrVG geltenden Grundsätze dürfte hier nicht in Betracht kommen. Zum einen ist auch hier umstritten, welche Auswirkungen das Absinken der Arbeitnehmerzahlen unter den Schwellenwert des § 106 Abs. 1 Satz 1 BetrVG hat[978]. Außerdem muß berücksichtigt werden, daß es sich bei dem Wirtschaftsausschuß um ein Hilfsorgan des Betriebsrates handelt. Dagegen ist die Arbeitsgruppe ein eigenständiges Organ der Betriebsverfassung. Insoweit fehlt es auch an der für eine entsprechende Anwendung erforderlichen Vergleichbarkeit. Wegen der Einordnung der Arbeitsgruppe als eigenständiges betriebsverfassungsrechtliches Organ bietet sich jedoch die entsprechende Anwendung, der für den Betriebsrat geltenden Grundsätze an. Hierzu ist zunächst festzustellen, daß nicht jede dauerhafte Veränderung der Arbeitnehmerzahlen zum Wegfall des Betriebsrates

---

[976] Vgl. *Busch*, Arbeitsgruppen und Gruppenarbeit, S. 75.

[977] Siehe dazu auch die obigen Ausführungen unter Gliederungspunkt § 4 A.III.

[978] So gehen GK-BetrVG-*Fabricius/Oetker*, § 106 Rn. 21, § 107 Rn. 28 und Richardi-*Richardi/Annuß*, § 106 Rn. 11 davon aus, daß das Amt des Wirtschaftsausschusses ohne weiteres endet. Dagegen nehmen das LAG Frankfurt (v. 17.08.1993, DB 1994, 1248); DKK-*Däubler*, § 106 Rn. 14 und GK-BetrVG[6]-*Fabricius*, § 106 Rn. 5 an, daß ein Wegfall der Zuständigkeit erst mit Ende der Amtszeit des Betriebsrates eintritt.

führt. So ist ein Absinken der Arbeitnehmerzahl auf die nächstkleinere Stufe des Katalogs in § 9 BetrVG nur dann zu berücksichtigen, wenn gleichzeitig die Voraussetzungen des § 13 Abs. 2 Nr. 1 BetrVG erfüllt sind. Im übrigen bleibt der Betriebsrat hingegen bestehen und wird in seiner Größe nicht an die eigentlich nach § 9 BetrVG vorgesehene Zahl der Betriebsmitglieder angepaßt. Diese Überlegungen sind jedoch nicht ohne weiteres auf die Arbeitsgruppen zu übertragen. Insbesondere enthält § 28a BetrVG keine mit § 9 BetrVG vergleichbare Abstufung, sondern fordert für die Übertragung von Aufgaben mehr als 100 regelmäßig beschäftigte Arbeitnehmer. Wird diese Zahl unterschritten, soll eine Übertragung nicht zulässig sein. Dementsprechend kann nur ein Vergleich mit dem Absinken der Arbeitnehmerzahl unter die erste Stufe des Katalogs in § 9 BetrVG, also dem Verlust der Betriebsratsfähigkeit, in Betracht kommen, da nur insoweit eine Vergleichbarkeit besteht. Sinkt die Zahl der regelmäßig beschäftigten wahlberechtigten Arbeitnehmer unter fünf, endet nach ganz herrschender Meinung die Amtszeit des Betriebsrats unmittelbar[979]. Überträgt man dieses Ergebnis entsprechend auf die Arbeitsgruppe, muß auch die Aufgabenübertragung bei dauerhafter Unterschreitung des Schwellenwertes aus § 28a BetrVG enden. Zwar ist durchaus zuzugeben, daß eine gewisse Rechtsunsicherheit hinsichtlich der Bestimmung der Arbeitnehmerzahlen bestehen kann. Da dies aber auf der Ebene des Betriebsrates hingenommen wird, besteht kein Grund für eine andere Bewertung auf der Arbeitsgruppenebene. Dies entspricht der oben dargestellten überwiegenden Ansicht im Schrifttum. Folglich ist dieser Ansicht zuzustimmen. Die Übertragung auf die Arbeitsgruppe endet bei dauerhafter Unterschreitung des Schwellenwertes aus § 28a Abs. 1 Satz 1 Halbsatz 1 BetrVG automatisch. Die Aufgaben fallen dann wieder zurück an den Betriebsrat und sind von ihm wahrzunehmen.

c) Kündigung der Rahmenvereinbarung

Schließlich könnte die Rahmenvereinbarung durch den Betriebsrat oder den Arbeitgeber wirksam gekündigt worden sein. Für diesen Fall wird - soweit ersichtlich - übereinstimmend davon ausgegangen, daß mit Ablauf der Kündigungsfrist die gleichen Wirkungen eintreten wie bei einem Widerruf[980]. Mit einer wirksamen Kündigung entfalle die Basis für eine Dele-

---

979 Vgl. dazu *Fitting/Kaiser/Heither/Engels/Schmidt*, § 21 Rn. 31; GK-BetrVG-*Kreutz*, § 21 Rn. 37; Richardi-*Richardi/Thüsing*, § 21 Rn. 23.

980 Vgl. *Fitting/Kaiser/Heither/Engels/Schmidt*, § 28a Rn. 20; GK-BetrVG-*Raab*, § 28a Rn. 36; *Gnade/Kehrmann/Schneider/Klebe/Ratayczak*, § 28a Rn. 9; Richardi-Thüsing, § 28a Rn. 17.

gation betriebsverfassungsrechtlicher Aufgaben[981]. Die Wahrnehmung dieser Aufgaben falle damit an den Betriebsrat zurück[982]. Dies soll nur dann nicht gelten, wenn eine Nachwirkung für die Rahmenvereinbarung vereinbart wurde[983].

Hierfür spricht, daß nach der gesetzlichen Konzeption eine Aufgabenübertragung nur auf Grundlage einer zwischen Betriebsrat und Arbeitgeber abgeschlossenen Rahmenvereinbarung möglich sein soll. Diese bildet die Grundlage für den Übertragungsbeschluß des Betriebsrates und damit für die Aufgabenübertragung schlechthin. Fällt diese Grundlage nunmehr durch Kündigung weg und besteht auch keine Nachwirkung, hat der Übertragungsbeschluß seine Existenzberechtigung verloren. Dementsprechend kann hier nichts anderes gelten, als beim Widerruf der Übertragung. Folglich ist bei Kündigung der Rahmenvereinbarung die Grundlage für die Aufgabenübertragung entfallen, so daß diese endet und die Aufgaben wieder vom Betriebsrat selbst wahrgenommen werden müssen. Der im Schrifttum vertretenen Auffassung ist daher zuzustimmen.

2. Wegfall wegen Nichteinigung nach § 28a Abs. 2 Satz 3 BetrVG

a) Umfang des Zuständigkeitsverlustes

Gemäß § 28a Abs. 2 Satz 3 BetrVG entfällt die Zuständigkeit der Arbeitsgruppe für eine bestimmte Regelungsfrage auch dann, wenn hierüber keine Einigung mit dem Arbeitgeber zu erzielen ist[984]. In diesem Fall nimmt der Betriebsrat die betriebsverfassungsrechtlichen Aufgaben in Bezug auf die betroffene Regelungsfrage selbst wahr[985]. Anders als im Falle des Widerrufs bleibt die Aufgabenübertragung an die Arbeitsgruppe als solche hiervon jedoch unberührt[986]. Es endet lediglich das entsprechende Verhandlungsmandat[987]. Die Primärzuständigkeit der Arbeitsgruppe für andere Fragen, die demselben Mitbestimmungstatbestand unterfallen,

---

[981] So *Fitting/Kaiser/Heither/Engels/Schmidt*, § 28a Rn. 20; ähnlich Richardi-Thüsing, § 28a Rn. 17.

[982] Vgl. *Fitting/Kaiser/Heither/Engels/Schmidt*, § 28a Rn. 20.

[983] Darauf weisen *Gnade/Kehrmann/Schneider/Klebe/Ratayczak*, § 28a Rn. 9 hin.

[984] Vgl. auch BT-Drucks. 14/5741, S. 40.

[985] Vgl. GK-BetrVG-*Raab*, § 28a Rn. 37; Richardi-*Thüsing*, § 28a Rn. 31; *Löwisch/Kaiser*, § 28a Rn. 25 f.; *Löwisch*, BB 2001, 1741; *Raab*, NZA 2002, 479; *Wedde*, AuR 2002, 126; *Worzalla/Will*, Rn. 266.

[986] Ebenso GK-BetrVG-*Raab*, § 28a Rn. 31 und 37; *Raab*, NZA 2002, 479.

[987] Vgl. DKK-*Wedde*, § 28a Rn. 80.

bleibt also erhalten[988]. Auch eine erneute Beauftragung nach einer entsprechenden Beschlußfassung ist jederzeit möglich[989].

Aus § 28a Abs. 2 Satz 3 BetrVG ergibt sich des weiteren unmittelbar, daß die Arbeitsgruppe selbst nicht die Einigungsstelle anrufen kann[990]. Denn sobald ein Fall der Nichteinigung mit dem Arbeitgeber vorliegt, verliert die Arbeitsgruppe ihre Zuständigkeit für die betroffene Angelegenheit an den Betriebsrat. Dieser nimmt dann die Aufgaben wieder im Rahmen seiner Tätigkeit in eigener Zuständigkeit wahr. Er kann also in Verhandlungen mit dem Arbeitgeber eintreten und erneut eine Einigung versuchen. Soweit dies nicht möglich ist, besteht für den Betriebsrat die Möglichkeit die Einigungsstelle anrufen, soweit es sich um Gegenstände handelt, die der erzwingbaren Mitbestimmung unterliegen.

b) Feststellung der Nichteinigung

Ab welchem Zeitpunkt der Verhandlungen davon ausgegangen werden muß, daß Arbeitsgruppe und Arbeitgeber sich nicht einigen können, ist im Gesetz nicht näher bestimmt. Objektive Maßstäbe werden sich hierfür auch nicht finden lassen. Die Versuche, solche festzulegen, sind bereits in anderen Bereichen nicht erfolgreich gewesen, so etwa zum Scheitern der Verhandlungen als Streikvoraussetzung[991]. Daher steht die Feststellung der Nichteinigung im freien Ermessen von Arbeitsgruppe bzw. Arbeitgeber. Es gilt also ähnliches, wie für die Betriebspartner im Rahmen des § 87 Abs. 2 BetrVG bei der Anrufung der Einigungsstelle[992]. Sowohl die Arbeitsgruppe als auch der Arbeitgeber können somit jederzeit feststellen, daß eine Einigung nicht möglich ist[993]. Eine besondere Begründung ist hierfür nicht erforderlich, da das Gesetz insoweit keine Vorgaben enthält[994]. Für die Feststellung ist auf Seiten der Arbeitsgruppe ein entspre-

---

[988] Vgl. GK-BetrVG-*Raab*, § 28a Rn. 37; *Raab*, NZA 2002, 479.

[989] Vgl. DKK-*Wedde*, § 28a Rn. 81; *Wedde*, AuR 2002, 126.

[990] Vgl. *Fitting/Kaiser/Heither/Engels/Schmidt*, § 28a Rn. 37; HaKo-BetrVG-*Blanke*, § 28a Rn. 6; *Brunhöber*, Neues BetrVG, S. 133 f.; Dörner/Luczak/Wildschütz-*Wildschütz*, Rn. 479; Haufe-*Traut*, S. 128 Rn. 16; Jaeger/Röder/Heckelmann-*Kappenhagen*, Kap. 5 Rn. 151; *Raab*, NZA 2002, 479.

[991] Mit diesem Hinweis Richardi-*Thüsing*, § 28a Rn. 32.

[992] So Richardi-*Thüsing*, § 28a Rn. 32.

[993] Ebenso Richardi-*Thüsing*, § 28a Rn. 32; *Fitting/Kaiser/Heither/Engels/Schmidt*, § 28a Rn. 37; DKK-*Wedde*, § 28a Rn. 79; *Busch*, Arbeitsgruppen und Gruppenarbeit, S. 169; *Wedde*, AuR 2002, 126.

[994] Vgl. DKK-*Wedde*, § 28a Rn. 79; *Wedde*, AuR 2002, 126.

chender Beschluß notwendig, damit eindeutig feststeht, wer auf Arbeitnehmerseite zur Regelung der Angelegenheit befugt ist[995]. Diese Entscheidung der Arbeitsgruppe bedarf keiner qualifizierten Mehrheit, da diese nach § 28a Abs. 2 Satz 1 Halbsatz 2 BetrVG nur beim Abschluß von Gruppenvereinbarungen erforderlich ist[996]. Bevor der Arbeitgeber oder die Arbeitsgruppe die Unmöglichkeit einer freiwilligen Einigung feststellen, sollten sie sich des auch für sie geltenden Gebots des § 74 Abs. 1 Satz 2 BetrVG bewußt sein, über strittige Fragen mit dem ernsten Willen zur Einigung zu verhandeln und Vorschläge für die Beilegung von Meinungsverschiedenheiten zu machen[997]. Allerdings hat die Mißachtung dieses Gebots keine Auswirkung auf sich Rechtswirksamkeit der Feststellung der Nichteinigung[998].

c) Scheitern der Einigung

Ein Scheitern der Einigung ist zum einen dann anzunehmen, wenn die Arbeitsgruppe oder der Arbeitgeber die von der jeweils anderen Seite gewünschte Regelung ausdrücklich ablehnen[999].

Problematischer ist dies, wenn zu einem konkreten Regelungsvorschlag von der jeweils anderen Seite nicht innerhalb einer zumutbaren Frist eindeutig Stellung genommen wird. Auch hier wird man ein Scheitern der Einigung annehmen müssen, da weder der Arbeitsgruppe noch dem Arbeitgeber ein längerer Schwebezustand zugemutet werden kann[1000]. Schweigt der Arbeitgeber, können die Arbeitsgruppenmitglieder ihre Interessen nicht vertreten, so daß hier der Betriebsrat tätig werden muß. Schweigt die Arbeitsgruppe können erforderliche betriebliche Maßnahmen blockiert werden, etwa dann, wenn der Arbeitgeber ohne die Zustimmung der Betriebsrates bzw. der Arbeitsgruppe nicht agieren darf[1001]. Insbesondere kann der Arbeitgeber hier die Einigungsstelle erst dann anrufen, wenn das Scheitern der Verhandlungen mit der Arbeitsgruppe feststeht und die Zuständigkeit an den Betriebsrat zurückgefallen ist, da die Arbeitsgruppe selbst im Einigungsstellenverfahren nicht beteiligungsfähig

[995] Insoweit halten *Fitting/Kaiser/Heither/Engels/Schmidt*, § 28a Rn. 37 im Interesse der Rechtssicherheit einen förmlichen Beschluß der Arbeitsgruppe für notwendig.

[996] So auch *Fitting/Kaiser/Heither/Engels/Schmidt*, § 28a Rn. 37.

[997] Darauf weisen auch *Fitting/Kaiser/Heither/Engels/Schmidt*, § 28a Rn. 37 hin.

[998] Ebenso *Fitting/Kaiser/Heither/Engels/Schmidt*, § 28a Rn. 37.

[999] Vgl. GK-BetrVG-*Raab*, § 28a Rn. 38.

[1000] Im Ergebnis ebenso GK-BetrVG-*Raab*, § 28a Rn. 38.

[1001] Ähnlich GK-BetrVG-*Raab*, § 28a Rn. 38.

ist[1002]. Schon deshalb ist in solchen Fällen auch bei einem Schweigen oder bei einer nicht eindeutigen Stellungnahme der Arbeitsgruppe nach Ablauf einer zumutbaren Frist von einem Scheitern der Einigung auszugehen[1003]. Aus Gründen der Rechtssicherheit muß jedoch wenigstens eine der beteiligten Parteien das Scheitern der Einigung erklären. Würde man auf eine solche Erklärung verzichten und nur auf den Zeitablauf abstellen, könnte die zu erheblichen Unsicherheiten führen. Aus dem gleichen Grund ist die Feststellung der Nichteinigung verbindlich und nicht widerrufbar[1004]. Ebenfalls aus Gründen der Rechtssicherheit sollte der maßgebliche Zeitraum für die "Zumutbarkeit" in der Rahmenvereinbarung bestimmt werden[1005]. Geschieht dies nicht, kann nur auf die Umstände des Einzelfalls abgestellt werden. Dies ist zwar wenig präzise und führt somit natürlich zu Unsicherheiten über die konkrete Dauer der Frist. In der Praxis ist dieses Problem jedoch leicht zu umgehen, indem der jeweils andere Partner das Scheitern der Einigung erklärt und damit die Zuständigkeit an den Betriebsrat zurückfällt.

In diesem Zusammenhang betont *Natzel* zu Recht, daß die gesetzliche Regelung nicht nur, wie soeben gezeigt, gewisse Schwierigkeiten mit sich bringt, sondern durchaus auch Gestaltungsmöglichkeiten für den Arbeitgeber bietet[1006]. So kann dieser, wenn er den Abschluß einer Gruppenvereinbarung aus bestimmten Gründen nicht für sinnvoll hält, etwa weil eine gruppenübergreifende Einheitsregelung geschaffen werden soll, schon frühzeitig gegenüber der Arbeitsgruppe deutlich machen, daß eine Einigung nicht möglich ist[1007]. Damit fällt das Beteiligungsrecht an den Betriebsrat zurück, der dann wieder Verhandlungspartner des Arbeitgebers ist[1008]. Somit hat es der Arbeitgeber trotz Übertragung von Aufgaben auf Arbeitsgruppen in der Hand, ob Regelungen auf betrieblicher Ebene mit dem Betriebsrat oder auf Gruppenebene mit der Arbeitsgruppe getroffen werden[1009].

1002 Vgl. GK-BetrVG-*Raab*, § 28a Rn. 38; *Löwisch/Kaiser*, § 28a Rn. 25; vgl. auch die Ausführungen unter Gliederungspunkt § 6 C.II.2.a).

1003 So auch GK-BetrVG-*Raab*, § 28a Rn. 38.

1004 So auch *Fitting/Kaiser/Heither/Engels/Schmidt*, § 28a Rn. 37.

1005 So GK-BetrVG-*Raab*, § 28a Rn. 38.

1006 Vgl. *Natzel*, DB 2001, 1364; ebenso *Worzalla/Will*, Rn. 266.

1007 Vgl. *Natzel*, DB 2001, 1364; ebenso *Worzalla/Will*, Rn. 266.

1008 Vgl. *Natzel*, DB 2001, 1364; ebenso *Worzalla/Will*, Rn. 266.

1009 Vgl. *Natzel*, DB 2001, 1364.

d) Folgen des Rückfalls der Zuständigkeit auf den Betriebsrat

Soweit die Zuständigkeit gem. § 28a Abs. 2 Satz 3 BetrVG an den Betriebsrat zurückgefallen ist, handelt er im eigenen Namen aufgrund eigener Zuständigkeit, nicht aber stellvertretend für die Arbeitsgruppe[1010]. Der Betriebsrat kann daher die bestehenden Mitwirkungs- und Mitbestimmungsrechte nunmehr nach eigenem Ermessen und gemäß seiner Beschlußfassung durchführen[1011]. Es gelten die allgemeinen kollektivrechtlichen Grundsätze[1012]. Sind mitbestimmungspflichtige Angelegenheiten betroffen, so können sowohl der Arbeitgeber als auch der Betriebsrat die Einigungsstelle anrufen, soweit sie keine Einigung erzielen[1013]. Handelt es sich um bloße Mitwirkungsrechte, kann der Betriebsrat seinerseits aktiv werden, wenn sich Arbeitgeber und Arbeitsgruppe nicht einigen konnten[1014]. Er kann hierzu eigene Anträge einbringen oder solche der Arbeitsgruppe aufgreifen und eine Beratung mit dem Arbeitgeber verlangen[1015]. Erreicht der Betriebsrat eine Vereinbarung mit dem Arbeitgeber oder ergeht ein Spruch der Einigungsstelle, dann kommt eine Betriebsvereinbarung nach § 77 BetrVG und nicht eine Vereinbarung nach § 28a Abs. 2 BetrVG zustande[1016]. Folglich ist für deren Änderung oder Kündigung der Betriebsrat und nicht die Arbeitsgruppe zuständig[1017]. Dies ergibt sich zwar nicht aus dem Wortlaut des Gesetzes, die Gesetzesbegründung spricht aber eindeutig davon, daß die Zuständigkeit an den Betriebsrat "zurückfällt"[1018]. Damit handelt er aus eigener Kompetenz, nicht in Ausfüllung einer an die Arbeitsgruppe delegierten Kompetenz[1019].

[1010] Ebenso Richardi-*Thüsing*, § 28a Rn. 31; ähnlich *Busch*, Arbeitsgruppen und Gruppenarbeit, S. 170.

[1011] Vgl. DKK-*Wedde*, § 28a Rn. 80.

[1012] So auch DKK-*Wedde*, § 28a Rn. 80.

[1013] Vgl. DKK-*Wedde*, § 28a Rn. 80; *Fitting/Kaiser/Heither/Engels/Schmidt*, § 28a Rn. 37; Richardi-*Thüsing*, § 28a Rn. 31 f.; *Löwisch/Kaiser*, § 28a Rn. 26; *Löwisch*, BB 2001, 1741; *Raab*, NZA 2002, 479.

[1014] Vgl. *Löwisch/Kaiser*, § 28a Rn. 26; Richardi-*Thüsing*, § 28a Rn. 32.

[1015] So *Löwisch/Kaiser*, § 28a Rn. 26.

[1016] So auch Richardi-*Thüsing*, § 28a Rn. 31; *Busch*, Arbeitsgruppen und Gruppenarbeit, S. 170.

[1017] Hierauf weist Richardi-*Thüsing*, § 28a Rn. 31 hin.

[1018] Siehe BT-Drucks. 14/5741, S. 40; vgl. auch Richardi-*Thüsing*, § 28a Rn. 31.

[1019] Ebenso Richardi-*Thüsing*, § 28a Rn. 31.

3. Auswirkungen auf die Gruppenvereinbarungen

Hinsichtlich der Auswirkungen auf die Gruppenvereinbarung gilt für den Wegfall der gesetzlichen Übertragungsvoraussetzungen nichts anderes, als für den Widerruf der Übertragung. Diese Frage soll daher gemeinsam im Zusammenhang mit den Ausführungen zur Gruppenvereinbarung erörtert werden[1020].

III. Sonstige Gründe für die Beendigung der Zuständigkeit

Weitere Gründe, aus denen die Zuständigkeit der Arbeitsgruppe enden könnte, sind im Gesetz nicht genannt. In der Literatur ist die Frage aufgeworfen worden, ob die Zuständigkeit der Arbeitsgruppe auch gegen den Willen des Betriebsrates auf eigenen Wunsch beendet werden kann[1021].

Malottke ist der Auffassung, daß dies unzulässig ist, soweit in der Rahmenvereinbarung keine entsprechende Möglichkeit vereinbart wurde[1022]. Allerdings wird gleichzeitig zu Recht festgestellt, daß eine solche Annahme zu dem merkwürdigen Ergebnis führt, daß eine Arbeitsgruppe auch gegen ihren Willen für bestimmte Aufgaben zuständig ist. Dennoch müsse davon ausgegangen werden, daß eine solche Arbeitsgruppe sich der übertragen Aufgaben nicht entledigen kann. Die Lösung diese Problem könne nur dadurch erfolgen, daß der Betriebsrat beschließt, die Aufgaben von der Arbeitsgruppe zurück in seine eigene Verantwortung zu nehmen. Tut er dies nicht, liege ein Verstoß gegen seine gesetzlichen Pflichten vor.

Hierzu ist zunächst festzustellen, daß der Betriebsrat in der Regel die Aufgabenübertragung von sich aus widerrufen wird, soweit die Mehrzahl der Gruppenmitglieder deutlich macht, die übertragenen Aufgaben nicht mehr wahrnehmen zu wollen. Insoweit wäre eine Vertretung der Interessen Gruppenmitglieder nicht mehr gewährleistet ist. Der Betriebsrat darf sich jedoch seiner gesetzlichen Aufgabe, die Belegschaft des gesamten Betriebes zu repräsentieren, nicht entziehen. Gleiches gilt auch dann, wenn zwar nicht die Mehrheit der Gruppenmitglieder betroffen ist, aber durch ihre Anzahl die Wahrnehmung der übertragenen Aufgaben gefährdet wird, weil die erforderlichen Mehrheiten nur noch schwerlich erreicht werden können. Daneben ist zu berücksichtigen, daß die Mitglieder der Arbeitsgruppen ebenso wie die Betriebsratsmitglieder die betriebsverfas-

---

1020 Siehe dazu Gliederungspunkt § 7 F.II.

1021 Vgl. *Malottke*, AiB 2001, 629; siehe auch Haufe-*Traut*, S. 127 Rn. 10.

1022 Vgl. *Malottke*, AiB 2001, 629.

sungsrechtlichen Aufgaben ehrenamtlich und unentgeltlich wahrnehmen (§ 37 Abs. 1 BetrVG)[1023]. Daher kann auch keine Verpflichtung bestehen, solche Aufgaben wahrzunehmen. Dementsprechend erkennt das Gesetz für die Betriebsratsmitglieder ausdrücklich die Möglichkeit an, ihr Amt niederzulegen (§ 24 Nr. 2 BetrVG). Wenn jedoch schon den betriebsverfassungsrechtlichen Amtsträgern diese Möglichkeit eingeräumt wird, kann für Arbeitnehmer, die Aufgaben wahrnehmen, welche an sich zum Aufgabenbereich des Betriebsrates gehören, nichts anderes gelten. Auch diese müssen die Möglichkeit haben, sich aufgrund eigener Entscheidung von der Wahrnehmung dieser Aufgaben zu entbinden.

Soweit hierfür in der Rahmenvereinbarung keine Festlegung getroffen wurde, kommt daher die entsprechende Anwendung von § 24 Nr. 2 BetrVG in Betracht. Da der Gesetzesbegründung keine Anhaltspunkte zu entnehmen sind, warum eine entsprechende Regelung für die Mitglieder der Arbeitsgruppen nicht geschaffen worden ist, muß davon ausgegangen werden, daß der Gesetzgeber dieses Problem übersehen hat. Die erforderliche planwidrige Regelungslücke liegt daher vor[1024]. Auch die Interessenlage zwischen Betriebsratsmitgliedern und Mitgliedern der Arbeitsgruppen ist vergleichbar[1025]. Neben der soeben bereits erwähnten ehrenamtlichen und unentgeltlichen Tätigkeit und der damit verbunden fehlenden Verpflichtung zur Wahrnehmung betriebsverfassungsrechtlicher Aufgaben muß berücksichtigt werden, daß die Arbeitsgruppenmitglieder von Gesetzes wegen bei der Wahrnehmung dieser Aufgaben eine deutlich schlechtere Rechtsstellung als die Mitglieder des Betriebsrates haben. Insbesondere fehlen für sie nach der Konzeption des Gesetzgebers gleichwertige Kündigungsschutzvorschriften. Dementsprechend muß für sie erst Recht die Möglichkeit bestehen, die Konfrontation mit dem Arbeitgeber dadurch zu vermeiden, daß sie keine betriebsverfassungsrechtlichen Aufgaben wahrnehmen bzw. diese auf eigenen Wunsch abgegeben können. Weiterhin hätten die Arbeitsgruppenmitglieder ohnehin die faktische Möglichkeit die Aufgabenwahrnehmung zu boykottieren, indem sie die Aufgaben schlicht nicht wahrnehmen oder bezüglich jeder Angelegenheit die Unmöglichkeit der Einigung mit dem Arbeitgeber gem. § 28a Abs. 2 Satz 3 BetrVG erklärt wird, so daß der Betriebsrat aus diesem Grund für die entsprechende Angelegenheit wieder zuständig wäre.

Dementsprechend ist davon auszugehen, daß die Arbeitsgruppe auf eigenen Wunsch ihre Zuständigkeit auch gegen den Willen des Betriebsrats

---

[1023] Siehe dazu Gliederungspunkt § 5 E.II.2.e)aa)(1).

[1024] Vgl. dazu allgemein *Larenz*, Methodenlehre, S. 381 ff.

[1025] Vgl. dazu allgemein *Larenz*, Methodenlehre, S. 381 ff.

beenden kann[1026]. Soweit die Rahmenvereinbarung hierfür keine Rechtsgrundlage enthält, ist § 24 Nr. 2 BetrVG entsprechend anzuwenden. Den Wegfall der Zuständigkeit allein vom Widerruf durch den Betriebsrat abhängig zu machen, geht nicht nur an den Interessen aller Beteiligten vorbei, sondern wird auch den faktischen Bedingungen im Betrieb nicht gerecht.

D. Zusammenfassung

Zusammenfassend läßt sich festhalten, daß für das Zustandekommen des Übertragungsbeschlusses die allgemeinen Grundsätze, insbesondere § 29 Abs. 2 BetrVG und § 33 Abs. 1 und 2 BetrVG, zu beachten sind. Weiterhin bedarf der Beschluß gem. § 28a Abs. 1 Satz 1 Halbsatz 1 BetrVG der Mehrheit der Stimmen der Betriebsratsmitglieder (absolute Mehrheit) und gem. § 28a Abs. 1 Satz 3 BetrVG der Schriftform. Bei der Entscheidung, ob Aufgaben auf eine Arbeitsgruppe übertragen werden, ist die Förderungspflicht aus § 75 Abs. 2 Satz 2 BetrVG zu beachten.

Der Umfang der Aufgabenübertragung wird vor allem durch die Regelungen der Rahmenvereinbarung begrenzt. Daneben müssen die Aufgaben gem. § 28a Abs. 1 Satz 2 BetrVG im Zusammenhang mit den von der Arbeitsgruppe zu verrichtenden Tätigkeiten stehen. Über die bisher in der Literatur entwickelten Kriterien hinaus, liegt ein solcher Zusammenhang nur vor, wenn die Aufgaben einen unmittelbaren Einfluß auf die Durchführung und/oder Organisation der Tätigkeit haben.

Inhaltlich muß der Übertragungsbeschluß die zu übertragenen Aufgaben hinreichend genau und eindeutig bezeichnen. Als Übertragungsgegenstände kommen soziale Angelegenheiten nach § 87 Abs. 1 Nr. 1 bis 3, Nr. 5 bis 7 BetrVG, sowie Beteiligungsrechte nach §§ 90, 91 BetrVG in Betracht. Im Rahmen der Übertragung erhält die Arbeitsgruppe eine umfassende eigenständige Regelungskomptenz. Es verbleibt insbesondere keine "Rest-Zuständigkeit" beim Betriebsrat. Die Selbständigkeit und Eigenverantwortlichkeit der Arbeitsgruppe darf bei der Übertragung lediglich insoweit eingeschränkt werden, wie es zur Wahrung der Rechte von Gruppenmitgliedern oder anderen Arbeitnehmern des Betriebes erforderlich ist. Darüber hinaus darf die Gruppe durch die konkrete Ausgestaltung der Übertragung jedoch nicht zu einem Ausschuß des Betriebsrates "degradiert" werden.

[1026] Zu diesem Ergebnis kommt auch Haufe-*Traut*, S. 127 Rn. 10, allerdings ohne jede Begründung.

Der Betriebsrat kann die Aufgabenübertragung jeder Zeit widerrufen. Ebenso ist ein Teilwiderruf zulässig. Auch ist hier die Förderungspflicht aus § 75 Abs. 2 Satz 2 BetrVG zu beachten. Neben dem Widerruf kann die Gruppe ihre Zuständigkeit für eine Aufgabe auch durch den Wegfall der gesetzlichen Übertragungsvoraussetzungen verlieren oder wenn über die betreffende Frage keine Einigung mit dem Arbeitgeber zu erzielen ist.

§ 7 Gruppenvereinbarung zwischen Arbeitsgruppe und Arbeitgeber

A. Rechtliche Einordnung der Gruppenvereinbarung

I. Allgemeines

Nach § 28a Abs. 2 Satz 1 Halbsatz 1 BetrVG kann die Arbeitsgruppe im Rahmen der ihr übertragenen Aufgaben Vereinbarungen mit dem Arbeitgeber schließen. Damit ist zunächst klargestellt, daß Vereinbarungen des Arbeitgebers nicht nur mit einzelnen Arbeitnehmern der Arbeitsgruppe, sondern auch mit der Arbeitsgruppe als solcher möglich sind[1027]. Es handelt sich folglich um Vereinbarungen mit kollektivem Charakter[1028]. Konsequenterweise findet gem. § 28a Abs. 2 Satz 2 BetrVG die Vorschrift des § 77 BetrVG auf diese Vereinbarungen entsprechende Anwendung. Die Gruppenvereinbarung hat damit für den Arbeitgeber den Vorteil, ebenso wie im Falle der mit dem Betriebsrat geschlossenen Betriebsvereinbarung, Arbeitsbedingungen einheitlich für eine Vielzahl von Arbeitnehmern festlegen und diese auch einheitlich wieder abändern zu können[1029]. Insoweit dürfte auch in der Literatur Einigkeit bestehen.

II. Rechtliche Einordnung

Unterschiedliche Auffassungen bestehen im Schrifttum jedoch zu der Frage, wie diese Gruppenvereinbarungen nach § 28a Abs. 2 BetrVG rechtlich in das System der Betriebsverfassung einzuordnen sind.

1. Qualifizierung der Gruppenvereinbarung als Betriebsvereinbarung bzw. als Vereinbarung mit gleicher Wirkung

Ausgehend vom Wortlaut der Vorschrift wird aus der Verweisung des § 28a Abs. 2 Satz 2 BetrVG auf § 77 BetrVG überwiegend der Schluß gezogen, es handle sich bei diesen Vereinbarungen um Betriebsvereinba-

---

[1027] Vgl. GK-BetrVG-*Raab*, § 28a Rn. 39; *Raab*, NZA 2002, 479.

[1028] Ebenso GK-BetrVG-*Raab*, § 28a Rn. 39; DKK-*Wedde*, § 28a Rn. 56; *Raab*, NZA 2002, 479.

[1029] So auch *Raab*, NZA 2002, 479.

rungen[1030], zumindest aber um Vereinbarungen mit gleicher rechtlicher Wirkung[1031]. Eine nähere Erörterung hierzu, insbesondere warum nicht auch eine Qualifizierung als Regelungsabrede in Betracht kommen soll, erfolgt jedoch nicht.

2. Gruppenvereinbarung als systematisch unterhalb der Betriebsvereinbarung stehende Vereinbarung eigener Art

Teilweise wird auch eine einschränkende Ansicht vertreten. Grundsätzlich geht man hier ebenso wie die überwiegende Meinung davon aus, daß Vereinbarungen im Sinne des § 28a Abs. 2 BetrVG normativ, also wie Betriebsvereinbarungen, wirken. Die Möglichkeit der Qualifizierung als rein schuldrechtliche Abrede, wie eine Regelungsvereinbarung, wird meist ebenfalls nicht in Betracht gezogen. Der Unterschied zur überwiegenden Meinung besteht darin, daß die Gruppenvereinbarungen von ihrer Rechtsnatur her systematisch unterhalb von Betriebsvereinbarungen im Sinne von § 77 BetrVG angesiedelt werden[1032].

Dies soll schon daraus folgen, daß § 77 BetrVG gem. § 28a Abs. 2 Satz 2 BetrVG nur entsprechend gilt. Wenn die Gruppenvereinbarung als Betriebsvereinbarung zu qualifizieren sei, wäre dieser Verweis entbehrlich[1033]. Gleiches gelte für den ausdrücklichen Hinweis des Gesetzgebers, daß Gruppenvereinbarungen "wie Betriebsvereinbarungen" unmittelbare und zwingende Wirkung entfalten[1034]. Der Verweis auf § 77 BetrVG beschränke sich daher inhaltlich einerseits darauf, daß der kollektivrechtliche

---

1030 So ausdrücklich *Stege/Weinspach/Schiefer*, § 28a Rn. 16; *Hoyningen-Huene*, Betriebsverfassungsrecht, S. 172; *Richardi*, Grundriss, § 7 Rn. 21; *Richardi*, NZA 2001, 351.

1031 In diesem Sinne *Löwisch/Kaiser*, § 28a Rn. 22; Richardi-*Thüsing*, § 28a Rn. 26; *Brunhöber*, Neues BetrVG, S. 133; *Däubler*, AuR 2001, 3 und 289; *Däubler*, AiB 2001, 383; Dörner/Luczak/Wildschütz-*Wildschütz*, Rn. 478; Haufe-*Traut*, S. 127 Rn. 13; *Hold*, BuW 2002, 131; *Leßmann/Liersch*, DStR 2001, 1306; *Löwisch*, BB 2001, 1741; *Löwisch*, Sonderbeilage zu NZA Heft 24/2001, 43; *Natzel*, DB 2001, 1363; *Neef*, NZA 2001, 363; *Popp*, Personal 2002, 17 f.; *Reichold*, Sonderbeilage zu NZA Heft 24/2001, 38; *Reichold*, NZA 2001, 862; Schaub/Koch/Linck-*Koch*, Arbeitsrechts-Handbuch; § 220 Rn. 15e; *Thüsing*, ZTR 2002, 6; *Wendeling-Schröder*, NZA 2001, 359; *Worzalla/Will*, Rn. 264; *Wulff*, ZBVR 2002, 139.

1032 So etwa DKK-*Wedde*, § 28a Rn. 57 ff.; *Wedde*, AuR 2002, 125; ähnlich *Malottke*, AiB 2001, 628; ebenso HaKo-BetrVG-*Blanke*, § 28a Rn. 6, der aber die grundsätzliche Möglichkeit einer bloß schuldrechtlichen Vereinbarung anerkennt.

1033 So DKK-*Wedde*, § 28a Rn. 58.

1034 So DKK-*Wedde*, § 28a Rn. 58; siehe dazu BT-Drucks. 14/5741, S. 40.

Charakter der Gruppenvereinbarung allgemein verdeutlicht werden soll, andererseits lege er nur den formalen Rahmen für den Abschluß der Gruppenvereinbarung fest[1035]. Die definitorische Ansiedlung der Gruppenvereinbarung unterhalb der Betriebsvereinbarung soll weiterhin auch der Intention des Gesetzgebers entsprechen, mit der Regelung des § 28a BetrVG nur eng begrenzte Beteiligungsrechte an Arbeitsgruppen im Betrieb delegieren zu wollen[1036]. Auch die Wortwahl "Beteiligungsrechte" statt "Mitbestimmungsrechte" verdeutliche, daß die Regelungsbefugnis der Arbeitsgruppen entscheidend hinter der des Betriebsrates zurückbleibt[1037]. In die gleiche Richtung weise die Tatsache, daß im Falle der Nichteinigung zwischen Arbeitsgruppe und Arbeitgeber nur der Betriebsrat befugt ist, im Rahmen seiner Mitbestimmungsrechte die Einigungsstelle anzurufen[1038]. Ebenfalls gegen die Qualifikation der Gruppenvereinbarung als Betriebsvereinbarung soll schließlich die systematische Einordnung des § 28a BetrVG in den Gesetzeskontext sprechen[1039]. Die Vorschrift schließt unmittelbar an die Regelungen zum Betriebsausschuß bzw. zu anderen Ausschüssen des Betriebsrats in den §§ 27 und 28 BetrVG an. Die Regelungsmechanismen der Normen seien strukturell gleich aufgebaut. Auch dem Betriebsausschuß bzw. den weiteren Ausschüssen des Betriebsrats sei es indes verwehrt, im Rahmen einer entsprechenden Aufgabenübertragung durch das Gesamtgremium eigenständig Betriebsvereinbarungen abzuschließen. Zum Abschluß dieser Regelungen sei allein der Betriebsrat selbst befugt. Würde man vor diesem Hintergrund einer Arbeitsgruppe das Recht zum Abschluß von Betriebsvereinbarungen zugestehen wollen, hieße dies, daß sie über mehr Kompetenzen verfügt, als ein Ausschuß des Betriebsrats, der ausschließlich aus von der Gesamtbelegschaft gewählten Betriebsratsmitgliedern besteht[1040]. Eine solche Schlußfolgerung stünde jedoch im Widerspruch zu der vom Gesetzgeber ausdrücklich intendierten eng begrenzten Delegation von Beteiligungsrechten an Arbeitsgruppen[1041]. Weiterhin sei der Geltungsbereich einer Betriebsvereinbarung viel größer als der einer Gruppenvereinbarung; erstere gelte für den gesamten Betrieb, zweitere nur für eine spezielle Ar-

---

[1035] So DKK-*Wedde*, § 28a Rn. 58.

[1036] So DKK-*Wedde*, § 28a Rn. 59; siehe dazu BT-Drucks. 14/5741, S. 29.

[1037] So DKK-*Wedde*, § 28a Rn. 59.

[1038] So DKK-*Wedde*, § 28a Rn. 58; *Wedde*, AuR 2002, 125.

[1039] Vgl. DKK-*Wedde*, § 28a Rn. 60; *Wedde*, AuR 2002, 125.

[1040] So DKK-*Wedde*, § 28a Rn. 61; *Wedde*, AuR 2002, 125.

[1041] So DKK-*Wedde*, § 28a Rn. 61; *Wedde*, AuR 2002, 125.

beitsgruppe[1042]. Nach dem Ordnungsprinzip sei die Gruppenvereinbarung damit zwischen betrieblichen Kollektivregelungen und Individualverträgen ein die Normenpyramide einzuordnen[1043]. Außerdem soll für die soeben dargestellte Auslegung sprechen, daß die Arbeitsgruppenmitglieder nicht wie Betriebsratsmitglieder besonders gegen mögliche Einfluß- und Repressionsversuche des Arbeitgebers geschützt sind[1044]. Würde Arbeitnehmern vor diesem Hintergrund die Wahrnehmung von Mitbestimmungsmöglichkeiten gegeben, die über die von Betriebsratsausschußmitgliedern hinausgehen, käme dies im Ergebnis einer Zerfaserung der Mitbestimmung gleich[1045]. Nicht durch ein Wahlamt legitimierte Arbeitnehmer könnten im Einzelfall für einzelne Arbeitsgruppen andere (gegebenenfalls auch schlechtere) kollektivrechtliche Vereinbarungen abschließen, als für die übrige Belegschaft[1046]. Auch dies widerspräche der gewollten engen Begrenzung von Beteiligungsrechten[1047]. Im Ergebnis seien Gruppenvereinbarungen deshalb als neue kollektivrechtliche Regelungsform zu qualifizieren, die unabhängig neben anderen Formen wie Betriebsvereinbarungen oder Regelungsabreden stehen[1048]. Sie seien zwischen Betriebsvereinbarung, Gesamtzusage, betrieblicher Übung und dem Arbeitsvertrag einzuordnen[1049]. Nur diese Qualifikation werde der vom Gesetzgeber formulierten Vorgabe gerecht, daß die delegierbaren Beteiligungsrechte eng begrenzt sein sollen[1050].

3. Gruppenvereinbarung als besondere Form der Betriebsvereinbarung bzw. Regelungsabrede

Die teilweise vertretene Gegenansicht geht ebenfalls vom Wortlaut des § 28a Abs. 2 Satz 2 BetrVG aus, der die entsprechende Geltung des § 77 BetrVG anordnet, hält aber auch den Abschluß einer Regelungsabrede zwischen Arbeitsgruppe und Arbeitgeber für möglich.

[1042] Vgl. *Malottke*, AiB 2001, 628, Fußnote 2.

[1043] So *Malottke*, AiB 2001, 628, Fußnote 2.

[1044] Vgl. DKK-*Wedde*, § 28a Rn. 62.

[1045] So DKK-*Wedde*, § 28a Rn. 62.

[1046] So DKK-*Wedde*, § 28a Rn. 62.

[1047] So DKK-*Wedde*, § 28a Rn. 62.

[1048] Siehe *Wedde*, AuR 2002, 125.

[1049] So *Malottke*, AiB 2001, 628.

[1050] Siehe *Wedde*, AuR 2002, 125.

Zur Begründung wird zunächst darauf hingewiesen, daß § 77 Abs. 1 BetrVG nur allgemein von "Vereinbarungen zwischen Betriebsrat und Arbeitgeber" spricht und damit sowohl die Regelungsabrede als rein schuldrechtlich wirkende Vereinbarung oder als Ausübungsform der Mitbestimmung meint, als auch die normativ wirkende Betriebsvereinbarung erfaßt. Folglich könne auch § 28a Abs. 2 Satz 1 BetrVG nur jede Form der Einigung zwischen Arbeitgeber und Arbeitsgruppe meinen[1051]. Die Rechtsqualität der Vereinbarung hänge somit also von deren Inhalt und Regelungszweck ab[1052]. Jedenfalls folge aus der Verweisung nicht, daß es sich bei Vereinbarungen im Sinne des § 28a Abs. 2 Satz 1 BetrVG stets um Betriebsvereinbarungen handeln muß[1053]. Auch aus der Gesetzesbegründung ergebe sich lediglich, daß die Vereinbarungen unmittelbare und zwingende Wirkung entfalten "können"[1054]. Ob dies der Fall ist, müsse jedoch im konkreten Einzelfall durch Auslegung ermittelt werden[1055]. Sollen mit der Vereinbarung unmittelbar Rechte und Pflichten zwischen den Gruppenmitgliedern und dem Arbeitgeber begründet werden, so handele es sich um eine besondere Form der Betriebsvereinbarung (sog. Gruppenbetriebsvereinbarung)[1056]. Diene die Vereinbarung nur dazu, daß gesetzlich vorgeschriebene Einvernehmen zwischen der an die Stelle des Betriebsrates tretenden Arbeitsgruppe und dem Arbeitgeber im Rahmen der Mitbestimmung herzustellen, so handele es sich um eine Vereinbarungen ohne normativen Charakter (sog. Gruppenregelungsabrede)[1057]. Auf diese finde § 77 BetrVG entsprechende Anwendung, soweit die Vorschrift nicht die normative Wirkung der Vereinbarung voraussetzt[1058]. Die Regelung durch eine formlose Gruppenregelungsabrede sei folglich dann nicht zu empfehlen, wenn durch die Gruppenvereinbarung von einer allgemein geltenden Betriebsvereinbarung abgewichen werden soll, da die unmittelbaren und

---

[1051] So GK-BetrVG-*Raab*, § 28a Rn. 39; *Fitting/Kaiser/Heither/Engels/Schmidt*, § 28a Rn. 32; *Raab*, NZA 2002, 479; im Ergebnis wohl auch ErfK-*Eisemann*, § 28a Rn. 7; *Busch*, Arbeitsgruppen und Gruppenarbeit, S. 131; ähnlich *Engels/Trebinger/Löhr-Steinhaus*, DB 2001, 537.

[1052] So GK-BetrVG-*Raab*, § 28a Rn. 39; *Raab*, NZA 2002, 479.

[1053] So GK-BetrVG-*Raab*, § 28a Rn. 39; *Raab*, NZA 2002, 479.

[1054] Siehe BT-Drucks. 14/5741, S. 40.

[1055] Vgl. GK-BetrVG-*Raab*, § 28a Rn. 39; *Raab*, NZA 2002, 479.

[1056] Vgl. GK-BetrVG-*Raab*, § 28a Rn. 39; *Raab*, NZA 2002, 479 f.; so im Ergebnis wohl auch *Fitting/Kaiser/Heither/Engels/Schmidt*, § 28a Rn. 32.

[1057] Vgl. GK-BetrVG-*Raab*, § 28a Rn. 39; *Raab*, NZA 2002, 480; so im Ergebnis wohl auch *Fitting/Kaiser/Heither/Engels/Schmidt*, § 28a Rn. 32.

[1058] So *Raab*, NZA 2002, 480.

zwingenden Normen der Betriebsvereinbarung so nicht verdrängt werden könnten[1059].

4. Stellungnahme

Die Verwendung des Begriffs "Vereinbarung" in § 28a Abs. 2 Satz 1 Halbsatz 1 BetrVG deutet dem Wortsinn nach auf ein weites Verständnis hin. Daß hierdurch lediglich normativ wirkende, nicht aber schuldrechtliche Abreden erfaßt werden sollen, läßt sich der Formulierung nicht entnehmen. Insoweit ist entgegen der im Schrifttum überwiegend vertretenen Ansicht davon auszugehen, daß Vereinbarungen nach § 28a Abs. 2 BetrVG nicht zwingend die Wirkung von Betriebsvereinbarungen zukommt. Vielmehr ist auch zwischen Arbeitsgruppe und Arbeitgeber der Abschluß von schuldrechtlich wirkenden Vereinbarungen möglich.

Auch die Systematik des Gesetzes spricht für diese Annahme. So wird der Begriff der "Vereinbarung" in § 77 BetrVG ebenfalls weit verstanden und erfaßt sowohl die Betriebsvereinbarung als auch die Regelungsabrede. Anhaltspunkte dafür, daß das Gesetz in beiden Vorschriften denselben Begriff diesbezüglich mit unterschiedlicher Bedeutung verwendet, sind jedenfalls nicht ersichtlich. Dagegen spricht auch nicht, daß § 28a Abs. 2 Satz 2 BetrVG lediglich die "entsprechende Geltung" des § 77 BetrVG anordnet. Hierdurch sollte nicht die Möglichkeit von schuldrechtlichen Vereinbarungen ausgeschlossen, sondern dem Umstand Rechnung getragen werden, daß die Vereinbarungen der Arbeitsgruppe nur für deren Mitglieder, nicht aber für alle Arbeitnehmer des Betriebes gelten soll. Es handelt sich also nicht um Betriebsvereinbarungen bzw. Regelungsabreden im Sinne des § 77 BetrVG, sondern um Vereinbarungen mit entsprechend eingeschränktem (persönlichen) Geltungsbereich. Ein weiterer wesentlicher Unterschied besteht darin, daß die Vereinbarung nach § 28a BetrVG von der Arbeitsgruppe selbst abgeschlossen wird. Vertragspartner des Arbeitgebers für die Vereinbarungen nach § 77 BetrVG ist dagegen der Betriebsrat. Daher ergibt sich aus der Anordnung der entsprechenden Geltung ebenfalls nicht zwingend, daß die Gruppenvereinbarungen im Regelungssystem der Betriebsverfassung unterhalb der Betriebsvereinbarungen nach § 77 BetrVG einzuordnen sind. Vielmehr wird lediglich deutlich gemacht, daß hinsichtlich Zustandekommen und Geltungsbereich Unterschiede bestehen. Eine Über- und Unterordnung wird dagegen nicht festgelegt.

[1059] So *Fitting/Kaiser/Heither/Engels/Schmidt*, § 28a Rn. 32.

Ebensowenig lassen sich Rückschlüsse aus der systematischen Stellung des § 28a BetrVG im Gesetz, insbesondere im Vergleich zu den Ausschüssen nach §§ 27, 28 BetrVG ziehen. Dies ergibt schon aus der bereits erörterten problematischen Einordnung des § 28a BetrVG im Gesetz[1060]. Die Arbeitsgruppe ist gerade kein Hilfsorgan des Betriebsrates, so daß die von ihr abgeschlossenen Vereinbarungen mit dieser Begründung nicht unterhalb der vom Betriebsrat abgeschlossenen Vereinbarungen eingeordnet werden können. Insoweit verkennt *Wedde* die eigenständige betriebsverfassungsrechtliche Stellung der Arbeitsgruppe im Rahmen der Betriebsverfassung. Aus dem gleichen Grund kann es ebensowenig überzeugen, wenn aus dem Vergleich zu den Ausschüssen des Betriebsrates gefolgert wird, daß die Arbeitsgruppe keine Vereinbarungen mit normativer Wirkung abschließen könne. Auch dies entspricht nicht der eigenständigen betriebsverfassungsrechtlichen Stellung der Arbeitsgruppe und widerspricht dem klaren Gesetzeswortlaut.

Schließlich geht auch die Gesetzesbegründung davon aus, daß die Vereinbarungen nach § 28a Abs. 2 BetrVG unmittelbare und zwingende Wirkung haben "können". Dies schließt nur schuldrechtlich wirkende Vereinbarungen gerade nicht aus. Darüber hinaus enthält die Gesetzesbegründung nichts, woraus sich die systematische Einordnung der Gruppenvereinbarung unterhalb der Betriebsvereinbarung überzeugend begründen läßt. Der Wille des Gesetzgebers, nur eng begrenzte Beteiligungsrechte an Arbeitsgruppen im Betrieb zu delegieren, betrifft lediglich die Frage, welche Aufgaben den erforderlichen engen Bezug zur Tätigkeit der Arbeitsgruppe aufweisen, also inhaltlich zur Übertragung geeignet sind[1061]. Eine Über- und Unterordnung kann hieraus nicht entnommen werden. Unklar bleibt weiterhin, warum die Wortwahl "Beteiligungsrechte" statt "Mitbestimmungsrechte" verdeutlichen soll, daß die Regelungsbefugnis der Arbeitsgruppen entscheidend hinter der des Betriebsrates zurückbleibe. Der Begriff "Beteiligungsrechte" ist hier als Oberbegriff für Mitbestimmungs- und Mitwirkungsrechte des Betriebsrates zu verstehen. Soweit Aufgaben auf die Arbeitsgruppe übertragen werden, nimmt sie betriebsverfassungsrechtlich die Stelle des Betriebsrates ein. Einschränkungen ergeben sich insoweit lediglich im Vorfeld bei der Frage, welche Aufgaben überhaupt auf die Arbeitsgruppe übertragen werden können. Hier sind der Zusammenhang mit der von der Gruppe zu verrichtenden Tätigkeit sowie die Vorgaben in der Rahmenvereinbarung und dem Übertragungsbeschluß als einschränkende Kriterien zu beachten. Soweit aber eine

---

[1060] Vgl. dazu die Ausführungen unter Gliederungspunkt § 3.

[1061] Vgl. dazu die Ausführungen unter Gliederungspunkt § 6 B.I.2.

Übertragung stattfindet, steht der Arbeitsgruppe jedoch der gleiche Regelungsspielraum wie dem Betriebsrat zu. Hieran wird deutlich, daß es sich bei den von der Arbeitsgruppe abgeschlossenen Vereinbarungen um eine besondere Form der Betriebsvereinbarung bzw. Regelungsabrede im Sinne des § 77 BetrVG handelt. Gruppenbetriebsvereinbarungen bzw. Gruppenregelungsabreden stehen daher systematisch nicht unter, sondern neben den Betriebsvereinbarungen bzw. Regelungsabreden nach § 77 BetrVG.

Dagegen spricht ebenfalls nicht, daß die Arbeitsgruppenmitglieder nicht den gleichen Schutz wie Mitglieder des Betriebsrates genießen. Zum einen sind auch sie gegenüber dem Arbeitgeber nicht völlig schutzlos, insbesondere gilt das Benachteiligungsverbot des § 78 BetrVG entsprechend. Darüber hinaus kann der Schutz durch Vereinbarung zwischen Arbeitgeber und Betriebsrat in der Rahmenvereinbarung über das gesetzlich vorgesehene Maß verstärkt werden. Zum anderen können die Gruppenmitglieder wegen des Einigungsprinzips gem. § 28a Abs. 2 Satz 3 BetrVG nicht gegen ihren Willen zum Abschluß einer Vereinbarungen mit dem Arbeitgeber gezwungen werden. Schließlich besteht auch die Möglichkeit für den Betriebsrat festzulegen, daß die Gruppenvereinbarungen ihm vor Abschluß vorzulegen sind, so daß auch eine Kontrolle im Hinblick auf eventuelle Benachteiligungen gewährleistet werden kann[1062].

5. Zwischenergebnis

Dementsprechend können Vereinbarungen im Sinne des § 28a Abs. 2 BetrVG, ebenso wie im Rahmen des § 77 BetrVG, sowohl normativ als auch nur schuldrechtlich wirkende Abreden sein. Diese sind aufgrund des Abschlusses durch die Arbeitsgruppe anstelle des Betriebsrats und dem hierdurch bedingten eingeschränkten Geltungsbereich als besondere Form der Betriebsvereinbarung bzw. Regelungsabrede anzusehen. Systematisch stehen sie daher nicht unterhalb, sondern neben den Vereinbarungen nach § 77 BetrVG.

B. Die demokratischen Legitimation der Arbeitsgruppe

Die Einführung des § 28a BetrVG und damit der Gruppenvereinbarung und der hiermit verbundenen Inanspruchnahme der Arbeitsgruppe als betriebsverfassungsrechtliches Vertretungsorgan wird in der Literatur viel-

---

[1062] Vgl. dazu oben unter Gliederungspunkt § 5 C.II.3.b).

fach hinsichtlich der demokratischen Legitimation der Arbeitsgruppe als problematisch angesehen.

I. Überwiegende Ansicht im Schrifttum

Kritisiert wird insbesondere, daß die Gruppe mehrheitlich Gruppenvereinbarungen schließen könne, die auch gegenüber der Minderheit in der Gruppe normative Wirkung entfaltet.

Hinsichtlich der Innenschranken der Vereinbarung sei zu beachten, daß die Rechtssetzungsbefugnis der Arbeitsgruppe im Verhältnis zum einzelnen Gruppenmitglied nicht in gleicher Weise legitimiert ist, wie diejenige des gewählten Betriebsrates[1063]. Ein Legitimationsdefizit ergebe sich insbesondere gegenüber den bei der Abstimmung unterlegenen Arbeitnehmern[1064]. Zur Begründung wird angeführt, für die Bindung der Minderheit an die Gruppenvereinbarung fehle es deshalb an der demokratischen Legitimation, weil die Zugehörigkeit zur Arbeitsgruppe letztlich durch einen Organisationsakt des Arbeitgebers bewirkt wird[1065]. Auch könnten durch die uneingeschränkte Regelungsmacht der Mehrheit der Arbeitsgruppe (im Zusammenwirken mit dem Arbeitgeber) Vereinbarungen gegen den Willen der Minderheit geschlossen und damit diejenigen belastet werden, die diese Vereinbarung ablehnen[1066]. Hierin sei ein verfassungsrechtlich bedenklicher Eingriff in die Privatautonomie des einzelnen Arbeitnehmers zu sehen[1067]. Eine solche Belastung der Minderheit entspricht zwar grundsätzlich auch der Wirkungsweise des Betriebsrates, dieser ist aber im Gegensatz zur Arbeitsgruppe als Repräsentationsorgan auf die Vertretung eines überindividuellen "Belegschaftsinteresses" und die Beachtung der weiteren grundlegenden betriebsverfassungsrechtlichen Pflichten (§§ 2, 74, 75 BetrVG) festgelegt[1068]. Darüber hinaus ist der Betriebsrat politisch verantwortlich und kann abgewählt werden[1069]. Entgegen der geäußerten Intention der Gesetzesverfasser wird durch die Einführung einer Gruppenvereinbarung nicht der Wille des Individuums gefördert, sondern fak-

---

[1063] Vgl. GK-BetrVG-*Raab*, § 28a Rn. 48; *Franzen*, ZfA 2001, 437; *Raab*, NZA 2002, 481.

[1064] So GK-BetrVG-*Raab*, § 28a Rn. 48; *Raab*, NZA 2002, 481.

[1065] So *Däubler*, AuR 2001, 289; *Franzen*, ZfA 2001, 437.

[1066] Vgl. *Franzen*, ZfA 2001, 437; ähnlich GK-BetrVG-*Raab*, § 28a Rn. 48; *Raab*, NZA 2002, 481.

[1067] So GK-BetrVG-*Raab*, § 28a Rn. 48; *Raab*, NZA 2002, 481.

[1068] Vgl. *Franzen*, ZfA 2001, 437.

[1069] Vgl. *Franzen*, ZfA 2001, 437.

tisch eine weitere kollektive Repräsentationsebene eingeführt, ohne daß diese durch entsprechende Verantwortlichkeiten und Pflichten an die Selbstbestimmungsfreiheit der einzelnen Arbeitnehmer rückgebunden wäre[1070]. Eine Stärkung der Autonomie des Individuums liege darin nicht[1071].

II. Schlußfolgerungen der überwiegenden Literatur

Nicht einheitlich sind auch die Schlußfolgerungen, die aus der (angeblich) fehlenden Legitimation gezogen werden.

1. Ansicht von *Raab*[1072]

Nach der Ansicht von *Raab* muß ein solches Legitimationsdefizit zu einer Beschränkung der Regelungsbefugnis führen. Dies gelte jedenfalls dann, wenn die Vereinbarung belastende Wirkung für den einzelnen Arbeitnehmer hat. Unbedenklich seien danach Vereinbarungen, die den Gruppenmitgliedern lediglich einen Zuwachs an Rechten verschaffen. Zulässig sollen darüber hinaus auch Vereinbarungen sein, die lediglich die Art und Weise der Ausübung des Direktionsrechts des Arbeitgebers konkretisieren.

Problematisch seien dagegen Regelungen, mit denen dem einzelnen Gruppenmitglied zusätzliche, nach dem Individualvertrag nicht bestehende Pflichten auferlegt werden. Könnten durch Gruppenbetriebsvereinbarungen neue Rechtspflichten für die Gruppenmitglieder gegen deren Willen begründet werden, so wäre dies ein nicht mehr zu rechtfertigender Eingriff in die Privatautonomie des einzelnen Arbeitnehmers. Andererseits würde es zu weit gehen, solche Regelungen ausschließlich in Individualabreden für zulässig zu erachten. Es mag durchaus ein legitimes Interesse an einer kollektiven Regelung für die Arbeitsgruppe bestehen. Würde man den Arbeitgeber allein auf die Möglichkeit vertraglicher Vereinbarungen mit den einzelnen Arbeitnehmern verweisen, so wäre zum einen die Einheitlichkeit der Regelungen nicht gewährleistet. Zum anderen stünden aber auch für eine Abänderung oder Beendigung nur die individualrechtlichen Instrumente zur Verfügung. Im Falle einer kollektiven Vereinbarung könnte die Regelung dagegen einheitlich durch eine neue Vereinbarung abgelöst oder entsprechend § 77 Abs. 5 BetrVG ohne weitere Voraussetzungen gekündigt werden.

[1070] Vgl. *Franzen*, ZfA 2001, 437.

[1071] Vgl. *Franzen*, ZfA 2001, 437.

[1072] Vgl. GK-BetrVG-*Raab*, § 28a Rn. 48 f.; *Raab*, NZA 2002, 481.

Deshalb könnten in einer Gruppenbetriebsvereinbarung durchaus auch zusätzliche Pflichten für die Gruppenmitglieder begründet werden. Eine solche Vereinbarung sei jedoch entgegen § 28a Abs. 2 Satz 1 Halbsatz 1 BetrVG nicht mit den Stimmen der Mehrheit der Gruppenmitglieder, sondern nur mit dem Einverständnis sämtlicher Gruppenmitglieder möglich. Die Vorschrift bedürfe also zum Schutz der Privatautonomie des einzelnen Arbeitnehmers einer Einschränkung im Wege der verfassungskonformen Rechtsfortbildung. Scheitert die Regelung an dem Widerspruch einzelner Arbeitnehmer, so fällt die Regelungszuständigkeit gem. § 28a Abs. 2 Satz 3 BetrVG an den Betriebsrat zurück.

2. Ansicht von *Wedde*

Auch *Wedde* ist der Ansicht, daß aufgrund der Legitimationsproblematik die Regelungsbefugnis der Arbeitsgruppe einzuschränken ist. Wegen des unmittelbaren und zwingenden Charakters der Gruppenvereinbarungen, seien zunächst alle Abmachungen ausgeschlossen, die zuungunsten der Arbeitnehmer von Betriebsvereinbarungen abweichen[1073]. Darüber hinaus wird aus der systematischen Einordnung des § 28a BetrVG nach den Vorschriften über die Ausschüsse des Betriebsrates (§§ 27, 28 BetrVG) die Schlußfolgerung gezogen, daß der Arbeitsgruppe keine Mitbestimmungsrechte, sondern nur "Beteiligungsrechte" übertragen werden können[1074]. Dies ergebe sich auch aus der entsprechenden Wortwahl in der Gesetzesbegründung[1075]. Den Arbeitsgruppen könnten daher nicht weitergehende Rechtspositionen zugestanden werden, als den Ausschüssen des Betriebsrates, die keine Betriebsvereinbarungen abschließen dürfen[1076].

III. Gegenansicht

Vereinzelt wird auch die Auffassung vertreten, die Gruppenmehrheit sei ausreichend legitimiert, Vereinbarungen mit dem Arbeitgeber zu schließen, an die auch die Gruppenminderheit normativ gebunden ist[1077]. Insbesondere könne dagegen nicht sprechen, daß die Gruppenmitglieder

---

[1073] So DKK-*Wedde*, § 28a Rn. 31.

[1074] Vgl. DKK-*Wedde*, § 28a Rn. 61.

[1075] So DKK-*Wedde*, § 28a Rn. 58 mit Verweis auf BT-Drucks. 14/5741, S. 29 f. und 40.

[1076] Vgl. DKK-*Wedde*, § 28a Rn. 61.

[1077] Vgl. *Fitting/Kaiser/Heither/Engels/Schmidt*, § 28a Rn. 35; HaKo-BetrVG-*Blanke*, § 28a Rn. 7.

keinen Einfluß auf die personelle Zusammensetzung der Gruppe hätten. Zur Begründung wird angeführt, dem Gesetzgeber stehe es frei, in welcher Weise er die Wahrnehmung betriebsverfassungsrechtlicher Beteiligungsrechte ausgestalte. Es bestünden keine Legitimationsbedenken gegen eine gesetzliche Regelung, die - im Sinne einer unmittelbaren Demokratie - die Wahrnehmung der betriebsverfassungsrechtlichen Beteiligungsrechte durch die Arbeitnehmer selbst vorsähe. Dann könnten jedoch auch keine Bedenken gegen eine gesetzliche Regelung erhoben werden, die den Betriebspartnern die Möglichkeit einräumt, in begrenztem Umfang und unter besonderen Voraussetzungen (Abschluß einer Rahmenvereinbarung, qualifizierter Übertragungsbeschluß) die Wahrnehmung bestimmter betriebsverfassungsrechtlicher Aufgaben an die Arbeitnehmer zu delegieren, die davon unmittelbar betroffen sind. Weiterhin wird ein Vergleich zur Regelung des § 50 Abs. 1 Halbsatz 2 BetrVG gezogen, nach der sich die originäre Zuständigkeit des Gesamtbetriebsrates auch auf betriebsratslose Betriebe erstreckt.

IV. Stellungnahme

1. Organisationsgewalt des Arbeitgebers bzgl. der Gruppenzugehörigkeit

Zunächst kann es für die Bindung der Minderheit an eine Gruppenvereinbarung nicht deshalb an der demokratischen Legitimation fehlen, weil die Zugehörigkeit zur Arbeitsgruppe durch einen Organisationsakt des Arbeitgebers bewirkt wird. Würde man diesen Ansatz konsequent vertreten, müßte man auch den Betriebsvereinbarungen die demokratische Legitimation absprechen. Zwar hängt die Zugehörigkeit zum Betriebsrat nicht unmittelbar von einem Organisationsakt des Arbeitgebers ab. Zur Wahl des Betriebsrates berechtigt sind jedoch nur die Arbeitnehmer des Betriebes. Deren Zugehörigkeit zur Belegschaft beruht aber ebenfalls auf einem Organisationsakt des Arbeitgebers, so daß insoweit die Betriebsratswahl unter demselben "Legitimationsmangel" leidet wie der Abschluß einer Gruppenvereinbarung. Ein solcher Legitimationsmangel müßte sich dann auch in der Betriebsvereinbarung fortsetzen. Das Legitimationsproblem besteht hinsichtlich des Betriebsrates also lediglich nicht unmittelbar beim Abschluß der Vereinbarung, sondern auf einer vorgelagerten Stufe, im übrigen sind beide Konstellationen aber vergleichbar. Betriebsvereinbarungen, die ein solcher Betriebsrat mit dem Arbeitgeber abschließt, haben jedoch auch gegenüber denjenigen Arbeitnehmern unmittelbare und zwingende Wirkung, die gegen die entsprechenden Betriebsratsmitglieder gestimmt haben. Die demokratische Legitimation einer Betriebsvereinbarung wird unter diesem Gesichtspunkt jedoch nicht angezweifelt[1078].

Darüber hinaus ist zu beachten, daß die Legitimation der Arbeitsgruppe zum Abschluß von Gruppenvereinbarungen in keinem unmittelbaren Zusammenhang mit den organisatorischen Maßnahmen des Arbeitgebers hinsichtlich der Gruppenzusammensetzung steht. Ihre Berechtigung zum Abschluß von Vereinbarungen erhält die Gruppe vielmehr erst durch den Delegationsbeschluß des Betriebsrates, der seinerseits den Abschluß einer Rahmenvereinbarung mit dem Arbeitgeber voraussetzt. Diese geben auch den Rahmen vor, in dem die Arbeitsgruppe Vereinbarungen schließen darf. Es besteht daher weder die von der überwiegenden Meinung befürchtete uneingeschränkte Regelungsmacht der Gruppenmehrheit zu Lasten der Minderheit, noch kann der Arbeitgeber ohne weiteres durch eine Veränderung der Gruppenzusammensetzung Einfluß auf den Inhalt der Gruppenvereinbarung nehmen.

2. Legitimationsdefizit bei der Willensbildung in der Arbeitsgruppe und Vergleich zum Betriebsrat

Da jedoch Vereinbarungen mit dem Arbeitgeber nur von der Gruppe als solcher, nicht aber von einzelnen Gruppenmitgliedern abgeschlossen werden können, muß insoweit ein "Gruppeninteresse" gebildet werden. Dies kann nur durch die Willensbildung innerhalb der Gruppe erfolgen. Hierbei ist es nicht vollkommen auszuschließen, daß die Gruppenminderheit unter Umständen von der Gruppenmehrheit "übervorteilt" wird. Insoweit besteht also zumindest die Gefahr, daß hinsichtlich der Gruppenvereinbarungen ein Legitimationsdefizit zu Lasten der Minderheit entsteht.

Schließlich haben Gruppenbetriebsvereinbarungen aufgrund der entsprechenden Anwendbarkeit des § 77 BetrVG unmittelbare und zwingende Wirkung auch für solche Arbeitnehmer, die erst später die Gruppenzugehörigkeit erlangen[1079]. Diese hatten jedoch nicht einmal die Möglichkeit, Einfluß auf die Gestaltung der Gruppenvereinbarung zu nehmen. Insoweit besteht hier eine Parallele zur Betriebsebene: So gelten Betriebsvereinbarungen auch für Arbeitnehmer, die erst später die Betriebszugehörigkeit erlangt haben, ohne daß der Betriebsrat von ihnen durch Teilnahme an der Betriebsratswahl legitimiert wurde.

[1078] Mit ähnlicher Argumentation: *Blanke*, RdA 2003, 152

[1079] Siehe dazu die Ausführungen unter Gliederungspunkt § 7 D.III.2.a).

Ebenso muß berücksichtigt werden, daß nicht alle von einer Betriebsvereinbarungen betroffenen Arbeitnehmer auch die Wahlberechtigung für die Betriebsratswahl besitzen. Dies betrifft insbesondere Jugendliche und überlassene Arbeitnehmer, die nicht länger als 3 Monate im Betrieb beschäftigt werden sollen. Insoweit besteht auch auf der Ebene des Betriebsrats ein gewisses Legitimationsdefizit. Im Gegensatz dazu sind die nicht-wahlberechtigten Arbeitnehmer bei der Willensbildung in der Arbeitsgruppe zu beteiligen, da § 28a BetrVG gerade nicht auf die Wahlberechtigung abstellt[1080].

3. Ausgleich des Legitimationsdefizits auf der Ebene des Betriebsrats

Auf der Betriebsebene wird das vorhandene Legitimationsdefizit dadurch ausgeglichen, daß der Betriebsrat zur Vertretung der überindividuellen "Belegschaftsinteressen" verpflichtet und zusammen mit dem Arbeitgeber auf die Beachtung der weiteren grundlegenden betriebsverfassungsrechtlichen Pflichten (§§ 2, 74, 75 BetrVG) festgelegt ist. Darüber hinaus kann der Betriebsrat durch die Arbeitnehmer abgewählt werden. Schließlich besteht die Möglichkeit, die Betriebsratsmitglieder bzw. den Betriebsrat als ganzes bei Pflichtverletzungen mittelbar über § 23 Abs. 1 BetrVG zur Verantwortung zu ziehen.

4. Ausgleich des Legitimationsdefizits auf Arbeitsgruppenebene

Die eigentliche Frage ist daher, ob auch auf der Ebene der Arbeitsgruppen ein ausreichender Ausgleich für das vorhandene Legitimationsdefizit besteht.

a) Arbeitsgruppe

Für die Arbeitsgruppen selbst wurde bereits festgestellt, daß §§ 2, 74 BetrVG zumindest insoweit entsprechend gelten, wie sie allgemeine betriebsverfassungsrechtliche Grundsätze der enthalten[1081]. Auch § 75 BetrVG ist entsprechend anzuwenden[1082]. Insoweit gilt für die Arbeitsgruppe nichts anderes als für den Betriebsrat.

Dagegen kommt, im Gegensatz zum Betriebsrat, aufgrund der strukturellen Unterschiede bei der Bildung eine Abwahl der Arbeitsgruppe nicht

---

[1080] Vgl. dazu unter Gliederungspunkt § 7 C.I.2.

[1081] Vgl. oben Gliederungspunkt § 5 E.I.2.e).

[1082] Vgl. oben Gliederungspunkt § 5 E.I.2.f).

in Betracht. Sie ist keine gewählte Interessenvertretung, sondern wird vom Arbeitgeber im Rahmen seiner Organisationsgewalt gebildet. Dabei sollte aber berücksichtigt werden, daß dieses Mittel auch auf der Ebene des Betriebsrates nicht viel zum Ausgleich des Legitimationsdefizits beitragen kann. Dies gilt insbesondere dann, wenn Vereinbarungen gegen den Willen einer Minderheit geschlossen und damit diejenigen belastet werden, die diese Vereinbarung ablehnen. Soweit die Mehrheit der Arbeitnehmer das Vorgehen des Betriebsrates unterstützt, kann die Minderheit diesen auch im Rahmen der Wahlen nicht mittelbar zur Verantwortung ziehen und abwählen. Für den entscheidenden Fall, daß einige Arbeitnehmer von der Mehrheit "übervorteilt" werden, hilft die (Ab-) Wahlmöglichkeit also nicht weiter. Soweit es sich um Arbeitnehmer handelt, die erst später in die Belegschaft des Betriebes eingegliedert worden, können diese natürlich an der nächsten Betriebsratswahl teilnehmen. Insoweit stehen sie aber auch nicht besser, als diejenigen Arbeitnehmer, die später in die Arbeitsgruppe eingegliedert werden. Auch diese können an der Beschlußfassung der Gruppe teilnehmen, wenn neue Gruppenvereinbarungen mit dem Arbeitgeber abgeschlossen werden sollen. Dementsprechend ist die mangelnde Abwahlmöglichkeit hinsichtlich der Legitimation der Arbeitsgruppe unschädlich.

b) Arbeitgeber

Auch für den Arbeitgeber stellt sich die Situation in Bezug auf die Legitimation bei Verhandlungen mit einer Arbeitsgruppe nicht anders dar, als wenn er Verhandlungen mit dem Betriebsrat führt. In beiden Fällen ist er unmittelbar an § 75 BetrVG gebunden. Dementsprechend gilt in jedem Fall die Überwachungspflicht des § 75 Abs. 1 Satz 1 BetrVG, so daß der Arbeitgeber gegenüber seinem jeweiligen Verhandlungspartner darauf zu achten hat, daß die Grundsätze von Recht und Billigkeit eingehalten werden. Stellt er insoweit Verstöße fest, etwa daß einige Arbeitnehmer bei der Willensbildung innerhalb der Arbeitsgruppe übervorteilt wurden, darf die entsprechende Vereinbarung nicht abgeschlossen werden.

Dementsprechend ist die Minderheit in der Arbeitsgruppe der Mehrheit der Gruppenmitglieder nach der gesetzlichen Konzeption nicht völlig schutzlos ausgeliefert. Ein anderes Problem ist es, inwieweit sich der Arbeitgeber daran hält und die im Vergleich zum Betriebsrat rechtlich weniger geschützte Position der Arbeitsgruppe zu seinem Vorteil nutzt. Auch hier kommt bei groben Pflichtverletzungen - nicht anders als bei Verhandlungen mit dem Betriebsrat - lediglich eine mittelbare Sanktionierung über

§ 23 Abs. 3 BetrVG in Betracht. Daher stellt sich die Situation auf Arbeitsgruppenebene nicht anders dar als auf Betriebsratsebene.

c) Betriebsrat

Schließlich ist auch der Betriebsrat, selbst wenn der bestimmte Aufgaben auf Arbeitsgruppen überträgt, nicht von seiner Überwachungspflicht nach § 75 Abs. 1 Satz 1 BetrVG befreit. Insofern gilt hier gleiches wie für den Arbeitgeber. Stellt der Betriebsrat fest, daß bei der Willensbildung in der Arbeitsgruppe bestimmte Arbeitnehmer benachteiligt werden, hat er entsprechend einzugreifen. Dies kann etwa durch den Widerruf der Aufgabenübertragung geschehen.

Darüber hinaus stehen dem Betriebsrat im Rahmen des Übertragungsbeschlusses oder in Zusammenarbeit mit dem Arbeitgeber beim Abschluß der Rahmenvereinbarung verschiedenste Möglichkeiten zur Verfügung, um Vorsorgemaßnahmen zu treffen, die zum Schutz von Minderheiten erforderlich sind. Neben einer möglichst konkreten Umschreibung der Regelungsbefugnisse für die Arbeitsgruppe gilt dies insbesondere für eine Verpflichtung der Gruppe, die geplante Gruppenvereinbarung vor Abschluß mit dem Arbeitgeber beim Betriebsrat zur Kontrolle vorzulegen[1083]. Folglich wird die Minderheit in der Arbeitsgruppe auch auf diese Weise vor Benachteiligung geschützt.

5. Intention des Gesetzgebers

Auch der Vorwurf, durch die Einführung einer Gruppenvereinbarung werde, entgegen der geäußerten Intention der Gesetzesverfasser, nicht der Wille des Individuums gefördert, sondern faktisch eine weitere kollektive Repräsentationsebene eingeführt, ohne daß diese durch entsprechende Verantwortlichkeiten und Pflichten an die Selbstbestimmungsfreiheit der einzelnen Arbeitnehmer gebunden wäre, ist zurückzuweisen. Durch die Regelung des § 28a Abs. 2 BetrVG erhalten die Arbeitnehmer gerade die Möglichkeit ihre eigenen Interessen, wenn auch nicht individuell, sondern im Rahmen einer Gruppe, unmittelbar gegenüber dem Arbeitgeber zu vertreten. Dies geschieht, wie aufgezeigt, jedoch nicht völlig grenzenlos. Vielmehr sind alle Beteiligten zur Rücksichtnahme auf die Belange aller Mitglieder der Arbeitsgruppe verpflichtet. Insoweit stehen genügend Möglichkeiten zur Verfügung, den bestehenden Gefahren für einzelne Arbeitnehmer oder Minderheiten wirksam entgegenzutreten.

[1083] Vgl. oben unter Gliederungspunkt § 5 C.II.3.b).

6. Zwischenergebnis

Dementsprechend wird das durchaus vorhandene Legitimationsdefizit der Arbeitsgruppe hinsichtlich der Bindung der Minderheit der Gruppenmitglieder an die abgeschlossenen Gruppenvereinbarungen in ausreichender Weise ausgeglichen. Die gegenteilige von der überwiegenden Ansicht im Schrifttum vertretene Position kann daher nicht überzeugen und ist abzulehnen.

Folglich besteht auch keine Notwendigkeit für die verschiedentlich vorgeschlagenen Einschränkungen der Regelungsbefugnis der Arbeitsgruppen. Darüber hinaus finden sich hierfür keinerlei Anhaltspunkte im Gesetz. Gegen die von *Wedde* vorgeschlagene Einschränkung hinsichtlich der übertragbaren Aufgaben, wodurch letztlich der Abschluß von Vereinbarungen mit unmittelbarer und zwingender Wirkung ausgeschlossen werden sollte, spricht schon die ausdrückliche Anordnung der entsprechenden Geltung des § 77 BetrVG in § 28a Abs. 2 Satz 2 BetrVG. Das von *Raab* vorgeschlagene Erfordernis der Einstimmigkeit in Bezug auf Gruppenvereinbarungen, die zusätzliche Pflichten für die Gruppenmitglieder begründen, widerspricht der ausdrücklichen und eindeutigen Bestimmung in § 28a Abs. 2 Satz 1 Halbsatz 1 BetrVG.

Die notwendige Legitimation der Arbeitsgruppe ergibt sich daher allein aus der Delegation der Aufgaben durch in Betriebsrat in Verbindung mit den bestehenden Überwachungspflichten nach § 75 BetrVG.

C. Zustandekommen der Gruppenvereinbarungen

I. Allgemeine Voraussetzungen

Zunächst besteht - soweit ersichtlich - in der Literatur Einigkeit darüber, daß die Gruppenvereinbarung ein Vertrag im Sinne der §§ 145 ff. BGB ist[1084]. Dies ergibt sich aus der entsprechenden Anwendung des § 77 BetrVG und gilt für eine Qualifizierung als Betriebsvereinbarung oder Regelungsabrede ebenso, wie wenn man - entgegen der hier vertretenen Auffassung - die Gruppenvereinbarung als neue kollektive Regelungsform einordnet. Aufgrund des Vertragscharakters der Vereinbarung kommt die-

[1084] So etwa GK-BetrVG-*Raab*, § 28a Rn. 39; *Raab*, NZA 2002, 480; wohl auch DKK-*Wedde*, § 28a Rn. 64.

se folglich durch übereinstimmende Willenserklärungen des Arbeitgebers und der Arbeitsgruppe zustande[1085].

1. Interne Willensbildung in der Arbeitsgruppe

Hinsichtlich der internen Willensbildung durch die Arbeitsgruppe ist im Gesetz gem. § 28a Abs. 2 Satz 1 Halbsatz 2 BetrVG vorgesehen, daß die Vereinbarung der Mehrheit der Stimmen der Gruppenmitglieder bedarf. Maßgeblich ist also die absolute Mehrheit der Stimmen der Arbeitnehmer, die der Arbeitsgruppe angehören[1086]. Die Mehrheit der abgegebenen Stimmen oder der bei der Abstimmung anwesenden Gruppenmitglieder genügt folglich nicht, es sei denn, dies wäre zugleich die Mehrheit der Gesamtgruppe[1087]. Worauf die Nichtteilnahme an der Abstimmung beruht (etwa fehlende Ladung, Urlaub, Erkrankung oder sonstige Gründe) ist hierbei unbeachtlich[1088]. Unter Beachtung dieser zwingenden Vorgabe ist es unumgänglich, daß zu Beginn der Verhandlungen feststeht, welche Beschäftigten zur Gruppe gehören[1089].

Mit dem Erfordernis der qualifizierten Mehrheit soll sichergestellt werden, daß die Regelung vom Willen der Mehrheit der hiervon betroffenen Arbeitnehmer getragen wird[1090]. Es kommt daher für die Ermittlung der Stimmenmehrheit auf die Zahl der in der Arbeitsgruppe tatsächlich Beschäftigten an; vorübergehend nicht besetzte Arbeitsplätze sind nicht zu berücksichtigen[1091]. Andererseits sind Arbeitnehmer, die aufgrund ihres Arbeitsvertrages zur Arbeitsleistung innerhalb der Arbeitsgruppe verpflichtet sind, auch dann stimmberechtigt und mitzuzählen, wenn sie vorübergehend (etwa infolge von Krankheit oder Urlaub) an der Arbeitsleistung

---

[1085] Vgl. DKK-*Wedde*, § 28a Rn. 64; GK-BetrVG-*Raab*, § 28a Rn. 40; *Raab*, NZA 2002, 480.

[1086] Vgl. DKK-*Wedde* § 28a Rn. 69; *Fitting/Kaiser/Heither/Engels/Schmidt*, § 28a Rn. 35; GK-BetrVG-*Raab*, § 28a Rn. 40; *Löwisch/Kaiser*, § 28a Rn. 20; *Löwisch*, BB 2001, 1741; *Malottke*, AiB 2001, 627; *Natzel*, DB 2001, 1363; *Raab*, NZA 2002, 480; *Wedde*, AuR 2002, 126.

[1087] So auch DKK-*Wedde*, § 28a Rn. 69; *Fitting/Kaiser/Heither/Engels/Schmidt*, § 28a Rn. 35; GK-BetrVG-*Raab*, § 28a Rn. 40; *Löwisch/Kaiser*, § 28a Rn. 20; *Löwisch*, BB 2001, 1741; *Raab*, NZA 2002, 480; *Wedde*, AuR 2002, 126.

[1088] Vgl. *Fitting/Kaiser/Heither/Engels/Schmidt*, § 28a Rn. 35.

[1089] So auch *Wedde*, AuR 2002, 126; vgl. dazu die Ausführungen unter Gliederungspunkt § 5 C.II.1.

[1090] So GK-BetrVG-*Raab*, § 28a Rn. 42; vgl. auch *Fitting/Kaiser/Heither/Engels/Schmidt*, § 28a Rn. 35, die hieraus die notwendige Legitimation folgern.

[1091] Vgl. GK-BetrVG-*Raab*, § 28a Rn. 42.

verhindert sind, da etwaige Regelungen nach dem Ende der Verhinderung auch auf sie Anwendung finden[1092].

Kann ein Arbeitnehmer nicht an der Abstimmung teilnehmen, so soll die Erteilung einer Stimmrechtsvollmacht zulässig sein[1093]. Wäre dies nicht möglich, so würde eine solche Verhinderung stets zu einer Erhöhung der Anforderungen an das Mehrheitserfordernis führen, da - anderes als beim Betriebsrat - ein Ausfall nicht durch nachrückende Ersatzmitglieder aufgefangen werden kann[1094]. Allerdings soll die Vollmacht nur einem anderen Gruppenmitglied erteilt werden können, da es mit dem Zweck der Regelung, die Autonomie der Arbeitsgruppe zu stärken, nicht vereinbar sei, wenn Dritte Einfluß auf die Regelung der die Arbeitsgruppe betreffenden Angelegenheiten nehmen könnten[1095]. Für die Zulässigkeit einer Stimmrechtsvollmacht spricht neben den genannten Gründen schon, daß für die Arbeitsgruppen keine mit § 25 BetrVG vergleichbare Vorschrift existiert, aus der sich die Unzulässigkeit einer gewillkürten Stellvertretung ergibt[1096]. Weiterhin kommt für die Person des Bevollmächtigten nur ein anderes Gruppenmitglied in Betracht. Zur Begründung genügt allerdings nicht allein der Verweis auf den Zweck der Regelung. Der Zweck des § 28a BetrVG liegt nämlich gerade darin, die Gruppenautonomie dadurch zu stärken, daß den Arbeitsgruppenmitgliedern die Möglichkeit eingeräumt wird, ihre eigenen Interessen selbst und unmittelbar vertreten zu können und nicht auf die Vermittlung über den Betriebsrat angewiesen zu sein[1097]. Insoweit kommt es also vor allem auf die Individualinteressen des betroffenen Arbeitnehmers an. Somit spricht grundsätzlich nichts dagegen, sich bei der Wahrnehmung dieser Interessen von einem beliebigen Dritten vertreten zu lassen. Dies gilt insbesondere, soweit der Stellvertreter aufgrund der Ausgestaltung der Vollmacht nur einen engen eigenen Entscheidungsspielraum hat. Jedoch stellt das Gesetz in § 28a Abs. 2 Satz 1 Halbsatz 2 BetrVG für die Beschlußfassung ausdrücklich auf die Stimmen der Gruppenmitglieder ab. Hieran wird der gesetzgeberische Wille deutlich, daß für die Willensbildung in der Arbeitsgruppe allein

---

[1092] So auch GK-BetrVG-*Raab*, § 28a Rn. 42; ähnlich *Busch*, Arbeitsgruppen und Gruppenarbeit, S. 132.

[1093] Vgl. GK-BetrVG-*Raab*, § 28a Rn. 42; *Busch*, Arbeitsgruppen und Gruppenarbeit, S. 132.

[1094] Mit dieser Begründung auch GK-BetrVG-*Raab*, § 28a Rn. 42.

[1095] So GK-BetrVG-*Raab*, § 28a Rn. 42; *Busch*, Arbeitsgruppen und Gruppenarbeit, S. 132.

[1096] Vgl. dazu GK-BetrVG-*Oetker*, § 25 Rn. 21.

[1097] Vgl. die Gesetzesbegründung, BT-Drucks. 14/5741, S. 29 f.

Gruppenmitglieder stimmberechtigt sein sollen. Darüber hinaus kann die Vertretung durch einen beliebigen Dritten auch aus praktischen Gründen problematisch sein. Ein betriebsfremder Dritter wird nicht ohne weiteres Zutritt zum Betrieb erhalten, ein gruppenfremder Arbeitnehmer des Betriebes darf während der Arbeitszeit nicht einfach seinen Arbeitsplatz verlassen. Daher ist schon aus praktischen Gründen die Vertretung durch ein anderes Gruppenmitglied zu bevorzugen. Folglich kann Stimmrechtsvollmacht nur einem anderen Mitglied der Arbeitsgruppe erteilt werden.

Kommt bei der Abstimmung keine ausreichende Mehrheit und damit auch keine Einigung mit dem Arbeitgeber zustande, fällt die Aufgabe gem. § 28a Abs. 2 Satz 3 BetrVG an den Betriebsrat zurück, so daß nur er noch das Beteiligungsrecht in dieser Angelegenheit ausüben kann[1098].

Dieses zwingende gesetzliche Mehrheitserfordernis macht es für einen entsprechenden Vereinbarungsprozeß unumgänglich, abschließend festzustellen, welche Arbeitnehmer zu einer Arbeitsgruppe gehören[1099]. Um zu vermeiden, daß das Ergebnis einer Abstimmung durch Veränderung der Gruppengröße oder -zusammensetzung beeinflußt werden kann, muß die Zugehörigkeit von Arbeitnehmern verbindlich festgestellt werden[1100]. Eine entsprechende Festlegung sollte sinnvollerweise bereits in der Rahmenvereinbarung erfolgen[1101]. Dabei kann die notwendige Flexibilität in diese Vereinbarung mit aufgenommen werden; auch die Beschränkung auf zahlenmäßige Festlegungen ist denkbar[1102]. Sie kann darüber hinaus vom Betriebsrat im Einzelfall auch im unmittelbaren Zusammenhang mit der Übertragung von Aufgaben getroffen werden, indem der Betriebsrat den Beschluß an das Bestehen einer bestimmten personellen Gruppenzusammensetzung knüpft[1103]. Schließlich kann sie sich bei Gruppenarbeit auch aus Regelungen ableiten, die im Rahmen des Mitbestimmungsrechts gem. § 87 Abs. 1 Nr. 13 BetrVG getroffen worden sind[1104]. Ist eine entsprechende Verknüpfung der Übertragung mit einer bestimmten Zusammensetzung der Gruppe erfolgt, ist ihr weiteres Bestehen Wirksamkeitsvoraussetzung für Gruppenvereinbarungen[1105]. Ändert sich die Zusam-

---

[1098] Vgl. *Engels/Trebinger/Löhr-Steinhaus*, DB 2001, 537.

[1099] Darauf weist DKK-*Wedde*, § 28a Rn. 70 hin.

[1100] Vgl. DKK-*Wedde*, § 28a Rn. 70.

[1101] So auch DKK-*Wedde*, § 28a Rn. 71; vgl. auch die Ausführungen unter Gliederungspunkt § 5 C.II.1.

[1102] Vgl. Fußnote zuvor.

[1103] So DKK-*Wedde*, § 28a Rn. 71.

[1104] So DKK-*Wedde*, § 28a Rn. 71.

[1105] Vgl. DKK-*Wedde*, § 28a Rn. 72.

mensetzung der Arbeitsgruppe grundlegend, steht dies der Wahrnehmung von kollektiven Rechten entgegen, sofern der Betriebsrat das Fortbestehen der Übertragung nicht durch einen weiteren Beschluß bestätigt[1106]. Keine grundlegende Änderungen der Zusammensetzung der Gruppe wird dann anzunehmen sein, wenn einzelne Mitarbeiter als Folge personeller Einzelmaßnahmen ausgetauscht werden, sofern in der Rahmenvereinbarung oder im Übertragungsbeschluß nichts anderes bestimmt ist[1107]. Zur Vermeidung von Umgehungsstrategien sei an zulässige Veränderungen der Zusammensetzung der Gruppe ein enger Maßstäbe anzulegen[1108]. Dies dürfte jedoch in der Praxis nicht unproblematisch sein, da hierdurch zwangsläufig eine gewisse Unflexibilität eintritt. Darüber hinaus sollte berücksichtigt werden, daß in solchen Fällen der Betriebsrat die Übertragung auch nach § 28a Abs. 1 Satz 4 BetrVG widerrufen kann. Es ist auch nicht zu befürchten, daß der Widerruf des Betriebsrats "zu spät", d.h. erst nach Abschluß der Gruppenvereinbarung erfolgt[1109], da personelle Veränderungen in er Arbeitsgruppe für ihn nicht unerwartet kommen, sondern in der Regel sogar Mitbestimmungsrechte nach § 99 BetrVG bestehen. Dementsprechend genügt für die Beurteilung der personellen Zusammensetzung der Arbeitsgruppe ein weiter Maßstab.

2. Stimmberechtigung

Im Gesetz nicht näher geregelt ist die Frage, welchen Arbeitnehmern ein Stimmrecht zusteht. Fraglich ist insbesondere, ob auch überlassene Arbeitnehmer und Jugendliche stimmberechtigt sind, soweit sie der Arbeitsgruppe zugeordnet werden.

Stimmberechtigt und bei der Berechnung der notwendigen Mehrheit zu berücksichtigen, sind in jedem Fall alle Gruppenmitglieder, denen das aktive Wahlrecht zum Betriebsrat zusteht[1110]. Mit der Übertragung der Aufgaben tritt nämlich an die Stelle der nur mittelbaren Beteiligung der Arbeitnehmer über den durch Wahlen legitimierten Betriebsrat die unmittelbare Beteiligung der Arbeitnehmer im Rahmen der Arbeitsgruppe[1111]. Die Beteiligung bei der Abstimmung bildet die notwendige Legitimations-

---

[1106] So DKK-*Wedde*, § 28a Rn. 72.

[1107] Siehe auch die Ausführungen unter Gliederungspunkt § 6 C.II.1.a)bb).

[1108] So DKK-*Wedde*, § 28a Rn. 72.

[1109] Zu den Folgen eines Widerrufs der Aufgabenübertragung für die bereits abgeschlossenen Gruppenvereinbarungen siehe unten unter Gliederungspunkt § 7 F.III.

[1110] So auch GK-BetrVG-*Raab*, § 28a Rn. 41; *Raab*, NZA 2002, 480.

[1111] So die Begründung bei GK-BetrVG-*Raab*, § 28a Rn. 41.

grundlage dafür, daß die Arbeitsgruppe als solche verbindliche Regelungen für alle ihre Mitglieder schaffen kann[1112]. Das Stimmrecht im Rahmen der Arbeitsgruppe soll insoweit das aktive Wahlrecht zum Betriebsrat ersetzen[1113]. Stimmberechtigt sind daher auch überlassene Arbeitnehmer unter den Voraussetzungen des § 7 Satz 2 BetrVG, sofern sich das auf die Arbeitsgruppe übertragene Beteiligungsrecht auf sie erstreckt[1114]. Wäre ohne die Übertragung ein Beteiligungsrecht des Betriebsrats in Bezug auf diese Arbeitnehmer nicht gegeben, so kann ihnen auch kein Stimmrecht zustehen[1115]. Das Stimmrecht innerhalb der Arbeitsgruppe soll den Mitgliedern nämlich nur die Möglichkeit geben, die sie betreffenden Angelegenheiten selbst zu gestalten, nicht dagegen, die Angelegenheiten Dritter mit zu regeln[1116].

Nicht abstimmungsberechtigt sind die in § 5 Abs. 2 bis 4 BetrVG genannten Personen, da sie keine Arbeitnehmer im Sinne des BetrVG sind und daher schon nicht Mitglieder der Arbeitsgruppe sein können[1117].

Problematischer ist diese Frage hinsichtlich derjenigen Arbeitnehmer, denen nicht das aktive Wahlrecht zum Betriebsrat zusteht, insbesondere betrifft dies Jugendliche und überlassene Arbeitnehmer, die nicht nach § 7 Satz 2 BetrVG wahlberechtigt sind. Hierzu wird teilweise vertreten, neben den wahlberechtigten Arbeitnehmern seien alle abstimmungsberechtigt, die nach § 5 BetrVG als Arbeitnehmer anzusehen sind, da die Vorschrift nicht ausdrücklich auf die Wahlberechtigung der Gruppenmitglieder abstellt[1118]. Danach sollen beispielsweise auch der Arbeitsgruppe angehörende jugendliche Arbeitnehmer oder nicht wahlberechtigte überlassene Arbeitnehmer an den Entscheidungen der Gruppenmitglieder zu beteiligen sein[1119]. Dies muß dann für alle Entscheidungen der Arbeitsgruppe gelten, auch wenn sie keinen Abschluß einer Vereinbarung zum Gegenstand haben.

[1112] Vgl. *Raab*, NZA 2002, 480.

[1113] So *Raab*, NZA 2002, 480.

[1114] So GK-BetrVG-*Raab*, § 28a Rn. 41; *Raab*, NZA 2002, 480.

[1115] So *Raab*, NZA 2002, 480.

[1116] So *Raab*, NZA 2002, 480.

[1117] Vgl. *Fitting/Kaiser/Heither/Engels/Schmidt*, § 28a Rn. 35.

[1118] So etwa ErfK-*Eisemann*, § 28a Rn. 7; *Fitting/Kaiser/Heither/Engels/Schmidt*, § 28a Rn. 35; *Busch*, Arbeitsgruppen und Gruppenarbeit, S. 132.

[1119] Vgl. ErfK-*Eisemann*, § 28a Rn. 7; *Fitting/Kaiser/Heither/Engels/Schmidt*, § 28a Rn. 35.

Der Wortlaut des § 28a Abs. 2 Satz 1 Halbsatz 2 BetrVG stellt lediglich auf die Mehrheit der Stimmen der Gruppenmitglieder ab. Daß diese Arbeitnehmer auch wahlberechtigt sein müssen, wird indes nicht verlangt. Dies spricht grundsätzlich dafür, nicht nur den aktiv Wahlberechtigten, sondern allen Mitglieder der Arbeitsgruppe unabhängig von der Wahlberechtigung das aktive Stimmrecht bei der Willensbildung zuzuerkennen.

Der Sinn und Zweck der Vorschrift stehen einer solchen Annahme nicht entgegen, auch wenn auf den ersten Blick vieles dafür zu sprechen scheint, daß das Stimmrecht im Rahmen der Arbeitsgruppe lediglich das aktive Wahlrecht zum Betriebsrat ersetzt. Vor einer Übertragung werden diese Arbeitnehmer bei der Wahrnehmung der betriebsverfassungsrechtlichen Aufgaben nur mittelbar beteiligt, indem sie den Betriebsrat durch Wahlen legitimieren. Insoweit besteht jedoch ein gewisses Legitimationsdefizit hinsichtlich derjenigen Arbeitnehmer, die für die Betriebsratswahl nicht wahlberechtigt sind, was insbesondere nicht wahlberechtigte überlassene Arbeitnehmer sowie Jugendliche betrifft. Dies wird für die jugendlichen Arbeitnehmer dadurch ausgeglichen, daß diese gem. §§ 60 ff. BetrVG eine Sondervertretung wählen können, die ihre Interesse gegenüber dem Betriebsrat wahrnimmt. Für die überlassenen Arbeitnehmer besteht eine solche Möglichkeit indes nicht. Dennoch bestehen keine Zweifel an der Legitimation des Betriebsrates, soweit mit dem Arbeitgeber Vereinbarungen geschlossen werden, die auch gerade diese Arbeitnehmer betreffen. Grund dafür ist, daß der Betriebsrat unabhängig von der Wahlberechtigung "Repräsentant der gesamten Belegschaft" ist. Er hat also nicht nur die Interessen seiner "Wählerschaft", sondern aller Arbeitnehmer des Betriebes zu vertreten. Werden nunmehr betriebsverfassungsrechtliche Aufgaben vom Betriebsrat auf eine Arbeitsgruppe übertragen, nimmt sie diese eigenständige wahr. Eine daneben bestehende konkurrierende Zuständigkeit des Betriebsrates gibt es nicht. Wenn hier die nicht wahlberechtigten Arbeitnehmer im Rahmen der Arbeitsgruppe nicht stimmberechtigt wären, wurde das dazu führen, daß ihre Interessen im Betrieb überhaupt nicht mehr vertreten werden: bei der Willensbildung der Arbeitsgruppe würden sie nicht beteiligt, eine "Restzuständigkeit" des Betriebsrates besteht für sie jedoch auch nicht. Außerdem liegt der Zweck des § 28a BetrVG gerade darin, daß die Arbeitnehmer ihre eigenen Interessen selbst unmittelbar wahrnehmen können. Eine Verpflichtung zur Berücksichtigung der Interessen aller Arbeitsgruppenmitglieder - entsprechend der Pflicht des Betriebsrates zur Vertretung der gesamten Belegschaft - existiert hingegen nicht. Es würde daher in Bezug auf die nicht wahlberechtigten Arbeitnehmer zu einem Legitimationsdefizit kommen, was dazu führen müßte, daß Gruppenvereinbarungen für sie aufgrund der mangelnden Beteiligung beim Abschluß keine Verbindlichkeit erlangen kann. Dies steht jedoch in elementarem Gegensatz zum Zweck des § 28a BetrVG, wonach die Arbeitsgruppen durch Vereinbarungen nach § 28a Abs. 2 BetrVG Regelungen treffen können soll, die alle Gruppenmitglieder betreffen. Da folglich allein die Beteiligung bei der Abstimmung die notwendige Legitimation für verbindliche Regelungen für alle Gruppenmitglieder schaffen kann, sind auch nach dem Sinn und Zweck der Vorschrift die nicht wahlberechtigten Gruppenmitglieder bei der internen Willensbildung zu beteiligen und daher stimmberechtigt.

3. Formerfordernisse

Teilweise wird die Auffassung vertreten, aus der Bezugnahme in § 28a Abs. 2 Satz 2 BetrVG auf § 77 BetrVG folge, daß die Vereinbarung schriftlich niederzulegen (§ 77 Abs. 2 Satz 1 BetrVG) und von beiden Seiten zu unterzeichnen (§ 77 Abs. 2 Satz 2 BetrVG) sei[1120]. Darüber hinaus sei die Vereinbarung im Betrieb bekannt zu machen (§ 77 Abs. 2 Satz 3 BetrVG)[1121]. Auf Seiten der Arbeitsgruppe brauche nicht jedes Mitglied zu unterzeichnen, es genüge vielmehr, wenn ein Bevollmächtigter für alle seine Unterschrift leistet[1122]. Diese Bevollmächtigung könne in der Wahl zum Arbeitsgruppensprecher liegen oder aber speziell für den Abschluß der Vereinbarung ausgesprochen werden[1123]. Zur Frage zulässiger Verweisungen sowie den Folgen eines Verstoßes gegen Schriftform und Bekanntgabeverpflichtung gelte nichts anderes als bei der Betriebsvereinbarung[1124].

Diese Auffassung geht erkennbar davon aus, daß Gruppenvereinbarungen nach § 28a Abs. 2 BetrVG immer die normative Wirkung einer Betriebsvereinbarung zukommt. Nach richtiger Ansicht ist jedoch auch eine rein schuldrechtliche Vereinbarung zulässig und daher hinsichtlich der Voraussetzungen für den wirksamen Abschluß dementsprechend zu differenzieren[1125]. Handelt es sich um eine (formlos wirksame) Gruppenrege-

---

1120 So etwa DKK-*Wedde*, § 28a Rn. 64; *Löwisch/Kaiser*, § 28a Rn. 21; Richardi-*Thüsing*, § 28a Rn. 27; *Wedde*, AuR 2002, 126.

1121 So Richardi-*Thüsing*, § 28a Rn. 27.

1122 Vgl. Richardi-*Thüsing*, § 28a Rn. 27; DKK-*Wedde*, § 28a Rn. 64; *Busch*, Arbeitsgruppen und Gruppenarbeit, S. 135.

1123 So Richardi-*Thüsing*, § 28a Rn. 27; DKK-*Wedde*, § 28a Rn. 64.

1124 So Richardi-*Thüsing*, § 28a Rn. 27.

1125 Vgl. dazu die obigen Ausführungen unter Gliederungspunkt § 7 A.II.; ebenso GK-BetrVG-*Raab*, § 28a Rn. 45; *Raab*, NZA 2002, 480.

lungsabrede, so kommt die Vereinbarung mit dem Wirksamwerden zweier übereinstimmender Willenserklärungen der Arbeitsgruppe und des Arbeitgebers zustande[1126]. Stimmen die Gruppenmitglieder einem Vorschlag des Arbeitgebers zu, so wird die Vereinbarung wirksam, wenn dem Arbeitgeber die Mitteilung über das Ergebnis der (zustimmenden) Abstimmung zugeht[1127]. Geht die Initiative zur Regelung von der Arbeitsgruppe aus, so kommt die Vereinbarung zustande, wenn das Einverständnis des Arbeitgebers der Arbeitsgruppe zugeht[1128]. Handelt es sich dagegen um eine Gruppenbetriebsvereinbarung, sollen also mit normativer Wirkung Rechte und Pflichten zwischen dem Arbeitgeber und den Gruppenmitgliedern begründet werden, so bedarf die Vereinbarung entsprechend § 77 Abs. 2 BetrVG der Schriftform[1129]. Die Voraussetzungen ergeben sich im einzelnen aus § 126 Abs. 1, Abs. 2 Satz 1 BGB[1130]. Der Inhalt der Vereinbarung muß in einer Urkunde niederlegt sein, die vom Arbeitgeber und der Arbeitsgruppe eigenhändig durch Namensunterschrift unterzeichnet ist[1131]. Die Arbeitsgruppe wird sich in der Regel hierbei vertreten lassen, typischerweise vom Gruppensprecher. Eine Unterzeichnung durch alle Gruppenmitglieder dürfte wohl ohnehin nur bei kleineren Arbeitsgruppen denkbar sein[1132]. Daneben muß die Gruppenvereinbarung entsprechend § 77 Abs. 2 Satz 3 BetrVG ausgelegt werden. Hierbei dürfte wegen des begrenzten Geltungsbereichs die Einsichtnahmemöglichkeit für die Gruppenmitglieder genügen; ein Bedürfnis zur Einsichtnahme durch die anderen Arbeitnehmer des Betriebes ist jedenfalls nicht ersichtlich[1133].

[1126] Vgl. GK-BetrVG-*Raab*, § 28a Rn. 45; *Raab*, NZA 2002, 480.

[1127] So auch GK-BetrVG-*Raab*, § 28a Rn. 45; *Raab*, NZA 2002, 480.

[1128] So auch GK-BetrVG-*Raab*, § 28a Rn. 45; *Raab*, NZA 2002, 480 f.

[1129] Vgl. GK-BetrVG-*Raab*, § 28a Rn. 46; *Raab*, NZA 2002, 481; im Ergebnis auch *Busch*, Arbeitsgruppen und Gruppenarbeit, S. 135. Insoweit besteht kein Unterschied zur oben dargestellten anderen Ansicht, vgl. die Nachweise in Fußnote 1120.

[1130] So GK-BetrVG-*Raab*, § 28a Rn. 46; *Raab*, NZA 2002, 481.

[1131] So auch GK-BetrVG-*Raab*, § 28a Rn. 46; *Raab*, NZA 2002, 481; vgl. auch die Nachweise in Fußnote 1120.

[1132] So auch DKK-*Wedde*, § 28a Rn. 64; *Wedde*, AuR 2002, 126.

[1133] Vgl. auch *Busch*, Arbeitsgruppen und Gruppenarbeit, S. 135.

II. Problematik der fehlenden gesetzlichen Regelung zur Binnenorganisation

Das Gesetz enthält keinerlei Regelungen über die Binnenorganisation der Arbeitsgruppe. Nach der Gesetzesbegründung wurde ausdrücklich "von Vorgaben zur internen Struktur von Arbeitsgruppen abgesehen"[1134].

1. Abstimmungsverfahren

Dies gilt zunächst für das Abstimmungsverfahren. Eine Regelung ist jedoch erforderlich, da die Arbeitsgruppe Partner zum Abschluß von Gruppenvereinbarungen mit dem Arbeitgeber ist. Hierbei muß gewahrt sein, daß es zu einer demokratischen Willensbildung innerhalb der Arbeitsgruppe kommt[1135]. Zweckmäßigerweise sollten daher die Einzelheiten in der Rahmenvereinbarung festgelegt werden[1136].

a) Gruppenversammlung

Einen Beschluß über die Zustimmung oder Ablehnung einer bestimmten Regelung können die Arbeitnehmer zunächst auf einer Versammlung der Gruppenmitglieder fassen[1137]. Ist ein Gruppensprecher gewählt worden, so ist dieser im Zweifel analog § 29 Abs. 2 Satz 1 BetrVG zur Einberufung einer solchen Versammlung berechtigt[1138]. Ansonsten können auch einzelne Gruppenmitglieder zu Versammlungen einladen[1139]. Bei der Terminierung muß sichergestellt werden, daß allen Arbeitnehmern der Gruppe die Teilnahme möglich ist[1140]. Dies gilt insbesondere bezüglich absehbarer Urlaubszeiten oder anderweitiger persönlicher Verhinderung[1141]. Andererseits ist es keine zwingende Voraussetzung für eine wirksame Beschlußfassung, daß alle Arbeitnehmer anwesend sind, solange nur die gezielte

---

[1134] Siehe BT-Drucks. 14/5741, S. 40.

[1135] Ebenso Richardi-*Thüsing*, § 28a Rn. 12.

[1136] Siehe dazu die obigen Ausführungen unter Gliederungspunkt § 5 C.II.2.c)bb); vgl. auch GK-BetrVG-*Raab*, § 28a Rn. 43; *Raab*, NZA 2002, 480.

[1137] Vgl. GK-BetrVG-*Raab*, § 28a Rn. 43; *Raab*, NZA 2002, 480.

[1138] Vgl. DKK-*Wedde*, § 28a Rn. 76; GK-BetrVG-*Raab*, § 28a Rn. 43; *Raab*, NZA 2002, 480; *Wedde*, AuR 2002, 126.

[1139] So *Raab*, NZA 2002, 480.

[1140] Vgl. DKK-*Wedde*, § 28a Rn. 74; *Wedde*, AuR 2002, 126.

[1141] So DKK-*Wedde*, § 28a Rn. 74.

Umgehung durch entsprechende Terminierung sicher auszuschließen ist[1142].

Gibt es keinen Gruppensprecher und bestehen keine Vorgaben im Übertragungsbeschluß des Betriebsrates oder in der Rahmenvereinbarung, steht der Arbeitsgruppe ein Selbstversammlungsrecht zu[1143]. Eine wirksame Abstimmung über bestimmte Angelegenheiten ist auf einer solchen ad-hoc-Versammlung zumindest dann möglich, wenn sämtliche Gruppenmitglieder anwesend sind oder Kenntnis von der Versammlung haben und mit einer Abstimmung einverstanden sind[1144]. Fehlen dagegen einzelne Gruppenmitglieder, ohne daß deren Einverständnis vorliegt, ist eine sofortige Abstimmung unzulässig, weil ansonsten deren Stimmrecht ausgehöhlt würde[1145]. Eine solche personell-organisatorisch völlig unstrukturierte Vertretungssituation sollte jedoch wegen der hiermit verbundenen Risiken durch eine entsprechende Gestaltung der Übertragung bzw. der Rahmenvereinbarung vermieden werden[1146].

Auch außerhalb des Selbstversammlungsrechts der Arbeitsgruppe ist die Frage, ob die Abstimmung zuvor für die Dauer einer angemessenen Frist angekündigt werden muß, nicht unproblematisch. Hier soll zunächst zu berücksichtigen sein, daß der Abschluß einer Vereinbarung mit dem Arbeitgeber regelmäßig von besonderer Bedeutung ist[1147]. Man müsse den Arbeitnehmern daher Gelegenheit geben, sich entsprechend vorzubereiten[1148]. Auch wenn dies dazu führen kann, daß trotz Anwesenheit aller Gruppenmitglieder eine an sich wirksame Abstimmung deshalb aus formalen Gründen ausgeschlossen ist, weil die Frist nicht gewahrt wurde und sich einer der Arbeitnehmer hierauf beruft, sprechen zumindest Gründe der Rechtssicherheit für die Notwendigkeit der Einhaltung einer Ankündigungsfrist [1149]. Etwas anderes könne sich in Eilfällen ergeben, etwa wenn der Arbeitsgruppe das Mitbestimmungsrecht aus § 87 Abs. 1 Nr. 3 BetrVG übertragen worden ist und sich kurzfristig die Notwendigkeit von Über-

---

1142 Vgl. DKK-*Wedde*, § 28a Rn. 74.

1143 Vgl. DKK-*Wedde*, § 28a Rn. 76; *Wedde*, AuR 2002, 126; ähnlich GK-BetrVG-*Raab*, § 28a Rn. 43; *Raab*, NZA 2002, 480.

1144 Vgl. *Raab*, NZA 2002, 480; ähnlich DKK-*Wedde*, § 28a Rn. 76; *Wedde*, AuR 2002, 126.

1145 Mit dieser Begründung auch *Raab*, NZA 2002, 480.

1146 So DKK-*Wedde*, § 28a Rn. 76.

1147 Vgl. *Raab*, NZA 2002, 480.

1148 Vgl. *Raab*, NZA 2002, 480.

1149 Mit diesem Beispiel *Raab*, NZA 2002, 480.

stunden ergibt[1150]. Andererseits seien die Wertungen des für die Sitzungen des Betriebsrates geltenden § 29 Abs. 2 Satz 3 BetrVG nicht ohne weiteres auf die Arbeitsgruppe übertragbar[1151]. Insbesondere träfen die Gründe, aus denen das Gesetz eine rechtzeitige Ladung vorschreibt, nicht vollständig auf Versammlungen der Arbeitsgruppe zu[1152]. So spiele etwa die Überlegung, durch rechtzeitige Einberufung bei Verhinderung von Betriebsratsmitgliedern noch Ersatzmitglieder laden zu können, keine Rolle[1153]. Im Ergebnis sprechen die besseren Gründe dafür, auch im Rahmen der Beschlußfassung der Arbeitsgruppe am grundsätzlichen Erfordernis einer angemessenen Frist für die Einladung zur Abstimmung festzuhalten[1154]. Dies betrifft insbesondere die hier ebenfalls notwendige Vorbereitung und Gründe der Rechtssicherheit. Besonderheiten, wie etwa die nicht in Betracht kommende Ladung von Ersatzmitgliedern, kann ausreichend dadurch Berücksichtigung finden, daß im Vergleich zu den Sitzungen des Betriebsrates eine kürze Frist genügt. Soweit aber alle Gruppenmitglieder einverstanden sind, kann auf die Einhaltung der Frist verzichtet werden.

b) Abstimmung im Umlaufverfahren

Umstritten ist auch, ob eine Beschlußfassung in sog. Umlaufverfahren zulässig wäre. Teilweise wird dies abgelehnt[1155]. Diese Ansicht begründet sich vor allem daraus, daß ihre Vertreter davon ausgehen, die §§ 29 ff. BetrVG seien für die Beschlußfassung der Arbeitsgruppe nicht nur als Orientierung heranzuziehen, sondern analog anzuwenden. Eine konkret auf das sog. Umlaufverfahren bezogene Begründung wird jedoch nicht gegeben. Andere bejahen für die Arbeitsgruppen, im Gegensatz zu den für die Beschlußfassung des Betriebsrates geltenden Grundsätzen, die Möglichkeit der Abstimmung im Umlaufverfahren[1156].

[1150] Vgl. *Raab*, NZA 2002, 480.

[1151] Darauf weist auch *Raab*, NZA 2002, 480 hin.

[1152] So *Raab*, NZA 2002, 480.

[1153] So *Raab*, NZA 2002, 480.

[1154] Zu einem ähnlichen Ergebnis kommt auch *Raab*, NZA 2002, 480. Er stellt dabei auf die Möglichkeit und Zumutbarkeit der Einhaltung der Ankündigungsfrist ab.

[1155] So etwa *Wedde*, AuR 2002, 126; ebenso *Busch*, Arbeitsgruppen und Gruppenarbeit, S. 133, der dies aus einem Vergleich zu den für den Betriebsrat und seine Ausschüsse geltenden Vorschriften herleiten will und hierbei die selbständige rechtliche Stellung der Arbeitsgruppe nicht ausreichend berücksichtigt.

[1156] So etwa GK-BetrVG-*Raab*, § 28a Rn. 44; *Fitting/Kaiser/Heither/Engels/Schmidt*, § 28a Rn. 36; *Raab*, NZA 2002, 480.

Nach der Ansicht von *Raab*, soll hierfür die unterschiedliche Funktion der Abstimmungen sprechen[1157]. Das Erfordernis gleichzeitiger Anwesenheit der Betriebsratsmitglieder bei der Beschlußfassung ergebe sich aus der besonderen Stellung der Betriebsratsmitglieder als Repräsentanten aller betriebsangehörigen Arbeitnehmer. Maßstab für das Abstimmungsverhalten jedes einzelnen Betriebsratsmitgliedes müsse sein, welche Lösung den Interessen aller Arbeitnehmer und dem Wohl des Betriebes am ehesten gerecht wird (§ 2 Abs. 1 BetrVG). Die umfassende Berücksichtigung aller relevanten Gesichtspunkte sei aber am ehesten gewährleistet, wenn ein unmittelbarer Meinungsaustausch zwischen sämtlichen Betriebsratsmitgliedern stattfindet. Demgegenüber nehmen die Gruppenmitglieder bei der Abstimmung ihre individuellen Interessen innerhalb der Arbeitsgruppe wahr. Um diese Interessen zu definieren, bedürfe es keines Meinungsaustausches mit anderen Gruppenmitgliedern.

Fitting/Kaiser/Heither/Engels/Schmidt sind der Auffassung, für die Möglichkeit einer Beschlußfassung der Arbeitsgruppe im Umlaufverfahren spreche auch, daß im Gegensatz zu § 33 BetrVG, der von Beschlüssen des Betriebsrats spricht und die Stimmenmehrheit der anwesenden Betriebsratsmitglieder fordert, in § 28a Abs. 2 Satz 1 Halbsatz 2 BetrVG lediglich von der Mehrheit der Stimmen der Gruppenmitglieder die Rede ist[1158]. Wegen des unterschiedlichen Wortlauts der Regelungen und bei Berücksichtigung des Umstandes, daß die Gruppenmitglieder in aller Regel mit den die Gruppe betreffenden Fragen und Problemen vertraut sind, soll die Wirksamkeit einer Entscheidung der Gruppe nicht davon abhängen, ob sie in einer förmlichen Gruppensitzung getroffen wird. Allerdings sei stets erforderlich, daß allen Gruppenmitgliedern die regelungsbedürftige Angelegenheit und der genaue Inhalt der angestrebten Regelung bekannt ist. Dies habe der Gruppensprecher durch eine rechtzeitige und der zu regelnden Angelegenheit entsprechende Unterrichtung der Gruppenmitglieder sicherzustellen.

Der Wortlaut des § 28a BetrVG stellt - im Gegensatz zu § 33 BetrVG - gerade nicht auf die Stimmen der "anwesenden" Gruppenmitglieder ab. Darüber hinaus hat die Abstimmung in der Arbeitsgruppe eine andere Funktion als im Betriebsrat: Die Arbeitsgruppenmitglieder sollen allein ihre eigenen Interessen unmittelbar vertreten können, während die Betriebsratsmitglieder die Interessen aller Arbeitnehmer und das Wohl des Betriebes berücksichtigen müssen. Um ihre eigenen Interessen festzulegen und zu vertreten, ist ein Meinungsaustausch mit anderen Gruppenmitgliedern

---

[1157] Vgl. GK-BetrVG-*Raab*, § 28a Rn. 44.

[1158] Vgl. *Fitting/Kaiser/Heither/Engels/Schmidt*, § 28a Rn. 36.

jedoch nicht erforderlich. Wäre der Gesetzgeber trotz dieser Unterschiede der Auffassung gewesen, daß auch hier kein Umlaufverfahren zulässig sein sollte, hätte es daher einer dementsprechenden Anordnung bedurft. In Betracht wäre etwa die Festlegung der entsprechenden Geltung der §§ 29 ff. BetrVG gekommen. Folglich sprechen die besseren Gründe dafür, im Rahmen der Beschlußfassung der Arbeitsgruppen auch die Abstimmung im sog. Umlaufverfahren zuzulassen.

2. Vertretung der Arbeitsgruppe im Außenverhältnis

Ebenfalls nicht im Gesetz geregelt ist die Frage, wer die Arbeitsgruppe im Verhältnis nach außen zum Arbeitgeber vertritt. Auch hier ist eine Regelung erforderlich, da die Arbeitsgruppe als Vertragspartner der Gruppenvereinbarungen entsprechende Vertretungsstrukturen entwickeln muß[1159]. Da es sich um eine Frage der Binnenorganisation der Arbeitsgruppe handelt, kann in der Rahmenvereinbarung eine nähere Bestimmung, etwa in Anlehnung an § 26 Abs. 2 Satz 1 BetrVG, getroffen werden[1160].

a) Allgemeine Regeln

Sofern ein Gruppensprecher gewählt worden ist, ist dieser im Zweifel als bevollmächtigt anzusehen, Erklärungen gegenüber dem Arbeitgeber mit Wirkung für die Arbeitsgruppe abzugeben und entgegenzunehmen[1161]. Die Arbeitsgruppe kann aber auch im jeweiligen Einzelfall einem ihrer Mitglieder Vollmacht zur Abgabe und Entgegennahme von Erklärungen erteilen (§ 167 Abs. 2 BGB)[1162]. Fehlt es an jeglicher Vertretungsregelung, so ist jedes Gruppenmitglied als ermächtigt anzusehen, eine entsprechende Erklärung abzugeben; Erklärungen des Arbeitgebers sind gegenüber allen Arbeitnehmern der Arbeitsgruppe abzugeben[1163].

[1159] Vgl. Richardi-*Thüsing*, § 28a Rn. 12.

[1160] Siehe dazu die obigen Ausführungen unter Gliederungspunkt § 5 C.II.2.c)aa); GK-BetrVG-*Raab*, § 28a Rn. 45; *Raab*, NZA 2002, 480.

[1161] Vgl. GK-BetrVG-*Raab*, § 28a Rn. 45; *Raab*, NZA 2002, 480.

[1162] So auch GK-BetrVG-*Raab*, § 28a Rn. 45; *Löwisch/Kaiser*, § 28a Rn. 21; *Raab*, NZA 2002, 480.

[1163] So GK-BetrVG-*Raab*, § 28a Rn. 45; *Raab*, NZA 2002, 480 f.

b) Regeln für Abschluß einer Gruppenvereinbarung

Diese Regeln gelten grundsätzlich auch bei der Vertretung der Arbeitsgruppe bei der Unterzeichnung einer Gruppenvereinbarung[1164]. Ist ein Gruppenmitglied mit der Vertretung der Arbeitsgruppe gegenüber dem Arbeitgeber berufen, besteht in der Literatur Einigkeit darüber, daß dessen Unterschrift genügt[1165]. Unterschiedliche Ansichten bestehen jedoch, soweit keine Vertretungsregelung vorhanden ist.

Teilweise wird in diesem Fall angenommen, es müßten alle Arbeitnehmer der Arbeitsgruppe unterzeichnen, um der Schriftform zu genügen[1166]. Haben einzelne Arbeitnehmer gegen die Regelung gestimmt, so könnten sie folglich durch die Verweigerung der Unterschrift das Zustandekommen der Vereinbarung verhindern[1167]. Eine andere Möglichkeit wäre, für ein wirksames Zustandekommen nur die Unterschriften der zustimmenden Mehrheit genügen zu lassen. Hieran wird deutlich, daß auch die Frage der Vertretung der Arbeitsgruppe im Außenverhältnis dringend einer Regelung bedarf[1168]. Im Ergebnis sollten, soweit kein Gruppensprecher oder sonstiger Vertreter vorhanden ist, grundsätzlich alle an der Abstimmung beteiligten Arbeitnehmer die Gruppenvereinbarung unterzeichnen. Soweit diejenigen Arbeitnehmer, die gegen die Regelung gestimmt haben, sich weigern eine Unterschrift zu leisten, kann dies jedoch nicht dazu führen, daß das wirksame Zustandekommen der Vereinbarung verhindert wird. Hierdurch würden die gesetzlichen Regelungsmöglichkeiten anderenfalls völlig kontakariert werden. Es muß daher genügen, wenn die Zustimmung der Mehrheit der Gruppenmitglieder aus der schriftlichen Abfassung hervorgeht, mithin also zumindest die zustimmende Mehrheit die Unterschriften leistet. Die Verweigerung der Unterschrift durch einige Arbeitnehmer sollte dabei stets zur Klarstellung protokolliert werden. Hierdurch wäre sichergestellt und dokumentiert, daß auch tatsächlich die Mehrheit zugestimmt hat.

[1164] So GK-BetrVG-*Raab*, § 28a Rn. 46; *Raab*, NZA 2002, 481.

[1165] Ebenso GK-BetrVG-*Raab*, § 28a Rn. 46; *Löwisch/Kaiser*, § 28a Rn. 21; *Raab*, NZA 2002, 481.

[1166] In diesem Sinne GK-BetrVG-*Raab*, § 28a Rn. 46; *Raab*, NZA 2002, 481.

[1167] Vgl. GK-BetrVG-*Raab*, § 28a Rn. 46; *Raab*, NZA 2002, 481.

[1168] Ebenso *Raab*, NZA 2002, 481.

3. Gestaltung der Verhandlungen mit dem Arbeitgeber

Auch hinsichtlich der Durchführung von Verhandlungen zwischen der Arbeitsgruppe und dem Arbeitgeber sind im Gesetz keinerlei Vorgaben enthalten. Die Parteien sind daher auch in diesem Punkt in der Gestaltung entsprechender Verhandlungen und Vereinbarungen frei[1169]. Soweit die Rahmenvereinbarung oder der Übertragungsbeschluß nichts anderes festlegen, müssen die Arbeitsgruppe und der Arbeitgeber gemeinsam über die Gestaltung der Verhandlungen entscheiden.

D. Inhalt und Wirkung der Gruppenvereinbarung

I. Die inhaltliche Regelungskompetenz der Arbeitsgruppe

Soweit der Arbeitsgruppe bestimmte Aufgaben vom Betriebsrat übertragen worden sind, nimmt sie diese selbständig gegenüber dem Arbeitgeber war. Sie ist dabei anstelle des Betriebsrates regelungsbefugt; eine konkurrierende "Rest"-Zuständigkeit des Betriebsrates besteht daher nicht[1170]. Da die Arbeitsgruppe insoweit an die Stelle des Betriebsrates tritt, hat sie, soweit der Übertragungsbeschluß bzw. die Rahmenvereinbarung nichts anderes festlegen, auch dieselben Befugnisse und Rechte, die dem Betriebsrat bei der Wahrnehmung dieser Aufgaben zustehen würden[1171]. Ebenso steht ihr bei der inhaltlichen Gestaltung grundsätzlich derselbe weite Regelungsspielraum wie dem Betriebsrat zu[1172].

II. Rechtliche Grenzen der Gruppenvereinbarung

Die inhaltliche Regelungskompetenz der Arbeitsgruppe besteht jedoch nicht unbegrenzt. Beschränkungen ergeben sich insbesondere aus dem Rahmen, den die Rahmenvereinbarung zwischen Betriebsrat und Arbeit-

---

[1169] Vgl. *Wedde*, AuR 2002, 125.

[1170] Vgl. *Fitting/Kaiser/Heither/Engels/Schmidt*, § 28a Rn. 30; siehe auch die obigen Ausführungen unter Gliederungspunkt § 6 B.III.

[1171] Ebenso ErfK-*Eisemann*, § 28a Rn. 7; *Fitting/Kaiser/Heither/Engels/Schmidt*, § 28a Rn. 30; Jaeger/Röder/Heckelmann-*Kappenhagen*, Kap. 5 Rn. 146; ähnlich *Richardi/ Annuß*, DB 2001, 44.

[1172] Vgl. ErfK-*Eisemann*, § 28a Rn. 7; *Fitting/Kaiser/Heither/Engels/Schmidt*, § 28a Rn. 31; Jaeger/Röder/Heckelmann-*Kappenhagen*, Kap. 5 Rn. 146.

geber sowie der konkrete Übertragungsbeschluß des Betriebsrates vorgeben.

1. Rahmenvereinbarung

Einschränkungen und Vorgaben für den Abschluß von Gruppenvereinbarungen durch die Arbeitsgruppe mit dem Arbeitgeber können sich zunächst durch die Rahmenvereinbarung ergeben[1173]. Dies betrifft einerseits den Inhalt der Gruppenvereinbarungen, indem diejenigen Aufgaben festgelegt werden, die überhaupt für eine Übertragung in Betracht kommen sollen. Darüber hinaus können auch sonstige formale Fragen des Abschlusses der Vereinbarung geregelt werden.

Wurde keine Rahmenvereinbarung zwischen Arbeitgeber und Betriebsrat abgeschlossen, fehlt es schon an einer Wirksamkeitsvoraussetzung für die Aufgabenübertragung[1174]. Vereinbarungen zwischen Arbeitsgruppe und Arbeitgeber können in diesen Fällen dann ebenfalls nicht getroffen werden bzw. wären nichtig[1175]. Wurden in der Gruppenvereinbarung Regelungen getroffen, welche über die in der Rahmenvereinbarung vorgesehenen Vorgaben hinausgehen, so sind diese nichtig[1176]. Gegebenenfalls kann die Nichtigkeit einzelner nichtiger Regelungsteile die Unwirksamkeit der gesamten Vereinbarung nach sich ziehen[1177]. Allerdings ist zu beachten, daß für Gruppenvereinbarungen - ebenso wie für Betriebsvereinbarungen - bei Teilnichtigkeit die Vermutung des § 139 BGB nicht gilt[1178]. Insoweit ist davon auszugehen, daß die wirksamen Teile einer teilweise nichtigen Vereinbarung weiter gelten[1179]. Dies gilt nicht, wenn unwirksame Teile mit den übrigen Teilen der Vereinbarung in unmittelbarem Zusammenhang stehen und der Grund der Unwirksamkeit auch die übrigen Teile betrifft[1180]. Dann ist die Nichtigkeit der gesamten Vereinbarung gegeben[1181].

[1173] Vgl. DKK-*Wedde*, § 28a Rn. 67; *Wedde*, AuR 2002, 125.

[1174] So DKK-*Wedde*, § 28a Rn. 22; Richardi-*Thüsing*, § 28a Rn. 16.

[1175] Vgl. DKK-*Wedde*, § 28a Rn. 22; Richardi-*Thüsing*, § 28a Rn. 16.

[1176] So auch DKK-*Wedde*, § 28a Rn. 67.

[1177] Vgl. DKK-*Wedde*, § 28a Rn. 67.

[1178] Vgl. DKK-*Wedde*, § 28a Rn. 67.

[1179] Vgl. DKK-*Wedde*, § 28a Rn. 67; BAG v. 28.04.1981, AP Nr. 1 zu § 87 BetrVG 1972 Vorschlagwesen unter B.IV.

[1180] Vgl. DKK-*Wedde*, § 28a Rn. 67; Kittner/Zwanziger-*Kittner*, § 12 Rn. 47; BAG v. 06.08.1991, AP Nr. 52 zu § 77 BetrVG 1972 unter II.4.

[1181] Vgl. DKK-*Wedde*, § 28a Rn. 67.

2. Übertragungsbeschluß

Eine weitere Grenze für den Abschluß von Gruppenvereinbarungen stellt der konkrete Übertragungsbeschluß des Betriebsrates dar[1182]. Bezüglich des möglichen Inhalts kann auf die obigen Ausführungen verwiesen werden[1183].

Liegt kein Delegationsbeschluß des Betriebsrats vor, kann die Arbeitsgruppe keine wirksamen Gruppenvereinbarungen schließen[1184]. Eine dennoch abgeschlossene Vereinbarung ist nichtig[1185]. Soweit über den Betriebsratsbeschluß hinausgehende Themen in eine Gruppenvereinbarung mit dem Arbeitgeber eingeflossen sind, so ist sie insoweit nichtig, denn außerhalb des Beschlußrahmens stehen die Beteiligungs- und Mitbestimmungsrechte nur dem Betriebsrat zu[1186]. Auch hier kann die Nichtigkeit eines Teils die Nichtigkeit der gesamten Vereinbarung nach sich ziehen[1187].

3. Zusammenhang mit der Tätigkeit der Arbeitsgruppe

Begrenzt wird der bestehende Gestaltungsspielraum außerdem dadurch, daß der Regelungsgehalt im Zusammenhang mit der von der Arbeitsgruppe zu erledigenden Tätigkeit stehen muß damit ausgeschlossen ist, daß Dritte außerhalb der Gruppe von der Regelung tangiert werden[1188]. Hier kann auf die Ausführungen verwiesen werden, die bereits weiter oben zu diesem Thema gemacht wurden[1189].

4. Vereinbarungen, die inhaltlich vom Betriebsrat abgelehnt werden

Problematisch ist die Beantwortung der Frage, wie damit umgegangen werden kann, wenn die Arbeitsgruppe eine Vereinbarung mit dem Arbeit-

---

1182 Vgl. *Gnade/Kehrmann/Schneider/Klebe/Ratayczak*, § 28a Rn. 10; *Löwisch/Kaiser*, § 28a Rn. 19; *Löwisch*, BB 2001, 1741; *Malottke*, AiB 2001, 627; *Natzel*, DB 2001, 1363; *Wedde*, AuR 2002, 125; *Worzalla/Will*, Rn. 264.

1183 Vgl. auch *Löwisch/Kaiser*, § 28a Rn. 19.

1184 So *Gnade/Kehrmann/Schneider/Klebe/Ratayczak*, § 28a Rn. 10; Richardi-*Thüsing*, § 28a Rn. 20.

1185 Vgl. Richardi-*Thüsing*, § 28a Rn. 20.

1186 So *Gnade/Kehrmann/Schneider/Klebe/Ratayczak*, § 28a Rn. 12.

1187 Vgl. *Gnade/Kehrmann/Schneider/Klebe/Ratayczak*, § 28a Rn. 12.

1188 Vgl. *Wedde*, AuR 2002, 125; *Malottke*, AiB 2001, 627.

1189 Siehe dazu unter Gliederungspunkt § 6 B.I.2.

geber abschließt, deren Inhalt der Betriebsrat ablehnt. Genannt wird in der Literatur beispielsweise der Fall, daß die Arbeitsgruppe Überstunden zustimmt, obwohl der Betriebsrat Neueinstellungen erreichen will und die Überstunden daher ablehnt[1190].

Vorgeschlagen wird eine Regelung in der Rahmenvereinbarung dahingehend, daß die Gruppenvereinbarung nur dann wirksam wird, wenn sie dem Betriebsrat vorgelegt wurde und dieser nicht innerhalb einer bestimmten Frist widerspricht[1191]. Wie bereits erörtert sind solche Regelungen grundsätzlich zulässig[1192]. Es muß jedoch sichergestellt sein, daß sich der Betriebsrat darauf beschränkt, Rechte der Arbeitsgruppenmitglieder und der sonstigen Arbeitnehmer des Betriebes zu sichern; ein darüber hinaus gehender Einfluß auf die inhaltliche Gestaltung der Gruppenvereinbarung darf jedoch wegen der eigenständigen Stellung der Arbeitsgruppe nicht entstehen. Insoweit bleibt dem Betriebsrat nichts anderes übrig, als entweder ganz auf die Übertragung zu verzichten oder einen entsprechenden Rahmen vorzugeben, in dem sich die Regelung durch die Gruppenvereinbarung bewegen kann.

In dem genannten Beispiel müßte der Betriebsrat daher entweder einen Rahmen vorgeben, in dem Überstunden in Betracht kommen oder die Vereinbarung von Überstunden durch die Arbeitsgruppe ganz ausschließen. Ein Kontrollrecht in der Weise, daß die vorgesehene Gruppenvereinbarung inhaltlich abgelehnt wird, kommt jedoch nicht in Betracht, da anderenfalls entgegen den oben darlegten Grundsätzen[1193] auf die konkrete inhaltliche Gestaltung Einfluß genommen würde.

III. Wirkung der Gruppenvereinbarung

Die rechtliche Wirkung der Gruppenvereinbarung wird aufgrund der unterschiedlichen Vorstellungen über die Rechtsnatur nicht einheitlich beurteilt.

1. Unterschiedliche Ansätze und deren Auswirkungen

Überwiegend nimmt man in der Literatur an, daß der Verweis auf § 77 BetrVG deutlich machen soll, daß die Gruppenvereinbarung in ihrem Gel-

---

[1190] Siehe *Malottke*, AiB 2001, 627.

[1191] So etwa *Malottke*, AiB 2001, 627.

[1192] Siehe oben Gliederungspunkt § 5 C.II.3.b).

[1193] Siehe Fußnote zuvor.

tungsbereich dieselbe rechtliche Wirkung wie eine Betriebsvereinbarung hat[1194]. Geht man dagegen mit der hier vertretenen Ansicht davon aus, daß die Arbeitsgruppen neben den Gruppenbetriebsvereinbarungen auch Gruppenregelungsabreden mit dem Arbeitgeber schließen kann, muß bei der Beurteilung der Wirkung genau zwischen diesen beiden Regelungsformen differenziert werden. Dementsprechend kann der Gruppenvereinbarung in ihrem Geltungsbereich zwar dieselbe rechtliche Wirkung haben wie eine Betriebsvereinbarung, muß dies aber nicht zwingend[1195].

Folglich kommt einer Gruppenregelungsabrede nur schuldrechtliche Wirkung zwischen Arbeitsgruppe und Arbeitgeber zu. Soweit aber - wie dies typischerweise der Fall sein wird - eine Gruppenbetriebsvereinbarung abgeschlossen wurde, gelten die Regeln des § 77 BetrVG über die unmittelbare und zwingende Wirkung der Normen gem. § 28a Abs. 2 Satz 2 BetrVG entsprechend. Für andere Arbeitnehmer des Betriebes, die nicht zugleich Mitglieder der Arbeitsgruppe sind, ist sie jedoch in keiner Weise maßgeblich[1196]. Insoweit bestehen also für den wichtigsten Anwendungsfall keine Unterschiede in der rechtlichen Bewertung.

2. Problemfragen aufgrund der unmittelbaren und zwingenden Wirkung

Aus der unmittelbaren und zwingenden Wirkung der Gruppenbetriebsvereinbarungen ergeben sich einige Fallkonstellationen, deren Beantwortung als problematisch angesehen wird.

a) Bindung später eintretender Arbeitnehmer

Dies betrifft zunächst die Frage, ob eine solche Gruppenbetriebsvereinbarung auch später in die Gruppe eintretende Arbeitnehmer bindet, obwohl sie auf den Inhalt keinerlei Einfluß hatten[1197].

Nach der Gesetzeslage ist dies zu bejahen. Sofern Arbeitnehmer nach Abschluß der Vereinbarung in die Arbeitsgruppe eintreten, erstreckt sich

---

[1194] Vgl. DKK-*Wedde*, § 28a Rn. 66; *Löwisch/Kaiser*, § 28a Rn. 22; *Löwisch*, BB 2001, 1741; *Malottke*, AiB 2001, 628; *Natzel*, DB 2001, 1363; *Däubler*, AuR 2001, 3 und 289; *Wedde*, AuR 2002, 126; *Worzalla/Will*, Rn. 264.

[1195] So auch *Fitting/Kaiser/Heither/Engels/Schmidt*, § 28a Rn. 32; GK-BetrVG-*Raab*, § 28a Rn. 47; *Gnade/Kehrmann/Schneider/Klebe/Ratayczak*, § 28a Rn. 10; *Engels/Trebinger/Löhr-Steinhaus*, DB 2001, 537; *Raab*, NZA 2002, 481; einschränkend auch Richardi-*Thüsing*, § 28a Rn. 26.

[1196] Ebenso DKK-*Wedde*, § 28a Rn. 66; *Raab*, NZA 2002, 481.

[1197] Vgl. *Franzen*, ZfA 2001, 434.

die Vereinbarung auch auf diese[1198]. Dies ergibt sich aus der unmittelbaren Wirkung einer solchen Vereinbarung gem. §§ 28a Abs. 2 Satz 2, 77 Abs. 4 BetrVG. Insoweit gilt also nicht anderes, als in Bezug auf die Geltung einer Betriebsvereinbarung für Arbeitnehmer, die in den Betrieb eintreten[1199].

b) Verzicht auf Rechte aus der Gruppenvereinbarung

Weiterhin kann, soweit eine Gruppenbetriebsvereinbarung vorliegt, gem. § 28a Abs. 2 Satz 2 BetrVG iVm. § 77 Abs. 4 Satz 2 BetrVG, auf Rechte aus dieser Vereinbarung nicht mehr ohne weiteres verzichtet werden. Unterschiedlich wird jedoch beurteilt, auf wessen Zustimmung es hierbei ankommt. Teilweise wird auf die Zustimmung der Arbeitsgruppe abgestellt[1200]. Andere sind der Auffassung, es komme auf die Zustimmung des Betriebsrates an[1201].

Systematisch spricht einiges dafür, auf die Zustimmung des Vertragspartners des Arbeitgebers abzustellen. Da beim Abschluß einer Betriebsvereinbarung der Betriebsrat Vertragspartner des Arbeitgebers ist, kommt es auf seine Zustimmung an. Dementsprechend ist bei Rechten aus einer Gruppenvereinbarung die Zustimmung der Arbeitsgruppe entscheidend. Auch der Sinn und Zweck der Vorschrift verlangen kein anderes Verständnis. Danach soll gerade gesichert werden, daß auf Rechte, die den Arbeitnehmern durch die Betriebsvereinbarung eingeräumt wurden, in bestimmten Drucksituationen nicht ohne weiteres verzichtet wird[1202]. Dies kann hinsichtlich der Rechte aus einer Gruppenbetriebsvereinbarungen mit dem Erfordernis der Zustimmung durch die Arbeitsgruppe ebenfalls erreicht werden. Zwar kann nicht unbeachtet bleiben, daß die Arbeitsgruppenmitglieder nicht die gleiche rechtliche Stellung wie die Mitglieder des Betriebsrates haben. Dennoch ist sie bei einer eventuellen Druckausübung durch den Arbeitgeber nicht völlig schutzlos, so daß die Verwirklichung des Regelungszwecks nicht gefährdet wird. Daneben soll § 77 Abs. 4 Satz 2 BetrVG die Stellung des Betriebsrates als Partei der Betriebsvereinbarung bestätigen und ihn als "Herrn" der Vereinbarung auszuwei-

---

[1198] Zu diesem Ergebnis kommen auch GK-BetrVG-*Raab*, § 28a Rn. 47; HaKo-BetrVG-*Blanke*, § 28a Rn. 8; *Franzen*, ZfA 2001, 434; *Raab*, NZA 2002, 481.

[1199] Vgl. dazu GK-BetrVG-*Kreutz*, § 77 Rn. 213.

[1200] So etwa *Brunhöber*, Neues BetrVG, S. 133; *Worzalla/Will*, Rn. 264.

[1201] So etwa DKK-*Wedde*, § 28a Rn. 66; *Busch*, Arbeitsgruppen und Gruppenarbeit, S. 148.

[1202] Vgl. GK-BetrVG-*Kreutz*, § 77 Rn. 271.

sen[1203]. Wendet man dies entsprechend auf die Arbeitsgruppe an, wird auch hier die Stellung als Partei der Gruppenbetriebsvereinbarung bestätigt. Folglich kommt es bei einem Verzicht auf Rechte aus der Gruppenbetriebsvereinbarung gem. §§ 28a Abs. 2 Satz 2, 77 Abs. 4 Satz 2 BetrVG auf die Zustimmung der Arbeitsgruppe an.

IV. Verhältnis zu gesetzlichen Regelungen, Tarifverträgen, Betriebsvereinbarungen und Individualabsprachen

Ebenfalls klärungsbedürftig ist das Verhältnis der Gruppenvereinbarungen zu gesetzlichen Regelungen, Tarifverträgen, Betriebsvereinbarungen und Individualabsprachen.

1. Gesetzliche Regelungen

Das Verhältnis von Gruppenvereinbarungen zu zwingendem staatlichen Recht wird im Schrifttum nur vereinzelt erörtert. Es findet sich - soweit ersichtlich - lediglich der Hinweis, die Vereinbarungen müßten dem geltenden Recht entsprechen[1204].

Aufgrund der Anordnung der entsprechenden Geltung des § 77 BetrVG, gilt in diesem Bereich nichts anderes als für die Betriebsvereinbarungen[1205]: Inhaltliche Grenze für die Regelungen in der Gruppenvereinbarungen bildet, neben den bereits erörterten Beschränkungen, das zwingende staatliche Recht. Dazu gehören vor allem Gesetze, Verordnungen und Unfallverhütungsvorschriften der Berufsgenossenschaften. Diese Regelungen sind überwiegend nur zugunsten der Arbeitnehmer (einseitig) zwingend, d.h. in der Gruppenvereinbarung sind für die Arbeitnehmer günstigere Regelungen zulässig; ungünstigere Regelung sind dagegen unzulässig[1206]. Soweit gesetzliche Bestimmungen tarifdispositiv sind, also durch Tarifvertrag von ihnen auch zuungunsten der Arbeitnehmer abgewichen werden darf, gilt dies nicht für die Gruppenbetriebsvereinbarungen. In diesen Fällen hat der Gesetzgeber die betreffenden Bestimmungen lediglich zur Disposition der Tarifvertragsparteien, nicht aber der Betriebspartner oder gar Arbeitsgruppen gestellt. Insoweit gilt also für

---

1203 So GK-BetrVG-*Kreutz*, § 77 Rn. 272.

1204 Vgl. *Malottke*, AiB 2001, 627.

1205 Vgl. dazu DKK-*Berg*, § 77 Rn. 10; *Fitting/Kaiser/Heither/Engels/Schmidt*, § 77 Rn. 53; GK-BetrVG-*Kreutz*, § 77 Rn. 291 ff.; Kittner/Zwanziger-*Kittner*, § 17 Rn. 11 ff.; Richardi-*Richardi*, § 77 Rn. 91 f.

1206 So auch *Malottke*, AiB 2001, 627 f.

Gruppenvereinbarungen nichts anderes als für Betriebsvereinbarungen[1207].

2. Tarifverträge

Gleiches gilt auch für das Verhältnis von Gruppenbetriebsvereinbarungen zu Tarifverträgen. Soweit Arbeitsbedingungen durch Tarifvertrag geregelt sind oder üblicherweise geregelt werden, wird die Regelungsbefugnis durch die Sperre des § 77 Abs. 3 Satz 1 BetrVG, der gem. § 28a Abs. 2 Satz 2 BetrVG entsprechend anzuwenden ist, eingeschränkt[1208]. Es gilt also der sog. "Tarifvorbehalt"[1209]. Ein Konkurrenzverhältnis zum Tarifvertrag kann daher grundsätzlich nicht auftreten[1210]. Auch eine für die Arbeitnehmer günstigere Regelung kann nicht durch Betriebsvereinbarung bzw. Gruppenbetriebsvereinbarung vereinbart werden.

Die Sperrwirkung bezieht sich nach überwiegender Meinung jedoch nur auf Betriebsvereinbarungen, nicht aber auf Regelungsabreden[1211]. Zur Begründung wird auf den eindeutigen Wortlaut des § 77 Abs. 3 Satz 1 BetrVG sowie den Normzweck verwiesen. Andere wollen dagegen auch Regelungsabreden erfaßt sehen[1212]. Im Prinzip stellt sich die gleiche Frage auch hinsichtlich der Vereinbarungen, die von den Arbeitsgruppen abgeschlossen werden, also, ob neben den Gruppenbetriebsvereinbarungen auch Gruppenregelungsabreden erfaßt sind. Konsequenterweise wird man hier, abhängig von der oben vertretenen Meinung, mit der gleichen Begründung zu entsprechenden Ergebnissen kommen. Auf eine ausführliche Erörterung des Streitstandes soll hier jedoch verzichtet werden. Zum einen darf auch eine Regelungsvereinbarung nicht gegen zwingendes hö-

---

[1207] Vgl. dazu GK-BetrVG-*Kreutz*, § 77 Rn. 296.

[1208] Ebenso ErfK-*Eisemann*, § 28a Rn. 7; GK-BetrVG-*Raab*, § 28a Rn. 47, *Fitting/Kaiser/Heither/Engels/Schmidt*, § 28a Rn. 31; Richardi-*Thüsing*, § 28a Rn. 28; *Brunhöber*, Neues BetrVG, S. 133; Haufe-*Traut*, S. 127 Rn. 15; Jaeger/Röder/Heckelmann-*Kappenhagen*, Kap. 5 Rn. 147; *Malottke*, AiB 2001, 628; *Raab*, NZA 2002, 481; *Schaub*, ZTR 2001, 440; *Wulff*, ZBVR 2002, 139.

[1209] So *Fitting/Kaiser/Heither/Engels/Schmidt*, § 28a Rn. 31; *Brunhöber*, Neues BetrVG, S. 133; Jaeger/Röder/Heckelmann-*Kappenhagen*, Kap. 5 Rn. 147; *Malottke*, AiB 2001, 628; *Wulff*, ZBVR 2002, 139.

[1210] So auch Richardi-*Thüsing*, § 28a Rn. 28.

[1211] Vgl. BAG v. 20.04.1999, AP Nr. 89 zu Art. 9 GG unter B.II.1.b)aa); ebenso ErfK-*Hanau/Kania*, § 77 Rn. 71; *Fitting/Kaiser/Heither/Engels/Schmidt*, § 77 Rn. 102; GK-BetrVG-*Kreutz*, § 77 Rn. 135 jeweils m.w.N.

[1212] So etwa DKK-*Berg*, § 77 Rn. 78; Kittner/Zwanziger-*Kittner*, § 18 Rn. 10 f.; Richardi-*Richardi*, § 77 Rn. 292 f.

herrangiges Recht verstoßen, so daß eine beabsichtigte Regelung, die im Widerspruch zur Unabdingbarkeit von Tarifnormen nach § 4 Ab. 1 TVG steht, rechtswidrig wäre[1213]. Zum anderen dürfte der Gruppenregelungsabrede auch kaum eine praktische Bedeutung zukommen.

Eine Ausnahme vom Tarifvorbehalt gilt jedoch dann, wenn der Tarifvertrag ausdrücklich den Abschluß ergänzender Betriebsvereinbarungen zuläßt (§ 77 Abs. 3 Satz 2 BetrVG). Problematisch ist, ob in diesem Zusammenhang der Abschluß einer Gruppenbetriebsvereinbarung genügen kann[1214]. *Malottke* verneint dies für den Fall, daß ausdrücklich eine ergänzende Betriebsvereinbarung zugelassen ist, mit dem Argument, die Arbeitsgruppenvereinbarung sei keine Betriebsvereinbarung, sondern werde nur entsprechend durchgeführt[1215]. Wenn die Tarifvertragsparteien eine Regelung auf Arbeitgeber und Betriebsrat übertragen haben, sei es nicht zulässig, diese weiter zu delegieren[1216].

Für den Fall der ausdrücklichen Zulassung einer ergänzenden Betriebsvereinbarung kann dieser Ansicht zwar im Ergebnis voll, in der Begründung aber nur teilweise zugestimmt werden. So läßt sich allein aus der Anordnung der "nur" entsprechenden Geltung des § 77 BetrVG kein Schluß darüber ziehen, ob auch eine Gruppenbetriebsvereinbarung ausreichen kann. Vielmehr wurde diese oben gerade als besondere Form einer Betriebsvereinbarung eingeordnet[1217]. Außerdem bezieht sich die entsprechende Geltung nicht nur auf die Durchführung der Vereinbarung, sondern ist umfassend zu verstehen. Grundsätzlich muß daher auch der Abschluß einer Gruppenbetriebsvereinbarung ausreichen können. Entscheidend kann daher nur die konkrete Gestaltung der tariflichen Öffnungsklauseln sein. Diese sind systematisch als Ausnahmeregelung eng auszulegen[1218]. Soweit daher ausdrücklich der Abschluß einer Betriebsvereinbarung oder die Regelung durch Arbeitgeber und Betriebsrat gefordert

---

1213 Vgl. die ausführliche Erörterung bei *Fitting/Kaiser/Heither/Engels/Schmidt*, § 77 Rn. 103.

1214 Auch problematisiert von *Malottke*, AiB 2001, 628.

1215 So *Malottke*, AiB 2001, 628; im Ergebnis ebenso, allerdings ohne Begründung Ha-Ko-BetrVG-*Blanke*, § 28a Rn. 6.

1216 So *Malottke*, AiB 2001, 628.

1217 Vgl. die Ausführungen unter Gliederungspunkt § 7 A.II.4.

1218 Vgl. BAG. v. 21.02.1967, AP Nr. 26 zu § 59 BetrVG unter 4.; DKK-*Berg*, § 77 Rn. 73; wohl auch Richardi-*Richardi*, § 77 Rn. 302. Allgemein zur engen Auslegung von Ausnahmeregelungen siehe *Larenz*, Methodenlehre, S. 353 ff.

wird[1219], muß auch eine solche vorliegen; eine Gruppenbetriebsvereinbarung genügt insoweit nicht. Wenn dagegen lediglich eine "betriebliche Regelung" erforderlich sein soll[1220], reicht auch eine Gruppenbetriebsvereinbarung aus. Insoweit muß der Inhalt und Umfang der tariflichen Öffnungsklausel mit Hilfe der für Tarifverträge geltenden Auslegungsgrundsätze ermittelt werden[1221]. Hierbei ist auch zu bestimmen, ob nach der Öffnungsklausel nur Vereinbarungen zulässig sein sollen, die günstiger sind, oder ob auch Regelungen zuungunsten der Arbeitnehmer möglich sein sollen. Soweit Tarifverträge betroffen sind, die vor dem Inkrafttreten des BetrVG-Reformgesetzes abgeschlossen wurden, werden im Zweifel Gruppenbetriebsvereinbarungen nicht genügen, da dieses Regelungsinstrument bei Abschluß des Tarifvertrages noch nicht bestand und daher von den Tarifvertragsparteien auch nicht gemeint sein konnte.

Schließlich soll auch der Tarifvorrang nach § 87 Abs. 1 Einleitungssatz BetrVG für Gruppenvereinbarungen gelten[1222]. Hierbei besteht in der Literatur jedoch überwiegend Einigkeit darüber, daß der Tarifvorrang in § 87 Abs. 1 Einleitungssatz BetrVG nur die Erzwingbarkeit einer betrieblichen Regelung betrifft[1223]. Freiwillige Betriebsvereinbarungen (§ 88 BetrVG) sind dagegen grundsätzlich nicht ausgeschlossen. Sie müssen jedoch wegen § 4 Abs. 3 TVG gegenüber dem Tarifvertrag für die Arbeitnehmer günstigere Bestimmungen enthalten; ungünstigere Bestimmungen sind dagegen nur zulässig, wenn dies durch den Tarifvertrag ausdrücklich gestattet wird[1224].

Überträgt man dies auf die Ebene der Gruppenvereinbarungen, ist zunächst festzustellen, daß der Abschluß von Gruppenbetriebsvereinbarungen aufgrund des Einigungsprinzips aus § 28a Abs. 2 Satz 3 BetrVG ebenfalls nicht "erzwungen" werden kann. Insoweit sind diese also mit freiwil-

---

[1219] Vgl. dazu *Fitting/Kaiser/Heither/Engels/Schmidt*, § 77 Rn. 122; GK-BetrVG-*Kreutz*, § 77 Rn. 151.

[1220] Vgl. *Fitting/Kaiser/Heither/Engels/Schmidt*, § 77 Rn. 122; GK-BetrVG-*Kreutz*, § 77 Rn. 151.

[1221] So auch GK-BetrVG-*Kreutz*, § 77 Rn. 150 im Hinblick auf das Erfordernis der Ausdrücklichkeit; vgl. auch Richardi-*Richardi*, § 77 Rn. 302.

[1222] So *Fitting/Kaiser/Heither/Engels/Schmidt*, § 28a Rn. 31.

[1223] Vgl. *Fitting/Kaiser/Heither/Engels/Schmidt*, § 87 Rn. 39; GK-BetrVG-*Wiese*, § 87 Rn. 65 ff.; Richardi-*Richardi*, § 87 Rn. 169 f.; ähnlich Kittner/Zwanziger-*Kittner*, § 18 Rn. 84 ff.

[1224] Vgl. *Fitting/Kaiser/Heither/Engels/Schmidt*, § 87 Rn. 39; GK-BetrVG-*Wiese*, § 87 Rn. 66.

ligen Betriebsvereinbarungen nach § 88 BetrVG vergleichbar. Dies legt grundsätzlich die Annahme nahe, im Rahmen des § 87 Abs. 1 BetrVG solche Gruppenbetriebsvereinbarungen für zulässig zu halten, die für die Arbeitnehmer gegenüber dem Tarifvertrag günstigere Regelungen enthalten. Im Ergebnis ist hier für die Zulässigkeit einer Gruppenbetriebsvereinbarung entscheidend, welche Ansicht man für das Verhältnis von § 77 Abs. 3 BetrVG zu § 87 Abs. 1 Einleitungssatz BetrVG vertritt[1225]: Folgt man der insbesondere vom Bundesarbeitsgericht vertretenen sog. Vorrangtheorie[1226], die § 87 Abs. 1 BetrVG als lex specialis zu § 77 Abs. 3 BetrVG ansieht, hängt die Zulässigkeit von Gruppenbetriebsvereinbarungen allein davon ab, ob sie im Vergleich zu dem entsprechenden Tarifvertrag für die Arbeitnehmer günstigere Regelungen enthalten. Hält man dagegen die vom überwiegenden Schrifttum vertretene sog. Zwei-Schranken-Theorie für maßgeblich[1227], wären auch günstigere Gruppenbetriebsvereinbarungen unzulässig, soweit nicht eine entsprechende Öffnungsklausel im Tarifvertrag besteht.

3. Betriebsvereinbarungen

Im Gesetz nicht näher geregelt ist das Verhältnis einer Gruppenvereinbarung zu einer "normalen" Betriebsvereinbarung mit demselben Regelungsgegenstand. Diese Frage wird in der Literatur uneinheitlich beantwortet. Mögliche Ansätze wären alternativ die Zeitkollisionsregel mit dem Ergebnis der wechselseitigen Ablösung, das Spezialitätsprinzip mit dem Vorrang der Gruppenvereinbarung oder aber der generelle Vorrang der Betriebsvereinbarung als ranghöhere Vereinbarung[1228].

[1225] Da dies ein allgemeines betriebsverfassungsrechtliches Problem ist und, außer im Ergebnis für die Zulässigkeit von Gruppenbetriebsvereinbarungen, keine spezielle Verbindung zur Regelung des hier zu behandelnden § 28a BetrVG besteht, soll an dieser Stelle auf eine Streitentscheidung verzichtet und lediglich die Auswirkungen der verschiedenen Ansichten dargestellt werden. Vgl. dazu Kittner/Zwanziger-*Kittner*, § 18 Rn. 84 ff.

[1226] Grundlegend BAG v. 24.02.1987, AP Nr. 21 zu § 77 BetrVG 1972 unter B.II.4.; bestätigt v. BAG(GS) v. 03.12.1991, AP Nr. 51, 52 zu § 87 BetrVG 1972 Lohngestaltung unter C.I.4.; im Ergebnis ebenso Richardi-*Richardi*, § 87 Rn. 166 ff.

[1227] Vgl. dazu GK-BetrVG-*Wiese*, § 87 Rn. 48; im Ergebnis ebenfalls ablehnend *Fitting/Kaiser/Heither/Engels/Schmidt*, § 87 Rn. 58 ff.

[1228] Vgl. dazu Richardi-*Thüsing*, § 28a Rn. 28.

a) Zeitkollisionsregel (Ablösungsprinzip)[1229]

Im Schrifttum finden sich - soweit ersichtlich - keine Stimmen, die für das Verhältnis von Betriebsvereinbarung zu Gruppenbetriebsvereinbarung allein auf die Zeitkollisionsregel zurückgreifen wollen.

Als mögliches Argument hierfür wird jedoch die grundsätzliche Gleichbehandlung und Gleichwertigkeit der Gruppenbetriebsvereinbarung zur Betriebsvereinbarung genannt, die sich aus der entsprechenden Anwendbarkeit des § 77 BetrVG ergeben soll[1230]. Danach käme es also allein auf den Zeitpunkt des Abschlusses der Vereinbarung an. Die neuere würde immer die ältere Vereinbarung ersetzen.

b) Spezialität der Gruppenvereinbarung

Ein Teil der Literatur ist der Auffassung, daß eine Gruppenbetriebsvereinbarung einer "normalen" zum gleichen Sachverhalt gültigen Betriebsvereinbarung vorgehen muß[1231].

Begründet wird dies mit dem Zweck der Regelung, den Arbeitnehmern der Arbeitsgruppe mehr Eigenverantwortung und eine größere Autonomie bei der Regelung der sie betreffenden Arbeitsabläufe einzuräumen[1232]. Die Gruppenvereinbarung gehe daher als speziellere Regelung vor, weil sie den besonderen Bedürfnissen der Arbeitsgruppe Rechnung trägt[1233]. Dies gelte unabhängig davon, ob ihre Regelungen für die Gruppenmitglieder günstiger oder ungünstiger als die der allgemeinen Betriebsvereinbarung sind, da für Gruppenvereinbarungen § 77 BetrVG maßgebend ist und daher für sie auch die Grundsätze, die für das Verhältnis mehrerer Betriebs-

---

[1229] In der Rechtsprechung üblicherweise als Zeitkollisionsregel bezeichnet; in der Literatur wird überwiegend der Begriff Ablösungsprinzip verwendet, so etwa Richardi-*Richardi*, § 77 Rn. 174.

[1230] Vgl. Richardi-*Thüsing*, § 28a Rn. 28; *Blanke*, RdA 2003, 152; *Busch*, Arbeitsgruppen und Gruppenarbeit, S. 154.

[1231] So etwa ErfK-*Eisemann*, § 28a Rn. 7; GK-BetrVG-*Raab*, § 28a Rn. 50; *Fitting/Kaiser/Heither/Engels/Schmidt*, § 28a Rn. 34; *Stege/Weinspach/Schiefer*, § 28a Rn. 17; Dörner/Luczak/Wildschütz-*Wildschütz*, Rn. 477; Jaeger/Röder/Heckelmann-*Kappenhagen*, Kap. 5 Rn. 147; *Natzel*, DB 2001, 1363; *Raab*, NZA 2002, 481; *Worzalla/Will*, Rn. 264; *Wulff*, ZBVR 2002, 139; wohl auch *Brunhöber*, Neues BetrVG, S. 134, die aber von "Ablösung" spricht.

[1232] Vgl. GK-BetrVG-*Raab*, § 28a Rn. 50; *Raab*, NZA 2002, 481.

[1233] GK-BetrVG-*Raab*, § 28a Rn. 50; *Natzel*, DB 2001, 1363; *Raab*, NZA 2002, 481; *Wulff*, ZBVR 2002, 139.

vereinbarungen zueinander gelten, angewendet werden müssen[1234]. Es greife also der Grundgedanke der Subsidiarität[1235].

c) Vorrang der "normalen" Betriebsvereinbarung

Andere gehen demgegenüber davon aus, daß die vom Betriebsrat abgeschlossene Betriebsvereinbarung der Gruppenbetriebsvereinbarung vorgeht, sofern sie keine entsprechende Öffnungsklausel enthält[1236]. Eine Begründung wird hierfür aber nicht gegeben[1237]. In Betracht soll eine Analogie zum Verhältnis einer Betriebsvereinbarung des Gesamtbetriebsrates zur Betriebsvereinbarung eines Betriebsrates kommen[1238]. Weiterhin müßten günstigere Betriebsvereinbarungen vor ungünstigeren Gruppenvereinbarungen gelten, da diese in der Normenpyramide zwischen betrieblichen Kollektivregelungen und Individualverträgen einzuordnen seien[1239]. Dazu wird folgendes Beispiel genannt[1240]: In einem Betrieb existiert eine Betriebsvereinbarung, nach der die Beschäftigten ihre Arbeitsleistung montags bis freitags zwischen 8.00 Uhr und 18.00 Uhr erbringen können. Eine Gruppenvereinbarung, die den Dreischichtbetrieb in einer Arbeitsgruppe einführt, ist daher unzulässig. Die Beschäftigten sind nicht verpflichtet, in drei Schichten zu arbeiten, der Arbeitgeber ist nicht berechtigt, Arbeitskraft jenseits von 8.00 Uhr und 18.00 Uhr anzunehmen.

Auch *Thüsing* hält diese Auffassung für vorzugswürdig[1241]. Zur Begründung wird angeführt, die Arbeitsgruppe sei nur zum Abschluß von Vereinbarungen ermächtigt, wenn ihr dies durch den Betriebsrat übertragen

---

1234 Vgl. *Fitting/Kaiser/Heither/Engels/Schmidt*, § 28a Rn. 34; ähnlich *Wulff*, ZBVR 2002, 139.

1235 Diese Begründung wird von Richardi-*Thüsing*, § 28a Rn. 28 vorgeschlagen. Vgl. dazu die Vorstellungen von *Mückenberger*, KJ 1997, 197 f.

1236 So *Gnade/Kehrmann/Schneider/Klebe/Ratayczak*, § 28a Rn. 12; HaKo-BetrVG-*Blanke*, § 28a Rn. 6.

1237 Vgl. *Gnade/Kehrmann/Schneider/Klebe/Ratayczak*, § 28a Rn. 12, verweisen zur Begründung auf *Däubler*, AuR 2001, 1ff., wo jedoch die Frage des Verhältnisses von Gruppenvereinbarung und Betriebsvereinbarung zwar angesprochen, jedoch im Ergebnis offen gelassen wird. Jedenfalls ist von einem Vorrang der Betriebsvereinbarung nicht die Rede.

1238 So Richardi-*Thüsing*, § 28a Rn. 28.

1239 Vgl. *Malottke*, AiB 2001, 628.

1240 Siehe *Malottke*, AiB 2001, 628.

1241 Vgl. hierzu Richardi-*Thüsing*, § 28a Rn. 28; ein ähnlicher Ansatz hinsichtlich der zeitlich später abgeschlossenen "normalen" Betriebsvereinbarungen findet sich bei Jaeger/Röder/Heckelmann-*Kappenhagen*, Kap. 5 Rn. 147.

wurde. Diese Übertragung könne jederzeit und ohne Grund widerrufen werden. Werde also nach Abschluß einer Gruppenvereinbarung eine entsprechende Betriebsvereinbarung abgeschlossen, ohne daß festgelegt wird, daß erstere ihre Gültigkeit behalten solle, dann liege ein konkludenter Widerruf der Übertragung vor. Da bei Widerruf der Übertragung die Arbeitsgruppe keine Möglichkeit mehr habe, die bestehende Gruppenvereinbarung zu ändern oder aufzuheben, ihr aber durch den Widerruf keine Ewigkeitsgarantie verliehen werden soll, müsse es nach dem Widerruf der Übertragung dem Betriebsrat möglich sein, die Gruppenvereinbarung in Übereinkunft mit dem Arbeitgeber selbst abzuändern. Eben dies geschehe durch die Betriebsvereinbarung. Werde dagegen zuerst eine Betriebsvereinbarung und dann eine entsprechende Gruppenvereinbarung geschlossen, dann richte sich der Vorrang nach der Auslegung der Übertragung. Ermächtige diese auch zum Abschluß von Vereinbarungen, die zur Betriebsvereinbarung abweichende Regelungen enthalten, dann werden die ehemals geltenden Regelungen durch die neuen ersetzt. Ist dem nicht so, gelte die Betriebsvereinbarung unverändert fort.

d) Stellungnahme

Ausgangspunkt für die Bewertung des Verhältnisses von Betriebs- zu Gruppenbetriebsvereinbarungen muß die Feststellung sein, daß eine Gruppenvereinbarung zwar nicht mit einer Betriebsvereinbarung gleichzusetzen ist, aber der rechtliche Unterschied vor allem im persönlichen Geltungsbereich sowie darin besteht, daß sie anstelle des Betriebsrates von einer Arbeitsgruppe abgeschlossen wird. Sie stehen daher in der Normenpyramide gleichrangig nebeneinander; die Gruppenvereinbarung ist lediglich eine besondere Form der Betriebsvereinbarung[1242]. Ihr Verhältnis ist daher nach allgemeinen Regeln zu bestimmen. Folglich kommt zunächst wegen der sich aus der entsprechenden Anwendbarkeit des § 77 BetrVG ergebenden grundsätzlichen Gleichbehandlung und Gleichwertigkeit von Gruppen- und Betriebsvereinbarungen die Anwendung der Zeitkollisionsregel in Betracht.

Abzulehnen ist dagegen der generelle Vorrang der Betriebsvereinbarung. Den Vertretern dieser Ansicht fehlt es an einer Begründung, jedenfalls wird keine genannt. Ihre Ansicht ergibt sich offenbar allein aus der rechtlichen Einordnung der Gruppenvereinbarung unterhalb der Betriebs-

---

[1242] Siehe dazu oben Gliederungspunkt § 7 A.II.4.

vereinbarung[1243]. Geht man weiterhin, mit der hier vertretenen Auffassung davon aus, daß Betriebs- und Gruppenbetriebsvereinbarungen gleichrangig nebeneinander stehen, besteht auch kein Spielraum für die Anwendung des Günstigkeitsprinzips[1244]. Auch das genannte Beispiel ist unglücklich gewählt. Abgesehen von der ohnehin problematischen Frage, ob eine längere bzw. verlagerte Arbeitszeit für die Arbeitnehmer günstiger oder ungünstiger ist, dürfte eine Gruppenvereinbarung mit diesem Inhalt allein schon deshalb unwirksam sein, weil durch die Regelung über die Verlagerung der Gruppenarbeitszeit in Zeiträume außerhalb der betrieblichen Arbeitszeit typischerweise auch Arbeitnehmer betroffen werden, die nicht Mitglieder der Arbeitsgruppe sind[1245]. Weiterhin läßt sich der Vorrang der Betriebsvereinbarung nicht mit einer Analogie zum Verhältnis Betriebsvereinbarung - Gesamtbetriebsvereinbarung begründen. Dieses ergibt sich allein aus der gesetzlichen Zuständigkeitsverteilung. Soweit der Gesamtbetriebsrat zuständig ist, ist eine Betriebsvereinbarung über den selben Regelungsgegenstand unwirksam. Ist der Einzel-Betriebsrat zuständig, gilt dies umgekehrt für die Gesamtbetriebsvereinbarung.

Der von *Thüsing* vorgestellte Ansatz kann ebenfalls nicht überzeugen. Zum einen liegt nicht in jedem Abschluß einer Betriebsvereinbarung zwingend auch der Widerruf der Aufgabenübertragung. Dieser kann sich zwar konkludent ergeben, dies gilt aber ebenso für das Gegenteil, also daß die Aufgabenübertragung erhalten bleiben soll. Diese Ansicht führt daher zu erheblichen Anwendungs- und Auslegungsschwierigkeiten und damit zur Rechtsunsicherheit[1246]. Weiterhin ist zu beachten, daß der Widerruf der Aufgabenübertragung gem. § 28a Abs. 1 Satz 4 BetrVG eines Beschlusses des Betriebsrats mit absoluter Mehrheit bedarf, im übrigen genügt aber für die Beschlußfassung gem. § 33 Abs. 1 BetrVG die einfache Mehrheit. Die Annahme eines konkludenten Widerrufs scheidet daher bereits aus diesem Grunde aus, soweit die Betriebsvereinbarung nicht mit der für den Widerruf notwendigen absolute Mehrheit beschlossen wurde. Außerdem wurde bereits festgestellt, daß wegen § 75 Abs. 2 Satz 2 BetrVG ein sach-

---

[1243] Vgl. oben unter Gliederungspunkt § 7 A.II.2. Ablehnend auch *Busch*, Arbeitsgruppen und Gruppenarbeit, S. 158.

[1244] Vgl. dazu *Fitting/Kaiser/Heither/Engels/Schmidt*, § 77 Rn. 192; GK-BetrVG-*Kreutz*, § 77 Rn. 243.

[1245] Hierzu können unzählige Beispiele gebildet werden. Durch veränderte Arbeitszeiten könnte praktisch vom Reinigungspersonal über den Pförtner bis hin zur Werksfeuerwehr jeder Arbeitnehmer des Betriebes in irgendeiner Weise betroffen sein.

[1246] So auch *Busch*, Arbeitsgruppen und Gruppenarbeit, S. 158.

licher Grund für den Widerruf der Aufgabenübertragung erforderlich ist[1247].

Die grundsätzlich mögliche Anwendung der Zeitkollisionsregel muß jedoch dann ausscheiden, wenn zwischen den Gruppen- und Betriebsvereinbarungen ein Spezialitätsverhältnis vorliegt. In diesem Fall geht die speziellere Regelung vor, unabhängig vom Zeitpunkt des Abschlusses der Vereinbarung. Für ein solches Spezialitätsverhältnis spricht insbesondere der Sinn und Zweck des § 28a BetrVG. Dieser liegt gerade darin, den Arbeitnehmern der Arbeitsgruppen die selbständige und unmittelbare Wahrnehmung ihrer Interessen gegenüber dem Arbeitgeber zu ermöglichen[1248]. Insoweit soll also gerade den Besonderheiten der Arbeitsgruppe Rechnung getragen werden. Die Sonderstellung der Arbeitsgruppe gegenüber der übrigen Belegschaft des Betriebes ergibt sich auch daraus, daß die übertragenen Aufgaben in unmittelbaren Zusammenhang mit der zu verrichtenden Tätigkeit stehen müssen und Gruppenvereinbarungen dementsprechend nur für die Mitglieder der entsprechenden Arbeitsgruppe gelten. Somit sind Gruppenvereinbarungen im wahrsten Sinne des Wortes "speziell" auf die Arbeitsgruppe ausgerichtete Regelungen. Im übrigen ist damit nicht ausgeschlossen, daß im Einzelfall im Abschluß einer Betriebsvereinbarung gleichzeitig der konkludente Widerruf der Aufgabenübertragung liegt.

e) Zwischenergebnis

Soweit Gruppenvereinbarungen und Betriebsvereinbarungen denselben Regelungsgegenstand betreffen, gehen daher für die Mitglieder der Arbeitsgruppen die Gruppenvereinbarungen im Sinne des § 28a Abs. 2 BetrVG als spezielle Regelungen vor.

4. Arbeitsvertrag

Da für die Gruppenvereinbarungen § 77 BetrVG entsprechend gilt, entspricht das Verhältnis zwischen Arbeitsvertrag und Gruppenvereinbarung weitgehend dem Verhältnis zwischen Arbeitsvertrag und Betriebsvereinbarung[1249]. Insoweit bestehen also keine Besonderheiten. Es ist insbesondere das Günstigkeitsprinzip zu beachten. Folglich gehen arbeitsvertragli-

---

[1247] Siehe dazu oben Gliederungspunkt § 6 C.I.5.b).

[1248] Siehe BT-Drucks. 14/5741, S. 29 f. und 40.

[1249] Ebenso Richardi-*Thüsing*, § 28a Rn. 28; Jaeger/Röder/Heckelmann-*Kappenhagen*, Kap. 5 Rn. 147; *Busch*, Arbeitsgruppen und Gruppenarbeit, S. 149.

che Regelungen der Gruppenvereinbarung vor, wenn sie für den betroffenen Arbeitnehmer günstiger sind[1250]. Sind dagegen die Regelungen der Gruppenvereinbarung günstiger, kann davon nicht durch den Arbeitsvertrag zuungunsten des Arbeitnehmers abgewichen werden.

E. Folgen von Verstößen gegen die Gruppenvereinbarung

Gruppenvereinbarungen sind gem. §§ 28a Abs. 2 Satz 2, 77 Abs. 1 Satz 1 BetrVG wie Betriebsvereinbarungen vom Arbeitgeber durchzuführen[1251].

I. Verstöße durch den Arbeitgeber

§ 77 Abs. 1 Satz 1 BetrVG enthält neben dem Recht des Arbeitgebers auf die Durchführung der Vereinbarungen auch eine entsprechende Durchführungspflicht[1252]. Damit korrespondiert die Überwachungsaufgabe des Betriebsrates gem. § 80 Abs. 1 Nr. 1 BetrVG, der auf Gruppenvereinbarungen entsprechend anzuwenden ist.

Ungeklärt ist noch, ob bei Nichtdurchführung oder Verstößen gegen die Gruppenvereinbarung durch den Arbeitgeber dem Betriebsrat oder der Arbeitsgruppe selbst ein Unterlassungsanspruch zusteht. Wohl einhellig wird dem Betriebsrat ein solcher Unterlassungsanspruch zugebilligt, soweit es sich um Verstöße gegen eine Vereinbarung handelt, die zwischen ihm und dem Arbeitgeber abgeschlossen wurde[1253]. Dieser Unterlassungsanspruch sei in dem Anspruch auf Durchführung der Vereinbarung gem. § 77 Abs. 1 Satz 1 BetrVG mit enthalten[1254]. Insoweit liegt es nahe bei einer Gruppenvereinbarung darauf abzustellen, daß diese zwischen

---

[1250] Allgemein zur problematischen Bestimmung der "Günstigkeit" vgl. GK-BetrVG-*Kreutz*, § 77 Rn. 244 ff.

[1251] Vgl. DKK-*Wedde*, § 28a Rn. 65; ErfK-*Eisemann*, § 28a Rn. 7; GK-BetrVG-*Kreutz*, § 77 Rn. 23; HaKo-BetrVG-*Blanke*, § 28a Rn. 7.

[1252] Siehe BAG v. 24.02.1987, AP Nr. 21 zu § 77 BetrVG 1972 unter B.II.1; BAG v. 28.09.1988, AP Nr. 29 zu § 87 BetrVG 1972 Arbeitszeit unter B.I. Vgl. auch DKK-*Berg*, § 77 Rn. 5; *Fitting/Kaiser/Heither/Engels/Schmidt*, § 77 Rn. 7; GK-BetrVG-*Kreutz*, § 77 Rn. 24.

[1253] Vgl. dazu BAG v. 13.10.1987, AP Nr. 2 zu § 77 BetrVG 1972 Auslegung unter B.II.; BAG v. 10.11.1987, AP Nr. 24 zu § 77 BetrVG 1972 unter B.II.; DKK-*Berg*, § 77 Rn. 5; *Fitting/Kaiser/Heither/Engels/Schmidt*, § 77 Rn. 7; GK-BetrVG-*Kreutz*, § 77 Rn. 24 f.

[1254] So GK-BetrVG-*Kreutz*, § 77 Rn. 25.

Arbeitsgruppe und Arbeitgeber abgeschlossen wurde, so daß der Unterlassungsanspruch der Arbeitsgruppe selbst zustehen muß. Dagegen spricht auch nicht, daß die Überwachung der Durchführung der zugunsten der Arbeitnehmer geltenden Vorschriften nach § 80 Abs. 1 Nr. 1 BetrVG Aufgabe des Betriebsrates ist. Denn der Unterlassungsanspruch folgt unmittelbar aus dem Anspruch der Arbeitsgruppe auf Durchführung der Vereinbarung, nicht jedoch aus dem Überwachungsrecht. Darüber hinaus beinhaltet der Anspruch der Arbeitsgruppe auf Durchführung der Gruppenvereinbarung nicht das Recht, vom Arbeitgeber die Erfüllung von Ansprüchen einzelner Arbeitnehmer zu verlangen[1255]. Es ist also Sache des einzelnen Arbeitnehmers, nicht des Betriebsrates oder der Arbeitsgruppe, die ihm zustehenden Rechte gegenüber dem Arbeitgeber durchzusetzen[1256]. Folglich steht der Unterlassungsanspruch bei Nichtdurchführung oder Verstößen gegen die Gruppenvereinbarung unmittelbar der Arbeitsgruppe selbst zu.

Darüber hinaus kann ein Verstoß gegen eine Gruppenvereinbarung ebenso wie der Verstoß gegen eine Betriebsvereinbarung eine grobe Pflichtverletzung des Arbeitgebers sein[1257]. Insoweit kommt hier eine Sanktionierung über § 23 Abs. 3 BetrVG in Betracht.

II. Verstöße durch die Arbeitsgruppe bzw. einzelne Arbeitnehmer

Für Verstöße gegen die Gruppenvereinbarung durch die Arbeitsgruppe als solche sieht das Gesetz keine unmittelbare Sanktion vor. Insbesondere kommt die Anwendung des § 23 Abs. 1 BetrVG nicht in Betracht. Denn im Gegensatz zum Betriebsrat, ist die Arbeitsgruppe keine gewählte Interessenvertretung, sondern eine betriebliche Einheit zur Erledigung bestimmter arbeitstechnischer Aufgaben, der lediglich zusätzlich zu ihrer eigentlichen Arbeitsaufgabe bestimmte betriebsverfassungsrechtliche Aufgaben übertragen worden sind. Durch eine Auflösung der Arbeitsgruppe bzw. dem Ausschluß bestimmter Arbeitsgruppenmitglieder würde daher nicht nur die Verletzung betriebsverfassungsrechtlicher Pflichten sanktioniert, sondern gleichzeitig in die betriebliche Organisation eingegriffen, so daß unter Umständen die eigentlichen Arbeitsaufgaben nicht mehr erfüllt werden können. Hieran wird der Arbeitgeber jedoch kein Interesse haben.

[1255] So ausdrücklich für Betriebsvereinbarungen GK-BetrVG-*Kreutz*, § 77 Rn. 25.

[1256] Vgl. GK-BetrVG-*Kraft*, § 80 Rn. 28.

[1257] So auch Richardi-*Thüsing*, § 28a Rn. 26.

Insoweit kommt als Maßnahme der Widerruf der Aufgabenübertragung in Betracht. Dieser kann jedoch nicht vom Arbeitgeber erklärt werden, sondern erfolgt gem. § 28a Abs. 1 Satz 4 BetrVG nur durch den Betriebsrat. Wenn der Betriebsrat auch bei schwerwiegenden Verstößen der Arbeitsgruppe die Übertragung nicht widerruft, wird darin eine Verletzung seiner betriebsverfassungsrechtlichen Pflichten (insbesondere §§ 2, 74 BetrVG) zu sehen sein, was unter Umständen einen Auflösungsantrag gem. § 23 Abs. 1 BetrVG rechtfertigen kann. Im übrigen kommt jedoch nur eine Sanktionierung auf Individualebene, also unmittelbar gegen die Arbeitsgruppenmitglieder, in Betracht.

Verstoßen einzelne Arbeitsgruppenmitglieder gegen Pflichten aus der Gruppenvereinbarung, so liegt hierin aufgrund der unmittelbaren und zwingenden Wirkung zugleich ein Verstoß gegen Pflichten aus dem Arbeitsverhältnis. Dementsprechend kommen die üblichen individualrechtlichen Sanktionen in Betracht. Insoweit bestehen also keine Besonderheiten.

F. Beendigung und Nachwirkung der Gruppenvereinbarung

I. Allgemeine Regeln

1. Beendigungsgründe

Aufgrund der entsprechenden Anwendbarkeit des § 77 BetrVG können Vereinbarungen zwischen Arbeitgeber und Arbeitsgruppe aus denselben Gründen enden, wie Vereinbarungen zwischen Arbeitgeber und Betriebsrat[1258]. In Betracht kommen also Zeitablauf, Zweckerreichung, Aufhebungsvertrag und die Ablösung durch eine neue Vereinbarung[1259]. Es gelten insoweit also keine Besonderheiten.

2. Kündigungsbefugnis und Kündigungsfrist

Soweit nichts anderes vereinbart ist, können Gruppenvereinbarungen gem. §§ 28a Abs. 2 Satz 2; 77 Abs. 5 BetrVG mit einer Frist von drei Mo-

---

1258 So auch GK-BetrVG-*Raab*, § 28a Rn. 51; *Busch*, Arbeitsgruppen und Gruppenarbeit, S. 162 f.; *Franzen*, ZfA 2001, 435; *Raab*, NZA 2002, 481.

1259 Vgl. GK-BetrVG-*Raab*, § 28a Rn. 51; Haufe-*Traut*, S. 127 Rn. 13; *Raab*, NZA 2002, 481.

naten gekündigt werden[1260]. Dies gilt nicht nur für Gruppenbetriebsvereinbarungen, sondern auch für Gruppenregelungsabreden[1261]. Die Kündigung bedarf wiederum der Mehrheit der Stimmen der Gruppenmitglieder[1262]. Hinsichtlich der Zuständigkeit für die Kündigungserklärung gegenüber dem Arbeitgeber gelten dieselben Grundsätze wie bei Abschluß der Vereinbarung[1263].

Überwiegend geht man dabei davon aus, daß grundsätzlich nur die Arbeitsgruppe zur Kündigung der Gruppenvereinbarung berechtigt ist. Eine Kündigung durch den Betriebsrat könne nur nach Widerruf der Übertragung erfolgen[1264]. Teilweise wird aber auch die Auffassung vertreten, es sollte in der Rahmenvereinbarung festgelegt werden, wer neben dem Arbeitgeber die Vereinbarung kündigen kann - also nur die Arbeitsgruppe oder auch der Betriebsrat[1265]. Gegen die Zulässigkeit einer solchen Vereinbarung spricht insbesondere die selbständige betriebsverfassungsrechtliche Stellung der Arbeitsgruppe. Diese ist im Rahmen der übertragenen Aufgaben allein für deren Wahrnehmung zuständig. Dies betrifft nicht nur den Abschluß von Gruppenvereinbarungen, sondern auch die Abhebung, Änderung oder Kündigung solcher Vereinbarungen. Eine konkurrierende "Rest"-Zuständigkeit des Betriebsrates besteht dagegen nicht. Läßt man nun eine Abweichung von der gesetzlichen Zuständigkeitsverteilung zu, indem auch für den Betriebsrat ein Kündigungsrecht ohne vorhergehenden Widerruf der Aufgabenübertragung möglich gemacht wird, liegt hierin nicht nur eine (grundsätzlich zulässige) Beschränkung der Regelungsbefugnis im Rahmen der Übertragung, sondern ein Eingriff in die Selbständigkeit der Arbeitsgruppe. Praktisch könnte dies zu der grotesken Situation führen, daß der Betriebsrat eine bestimmte Gruppenvereinbarung kündigt und die Arbeitsgruppe, die mangels Widerruf immer noch für die Wahrnehmung der einmal übertragenen Aufgaben zuständig wäre, sofort wieder eine inhaltsgleiche Vereinbarung mit dem Arbeitgeber ab-

---

1260 Vgl. DKK-*Wedde*, § 28a Rn. 65; GK-BetrVG-*Raab*, § 28a Rn. 51; *Löwisch/Kaiser*, § 28a Rn. 22; Dörner/Luczak/Wildschütz-*Wildschütz*, Rn. 478; *Löwisch*, BB 2001, 1741; *Malottke*, AiB 2001, 628; *Raab*, NZA 2002, 481; *Wedde*, AuR 2002, 126; *Worzalla/Will*, Rn. 265.

1261 Zutreffend GK-BetrVG-*Raab*, § 28a Rn. 51; *Raab*, NZA 2002, 481.

1262 Vgl. GK-BetrVG-*Raab*, § 28a Rn. 51; *Raab*, NZA 2002, 481.

1263 Vgl. GK-BetrVG-*Raab*, § 28a Rn. 51.

1264 So *Brunhöber*, Neues BetrVG, S. 134; Haufe-*Traut*, S. 127 Rn. 13; *Wedde*, AuR 2002, 126. Vgl. näher zur Kündigungsberechtigung des Betriebsrates unten unter Gliederungspunkt § 7 F.III.

1265 So etwa *Malottke*, AiB 2001, 628.

schließt. Darüber hinaus dürfte die Einräumung einer Kündigungsbefugnis für den Betriebsrat vorrangig den Zweck haben, diesem die Möglichkeit zu geben, sich von einer inhaltlich nicht gewollten Vereinbarung der Arbeitsgruppe zu lösen. Hierfür besteht jedoch kein praktisches Bedürfnis. Zum einen hat der Betriebsrat die Möglichkeit, durch eine entsprechend enge und konkrete Festlegung der Regelungsbefugnisse der Arbeitsgruppe ungewollte Vereinbarungen zu verhindern. Dies kann entweder zusammen mit dem Arbeitgeber durch eine Regelung in der Rahmenvereinbarung oder allein durch eine entsprechende Festlegung im Übertragungsbeschluß erfolgen. So kann etwa ein Regelungsrahmen vorgegeben werden, in dem sich die Gruppenvereinbarung inhaltlich bewegen muß. Zum anderen hat der Betriebsrat ohnehin die Möglichkeit zum Widerruf der Aufgabenübertragung, falls die Arbeitsgruppe mit dem Arbeitgeber Regelungen vereinbart, die der Betriebsrat inhaltlich ablehnt[1266]. In diesem Zusammenhang kommt auch die Festlegung einer von der gesetzlichen Regelung des § 77 Abs. 5 BetrVG abweichenden kürzeren Kündigungsfrist in Betracht[1267]. Dementsprechend kommt eine Kündigung der Gruppenvereinbarung durch den Betriebsrat ohne den vorherigen Widerruf der Aufgabenübertragung nicht in Betracht. Eine abweichende Regelung in der Rahmenvereinbarung wäre unwirksam.

In der Gruppenvereinbarung kann in entsprechender Anwendung des § 77 Abs. 5 BetrVG eine kürzere oder längere Kündigungsfrist vereinbart werden. Darüber hinaus ist es möglich in der Rahmenvereinbarung oder dem konkreten Übertragungsbeschluß festzulegen, daß für die Gruppenvereinbarungen eine bestimmte Kündigungsfrist zu vereinbaren ist. Hierdurch wird lediglich der Rahmen festgelegt in dem die Arbeitsgruppe Vereinbarungen treffen darf. Ein Eingriff in deren selbständige betriebsverfassungsrechtliche Stellung liegt darin hingegen nicht. In der Literatur wird vor allem vorgeschlagen, in der Rahmenvereinbarung festzulegen, daß die Arbeitsgruppe keine längeren Kündigungsfristen vereinbaren kann[1268]. Damit könne verhindert werden, daß durch eine Gruppenvereinbarung eine vom Betriebsrat nicht gewünschte langfristige Bindung geschaffen wird[1269].

[1266] Zur Frage, ob der Betriebsrat in diesem Fall auch die Kündigung der Gruppenvereinbarung vornehmen kann, siehe unten unter Gliederungspunkt § 7 F.III.

[1267] Siehe dazu sogleich.

[1268] So etwa *Malottke*, AiB 2001, 628.

[1269] Vgl. *Malottke*, AiB 2001, 628.

3. Zwischenergebnis

Folglich gelten für die Kündigung einer Gruppenvereinbarung aufgrund der entsprechenden Anwendung des § 77 BetrVG die gleichen Grundsätze wie für Betriebsvereinbarungen. An die Stelle des Betriebsrat tritt hier die Arbeitsgruppe. Eine Kündigung durch den Betriebsrat kann nur dann in Betracht kommen, wenn dieser die Aufgabenübertragung zuvor widerrufen hat, so daß das Beteiligungsrecht wieder an ihn zurückgefallen ist.

II. Auswirkungen des Wegfalls der gesetzlichen Übertragungsvoraussetzungen

1. Allgemeines

Endet die Regelungszuständigkeit der Arbeitsgruppe wegen des Wegfalls der gesetzlichen Voraussetzungen der Aufgabenübertragung, so entfällt zwar die Zuständigkeit der Arbeitsgruppe mit ex-nunc-Wirkung, dies bedeutet jedoch lediglich, daß die Arbeitsgruppe keine neuen Vereinbarungen mit dem Arbeitgeber abschließen kann, nicht dagegen, daß die in der Vergangenheit wirksam abgeschlossenen Vereinbarungen keine Wirkung mehr für die Zukunft entfalten können[1270]. Die Gruppenvereinbarung verliert also grundsätzlich nicht automatisch ihre Wirksamkeit[1271]. Begründet wird dies in der Literatur damit, daß auch Betriebsvereinbarungen wirksam bleiben, wenn kein Betriebsrat mehr besteht[1272]. Dies müsse erst recht für Gruppenvereinbarungen gelten, wenn die Arbeitsgruppe nicht mehr besteht[1273]. Soweit die Zuständigkeit der Gruppe endet, so entfalle damit - im Gegensatz zum Wegfall des Betriebsrates - nicht zugleich die kollektive Interessenvertretung[1274]. Diese fällt vielmehr wieder an den Betriebsrat zurück, der damit auch hinsichtlich der bestehenden Vereinbarungen die Rechtsnachfolge der Arbeitsgruppe antritt[1275]. Die Vereinbarungen sollen daher in diesen Fällen grundsätzlich wirksam bleiben, bis ein besonderer Beendigungsgrund vorliegt, etwa wenn die Vereinbarung durch den Betriebsrat oder den Arbeitgeber gekündigt wird[1276].

[1270] So auch GK-BetrVG-*Raab*, § 28a Rn. 52; *Raab*, NZA 2002, 481.

[1271] Vgl. GK-BetrVG-*Raab*, § 28a Rn. 52; *Raab*, NZA 2002, 481 f.

[1272] So GK-BetrVG-*Raab*, § 28a Rn. 52; *Raab*, NZA 2002, 482. Vgl. dazu auch DKK-*Berg*, § 77 Rn. 52; *Fitting/Kaiser/Heither/Engels/Schmidt*, § 77 Rn. 175; GK-BetrVG-*Kreutz*, § 77 Rn. 383; Richardi-*Richardi*, § 77 Rn. 213.

[1273] So GK-BetrVG-*Raab*, § 28a Rn. 52; *Raab*, NZA 2002, 482.

[1274] So GK-BetrVG-*Raab*, § 28a Rn. 52; *Raab*, NZA 2002, 482.

[1275] So GK-BetrVG-*Raab*, § 28a Rn. 52; *Raab*, NZA 2002, 482.

[1276] Vgl. GK-BetrVG-*Raab*, § 28a Rn. 52; *Raab*, NZA 2002, 482.

Im Grundsatz vermag die vorgeschlagene Begründung für die Trennung zwischen Regelungszuständigkeit der Arbeitsgruppe und Wirksamkeit der Gruppenvereinbarung zu überzeugen. Es darf jedoch nicht außer Acht gelassen werden, daß der Wegfall des Betriebsrates in der Literatur hinsichtlich der Auswirkungen auf die Betriebsvereinbarungen durchaus auch anders beurteilt wird[1277]. Außerdem können Besonderheiten, die sich aus der unterschiedlichen rechtlichen Stellung der Arbeitsgruppe bzw. des Betriebsrats ergeben so nicht in jedem Fall berücksichtigt werden. Daher verbietet sich hier eine generelle Aussage zum Schicksal der Gruppenvereinbarung. Diese Frage ist vielmehr in Abhängigkeit von der weggefallenen Übertragungsvoraussetzung zu bestimmen.

2. Wegfall der Arbeitsgruppe oder Änderung der personellen Zusammensetzung

So ist etwa auch das Bestehen einer Arbeitsgruppe eine gesetzliche Voraussetzung für die Aufgabenübertragung. Dennoch kann die Auflösung der Arbeitsgruppe, etwa aufgrund betriebsorganisatorischer Umstrukturierungen oder weil das zu bearbeitende Projekt abgeschlossen wurde, nicht mit dem Wegfall des Betriebsrates gleichgesetzt werden. Gleiches muß auch gelten, soweit die Arbeitsgruppe gespalten oder mit anderen Gruppen zusammengefaßt wird und sie durch die personellen Veränderungen ihre Identität verliert[1278].

Der Wegfall des Betriebsrates beseitigt nämlich lediglich das Repräsentationsorgan für die Arbeitnehmer. Dagegen fällt bei Auflösung der Arbeitsgruppe nicht nur die Interessenvertretung für die Arbeitnehmer weg, sondern gleichzeitig die betriebsorganisatorische Arbeitseinheit. Dieser Fall ist also nicht nur mit dem Wegfall des Betriebsrates, sondern durchaus auch mit dem Untergang des Betriebes vergleichbar, denn auch hier wird die betriebsorganisatorische Einheit aufgelöst. Abzustellen ist insoweit darauf, ob durch die Veränderung der tatsächlichen Umstände überhaupt noch ein Anwendungsbereich für die Regelungen der Gruppenvereinbarung erhalten bleibt. In einer solchen Vereinbarung können nur Sachverhalte geregelt werden, die in unmittelbarem Zusammenhang mit der von der Arbeitsgruppe zu verrichtenden Tätigkeit stehen. Bei einem Wegfall der Arbeitsgruppe sind jedoch keine Arbeitnehmer mehr vorhan-

---

1277 So soll etwa nach Richardi-*Richardi*, § 77 Rn. 213 bei Wegfall des Betriebsrates zwar die Betriebsvereinbarung grundsätzlich nicht enden, anders sei dies jedoch bei Wegfall der Betriebsratsfähigkeit zu beurteilen. Ähnlich *Löwisch/Kaiser*, § 77 Rn. 41.

1278 Vgl. Richardi-*Thüsing*, § 28a Rn. 30.

den, deren Tätigkeit geregelt werden könnte. Dementsprechend endet die Gruppenvereinbarung, soweit die Arbeitsgruppe wegfällt, da für sie kein Regelungsgegenstand mehr existiert[1279].

3. Absinken der Arbeitnehmerzahl auf 100 oder weniger

Anders dürfte dagegen das rechtliche Schicksal der Gruppenvereinbarungen zu bewerten sein, soweit die Arbeitnehmerzahl im Betrieb auf 100 oder weniger Beschäftigte sinkt. Grundsätzlich spricht auch hier die vom Gesetzgeber vorgesehene analoge Anwendung des § 77 BetrVG dafür, die Auswirkungen auf die Gruppenvereinbarung weitgehend an das Recht der Betriebsvereinbarung anzugleichen[1280]. Verliert der Betrieb die Betriebsratsfähigkeit, dann soll nach teilweiser Ansicht auch die normative Wirkung der Betriebsvereinbarung enden und lediglich eine Nachwirkung eintreten[1281]. Andere gehen davon aus, daß die Betriebsvereinbarung ohne weiteres fortwirkt[1282]. Angewendet auf die Gruppenvereinbarung würde man also, je nach vertretener Meinung, zu unterschiedlichen Ergebnissen kommen. Hier muß auch berücksichtigt werden, daß sich das Erfordernis der Mindestarbeitnehmerzahl nach dem Wortlaut des § 28a Abs. 1 Satz 1 Halbsatz 1 BetrVG allein auf das Recht des Betriebsrates zur Delegation von Aufgaben bezieht, nicht jedoch auf die Befähigung der Arbeitsgruppe zum Abschluß der Vereinbarung[1283]. Dementsprechend kann auch hier der Vergleich zur Betriebsratsfähigkeit des Betriebes nicht ohne weiteres übertragen werden.

Aufgrund des eindeutigen Bezugs des Schwellenwertes auf den Zeitpunkt der Aufgabendelegation, kann das Absinken der Arbeitnehmerzahlen auf bereits abgeschlossene Gruppenvereinbarungen keine Auswirkungen haben. Im Gegensatz zum Wegfall der Arbeitsgruppe, bleibt hier auch der Gegenstand der Regelung erhalten. Sie gelten daher unverändert

---

[1279] Vgl. HaKo-BetrVG-*Blanke*, § 28a Rn. 8; *Busch*, Arbeitsgruppen und Gruppenarbeit, S. 164; *Wulff*, ZBVR 2002, 140; ähnlich Richardi-*Thüsing*, § 28a Rn. 30 und Jaeger/Röder/Heckelmann-*Kappenhagen*, Kap. 5 Rn. 153, die vom Erlöschen der Gruppenvereinbarung sprechen. Vgl. dazu für den Untergang des Betriebes und den Auswirkungen auf eine Betriebsvereinbarung auch *Fitting/Kaiser/Heither/Engels/Schmidt*, § 77 Rn. 160 ff.; GK-BetrVG-*Kreutz*, § 77 Rn. 372 ff.

[1280] Dieser Ansatz wird auch Richardi-*Thüsing*, § 28a Rn. 7 vorgestellt, im Ergebnis jedoch abgelehnt.

[1281] Vgl. etwa *Löwisch/Kaiser*, § 77 Rn. 41; Richardi-*Richardi*, § 77 Rn. 213.

[1282] So etwa DKK-*Berg*, § 77 Rn. 52; *Fitting/Kaiser/Heither/Engels/Schmidt*, § 77 Rn. 175; GK-BetrVG-*Kreutz*, § 77 Rn. 383.

[1283] So auch Richardi-*Thüsing*, § 28a Rn. 7.

fort[1284]. Dies schließt jedoch nicht aus, daß eine hiervon abweichende Regelung in der Rahmenvereinbarung getroffen wird[1285].

4. Aufhebung oder Kündigung der Rahmenvereinbarung

Auch wenn die Rahmenvereinbarung aufgehoben oder gekündigt wird, bleiben bestehende Gruppenvereinbarungen wirksam[1286]. Eine wirksame Aufgabenübertragung ist nur im Zeitpunkt des Abschlusses der Gruppenvereinbarung erforderlich und lag zu diesem Zeitpunkt noch vor[1287]. Es gilt hier also nichts anderes als beim Absinken der Arbeitnehmerzahl auf 100 oder weniger[1288]. Mithin gilt eine bereits abgeschlossene Gruppenvereinbarung auch nach Kündigung der zugrundeliegenden Rahmenvereinbarung ohne weiteres fort.

Problematisch ist in diesem Zusammenhang lediglich, ob man dem Betriebsrat ein Eintrittsrecht dergestalt zubilligt, daß er selbst die Gruppenvereinbarung anstelle der nun nicht mehr zuständigen Arbeitsgruppe kündigen kann. Da dieses Problem sich ebenso im Rahmen des Widerrufs der Aufgabenübertragung stellt, soll eine Erörterung dort im Zusammenhang erfolgen[1289].

III. Auswirkungen des Widerruf der Übertragung durch den Betriebsrat

Auch die Frage, welche Folgen ein wirksam ausgeübter Widerruf der Delegation gem. § 28a Abs. 1 Satz 4 BetrVG für eine bereits abgeschlossene Gruppenvereinbarung hat, beantwortet das Gesetz nicht ausdrücklich. Der Widerruf wirkt nach allgemeinen Grundsätzen nur ex-nunc[1290]. Folglich bleibt die Zuständigkeit der Arbeitsgruppe aufgrund der Delegation bezogen auf den Abschluß der Gruppenvereinbarung bestehen[1291]. Daher kann der Widerruf der Übertragung der Beteiligungsrechte durch den Betriebsrat gem. § 28a Abs. 1 Satz 4 BetrVG die Wirksamkeit einer ansonsten feh-

---

1284 Ebenso Richardi-*Thüsing*, § 28a Rn. 7.

1285 Vgl. DKK-*Wedde*, § 28a Rn. 13.

1286 So auch Richardi-*Thüsing*, § 28a Rn. 17.

1287 Vgl. Richardi-*Thüsing*, § 28a Rn. 17.

1288 Zu diesem Ergebnis kommt auch Richardi-*Thüsing*, § 28a Rn. 17.

1289 Siehe dazu sogleich.

1290 Vgl. GK-BetrVG-*Raab*, § 28a Rn. 52; *Franzen*, ZfA 2001, 435.

1291 Ebenso *Franzen*, ZfA 2001, 435.

lerfrei abgeschlossenen Gruppenvereinbarung nicht tangieren[1292]. Dementsprechend gilt eine bereits abgeschlossene Gruppenvereinbarung auch nach dem Widerruf der Aufgabenübertragung ohne weiteres fort.

Ungeklärt ist noch, ob der Betriebsrat, nachdem er die Aufgabe durch den Widerruf wieder an sich gezogen hat, die Vereinbarung anstelle der Arbeitsgruppe kündigen kann. Eine ausdrückliche gesetzliche Regelung besteht auch hierzu nicht. Nach überwiegender Ansicht in der Literatur fällt die Regelungsbefugnis mit Zugang des Widerrufs wieder auf den Betriebsrat zurück[1293]. Dieser soll daher die Vereinbarung ändern oder kündigen und auch neue Vereinbarungen abschließen können[1294]. Diese Ansicht kann im Ergebnis überzeugen. Zur Begründung ist insbesondere zu berücksichtigen, daß anderenfalls eine Ewigkeitsgarantie für die bereits abgeschlossenen Gruppenvereinbarungen entstehen würde: Die Arbeitsgruppe ist nach Widerruf der Aufgabenübertragung nicht mehr zuständig. Der Betriebsrat kann an sich keine Gruppenvereinbarungen schließen und dementsprechend auch nicht kündigen. Insoweit muß der Rechtsgedanke des § 28a Abs. 2 Satz 3 BetrVG herangezogen werden. Da mangels Zuständigkeit der Arbeitsgruppe eine Einigung mit dem Arbeitgeber ausgeschlossen ist, werden die damit im Zusammenhang stehenden Rechte vom Betriebsrat wahrgenommen. Eine Kündigung der Gruppenvereinbarung, die ehemals die Arbeitsgruppe hätte aussprechen können, kann nun vom Betriebsrat selbst ausgesprochen werden. Gleiches gilt, soweit Anpassungen der Gruppenvereinbarungen an die tatsächliche Situation im Betrieb erforderlich wird[1295]. Darüber hinaus wird auch vorgeschlagen, eine entsprechende Regelung in der Rahmenvereinbarung aufzunehmen[1296]. Eine solche wäre schon aus Gründen der Rechtssicherheit zu begrüßen.

[1292] Vgl. GK-BetrVG-*Raab*, § 28a Rn. 52; *Busch*, Arbeitsgruppen und Gruppenarbeit, S. 176; *Franzen*, ZfA 2001, 435; *Worzalla/Will*, Rn. 268; *Wulff*, ZBVR 2002, 140.

[1293] Vgl. GK-BetrVG-*Raab*, § 28a Rn. 52; Richardi-*Thüsing*, § 28a Rn. 17; *Franzen*, ZfA 2001, 435; *Engels/Trebinger/Löhr-Steinhaus*, DB 2001, 537; *Worzalla/Will*, Rn. 268; *Wulff*, ZBVR 2002, 140.

[1294] Vgl. Richardi-*Thüsing*, § 28a Rn. 17; *Engels/Trebinger/Löhr-Steinhaus*, DB 2001, 537; *Natzel*, DB 2001, 1363; *Worzalla/Will*, Rn. 268. Die eventuell abzuschließenden neuen Vereinbarung sind dann jedoch systematisch gesehen keine Gruppenvereinbarungen nach § 28a Abs. 2 BetrVG mehr! Es handelt sich vielmehr um "normale" Betriebsvereinbarungen zwischen Betriebsrat und Arbeitgeber. Unter Umständen kann deren persönlicher Geltungsbereich jedoch auf die Arbeitsgruppenmitglieder beschränkt werden.

[1295] Zur Rechtsnatur dieser neuen (veränderten) Vereinbarung siehe Fußnote zuvor.

[1296] So *Malottke*, AiB 2001, 628.

IV. Nachwirkung

Ungeklärt ist auch noch die Frage, ob eine Gruppenvereinbarung nachwirken kann. Aufgrund der Verweisung in § 28a Abs. 2 Satz 2 BetrVG kommt eine Nachwirkung entsprechend § 77 Abs. 6 BetrVG grundsätzlich in Betracht[1297]. Über die Einzelheiten bestehen in der Literatur jedoch unterschiedliche Ansichten.

1. Verneinende Ansicht

Teilweise wird eine Nachwirkung von Gruppenvereinbarungen abgelehnt[1298]. Bedenken sollen vor allem deswegen bestehen, weil eine Nachwirkung auch bei Betriebsvereinbarungen gem. § 77 Abs. 6 BetrVG nur in Angelegenheiten der erzwingbaren Mitbestimmung in Betracht kommt[1299]. Hinsichtlich der Gruppenvereinbarungen ist im Streitfalle zwischen Arbeitsgruppe und Arbeitgeber ein Einigungsstellenverfahren nach § 28a Abs. 2 Satz 3 BetrVG aber nicht vorgesehen. Vielmehr fällt die Zuständigkeit im Falle der Nichteinigung auf den Betriebsrat zurück[1300].

Wedde begründet den Ausschluß einer Nachwirkung damit, daß die Gruppenvereinbarung nicht als Betriebsvereinbarung zu qualifizieren sei[1301]. Folglich komme eine Nachwirkung gem. § 77 Abs. 6 BetrVG nicht in Betracht. Sie könne jedoch gesondert vereinbart werden, wenn die Rahmenvereinbarung oder der konkrete Übertragungsbeschluß des Betriebsrates dies vorsähen.

Nach *Löwisch* kommt eine Nachwirkung der Gruppenvereinbarungen zwar grundsätzlich in Betracht, es sei jedoch deren bloße Überbrückungsfunktion zu berücksichtigen. Dementsprechend müsse sie entfallen, wenn die Arbeitsgruppe ihre betriebsverfassungsrechtliche Funktion verliert, sei es, daß der Betrieb unter die Mindestarbeitnehmerzahl von mehr als 100 Arbeitnehmern sinkt, sei es, daß der Betriebsrat die Übertragung widerruft oder das die Rahmenvereinbarung durch den Arbeitgeber oder den

---

1297 Ebenso ErfK-*Eisemann*, § 28a Rn. 7; GK-BetrVG-*Raab*, § 28a Rn. 53; *Franzen*, ZfA 2001, 435; Jaeger/Röder/Heckelmann-*Kappenhagen*, Kap. 5 Rn. 149; *Raab*, NZA 2002, 482.

1298 So etwa DKK-*Wedde*, § 28a Rn. 65; HaKo-BetrVG-*Blanke*, § 28a Rn. 8; *Wedde*, AuR 2002, 126; *Wulff*, ZBVR 2002, 140. Unklar ist aufgrund der sich widersprechenden Äußerungen die Position von *Löwisch*, vgl. *Löwisch*, BB 2001, 1741 und *Löwisch/Kaiser*, § 28a Rn. 24.

1299 Vgl. *Wulff*, ZBVR 2002, 140.

1300 Vgl. dazu *Franzen*, ZfA 2001, 435.

1301 Vgl. DKK-*Wedde*, § 28a Rn. 65; *Wedde*, AuR 2002, 126.

Betriebsrat wirksam gekündigt wird[1302]. Danach kann eine Nachwirkung also nur für den Fall der Kündigung der Gruppenvereinbarung in Betracht kommen.

2. Bejahende Ansicht

Die Mehrzahl der Autoren geht dagegen davon aus, daß Gruppenvereinbarungen grundsätzlich unter den Voraussetzungen des § 77 Abs. 6 BetrVG nachwirken. Voraussetzung sei zunächst, daß es sich dem Inhalt nach um eine Gruppenbetriebsvereinbarung handelt, mit der unmittelbar Rechte und Pflichten im Verhältnis zwischen dem Arbeitgeber und den Gruppenmitgliedern begründet werden sollen[1303]. Dagegen scheide eine Nachwirkung bei reinen Gruppenregelungsabreden mangels normativer Wirkung aus. Soweit der Arbeitgeber die Gruppenregelungsabrede umgesetzt hat, insbesondere mit den einzelnen Gruppenmitgliedern individualrechtlich verbindliche Absprachen getroffen hat, bleiben diese allerdings wirksam[1304].

Weiterhin muß es sich gem. § 77 Abs. 6 BetrVG um eine erzwingbare Betriebsvereinbarung handeln, also Fragen regelt werden, bei denen der Spruch der Einigungsstelle die Einigung zwischen Arbeitgeber und Betriebsrat ersetzt. Dies könne auch bei einer Gruppenbetriebsvereinbarung der Fall sein[1305]. Insbesondere stehe der entsprechenden Anwendbarkeit des § 77 Abs. 6 BetrVG nicht entgegen, daß im Falle des Dissenses die Zuständigkeit nach § 28a Abs. 2 Satz 3 BetrVG an den Betriebsrat zurückfällt und nur dieser die Einigungsstelle anrufen kann[1306]. Zum einen gebe es auch bei einer Gruppenvereinbarung das Bedürfnis, zum Schutz eines erzwingbaren Mitbestimmungsrechts einen nach Ablauf der Vereinbarung ansonsten regellosen Zustand zu überbrücken[1307]. Andererseits ist es der

---

[1302] So *Löwisch*, BB 2001, 1741; vgl. dazu auch die genau gegenteiligen Ausführungen bei *Löwisch/Kaiser*, § 28a Rn. 24.

[1303] Vgl. dazu GK-BetrVG-*Raab*, § 28a Rn. 53; *Raab*, NZA 2002, 482; wohl auch *Fitting/Kaiser/Heither/Engels/Schmidt*, § 28a Rn. 32.

[1304] Vgl. GK-BetrVG-*Raab*, § 28a Rn. 53; *Raab*, NZA 2002, 482.

[1305] So GK-BetrVG-*Raab*, § 28a Rn. 53; *Raab*, NZA 2002, 482; im Ergebnis auch ErfK-*Eisemann*, § 28a Rn. 7; *Fitting/Kaiser/Heither/Engels/Schmidt*, § 28a Rn. 32; *Stege/Weinspach/Schiefer*, § 28a Rn. 15; *Brunhöber*, Neues BetrVG, S. 133; Dörner/ Luczak/Wildschütz-*Wildschütz*, Rn. 478.

[1306] Vgl. GK-BetrVG-*Raab*, § 28a Rn. 53; *Löwisch/Kaiser*, § 28a Rn. 23; *Raab*, NZA 2002, 482.

[1307] Vgl. *Franzen*, ZfA 2001, 435.

Sinn der Nachwirkung, zeitliche Regelungslücken in den Bereichen zu verhindern, in denen eine Regelung nur im Einvernehmen zwischen Arbeitgeber und Betriebsrat erfolgen kann, eine vorläufige Regelung nach dem Auslaufen der Betriebsvereinbarung also nicht einseitig durch den Arbeitgeber, ja vielfach nicht einmal individualrechtlich zwischen Arbeitgeber und einzelnem Arbeitnehmer möglich ist[1308]. Der Nachwirkung komme in diesen Fällen eine Überbrückungsfunktion für den Zeitraum bis zum Abschluß einer neuen Betriebsvereinbarung zu[1309]. Dann könne es aber für die Nachwirkung nicht darauf ankommen, wer für den Abschluß der neuen Vereinbarung zuständig ist[1310]. Maßgeblich ist allein, daß es sich dem Gegenstand nach um eine Angelegenheit der erzwingbaren Mitbestimmung handelt[1311]. Wenn § 77 Abs. 6 BetrVG die Nachwirkung auf die Regelung von Angelegenheiten bezieht, in denen der Spruch der Einigungsstelle die Einigung zwischen Arbeitgeber und Betriebsrat ersetzen kann, sei damit also nur die Unterscheidung von mitbestimmungspflichtigen und nicht mitbestimmungspflichtigen Angelegenheiten gemeint[1312].

Aus demselben Grund sollen Vereinbarungen zwischen Arbeitgeber und der Arbeitsgruppe auch dann nachwirken, wenn die Arbeitsgruppe für die Regelung der Angelegenheit nicht mehr zuständig ist, etwa wenn der Betriebsrat die Übertragung widerrufen und anschließend die Vereinbarung gekündigt hat[1313]. Auch wenn eine die alte Gruppenvereinbarung ablösende neue Vereinbarung nicht mehr von der Arbeitsgruppe selbst abgeschlossen werden kann, bestehe doch das Bedürfnis nach einer Überbrückungsregelung in gleicher Weise[1314]. Dies gelte ebenso für den Fall, daß der Betrieb unter die Mindestarbeitnehmerzahl von mehr als 100 Arbeitnehmern sinkt[1315].

Eine Ausnahme gelte jedoch dann, wenn im Betrieb eine Betriebsvereinbarung besteht, die denselben Gegenstand regelt, von ihrem Anwen-

---

1308 So GK-BetrVG-*Raab*, § 28a Rn. 53; *Raab*, NZA 2002, 482.

1309 Vgl. GK-BetrVG-*Raab*, § 28a Rn. 53; *Raab*, NZA 2002, 482.

1310 So GK-BetrVG-*Raab*, § 28a Rn. 53; *Raab*, NZA 2002, 482.

1311 Vgl. GK-BetrVG-*Raab*, § 28a Rn. 53; im Ergebnis ebenso ErfK-*Eisemann*, § 28a Rn. 7; *Fitting/Kaiser/Heither/Engels/Schmidt*, § 28a Rn. 32; *Stege/Weinspach/Schiefer*, § 28a Rn. 15; *Brunhöber*, Neues BetrVG, S. 133; *Natzel*, DB 2001, 1363; *Malottke*, AiB 2001, 628; *Raab*, NZA 2002, 482; *Worzalla/Will*, Rn. 265.

1312 Vgl. *Löwisch/Kaiser*, § 28a Rn. 23; *Löwisch*, BB 2001, 1741.

1313 Vgl. GK-BetrVG-*Raab*, § 28a Rn. 55; *Löwisch/Kaiser*, § 28a Rn. 24; *Raab*, NZA 2002, 482.

1314 Vgl. GK-BetrVG-*Raab*, § 28a Rn. 53; *Raab*, NZA 2002, 482.

1315 So *Löwisch/Kaiser*, § 28a Rn. 24.

dungsbereich her die Arbeitsgruppe erfaßt und bisher lediglich aufgrund der Spezialität der Gruppenvereinbarung nicht zur Anwendung kam[1316]. Da in diesem Falle die Gefahr einer Regelungslücke nicht besteht, wäre es nicht zu rechtfertigen, der Gruppenvereinbarung im Wege der Nachwirkung für einen Zeitraum nach Erlöschen der Regelungszuständigkeit der Arbeitsgruppe Geltung zu verschaffen[1317]. Hier gelte vielmehr mit dem Wegfall der Zuständigkeit die für die übrigen Arbeitnehmer maßgebliche Regelung[1318].

Schließlich könne die Frage der Nachwirkung auch in der Gruppenvereinbarung ausdrücklich geregelt werden. Sind Angelegenheiten der zwingenden Mitbestimmung betroffen, bestehe die Möglichkeit, durch gesonderte Vereinbarung die Nachwirkung auszuschließen[1319]. Sind Angelegenheiten betroffen, die nicht zur zwingenden Mitbestimmung gehören, könne eine Nachwirkung gesondert vereinbart werden[1320].

3. Stellungnahme

Die Nachwirkung ist zunächst nicht deshalb ausgeschlossen, weil eine Gruppenvereinbarung keine Betriebsvereinbarung ist. Zum einen handelt es sich bei Gruppenbetriebsvereinbarungen nach der hier vertretenen Auffassung um eine besondere Form der Betriebsvereinbarung. Zum anderen ist in § 28a Abs. 2 Satz 2 BetrVG ausdrücklich die entsprechende Geltung des § 77 BetrVG angeordnet. Dies umfaßt auch § 77 Abs. 6 BetrVG. Für die Gegenmeinung finden sich somit keine Anhaltspunkt im Gesetz. Weiterhin bezieht § 77 Abs. 6 BetrVG sich ausdrücklich auf Betriebsvereinbarungen. Für die, im Gegensatz dazu von § 77 Abs. 1 BetrVG mit erfaßten Regelungsvereinbarungen, kommt eine Nachwirkung daher schon aus diesem Grunde nicht in Betracht. Darüber hinaus fehlt es bei Regelungsabreden auch an der unmittelbaren Geltungswirkung. Diese Unterscheidung muß entsprechend auf Gruppenvereinbarungen übertragen werden. Folglich ist eine Nachwirkung ausschließlich bei Gruppenbetriebsvereinbarungen, nicht aber bei Gruppenregelungsabreden möglich.

Außerdem kommt, auch bei Betriebsvereinbarungen gem. § 77 Abs. 6 BetrVG, eine Nachwirkung nur in Angelegenheiten der erzwingbaren Mit-

---

[1316] So GK-BetrVG-*Raab*, § 28a Rn. 55; *Raab*, NZA 2002, 482.

[1317] Vgl. GK-BetrVG-*Raab*, § 28a Rn. 55; *Raab*, NZA 2002, 482.

[1318] Vgl. GK-BetrVG-*Raab*, § 28a Rn. 55; *Raab*, NZA 2002, 482.

[1319] Vgl. *Natzel*, DB 2001, 1363.

[1320] Vgl. *Natzel*, DB 2001, 1363.

bestimmung in Betracht. Soweit man hier darauf abstellt, daß Gruppenvereinbarungen aufgrund des in § 28a Abs. 2 Satz 3 BetrVG geregelten Einigungsprinzips nicht erzwingbar sind, scheidet die Nachwirkung folglich aus. Dagegen spricht jedoch, daß das Kriterium des § 77 Abs. 6 BetrVG vor allem dazu dient, die Regelungsgegenstände, für deren Regelung eine Nachwirkung in Betracht kommen soll, in abstrakter Weise zu kennzeichnen. Dies betrifft insbesondere die Beteiligungsrechte in sozialen Angelegenheiten gem. § 87 Abs. 1 BetrVG, wo gem. § 87 Abs. 2 BetrVG die Einigung zwischen Arbeitgeber und Betriebsrat von der Einigungsstelle ersetzt werden kann. Die Voraussetzung des § 77 Abs. 6 BetrVG ist insoweit erfüllt. Daß im konkreten Fall die Aufgaben nicht vom Betriebsrat, sondern von einer Arbeitsgruppe wahrgenommen werden und dementsprechend keine Betriebsvereinbarung, sondern eine Gruppenbetriebsvereinbarung geschlossen wird, ist hierfür jedoch unschädlich. Dem wird man durch die bloß entsprechende Geltung der Vorschrift gerecht. Gleiches gilt für die Tatsache, daß eine Einigung zwischen Arbeitgeber und Betriebsrat in diesen Fällen schon deshalb nicht in Betracht kommt, weil die Arbeitsgruppe für die Wahrnehmung der Aufgaben zuständig ist. § 77 Abs. 6 BetrVG fordert nämlich nicht, daß auch im konkreten Fall eine Einigung tatsächlich versucht werden muß. Insoweit ist also hypothetisch zu prüfen, ob eine Einigung zwischen Arbeitgeber und Betriebsrat von der Einigungsstelle ersetzt werden würde. Darüber hinaus besteht auch für die Gruppenvereinbarungen nach deren Ablauf die Gefahr eines regellosen Zustandes. Insoweit unterscheidet sich dies nicht von der Betriebsvereinbarung. Der Zweck der Regelung, zeitliche Regelungslücken zu verhindern, trifft hier ebenso zu.

Ebenso wie im Rahmen der Betriebsvereinbarung, kann eine Nachwirkung jedoch nicht bei jeder Form der Beendigung der Gruppenvereinbarung in Betracht kommen. Insbesondere muß die Überbrückungsfunktion auch tatsächlich greifen. Dies ist etwa der Fall, wenn die Gruppenvereinbarung durch Zeitablauf oder ordentliche Kündigung beendet wird, nicht aber bei Zweckerreichung, Ablösung durch eine neue Vereinbarung oder fristloser Kündigung für solche Regelungen, auf die sich der wichtige Grund gerade bezieht[1321]. Dagegen entfällt die Überbrückungsfunktion nicht allein dadurch, daß die Arbeitsgruppe ihre betriebsverfassungsrechtliche Stellung durch den Widerruf der Aufgabenübertragung verloren und der Betriebsrat die Gruppenvereinbarung gekündigt hat. Bis zum Abschluß einer anderen Regelung, besteht auch hier eine Regelungslücke. Für die Nachwirkung kommt es jedoch nicht darauf an, wer für den Abschluß der

---

[1321] Vgl. für die Betriebsvereinbarung GK-BetrVG-*Kreutz*, § 77 Rn. 399.

neuen Vereinbarung zuständig ist. Anders ist dies nur, soweit im Betrieb bereits eine Regelung über ein gleichen Gegenstand existiert, die bisher lediglich aufgrund der Spezialität der Gruppenvereinbarung nicht angewendet wurde. Insoweit besteht gerade keine Regelungslücke, so daß die Überbrückungsfunktion nicht zum tragen kommen kann.

4. Ergebnis

Dementsprechend kommt auch für die Gruppenbetriebsvereinbarungen eine Nachwirkung gem. §§ 28a Abs. 2 Satz 2, 77 Abs. 6 BetrVG in Betracht.

G. Zusammenfassung

Zusammenfassend kann festgehalten werden, daß die Gruppenvereinbarungen im Sinne des § 28a Abs. 2 BetrVG sowohl normativ als auch nur schuldrechtlich wirkende Abreden sein können. Sie sind als besondere Form der Betriebsvereinbarung bzw. Regelungsabrede anzusehen und stehen systematisch neben den Vereinbarungen nach § 77 BetrVG.

Für das Zustandekommen und die Beendigung der Gruppenvereinbarungen gelten weitgehend die gleichen Regeln wie für die Vereinbarungen nach § 77 BetrVG. Auch eine Nachwirkung entsprechend § 77 Abs. 6 BetrVG kommt grundsätzlich in Betracht. Dabei ist die demokratische Legitimation der Arbeitsgruppen im Hinblick auf den Abschluß der Gruppenvereinbarungen weitaus weniger problematisch als im Schrifttum überwiegend angenommen wird. Insbesondere wird das vorhandene Legitimationsdefizit in ausreichender Weise durch die Bindung aller Beteiligten an § 75 BetrVG und die Kontroll- und Einflußmöglichkeiten des Betriebsrates ausgeglichen.

Die rechtlichen Grenzen für die Regelungsmöglichkeiten in der Gruppenvereinbarung ergeben sich vor allem aus der Rahmenvereinbarung und dem konkreten Übertragungsbeschluß sowie dem erforderlichen Zusammenhang mit der zu verrichtenden Tätigkeit der Arbeitsgruppe. Im Verhältnis zu gesetzlichen Regelungen, Tarifverträgen und Arbeitsverträge gelten die Regelungen über Betriebsvereinbarungen bzw. Regelungsabreden entsprechend. Gegenüber Betriebsvereinbarungen gehen die Gruppenbetriebsvereinbarungen als speziellere Regelung vor.

§ 8 Streitigkeiten

A. Allgemeines

Über Streitigkeiten im Rahmen des § 28a BetrVG entscheiden die Arbeitsgerichte im Beschlußverfahren nach §§ 2a Abs. 1 Nr. 1, Abs. 2; 80 ff. ArbGG, da die Arbeitsgruppen als Träger von Mitbestimmungsrechten Regelungen mit kollektiven Charakter abschließen[1322]. Gegebenenfalls können Vorfragen im Urteilsverfahren entschieden werden[1323]. Hiervon werden alle Rechtsstreitigkeiten im Zusammenhang mit der Übertragung von betriebsverfassungsrechtlichen Aufgaben auf eine Arbeitsgruppe erfaßt[1324]. Dies betrifft sowohl alle Streitigkeiten, die sich innerhalb der Arbeitsgruppe bei der Wahrnehmung dieser Aufgaben ergeben (beispielsweise über die Wirksamkeit einer Entscheidung der Arbeitsgruppe) als auch alle Streitigkeiten im Zusammenhang mit einer zwischen Arbeitgeber und Arbeitsgruppe abgeschlossenen Gruppenvereinbarung (etwa über deren Geltungsbereich oder die Auslegung)[1325].

B. Die Beteiligungsfähigkeit der Arbeitsgruppe

Nach ganz überwiegender Ansicht im Schrifttum ist die Arbeitsgruppe als solche gem. § 10 Halbsatz 2 ArbGG im arbeitsgerichtlichen Verfahren als beteiligungsfähig anzusehen[1326]. Hierzu gibt es nur vereinzelte Gegen-

---

[1322] Vgl. DKK-*Wedde*, § 28a Rn. 82; ErfK-*Eisemann*, § 28a Rn. 8; *Fitting/Kaiser/Heither/Engels/Schmidt*, § 28a Rn. 40; GK-BetrVG-*Raab*, § 28a Rn. 56; Richardi-*Thüsing*, § 28a Rn. 33; *Stege/Weinspach/Schiefer*, § 28a Rn. 19.

[1323] Vgl. DKK-*Wedde*, § 28a Rn. 82; *Wedde*, AuR 2002, 126.

[1324] Vgl. *Fitting/Kaiser/Heither/Engels/Schmidt*, § 28a Rn. 40; Richardi-*Thüsing*, § 28a Rn. 33.

[1325] Vgl. *Fitting/Kaiser/Heither/Engels/Schmidt*, § 28a Rn. 40.

[1326] So etwa ErfK-*Koch*, § 10 ArbGG Rn. 6; ErfK-*Eisemann*, § 28a BetrVG Rn. 8; *Fitting/Kaiser/Heither/Engels/Schmidt*, § 28a Rn. 40; GK-BetrVG-*Raab*, § 28a Rn. 56; *Löwisch/Kaiser*, § 28a Rn. 28; Dörner/Luczak/Wildschütz-*Wildschütz*, Rn. 482; Jaeger/Röder/Heckelmann-*Kappenhagen*, Kap. 5 Rn. 146; *Löwisch*, BB 2001, 1741; Schaub/Koch/Linck-*Koch*, Arbeitsrechts-Handbuch, § 220 Rn. 15f; *Wulff*, ZBVR 2002, 140; im Ergebnis auch Germelmann/Matthes/Müller-Glöge/Prütting-*Matthes*, § 10 Rn. 26.

stimmen, die insoweit auf den Betriebsrat verweisen[1327]. Zur Begründung ist auf die selbständige betriebsverfassungsrechtliche Stellung der Arbeitsgruppe gem. § 28a BetrVG zu verweisen[1328]. Soweit den Arbeitsgruppen Aufgaben übertragen worden sind, nehmen sich diese selbständig und eigenverantwortlich war[1329]. Dementsprechend sind sie "nach dem Betriebsverfassungsgesetz (...) beteiligte Stellen" im Sinne des § 10 Halbsatz 2 ArbGG. Für die gegenteilige Ansicht wird keine Begründung gegeben. Sie beruht offenbar auf der Verkennung der Einordnung der Arbeitsgruppen im Rahmen der Betriebsverfassung[1330]. Dementsprechend ist eine Arbeitsgruppe auch nach § 83 Abs. 3 ArbGG zu beteiligen, soweit es in dem Verfahren um ihre Rechte und Pflichten aus den übertragenen Aufgaben geht[1331]. Nichts anderes kann gelten, wenn über die Aufgabenübertragung als solche gestritten wird[1332]. Einzelne Gruppenmitglieder sind dagegen als solche nicht beteiligungsfähig.

C. Antragsbefugnisse der Arbeitsgruppe

Ebenso muß der Arbeitsgruppe auch ein eigenes Antragsrecht im arbeitsgerichtlichen Verfahren zustehen[1333]. Dies ergibt sich ebenfalls aus ihrer selbständigen betriebsverfassungsrechtlichen Stellung. Vor allem ist die Arbeitsgruppe kein Hilfsorgan des Betriebsrats, sondern ein Instru-

---

[1327] Etwa DKK-*Wedde*, § 28a Rn. 82; *Wedde*, AuR 2002, 126 ausdrücklich für die Antragsbefugnis (siehe unten), was dann aber ebenso für die Beteiligungsfähigkeit gelten muß.

[1328] So auch GK-BetrVG-*Raab*, § 28a Rn. 56; *Löwisch/Kaiser*, § 28a Rn. 28; Dörner/Luczak/Wildschütz-*Wildschütz*, Rn. 482; *Löwisch*, BB 2001, 1741.

[1329] Vgl. dazu die Ausführungen unter Gliederungspunkt § 6 B.III.

[1330] Vgl. hierzu auch die Ausführungen unter Gliederungspunkt § 3.

[1331] Ebenso GK-BetrVG-*Raab*, § 28a Rn. 56; vgl. auch *Fitting/Kaiser/Heither/Engels/Schmidt*, § 28a Rn. 40; Schaub/Koch/Linck-*Koch*, Arbeitsrechts-Handbuch, § 220 Rn. 15f. Im Ergebnis auch *Stege/Weinspach/Schiefer*, § 28a Rn. 19, die nur allgemein von "Stellen, die nach dem Betriebsverfassungsgesetz im einzelnen Fall beteiligt sind", sprechen.

[1332] Vgl. *Fitting/Kaiser/Heither/Engels/Schmidt*, § 28a Rn. 40; GK-BetrVG-*Raab*, § 28a Rn. 56; Schaub/Koch/Linck-*Koch*, Arbeitsrechts-Handbuch, § 220 Rn. 15f.

[1333] So auch ErfK-*Eisemann*, § 28a Rn. 8; *Fitting/Kaiser/Heither/Engels/Schmidt*, § 28a Rn. 40; Dörner/Luczak/Wildschütz-*Wildschütz*, Rn. 482; Germelmann/Matthes/Müller-Glöge/Prütting-*Matthes*, § 81 Rn. 43; GK-BetrVG-*Raab*, § 28a Rn. 56; *Löwisch/Kaiser*, § 28a Rn. 28; Richardi-*Thüsing*, § 28a Rn. 33; Jaeger/Röder/Heckelmann-*Kappenhagen*, Kap. 5 Rn. 146; *Löwisch*, BB 2001, 1741; *Wulff*, ZBVR 2002, 140.

ment zur Verwirklichung von mehr Entscheidungsautonomie der Gruppenmitglieder[1334]. Hierin besteht insbesondere der entscheidende Unterschied zum Wirtschaftsausschuß und den sonstigen Ausschüssen des Betriebsrates[1335]. Da nur die Gruppe als solche durch das Betriebsverfassungsgesetz mit eigenen Rechten ausgestattet worden ist, nicht aber das einzelne Gruppenmitglied, sind diese selbst nicht antragsbefugt[1336].

I. Geltendmachung von Rechten gegenüber dem Arbeitgeber (Leistungsanträge)

Ein Antragsrecht besteht zum einen, wenn die Arbeitsgruppe im Rahmen der ihr übertragenen Aufgaben Rechte gegenüber dem Arbeitgeber geltend macht[1337]. So stehen der Arbeitsgruppe mit der Übertragung von Mitbestimmungsrechten auch die damit zusammenhängenden Ansprüche auf Unterrichtung, Beratung und Vorlage von Unterlagen zu[1338]. Insoweit handelt es sich also um einen Leistungsantrag[1339]. Bei Abschluß einer Gruppenvereinbarung kann die Arbeitsgruppe vom Arbeitgeber die Durchführung der Vereinbarung (§ 77 Abs. 1 Satz 1 BetrVG) verlangen und gerichtlich durchsetzen[1340].

Soweit in der Literatur Ansprüche der Arbeitsgruppe, die mit den übertragenen Aufgaben zusammenhängen sowie der Anspruch auf Durchführung einer angeschlossenen Gruppenvereinbarung verneint werden, beruht dies auf der Verkennung der Rechtsstellung der Gruppe[1341].

[1334] So auch die Begründung von GK-BetrVG-*Raab*, § 28a Rn. 56; *Löwisch/Kaiser*, § 28a Rn. 28; *Löwisch*, BB 2001, 1741.

[1335] Vgl. GK-BetrVG-*Raab*, § 28a Rn. 56; *Löwisch/Kaiser*, § 28a Rn. 28; *Löwisch*, BB 2001, 1741; vgl. zum Wirtschaftsausschuß BAG v. 07.04.1981 AP Nr. 16 zu § 118 BetrVG 1972 unter B.II. (im Ergebnis offengelassen); BAG v. 08.03.1983 AP Nr. 26 zu § 118 BetrVG 1972 unter B.I.; BAG v. 11.07.2000, AP Nr. 2 zu § 109 BetrVG 1972 unter B.I.1.b).

[1336] Ebenso *Wulff*, ZBVR 2002, 140.

[1337] So GK-BetrVG-*Raab*, § 28a Rn. 57; *Löwisch/Kaiser*, § 28a Rn. 28.

[1338] Vgl. GK-BetrVG-*Raab*, § 28a Rn. 57; *Löwisch/Kaiser*, § 28a Rn. 28; *Löwisch*, BB 2001, 1741; a.A. *Stege/Weinspach/Schiefer*, § 28a Rn. 6.

[1339] Vgl. dazu Germelmann/Matthes/Müller-Glöge/Prütting-*Matthes*, § 81 Rn. 14.

[1340] Vgl. GK-BetrVG-*Raab*, § 28a Rn. 57; *Löwisch/Kaiser*, § 28a Rn. 28; *Löwisch*, BB 2001, 1741; a.A. *Stege/Weinspach/Schiefer*, § 28a Rn. 6.

[1341] So etwa bei *Stege/Weinspach/Schiefer*, § 28a Rn. 6; vgl. dazu die Ausführungen unter Gliederungspunkt § 3.

II. Feststellungsanträge

Schließlich kann die Arbeitsgruppe auch Feststellungsanträge stellen, insbesondere bei Auslegungszweifeln in Bezug auf den Inhalt einer Gruppenvereinbarung[1342]. Für die Überprüfung der Beschlußfassung der Arbeitsgruppe sollen hier die gleichen Grundsätze wie bei der Überprüfung der Beschlußfassung des Betriebsrates gelten[1343]. Dementsprechend können Gruppenbeschlüsse auf die Rechtswirksamkeit ihres Zustandekommens oder ihres Inhalts nur eingeschränkt überprüft werden[1344].

Vereinzelt ist auch angedacht worden, die Beschlüsse der Arbeitsgruppen einer vollen gerichtlichen Überprüfung zu unterziehen[1345]. Als Begründung komme die geringere Unabhängigkeit der Arbeitsgruppenmitglieder im Vergleich zu den Betriebsratsmitgliedern in Betracht, vor allem der fehlende besondere Kündigungsschutz. Damit entfalle aber ein wichtiger Grund für die Ablehnung einer Inhaltskontrolle. Im übrigen könne daher das Bedürfnis, ein Verhandlungsungleichgewicht zwischen Arbeitgeber und Arbeitsgruppe auszugleichen, im Einzelfall größer sein. Zu Bedenken ist jedoch, daß auch die Mitglieder der Arbeitsgruppen gegenüber dem Arbeitgeber nicht völlig schutzlos sind. Darüber hinaus kann die Gruppe nicht beliebige Vereinbarungen mit dem Arbeitgeber schließen, sondern muß an einen eng begrenzten Rahmen halten, der sich vor allem aus der Rahmenvereinbarung und dem Übertragungsbeschluß ergibt. Insoweit bildet auch der Betriebsrat eine gewisse Kontrollinstanz. Schließlich besteht für den Betriebsrat die Möglichkeit, durch die Festlegung einer Vorlagepflicht für die abzuschließenden Gruppenvereinbarungen, die Kontrolle noch zu verstärken. Im Ergebnis ist eine stärkere gerichtliche Überprüfbarkeit der Gruppenvereinbarungen im Vergleich zu den Betriebsvereinbarungen daher nicht notwendig.

Einheitlichkeit besteht dagegen in der Frage, ob eine Nachprüfung der sachlichen Zweckmäßigkeit der Gruppenbeschlüsse möglich ist. Dies wird übereinstimmend ausgeschlossen[1346].

[1342] Vgl. GK-BetrVG-*Raab*, § 28a Rn. 57; Richardi-*Thüsing*, § 28a Rn. 33; wohl ebenso ErfK-*Eisemann*, § 28a Rn. 8; *Stege/Weinspach/Schiefer*, § 28a Rn. 19; *Natzel*, DB 2001, 1363.

[1343] Vgl. DKK-*Wedde*, § 28a Rn. 83; wohl auch Richardi-*Thüsing*, § 28a Rn. 33.

[1344] Vgl. DKK-*Wedde*, § 28a Rn. 83. Für Betriebsvereinbarungen vgl. *Fitting/Kaiser/Heither/Engels/Schmidt*, § 33 Rn. 47 ff.; differenzierend GK-BetrVG-*Wiese/Raab*, § 33 Rn. 46 f.

[1345] Vgl. Richardi-*Thüsing*, § 28a Rn. 29.

[1346] Vgl. etwa DKK-*Wedde*, § 28a Rn. 83; ErfK-*Eisemann*, § 28a Rn. 8.

III. Streitigkeiten im Zusammenhang mit dem "Ob" der Aufgabenübertragung

Zu differenzieren ist bei Streitigkeiten, die sich auf das "Ob" der Aufgabenübertragung beziehen.

1. Anträge im Zusammenhang mit § 75 Abs. 2 Satz 2 BetrVG

Soweit es darum geht, ob die Betriebspartner durch die Ablehnung einer Rahmenvereinbarung oder ob der Betriebsrat nach Abschluß einer solchen Vereinbarung durch die Ablehnung der Aufgabenübertragung oder durch deren Widerruf gegen die gesetzliche Förderungspflicht des § 75 Abs. 2 Satz 2 BetrVG verstoßen haben, steht der Arbeitsgruppe ein Antragsrecht zu[1347].

Umstritten ist jedoch, worauf dieser Antrag gerichtet werden kann. Teilweise soll der Arbeitsgruppe die Möglichkeit einräumt werden, gegenüber dem Betriebsrat das Recht geltend zu machen, über eine Übertragung von Aufgaben an sie entsprechend dem Präponderanzgebot des § 75 Abs. 2 Satz 2 BetrVG zu entscheiden[1348]. Nach anderer Ansicht kann der Antrag nur auf Feststellung der Verletzung der Förderungspflicht gerichtet werden[1349]. Im Ergebnis wird lediglich ein Antrag auf Feststellung der Pflichtverletzung in Betracht kommen, da anderenfalls die nur betriebsverfassungsrechtliche Pflicht des § 75 Abs. 2 Satz 2 BetrVG unmittelbar durchgesetzt werden könnte. Insbesondere kommen für eine Förderung der Arbeitnehmer und Arbeitsgruppen vielerlei Möglichkeiten in Betracht. Insoweit besteht für Betriebsrat und Arbeitgeber ein entsprechend großer Auswahlspielraum. Durch eine gerichtliche Entscheidung darf in diesen Spielraum jedoch nicht eingegriffen werden. Die Anordnung einer bestimmten Maßnahme kommt daher nicht in Betracht.

2. Anträge nach § 23 Abs. 1 und 3 BetrVG

Dagegen kann die Arbeitsgruppe als solche wegen einer unterlassenen Aufgabenübertragung keinen Antrag nach § 23 Abs. 1 und/oder Abs. 3 BetrVG stellen[1350]. Der Kreis der Antragsberechtigten wird durch § 28a

---

1347 So GK-BetrVG-*Raab*, § 28a Rn. 58; *Löwisch*, BB 2001, 1741; a.A. *Worzalla/Will*, Rn. 267 allerdings ohne jede Begründung.

1348 So etwa *Löwisch/Kaiser*, § 28a Rn. 28; *Löwisch*, BB 2001, 1741.

1349 So etwa GK-BetrVG-*Raab*, § 28a Rn. 58.

1350 Ebenso GK-BetrVG-*Raab*, § 28a Rn. 58.

BetrVG nicht erweitert[1351]. Antragsberechtigt sind in diesem Falle lediglich die einzelnen Gruppenmitglieder in ihrer Eigenschaft als Arbeitnehmer des Betriebes, sofern sie allein oder gemeinsam mit anderen Arbeitnehmern das vom Gesetz vorausgesetzte Quorum erfüllen[1352].

IV. Vertretung der Arbeitsgruppe

Steht der Arbeitsgruppe als solcher ein Antragsrecht zu, wird sie im arbeitsgerichtlichen Verfahren vertreten. Wer hierfür zuständig ist, ergibt sich in der Regel aus der Rahmenvereinbarung. Typischerweise wird dies der Gruppensprecher sein[1353]. Besteht keine Regelung hinsichtlich der Vertretung der Arbeitsgruppe (z.B. weil keine Regelung in der Rahmenvereinbarung besteht oder sich der Antrag gegen die Ablehnung einer Rahmenvereinbarung richtet), kann diese ein Gruppenmitglied bevollmächtigen; im übrigen kann das Antragsrecht auch von den einzelnen Gruppenmitgliedern ausgeübt werden[1354].

D. Abgrenzung zu § 28a Abs. 2 Satz 3 BetrVG

Schließlich müssen von den Streitigkeiten im Rahmen des § 28a BetrVG, die im Beschlußverfahren nach §§ 2a Abs. 1 Nr. 1, Abs. 2; 80 ff. ArbGG zu entscheiden sind, solche Fälle abgegrenzt werden, die unter § 28a Abs. 2 Satz 3 BetrVG fallen.

Nach dem in § 28a Abs. 2 Satz 3 BetrVG festgelegten Einigungsprinzip fällt eine Angelegenheit, in der sich Arbeitsgruppe und Betriebsrat nicht einigen können, automatisch zurück in den Zuständigkeitsbereich des Betriebsrates. Insoweit können in diesem Rahmen keine Streitigkeiten zwischen Arbeitgeber und Arbeitsgruppe entstehen. Kein Fall des § 28a Abs. 2 Satz 3 BetrVG liegt jedoch vor, wenn Arbeitgeber und Arbeitsgruppen über das Bestehen und den Umfang eines Beteiligungsrechts streiten[1355]. Hierbei geht es nämlich nicht, wie von § 28a Abs. 2 Satz 3 BetrVG vorausgesetzt, um eine mangelnde Einigung in einer Angelegenheit, in der ein Beteiligungsrecht besteht, das ersatzweise vom Betriebsrat für die Ar-

---

1351 Vgl. GK-BetrVG-*Raab*, § 28a Rn. 58.

1352 Vgl. GK-BetrVG-*Raab*, § 28a Rn. 58.

1353 Ähnlich GK-BetrVG-*Raab*, § 28a Rn. 58.

1354 Vgl. GK-BetrVG-*Raab*, § 28a Rn. 58.

1355 Vgl. *Löwisch/Kaiser*, § 28a Rn. 27.

beitsgruppe wahrgenommen werden kann, sondern um die betriebsverfassungsrechtliche Stellung der Arbeitsgruppe selbst[1356]. Diese ist im arbeitsgerichtlichen Beschlußverfahren zwischen Arbeitsgruppe und Arbeitgeber zu klären[1357].

E. Ergebnis und Zusammenfassung

Über Streitigkeiten im Rahmen des § 28a BetrVG entscheiden die Arbeitsgerichte im Beschlußverfahren nach §§ 2a Abs. 1 Nr. 1, Abs. 2; 80 ff. ArbGG. Die Arbeitsgruppe als solche ist dabei beteiligungsfähig und dementsprechend befugt Anträge zu stellen.

[1356] Ebenso *Löwisch/Kaiser*, § 28a Rn. 27.

[1357] So auch *Löwisch/Kaiser*, § 28a Rn. 27.

§ 9 Zusammenfassung der wichtigsten Ergebnisse in Thesenform

1. Die Arbeitsgruppen gem. § 28a BetrVG sind weder Ausschüsse noch sonstige Hilfsorgane oder Unterorganisationen des Betriebsrates. Vielmehr sind sie als selbständige Repräsentationsorgane für die Arbeitsgruppenmitglieder anzusehen. Im Rahmen der übertragenen Aufgaben treten sie betriebsverfassungsrechtlich somit ergänzend neben die Einzel-, Gesamt- und Konzernbetriebsräte.

2. Für den Schwellenwert in § 28a BetrVG kommt es auf die Zahl der regelmäßig beschäftigten Arbeitnehmer an. Anderenfalls wäre das Erreichen der notwendigen Arbeitnehmerzahl von Zufälligkeiten abhängig, was zu einer erheblichen Rechtsunsicherheit führen würde. Abzustellen ist auf den Zeitpunkt der Aufgabenübertragung auf die Arbeitsgruppe. Bei der Bestimmung der Arbeitnehmerzahl sind aufgrund der Änderungen durch das BetrVG-Reformgesetz, entgegen der im Schrifttum überwiegenden Meinung, auch die wahlberechtigten überlassenen Arbeitnehmer mitzuzählen, soweit solche regelmäßig im Betrieb beschäftigt werden.

3. Für die Definition des Arbeitsgruppenbegriffs wird in der Literatur verbreitet Kriterien zurückgegriffen, die für die Gruppenarbeit gem. § 87 Abs. 1 Nr. 13 BetrVG maßgeblich ist. Eine solche pauschale Übernahme wird jedoch dem Unterschied beider Vorschriften nicht gerecht und verengt den Anwendungsbereich des § 28a BetrVG in nicht notwendiger Weise. Eine Arbeitsgruppe im Sinne des § 28a BetrVG liegt bereits dann vor, wenn in einem Betrieb mindestens zwei Arbeitnehmer aufgrund der ihnen zugewiesenen Tätigkeit derart miteinander verbunden und von der übrigen Belegschaft abgrenzbar sind, daß für auftretende mitwirkungspflichtige Fragen genügend Handlungs- und Entscheidungsspielraum zur Verfügung steht, um diese eigenverantwortlich regeln zu können.

Die Bildung der Arbeitsgruppen obliegt einer (freien) unternehmerischen Organisationsentscheidung des Arbeitgebers unter Berücksichtigung der Mitbestimmungsrechte des Betriebsrates in personellen Angelegenheiten. Eine Pflicht, die betrieblichen Abläufe so zu organisieren, daß Arbeitsgruppen gebildet werden können, besteht dagegen nicht.

4. Die nach § 28a Abs. 1 Satz 1 Halbsatz 2 BetrVG erforderliche Rahmenvereinbarung bildet die Grundlage für die Delegation von Aufgaben durch den Betriebsrat. Hierbei ist aus Gründen der Rechtssicherheit der Abschluß als Betriebsvereinbarung zu empfehlen. Eine Regelungsabrede ist nach der gesetzlichen Regelung jedoch ebenfalls zulässig. Der Abschluß der Rahmenvereinbarung ist nicht erzwingbar und darf von den Betriebspartnern aufgrund der Förderungspflicht nach § 75 Abs. 2 Satz 2 BetrVG nur aus sachlichen Gründen abgelehnt werden. Bei einer Pflichtverletzung kommen jedoch lediglich mittelbare Sanktionen nach § 23 Abs. 1 bzw. Abs. 3 BetrVG in Betracht.

5. Notwendiger Gegenstand der Rahmenvereinbarung ist zunächst das "Ob" der Aufgabenübertragung. Weiterhin muß der Umfang der übertragbaren Aufgaben geregelt werden. Schließlich ist festzulegen, für welche Arbeitsgruppen eine Aufgabenübertragung in Betracht kommen soll.

Daneben besteht ein umfangreicher Gestaltungsspielraum für die Betriebspartner. Praktisch relevant sind vor allem Regelungen über die personelle Zusammensetzung, die interne Struktur und die Geschäftsführung der Gruppe sowie die Rechtsstellung der Gruppenmitglieder. Auch sonstige Modalitäten, die bei der Ausübung der übertragenen Aufgaben zu berücksichtigen sind, können festgelegt werden. Zu beachten ist dabei, daß der Betriebsrat die Regelungsbefugnisse der Arbeitsgruppe nicht in einer Weise einschränken darf, bei der die Gruppe zu einem bloßen Betriebsratsausschuß "degradiert" wird. Insbesondere darf kein Einfluß auf die konkrete Gestaltung der Gruppenvereinbarung genommen werden, soweit dies nicht zum Schutz von Rechten der Gruppenmitglieder oder anderer Arbeitnehmer des Betriebes notwendig ist.

6. Falls in der Rahmenvereinbarung Regelungen über die Geschäftsführung oder andere organisatorische Fragen fehlen oder unvollständig sind, können grundsätzlich die Vorschriften über den Betriebsrat analog angewendet werden, soweit dem nicht Besonderheiten der Arbeitsgruppen entgegenstehen. Dies betrifft insbesondere die §§ 29 Abs. 2 bis 4, 30, 33 Abs. 1 und 2, 34, 40 sowie §§ 2, 74, 75 BetrVG.

Die Gruppenmitglieder haben jedoch grundsätzlich keine mit einem Betriebsratsmitglied vergleichbare rechtliche Stellung. Insbesondere können §§ 103 BetrVG, 15 KSchG, 78a BetrVG nicht entsprechend angewendet werden. In Betracht kommt aber die analoge Anwendung der §§ 78 BetrVG, 37 Abs. 1 bis 3, 79 BetrVG.

7. Die konkrete Aufgabenübertragung wird erst durch den Übertragungsbeschluß vorgenommen. Auch hier ist die Förderungspflicht nach § 75 Abs. 2 Satz zu beachten. Die Übertragung darf daher nur aus sachlichen Gründen abgelehnt werden. Bei einer Pflichtverletzung kommen ebenfalls lediglich mittelbare Sanktionen nach § 23 Abs. 1 BetrVG in Betracht.

8. Inhaltlich ist bei der Übertragung insbesondere zu beachten, daß die Aufgaben in unmittelbarem Zusammenhang mit der von der Arbeitsgruppe zu verrichtenden Tätigkeit stehen müssen. Die dazu bisher in der Literatur vorgeschlagenen Kriterien genügen jedoch noch nicht, um den notwendigen Zusammenhang hinreichend genau feststellen zu können. Erforderlich ist vor allem, daß die zu übertragende Aufgabe einen unmittelbaren Einfluß auf die Organisation und/oder die Durchführung der zu verrichtenden Tätigkeit hat. Als übertragungsfähige Aufgaben kommen insbesondere soziale Angelegenheiten nach § 87 Abs. 1 Nr. 1 bis 3, Nr. 5 bis 7 BetrVG, sowie Beteiligungsrechte nach §§ 90, 91 BetrVG in Betracht.

9. Im Rahmen der Übertragung erhält die Arbeitsgruppe eine umfassende eigenständige Regelungskomptenz. Es verbleibt insbesondere keine "Rest-Zuständigkeit" beim Betriebsrat. Dieser kann die Aufgabe lediglich durch Kündigung der Rahmenvereinbarung oder Widerruf der Aufgabenübertragung wieder an sich ziehen. Die Selbständigkeit und Eigenverantwortlichkeit der Arbeitsgruppe darf bei der Übertragung lediglich insoweit eingeschränkt werden, wie es zur Wahrung der Rechte von Gruppenmitgliedern oder anderen Arbeitnehmern des Betriebes erforderlich ist. Darüber hinaus darf die Gruppe durch die konkrete Ausgestaltung der Übertragung jedoch nicht zu einem Ausschuß des Betriebsrates "degradiert" werden.

10. Der Betriebsrat kann die Aufgabenübertragung jeder Zeit widerrufen. Ebenso ist ein Teilwiderruf zulässig. Auch ist hier die Förderungspflicht aus § 75 Abs. 2 Satz 2 BetrVG zu beachten, so daß der Widerruf im Innenverhältnis nur aus sachlichen Gründen erfolgen darf. Im Außenverhältnis ist der Widerruf aus Gründen der Rechtssicherheit dagegen auch dann wirksam, wenn sachliche Gründe nicht vorliegen. Bei Verletzung der Förderungspflicht kommt lediglich eine mittelbare Sanktion über § 23 Abs. 1 BetrVG in Betracht.

Neben dem Widerruf kann die Gruppe ihre Zuständigkeit für eine Aufgabe auch durch den Wegfall der gesetzlichen Übertragungsvoraussetzungen verlieren. Dies betrifft also die Auflösung der Gruppe oder personelle Veränderungen, die zu einem Identitätsverlust der Gruppe führen sowie die Kündigung der Rahmenvereinbarung. Weiterhin verliert die Gruppe ihre Zuständigkeit, soweit über die betreffende Frage keine Einigung mit dem Arbeitgeber zu erzielen ist.

11. Die von der Arbeitsgruppe mit dem Arbeitgeber abgeschlossenen Gruppenvereinbarungen können sowohl normativ als auch nur schuldrechtlich wirkende Abreden sein. Sie sind als besondere Formen der Betriebsvereinbarung bzw. Regelungsabrede anzusehen und daher systematisch neben die Vereinbarungen nach § 77 BetrVG in das System der Betriebsverfassung einzuordnen.

12. Beim Abschluß der Gruppenvereinbarungen sind alle Gruppenmitglieder unabhängig von ihrer Wahlberechtigung zum Betriebsrat abstimmungsberechtigt. Das konkrete Abstimmungsverfahren und die Vertretung der Gruppe im Außenverhältnis sollten durch die Rahmenvereinbarung festgelegt werden. Im Gegensatz zur Beschlußfassung des Betriebsrates ist bei den Arbeitsgruppen auch die Abstimmung im sog. Umlaufverfahren zulässig.

13. Inhaltlich kommt der Arbeitsgruppe grundsätzlich dieselbe Regelungskompetenz wie dem Betriebsrat zu. Beschränkungen ergeben sich vor allem aus der Rahmenvereinbarung und dem Übertragungsbeschluß. Für das Verhältnis der Gruppenvereinbarungen zu gesetzlichen Regelungen, Tarifverträgen, Betriebsvereinbarungen und Individualabsprachen gilt nichts anderes als für Betriebsvereinbarungen bzw. Regelungsabreden. Gegenüber Betriebsvereinbarungen mit dem selben Regelungsgegenstand gehen Gruppenbetriebsvereinbarungen als spezielle Regelungen vor.

14. Das in der Literatur vielfach angesprochene und kritisierte Problem der demokratischen Legitimation der Arbeitsgruppe gegenüber der Gruppenminderheit besteht so nicht. Die in der Gruppe durchaus vorhandenen Legitimationsdefizite werden in ausreichender Weise durch die Beteiligungsmöglichkeit an der Abstimmung sowie die Bindung an § 75 BetrVG ausgeglichen. Daneben haben auch die Betriebspartner die Überwachungspflicht aus § 75 Abs. 1 Satz 1 BetrVG wahrzunehmen. Dieser

Schutz kann darüber hinaus durch eine entsprechende Gestaltung der Rahmenvereinbarung noch verstärkt werden.

15. Die Gruppenvereinbarung kann entsprechend § 77 BetrVG von der Arbeitsgruppe oder dem Arbeitgeber gekündigt werden. Eine Kündigungsbefugnis des Betriebsrates besteht nur nach dem Widerruf der Aufgabenübertragung.

Soweit die Arbeitsgruppe wegfällt oder durch personelle Veränderungen ihre Identität verliert, wird die Gruppenvereinbarung gegenstandslos. Dagegen hat ein Absinken der Arbeitnehmerzahl unter den gesetzlichen Schwellenwert oder die Kündigung der Rahmenvereinbarung keine Auswirkung auf die Gruppenvereinbarungen. Schließlich kommt unter den Voraussetzungen des § 77 Abs. 6 BetrVG auch eine Nachwirkung der Gruppenvereinbarungen in Betracht.

16. Streitigkeiten im Rahmen des § 28a BetrVG sind im arbeitsgerichtlichen Beschlußverfahren auszutragen. Die Arbeitsgruppe ist dabei beteiligungsfähig und antragsbefugt.

Zusammenfassend läßt sich feststellen, daß die gesetzlich Regelung für die Arbeitnehmer die Chance eröffnet, sich unmittelbar und eigenverantwortlich an den sie betreffenden Fragen im Rahmen des Betriebsverfassungsrechts zu beteiligen. Es ist jedoch zu befürchten, daß die Betriebspartner von dieser Möglichkeit, wenn überhaupt, nur sehr zurückhaltend Gebrauch machen werden. Dies beruht nicht nur darauf, daß die Arbeitgeber versuchen werden, den Verwaltungsaufwand und die zusätzlichen Kosten zu vermeiden. Auch bei den Betriebsräten wird grundsätzlich wenig Interesse vorhanden sein, eigene Rechte abzugeben. Darüber hinaus bestehen vor allem nicht unerhebliche Rechtsunsicherheiten, die dadurch entstanden sind, daß der Gesetzgeber für viele Fragen keine ausreichenden Vorgaben macht. Betroffen sind davon insbesondere Fragen der internen Organisation der Gruppen sowie der auf sie anwendbaren Vorschriften für den Fall, daß die Rahmenvereinbarung keine oder unvollständige Regelungen enthält. Ebenso sollte präziser festgelegt werden, welche Aufgaben auf die Arbeitsgruppen übertragen werden können. In Betracht käme etwa ein Katalog, wie in § 87 BetrVG. Schließlich bestehen Unsicherheiten über die Einordnung der Gruppenvereinbarungen.

Literaturverzeichnis:

Annuß, Georg: Mitwirkung und Mitbestimmung der Arbeitnehmer im Regierungsentwurf zur Reform des BetrVG; in: NZA 2001, Seite 367 ff.

Bauer, Jobst-Hubertus: Sofortprogramm für mehr Sicherheit im Arbeitsrecht; in: NZA 2002, Seite 1001 ff.

Becker, Friedrich / Hillebrecht, Wilfried (Begr.): Gemeinschaftskommentar zum Kündigungsschutzgesetz und zu sonstigen kündigungsrechtlichen Vorschriften, 6. Auflage 2002; (zit.: KR-*Bearbeiter*)

Berger-Delhey, Ulf: "Wenn gute Reden sie begleiten, dann fließt die Arbeit munter fort"? - Anmerkungen zur geplanten Reform der Betriebsverfassung; in: ZTR 2001, 108 ff.

Blanke, Thomas: Arbeitsgruppen und Gruppenarbeit in der Betriebsverfassung; in: RdA 2003, 140 ff.

Blanke, Thomas / Rose, Edgar: Betriebsverfassung 2001: Flexible Mitbestimmung in modernen Zeiten; in: RdA 2001, Seite 92 ff.

Boemke, Burkhard: Kommentar zum Arbeitnehmerüberlassungsgesetz, 1. Auflage 2002; (zit.: *Boemke*, AÜG)

Bösche, Burchard: Die weißen Flecken der Vertretungslosigkeit; in: AiB 2001, Seite 110 f.

Boysen, Axel: Betriebsverband und Arbeitsverhältnis am Beispiel der Gruppenarbeit, 1998, (zugl. Dissertation 1997); (zit.: *Boysen*, Betriebsverband und Arbeitsverhältnis)

Breisig, Thomas: Gruppenarbeit und ihre Regelung durch Betriebsvereinbarung - Handbuch für Praktiker, 1997; (zit.: *Breisig*, Gruppenarbeit)

ders.: It´s Team Time - Kleingruppenkonzepte in Unternehmen, 1990; (zit.: *Breisig*, Team Time)

Brors, Christiane: "Fremdpersonaleinsatz" - Wer ist gemäß § 7 S. 2 BetrVG wahlberechtigt?; in: NZA 2002, Seite 123 ff.

Brunhöber, Hanna: Das bringt das neue Betriebsverfassungsgesetz - Die wichtigsten Änderungen praxisnah dargestellt, 2002; (zit.: *Brunhöber*, Neues BetrVG)

Buchner, Herbert: Betriebsverfassungs-Novelle auf dem Prüfstand; in: NZA 2001, 633 ff.

Bundesvereinigung der Deutschen Arbeitgeberverbände (Hrsg.): Vorschlag für ein Betriebsverfassungsgesetz, 1971; (zit.: BDA-Entwurf zum BetrVG)

Busch, Martin: Arbeitsgruppen und Gruppenarbeit im Betriebsverfassungsgesetz; (zit.: *Busch*, Arbeitsgruppen und Gruppenarbeit)

Däubler, Wolfgang: Das Wahlrecht der "überlassenen Arbeitnehmer" nach dem neuen § 7 Satz 2 BetrVG - Mit einem Anhang zur Altersteilzeit; in: AiB 2001, Seite 684 ff.

ders.: Die veränderte Betriebsverfassung - Erste Anwendungsprobleme -; in: AuR 2001, Seite 285 ff.

ders.: Eine bessere Betriebsverfassung? Der Referentenentwurf zur Reform des BetrVG; in: AuR 2001, Seite 1 ff.

ders.: Reform der Betriebsverfassung - letzte Etappe. Konkrete Vorschläge in der Anhörung durch den Arbeits- und Sozialausschuss; in: AiB 2001, 313 ff. und 379 ff.

Däubler, Wolfgang / Kittner, Michael / Klebe, Thomas (Hrsg.): Kommentar zum Betriebsverfassungsgesetz mit Wahlordnung, §§ 121-128 InsO und EBR-Gesetz, 8. Auflage 2002; (zit.: DKK-*Bearbeiter*)

Deutsche Gewerkschaftsbund (hrsg. v. Bundesvorstand): Der Referentenentwurf eines Gesetzes zur Reform des Betriebsverfassungsgesetzes; in: NZA 2001, 135 ff.

ders.: Novellierungsvorschläge des DGB zum Betriebsverfassungsgesetz 1972, (1999); (zit.: DGB-Novellierungsvorschlag)

Dieterich, Thomas / Hanau, Peter / Schaub, Günter (Hrsg.): Erfurter Kommentar zum Arbeitsrecht, 3. Auflage 2003; (zit.: ErfK-*Bearbeiter*)

Dietz, Rolf: Kommentar zum Betriebsverfassungsrecht, 4. Auflage 1967

Dörner, Klemens / Luczak, Stefan / Wildschütz, Martin: Handbuch Arbeitsrecht, 3. Auflage 2002

Dütz, Wilhelm: Abschaffung des Minderheitenschutzes durch das BetrVerf-ReformG 2001; in: DB 2001, Seite 1306 ff.

Düwell, Franz-Josef (Hrsg.): Handkommentar zum Betriebsverfassungsgesetz, 1. Auflage 2002; (zit.: HaKo-BetrVG-*Bearbeiter*)

Elert, Nicole: Gruppenarbeit: Individual- und kollektivarbeitsrechtliche Fragen moderner Arbeitsformen, 2001, (zugl. Dissertation 2000); (zit.: *Elert*, Gruppenarbeit)

Engels, Gerd / Trebinger, Yvonne / Löhr-Steinhaus, Wilfried: Reformentwurf eines Gesetzes zur Reform des Betriebsverfassungsgesetzes; in: DB 2001, Seite 532 ff.

Fabricius, Fritz / Kraft, Alfons / Wiese, Günther / Kreutz, Peter / Oetker, Hartmut: Gemeinschaftskommentar zum Betriebsverfassungsgesetz, 6. Auflage 1997; (zit.: GK-BetrVG^{6}-*Bearbeiter*)

Fabricius, Fritz / Kraft, Alfons / Wiese, Günther / Kreutz, Peter / Oetker, Hartmut / Raab, Thomas / Weber, Christoph: Gemeinschaftskommentar zum Betriebsverfassungsgesetz, Band I: §§ 1-73b mit Wahlordnungen, Band II: §§ 74-132 mit Kommentierung des BetrVG 1952, 7. Auflage 2002; (zit.: GK-BetrVG-*Bearbeiter*)

Fitting, Karl / Auffarth, Fritz: Kommentar zum Betriebsverfassungsgesetz, 8. Auflage 1968

Fitting, Karl / Kaiser, Heinrich / Heither, Friedrich / Engels, Gerd / Schmidt, Ingrid: Handkommentar zum Betriebsverfassungsgesetz, 21. Auflage 2002

Flatow, Georg / Kahn-Freund, Otto: Kommentar zum Betriebsrätegesetz nebst Wahlordnung, Ausführungsverordnungen und Ergänzungsgesetzen, 13. Auflage 1931

Franke, Dietmar: Betriebsratswahlen 2002 - Wahlanfechtungen vorprogrammiert; in: NJW 2002, Seite 656 ff.

Franke, Dietmar / Hunold, Wolf / Malter, Joachim: Das neue Betriebsverfassungsrecht - Kommentierung der gesetzlichen Änderungen für die Praxis, 2001

Franzen, Martin: Die Freiheit der Arbeitnehmer zur Selbstbestimmung nach dem neuen BetrVG; in: ZfA 2001, Seite 423 ff.

Geffken, Rolf: Ausschüsse und Arbeitsgruppen; in: AiB 2002, Seite 257 ff.

ders.: Gruppenarbeit und Betriebsräte - Neues BetrVG und Neues Personalmanagement -; in: AiB 2002, Seite 150 ff.

Germelmann, Claas-Hinrich / Matthes, Hans-Christoph / Müller-Glöge, Rudi / Prütting, Hanns: Kommentar zum Arbeitsgerichtsgesetz, 4. Auflage 2002

Gnade, Albert / Kehrmann, Karl / Schneider, Wolfgang / Klebe, Thomas / Ratayczak, Jürgen: Basiskommentar zum Betriebsverfassungsgesetz, 10. Auflage 2002

Hamann, Wolfgang: Betriebsverfassungsrechtliche Auswirkungen der Reform der Arbeitnehmerüberlassung; in: NZA 2003, Seite 526 ff.

Hanau, Peter: Denkschrift zu dem Regierungsentwurf eines Gesetzes zur Reform des Betriebsverfassungsgesetzes; in: RdA 2001, Seite 65 ff.

ders.: Die Reform der Betriebsverfassung; in: NJW 2001, Seite 2513 ff.

ders.: Probleme der Neuregelung der Betriebsverfassung; in: ZIP 2001, Seite 1981 ff.

Heilmann, Joachim / Rudolph, Wolf-Dieter: Der Betriebsrat muss die Interessen aller Beschäftigten vertreten! - Ein Diskussionsbeitrag zur Reform der Betriebsverfassung; in: AuR 2001, 212 f.

Hjort, Jens Peter / Hummel, Peter / Helm, Rüdiger: Ein Schritt vor - einer zurück; in: AiB 2001, Seite 122 ff.

Hold, Dieter: Reform der Betriebsverfassung - ein Überblick (I); in: Betrieb und Wirtschaft 2002, Seite 124 ff.

Holthaus, Michael: Anmerkungen zum Urteil des ArbG Berlin vom 31.01.2001 (43 BV 31216/00); in: AiB 2001, Seite 541 ff.

Hoyningen-Huene, Gerrick von: Betriebsverfassungsrecht, 5. Auflage 2002

Hoyningen-Huene, Gerrick von / Linck, Rüdiger: Kommentar zum Kündigungsschutzgesetz, 13. Auflage 2002

Jaeger, Georg / Röder, Gerhard / Heckelmann, Günther (Hrsg.): Praxishandbuch Betriebsverfassungsrecht, 1. Auflage 2003

Kittner, Michael / Zwanziger, Bertram (Hrsg.): Arbeitsrecht: Handbuch für die Praxis, 2001

Klein, Dietmar: Gruppenarbeit - Praxis, Interessenlagen und Mitbestimmung; in: Sonderbeilage zu NZA Heft 24/2001, Seite 15 ff.

Konzen, Horst: Der Regierungsentwurf des Betriebsverfassungsreformgesetzes; in: RdA 2001, Seite 76 ff.

Kort, Michael: Reformbedarf bei der betriebsverfassungsrechtlichen Mitbestimmung in Fällen von Strukturveränderungen in Betrieb und Unternehmen?; in: ZfA 2000, Seite 329 ff.

Kühne, Jörg-Detlef: Die Reichsverfassung der Paulskirche. Vorbild und Verwirklichung im späten deutschen Rechtsleben, 2. Auflage 1998

Lackner, Karl / Kühl, Kristian: Strafgesetzbuch mit Erläuterungen, 24. Auflage 2001

Larenz, Karl: Methodenlehre der Rechtswissenschaft, 6. Auflage 1991

Leßmann, Jochen / Liersch, Anke: Die Novelle des Betriebsverfassungsgesetzes; in: DStR 2001, Seite 1302 ff.

Lindemann, Achim / Simon, Oliver: Wahlberechtigung und Ermittlung der Betriebsratsgröße; in: NZA 2002, Seite 365 ff.

Löwisch, Manfred: Änderung der Betriebsverfassung durch das Betriebsverfassungs-Reformgesetz; in: BB 2001, Seite 1734 ff., 1790 ff.

ders.: Beteiligung des Betriebsrats nach der BetrVG-Reform; in: Sonderbeilage zu NZA Heft 24/2001, Seite 40 ff.

Löwisch, Manfred / Kaiser, Dagmar: Kommentar zum Betriebsverfassungsgesetz, 5. Auflage 2002

Malottke, Annette: Die Übertragung von Aufgaben auf Arbeitsgruppen nach § 28a BetrVG; in: AiB 2001, Seite 625 ff.

Mansfeld, Werner: Kommentar zum Betriebsrätegesetz mit den einschlägigen Nebengesetzen, 2. Auflage 1930

Maschmann, Frank: Leiharbeitnehmer und Betriebsratswahl nach dem BetrVG-Reformgesetz; in: DB 2001, Seite 2446 ff.

Mückenberger, Ulrich: Individualrechte in der Betriebsverfassung; in: KJ 1997, Seite 187 ff.

Natzel, Ivo: Die Delegation von Aufgaben an Arbeitsgruppen nach dem neuen § 28a BetrVG; in: DB 2001, Seite 1362 ff.

Neef, Klaus: Wer schützt vor dem Betriebsrat?; in: NZA 2001, Seite 361 ff.

Neumann, Daniela: Neuregelung des Wahlverfahrens zum Betriebsrat; in: BB 2002, 510 ff.

Picker, Eduard: Betriebsverfassung und Arbeitsverfassung; in: RdA 2001, 257 ff.

Plumeyer, Mathias: Die Betriebsrätegesetze der Länder 1947-1950, 1995

Popp, Gerfried: Die Novelle zur Betriebsverfassung - eine Reform ins demokratische Abseits ?; in: PERSONAL - Zeitschrift für Human Resource Management 2002, Seite 16 ff.

Preis, Ulrich / Elert, Nicole: Erweiterung der Mitbestimmung bei Gruppenarbeit?; in: NZA 2001, Seite 371 ff.

Raab, Thomas: Die Arbeitsgruppe als neue betriebsverfassungsrechtliche Beteiligungsebene - Der neue § 28a BetrVG; in: NZA 2002, Seite 474 ff.

Ratayczak, Jürgen: Leiharbeitnehmer - Arbeitnehmer 2. Klasse?; in: AiB 2003, Seite 276 f.

Reichold, Hermann: Auswirkungen der Novelle zum BetrVG auf die Organisation der Betriebsverfassung; in: Sonderbeilage zu NZA Heft 24/2001, Seite 32 ff.

ders.: Betriebsverfassung als Sozialprivatrecht, 1995

ders.: Das Betriebsverfassungs-Reformgesetz (BetrVG-ReformG); in: NZA-Sonderbeilage 16/2001, Seite 2

ders.: Die reformierte Betriebsverfassung 2001; in: NZA 2001, Seite 857 ff.

Richardi, Reinhard: Die neue Betriebsverfassung - Ein Grundriss, 2. Auflage 2002; (zit.: *Richardi*, Grundriss)

ders.: Kommentar zum Betriebsverfassungsgesetz mit Wahlordnung, 8. Auflage 2002

ders.: Veränderungen in der Organisation der Betriebsverfassung nach dem Regierungsentwurf zur Reform des BetrVG; in: NZA 2001, 346 ff.

Richardi, Reinhard / Annuß, Georg: Neues BetrVG: Revolution oder strukturwahrende Reform?; in: DB 2001, Seite 41 ff.

Rieble, Volker: Die Betriebsverfassungsgesetz-Novelle 2001 in ordnungspolitischer Sicht; in: ZIP 2001, Seite 133 ff.

Rüthers, Bernd: Probleme der Organisation, des Weisungsrechts und der Haftung bei Gruppenarbeit; in: ZfA 1977, Seite 1 ff.

Schaub, Günter: Der Interessenausgleich; in: Recht und soziale Arbeitswelt - Festschrift für Wolfgang Däubler zum 60. Geburtstag, Seite 347 ff.; (zit.: *Schaub*, FS Däubler)

ders.: Heim- und Telearbeit sowie bei Dritten beschäftigte Arbeitnehmer im Referenten- und Regierungsentwurf zum BetrVG; in: NZA 2001, 364 ff.

ders.: Reform der Betriebsverfassung; in: ZTR 2001, Seite 437 ff.

Schaub, Günter / Koch, Ulrich / Linck, Rüdiger: Arbeitsrechts-Handbuch, 10. Auflage 2002

Schiefer, Bernd: Keine Berücksichtigung von Leiharbeitnehmern bei der Ermittlung von Schwellenwerten im Betriebsverfassungsgesetz; zugleich Besprechung zu den Entscheidungen ArbG Düsseldorf vom 10.07.2002 (4 BV 37/02), ArbG Herne vom 05.06.2002 (1 BV 1/02), ArbG Aachen vom 17.05.2002 (9 BV 30/02) und ArbG Detmold vom 04.06.2002 (2 BV 19/02); in: DB 2002, Seite 1774 ff.

Schiefer, Bernd / Korte Walter: Gesetzentwurf eines Gesetzes zur Reform des Betriebsverfassungsgesetzes; in: NZA 2001, 351 ff.

dies.: Der Referentenentwurf eines Gesetzes zur Reform des Betriebsverfassungsgesetzes; in: NZA 2001, Seite 71 ff.

dies.: Die Durchführung von Betriebsratswahlen nach neuem Recht - Teil 1; in: NZA 2002, Seite 57 ff.

Schneider, Wolfgang: Anmerkungen zum Urteil des LArbG Köln vom 23.07.1999 (12 TaBV 26/99); in: AiB 2000, Seite 429 ff.

ders.: Leiharbeitnehmer - Arbeitnehmergruppe im betriebsverfassungsrechtlichen Niemandsland ? (zugleich eine Besprechung des Beschlusses des Bundesarbeitsgerichts vom 19.6.2001); in: AiB 2002, Seite 287 ff.

ders.: Zum Arbeitnehmerbegriff nach § 5 Abs. 1 BetrVG; in: AiB 2001, Seite 128 f.

Schneider, Wolfgang / Trümner, Ralf: Zum betriebsverfassungsrechtlichen Arbeitnehmerbegriff - zugleich eine Auseinandersetzung mit der

Entscheidung des Bundesarbeitsgerichts vom 18.1.1989 (7 ABR 21/88); in: Arbeit und Recht, Festschrift für Albert Gnade zum 65. Geburtstag, hrsg. v. Wolfgang Däubler, Manfred Bobke und Karl Kehrmann, 1992; (zit.: *Schneider/Trümner*, FS Gnade)

Schönke, Adolf / Schröder, Horst: Kommentar zum Strafgesetzbuch, 26. Auflage 2001

Schüren, Peter: Kommentar zum Arbeitnehmerüberlassungsgesetz; 1. Auflage 1994

Shahatit, Alexander: Überfällige Reform; in: BArbBl. Heft 12/2001, Seite 15 ff.

Sieg, Rainer / Maschmann, Frank: Betriebsratswahlen 2002; in: AuA 2002, 22 ff.

Stahlhacke, Eugen / Preis, Ulrich / Vossen, Reinhard: Kündigung und Kündigungsschutz im Arbeitsverhältnis, 8. Auflage 2002

Stege, Dieter / Weinspach, Friedrich Karl / Schiefer, Bernd: Betriebsverfassungsgesetz - Handkommentar für die betriebliche Praxis, 9. Auflage 2002

Teuteberg, Hans Jürgen: Geschichte der industriellen Mitbestimmung in Deutschland, 1961; (zit.: *Teuteberg*, Industrielle Mitbestimmung)

Thüsing, Gregor: Arbeitsgruppen nach § 28a BetrVG; in: ZTR 2002, Seite 3 ff.

Traut, Silke: § 28a Übertragung von Aufgaben auf Arbeitsgruppen; in: Das neue Betriebsverfassungsgesetz - die Reform (hrsg. v. Haufe-Verlag), Seite 126 ff., 1. Auflage 2001; (zit.: Haufe-*Traut*)

Tröndle, Herbert / Fischer, Thomas: Strafgesetzbuch und Nebengesetze (ab der 50. Auflage ist Thomas Fischer alleiniger Bearbeiter), 50. Auflage 2001

Ulber, Jürgen: AÜG - Arbeitnehmerüberlassungsgesetz und Arbeitnehmer-Entsendegesetz, Kommentar für die Praxis, 2. Auflage 2002

Wedde, Peter: Rahmenvereinbarung gemäß § 28a BetrVG - Zum richtigen Umgang mit einer neuen Regelungsmaterie -; in: AiB 2001, Seite 630 ff.

ders.: Übertragung von Betriebsratsaufgaben gemäß § 28a BetrVG auf Arbeitsgruppen; in: AuR 2002, Seite 122 ff.

Wendeling-Schröder, Ulrike: Individuum und Kollektiv in der neuen Betriebsverfassung; in: NZA 2001, Seite 357 ff.

Wiese, Günther: Mitbestimmung des Betriebsrats über Grundsätze zur Durchführung von Gruppenarbeit nach § 87 I Nr. 13 BetrVG; in: BB 2002, Seite 198 ff.

ders.: Zum Verzicht auf Befugnisse nach dem Betriebsverfassungsgesetz; in: RdA 1968, 455 ff.

Worzalla, Michael / Will, Patricia: Das neue Betriebsverfassungsrecht, 2002

Wulff, Wolfgang: Die Geschäftsführung des Betriebsrats durch die Bildung von Ausschüssen und die Übertragung von Aufgaben auf die Arbeitsgruppe; in: ZBVR 2002, 134 ff.

Kolibri 360 GmbH
Ferdinand-Jühlke-Straße 7
99095 Erfurt, Deutschland
produktsicherheit@kolibri360.de

Druck:
CPI Druckdienstleistungen GmbH
im Auftrag der
Kolibri 360 GmbH
Ferdinand-Jühlke-Str. 7
99095 Erfurt